Im Austausch überreicht

Bernd Rist: Die Stadt Zābol (Sistān-Projekt I)

MARBURGER GEOGRAPHISCHE SCHRIFTEN

Herausgeber: C. Schott
Schriftleiter: A. Pletsch

Heft 86

Bernd Rist

Die Stadt Zābol

Zur wirtschaftlichen und sozialen Entwicklung
einer Kleinstadt in Ost-Iran

(Sistān-Projekt I)

Marburg/Lahn 1981

Im Selbstverlag des Geographischen Instituts der Universität Marburg

ISSN 0341-9290
ISBN 3-88353-010-7

Vom Fachbereich Geographie der Philipps-Universität

als Dissertation angenommen: 29.05.1981
Tag der mündlichen Prüfung: 26.06.1981

Berichterstatter: Prof. Dr. Eckart Ehlers
Mitberichterstatter: Prof. Dr. Alfred Pletsch

---

gedruckt bei Wenzel, Marburg

VORWORT

Als ich mich im Februar 1978 dem dritten Verhör auf dem Polizeirevier der ostiranischen Stadt Zābol unterwerfen mußte und ein Verbot der Kartierungsarbeit und Interviews drohte, konnte ich mich nur dank der moralischen Unterstützung der übrigen Teilnehmer des "Sistān-Projekts", der Herren G. Stöber, H. Zia-Tavana und H. Scheschonk zu einer Fortsetzung der Geländearbeit durchringen. Wurzelte nicht das anfängliche Mißtrauen der Behörden in den unguten Erfahrungen, die Bewohner der Grenzprovinz Sistān im Umgang mit Europäern und Fremden aus Teherān gewonnen hatten, und wollten wir nicht den fremdgesteuerten Einflüssen auf die wirtschaftliche und soziale Entwicklung Sistāns nachspüren?

Die vorliegende Arbeit ist Teil des "Sistān-Projekts", das von Herrn Prof. Dr. E. Ehlers angeregt und geleitet wurde und dessen Durchführung die Stiftung Volkswagenwerk finanzierte. Sie basiert auf Ergebnissen einer fünf Monate währenden Feldforschung in der ersten Hälfte des Jahres 1978 und Archivstudien in London, die im Januar/Februar 1979 der Aufarbeitung von Quellenmaterial am Public Record Office und India Office dienten.

Ermöglicht wurden die Feldarbeiten durch die Unterstützung der zuständigen iranischen Behörden in Teherān und die Hilfsbereitschaft verschiedener städtischer Dienststellen, so des Bürgermeisteramtes, des Wasserwirtschaftsamtes, der Otāq-e-Asnāf und der staatlichen Teppichgesellschaft. Die anfängliche Skepsis und Zurückhaltung der Bewohner Zābols konnte in langwierigen Gesprächen überwunden werden, und durch die fruchtbare Zusammenarbeit mit dem Projektteilnehmer H. Zia-Tavana gelang es, auch in heiklen, die persönlichen und wirtschaftlichen Verhältnisse der Gesprächspartner betreffenden Fragestellungen Ergebnisse zu erzielen. Die zahlreichen Geschäftsleute, Handwerker und ambulanten Gewerbetreibenden haben mit ihrer Gesprächsbereitschaft, Aufgeschlossenheit und Gastfreundschaft wesentlich zum Gelingen dieser Arbeit beigetragen. Ihnen gilt in erster Linie mein Dank.

Für die Aufnahme dieser Arbeit in die Marburger Geographischen Schriften ist dem Herausgeber dieser Reihe, Herrn Prof. Dr. C. Schott und dem Schriftleiter, Herrn Prof. Dr. A. Pletsch zu danken. Finanzielle Unterstützung gewährte die Stiftung Volkswagenwerk, der ebenfalls Dank gebührt. Die Reinschrift des Manuskripts besorgte Frau Fett.

Den Projektteilnehmern, die mir immer mit Rat und Hilfe zur Seite standen, und allen anderen, die am Zustandekommen dieser Arbeit Anteil haben, sei herzlich gedankt. Nicht zuletzt danke ich meiner Frau, die mir mit Verständnis und Rat über Schwierigkeiten hinweghalf. Ihr sei diese Arbeit gewidmet.

Kassel, im Dezember 1981   Bernd Rist

INHALTSVERZEICHNIS

Seite

VORWORT V
INHALTSVERZEICHNIS VII
VERZEICHNIS DER ABBILDUNGEN XI
VERZEICHNIS DER TABELLEN XII
ANMERKUNGEN ZUR TRANSLITERATION XIV

1. Problemstellung und Zielsetzung 1
   1.1 Imperialismus und Stadtentwicklung im 19. Jahrhundert und frühen 20. Jahrhundert 1
   1.2 Forschungsstand zur Wirtschafts- und Sozialstruktur iranischer Klein- und Mittelstädte 6
   1.3 Zielsetzung der Arbeit 10

2. Gründung und Entwicklung der Stadt Zābol (Naṣratābād) 14
   2.1 Gründung der Stadt und Entwicklung im 19. Jahrhundert und frühen 20. Jahrhundert 14
      2.1.1 Grundzüge der Siedlungsstruktur Sistāns vor der persischen Machtübernahme (1850/1864) 14
      2.1.2 Gründung von Naṣratābād und Stadtentwicklung bis 1928 17
   2.2 Imperialismus und Wirtschaftsentwicklung 26
      2.2.1 Versuche zur Durchsetzung englischer und russischer Handelsinteressen 27
         2.2.1.1 Einrichtung und Entwicklung britischer und russisch-sowjetischer Konsularvertretungen 28
         2.2.1.2 Die Ansiedlung indischer Händler durch die Briten und Methoden zur Wahrung russischer Wirtschaftsinteressen 31
         2.2.1.3 Das Bankwesen in Naṣratābād 40
         2.2.1.4 Zusammenfassung 43
      2.2.2 Bedeutung des einheimischen Wirtschaftssektors 45
      2.2.3 Einkommen und Lebensstandard der Bevölkerung 49
         2.2.3.1 Handel und Preisentwicklung 49
         2.2.3.2 Einkommensverhältnisse 56
   2.3. Nationalstaatliche Eigendynamik - Stadterweiterung und Bazarausbau seit 1928 59
      2.3.1 Wachstum der Stadt infolge staatlicher Stadtplanung 59
      2.3.2 Entstehungsgeschichte der einzelnen Bāzārgassen 66

			Seite
	2.3.3	Entwicklung des Geschäftsviertels am Ortseingang von Zābol	73
3.	Die heutige Wirtschaftsstruktur der Stadt Zābol		76
	3.1	Struktur der städtischen Wirtschaft	76
		3.1.1 Zābol als Handels- und Verwaltungszentrum	76
		3.1.2 Standorte städtischer Wirtschaftsbereiche	84
		3.1.2.1 Das Bāzārviertel	86
		3.1.2.2 Standorte und Branchengliederung des ambulanten Gewerbes	90
		3.1.2.3 Die modernen Geschäftsstraßen	93
		3.1.2.4 Funktionswandel und Ausbau der städtischen Wirtschaftsbereiche	98
	3.2	Standortfaktoren und Merkmale sozialer Differenzierung	103
		3.2.1 Die Eigentumsverhältnisse	103
		3.2.1.1 Der Bāzār	104
		3.2.1.2 Das Geschäftsviertel am Ortseingang ..	109
		3.2.1.3 Der soziale Hintergrund der Eigentümer	112
		3.2.1.4 Entwicklung und Struktur der Eigentumsverhältnisse	114
		3.2.2 Bodenpreise, Sargofli, Mieten	115
		3.2.2.1 Bodenpreise	115
		3.2.2.2 Sargofli	118
		3.2.2.3 Mieten	123
		3.2.2.4 Die Bedeutung von Sargofli und Miete für die Branchenstruktur	125
4.	Sozialstruktur von Handel und Gewerbe		129
	4.1	Herkunft und beruflicher Werdegang	129
		4.1.1 Stationäre Geschäftsleute und Handwerker	129
		4.1.1.1 Geschäftsleute, deren Väter aus dem ländlichen Raum stammen	132
		4.1.1.2 Geschäftsleute, deren Familien aus Zābol stammen	135
		4.1.2 Ambulante Gewerbetreibende	137
		4.1.3 Zusammenfassung	140
	4.2	Organisationsformen der Wirtschaft	140
		4.2.1 Die Funktion der Otāq-e-Aṣnāf	143
		4.2.2 Beispiele von Organisationsformen in verschiedenen Wirtschaftsbereichen	149

			Seite
		4.2.2.1 Die staatliche Teppichgesellschaft	150
		4.2.2.2 Das private Transportwesen	154
		4.2.2.3 Die städtische Wasserversorgung	156
5.	Innerstädtische Wirtschaftsverflechtungen und ökonomische Wechselbeziehungen mit anderen städtischen Zentren		158
	5.1	Warenbezug stationärer und ambulanter Gewerbetreibender	159
		5.1.1 Räumliche Distanz	159
		5.1.2 Zeitlicher Abstand	163
		5.1.3 Einkaufsvolumen und Verdienst	168
	5.2	Mechanismen des Warenbezugs der verschiedenen Wirtschaftszweige	175
		5.2.1 Nahrungs- und Genußmittel (Handel und Handwerk)	176
		5.2.1.1 Kharārzi	176
		5.2.1.2 Obst-, Gemüse-, Dattelhandel	177
		5.2.1.3 Handel mit Fischen und Seevögeln ...	179
		5.2.1.4 Getreidehandel	180
		5.2.1.5 Metzger	181
		5.2.1.6 Zusammenfassung	182
		5.2.2 Übriger Handel	184
		5.2.2.1 Handel mit Fahrzeugen und Ersatzteilen	184
		5.2.2.2 Handel mit Haushaltswaren	185
		5.2.2.3 Stoffhandel	186
		5.2.2.4 Teppichhandel	187
		5.2.2.5 Handel mit Schuhen und Decken, Mützen, Tüchern	188
		5.2.2.6 Mattenhandel	189
		5.2.2.7 Handel mit Tonkrügen, Sieben, Brotblechen	189
		5.2.2.8 Zusammenfassung	190
		5.2.3 Übriges Handwerk	192
		5.2.3.1 Schneidereien	192
		5.2.3.2 Tischlereien	192
		5.2.3.3 Metallverarbeitende Betriebe	193
		5.2.3.4 Wollfärbereien	194
		5.2.3.5 Zusammenfassung	195
		5.2.4 Ökonomische Wechselbeziehungen und Stadtentwicklung	195

			Seite
5.3	Verkauf und Absatz im stationären und ambulanten Gewerbe		199
	5.3.1	Herkunft und soziale Differenzierung der Bāzārkunden	199
	5.3.2	Warenbezug von Dorfhändlern im Bāzār von Zābol	203
	5.3.3	Abhängigkeitsverhältnisse und Verschuldung	204
6.	Zusammenfassung		206
ANMERKUNGEN			210
LITERATURVERZEICHNIS			232

VERZEICHNIS DER ABBILDUNGEN

Abb.		Seite
1	Lage der Stadt Zābol in Iran	5
2	Sistān	15
3	Naṣratābād Fort	23
4	Die Stadt Zābol am Anfang des 20. Jahrhunderts - angenäherte Lageskizze -	25
5	Wohnorte der Händler in Sistān am Ende des 19. Jahrhunderts	46
6	Wachstum des Stadtgebietes von Zābol	62
7	Die Entwicklung des Bāzārviertels von Zābol	67
8	Die Entwicklung des Geschäftsviertels am Ortseingang von Zābol	75
9	Stadtzentrum Zābol: Geschäftsbesatz Frühjahr 1978	n. 90
10	Ambulantes Gewerbe in Zābol 1978	n. 90
11	Schema von Branchenkonzentration und Funktionsbereichen des stationären und ambulanten Gewerbes in Zābol	94
12	Ortseingang Zābol: Geschäftsbesatz Frühjahr 1978	99
13	Eigentumsverhältnisse im Bazar von Zābol 1978	107
14	Eigentumsverhältnisse am Ortseingang von Zābol 1978	110
15	Bodenpreise in Zābol 1975	117
16	Sargofli im Bāzār von Zābol 1975-1978	119
17	Sargofli am Ortseingang von Zābol 1975-1978	122
18	Ladenmiete im Bāzār von Zābol 1978	124
19	Ladenmiete am Ortseingang von Zābol 1978	126
20	Schema von Warenangebot, Sargofli und Eigentumsverhältnissen im Bāzār von Zābol	128
21	Berufliche Aufstiegsmöglichkeiten innerhalb der städtischen Wirtschaft	141
22	Organisation der Teppichknüpferei durch die staatliche iranische Teppichgesellschaft in Zābol 1978	151
23	Schema des zwischenstädtischen Warenbezugs am Beispiel Zābols	162
24	Jährlicher Verdienst städtischer Händler und Handwerker sowie Jahreseinkommen von Unselbständigen in Zābol 1978	173
25	Jährlicher Verdienst ambulanter Gewerbetreibender in Zābol 1978	174
26	Mechanismen des Warenbezugs im Nahrungs- und Genußmittelbereich (Handel und Handwerk)	183
27	Mechanismen des Warenbezugs Zāboler Handelsbranchen	191
28	Mechanismen des Warenbezugs Zāboler Handwerksbranchen	196
29	Schema: Ökonomische Wechselbeziehungen und kleinstädtische Entwicklung	198

VERZEICHNIS DER TABELLEN

Tab.		Seite
1	Bevölkerungsentwicklung in Naṣratābād (Zābol) im ersten Drittel des 20. Jahrhunderts	26
2	Die Ansiedlung indischer Händler in Naṣratābād zu Beginn des 20. Jahrhunderts	35
3	Anzahl und räumliche Verteilung sistānischer Händler am Ende des 19. Jahrhunderts	47
4	Preisentwicklung für landwirtschaftliche Produkte in Sistān	52
5	Entwicklung der Einkommen von Arbeitern in Naṣratābād/Zābol 1900-1978	57
6	Reallöhne gelernter und ungelernter Arbeiter in Naṣratābād/Zābol 1900-1978	58
7	Entstehung der handwerklichen Betriebe in Zābol	77
8	Branchengliederung im sekundären und tertiären Sektor in Zābol 1963	78
9	Branchengliederung im sekundären und tertiären Sektor in Zābol 1975	81
10	Branchengliederung und wirtschaftliche Entwicklung im sekundären und tertiären Sektor in Zābol 1963 bis 1975	83
11	Geschäftsbesatz im Bāzār von Zābol 1978, aufgegliedert nach Standorten und Branchen	87
12	Standorte und Branchenverteilung des ambulanten Gewerbes in Zābol 1978	92
13	Geschäftsbesatz in den modernen Geschäftsstraßen von Zābol 1978, aufgegliedert nach Standorten und Branchen	95
14	Geschäftsbesatz im Bāzār und den modernen Geschäftsstraßen von Zābol 1978, aufgegliedert nach Standorten und Branchen	101
15	Eigentumsverhältnisse im Bāzār von Zābol 1978	105
16	Eigentumsverhältnisse am Ortseingang von Zābol 1978	111
17	Entwicklung von Sargofli im Bāzār von Zābol	120
18	Entwicklung der Ladenmiete im Bāzār von Zābol	125
19	Herkunft und Beruf der Väter von Zāboler Geschäftsleuten	131
20	Berufsgruppen von Zāboler Geschäftsleuten, deren Väter aus dem ländlichen Raum stammen	132
21	Herkunft und Beruf der Väter von ambulanten Gewerbetreibenden	138
22	Herkunft und beruflicher Werdegang der ambulanten Gewerbetreibenden	139

Tab.		Seite
23	Entwicklung der Mitgliederzahlen der Senf in Zābol von 1973 bis 1976/77	148
24	Entwicklung der Teppichknüpferei in Zābol	153
25	Bruttoverdienst von Buseigentümern und Transportunternehmern in Zābol	155
26	Bezugsorte städtischer Händler und Handwerker 1978	160
27	Wandlungen bei der Inanspruchnahme von Warenbezugsorten durch Zāboler Händler und Handwerker	163
28	Bezugsorte des ambulanten Gewerbes 1978	164
29	Zeitlicher Abstand des Warenbezugs städtischer Händler und Handwerker 1978	166
30	Zeitlicher Abstand des Warenbezugs ambulanter Gewerbetreibender 1978	167
31	Jährliches Einkaufsvolumen und jährlicher Verdienst städtischer Händler und Handwerker sowie Jahreseinkommen von Unselbständigen in Zābol 1978	169
32	Jährliches Einkaufsvolumen und jährlicher Verdienst ambulanter Gewerbetreibender in Zābol 1978	171
33	Herkunft und soziale Differenzierung der Kunden im Bāzār von Zābol 1978	202
34	Warenbezug von Dorfhändlern im Bāzār von Zābol 1978	203

ANMERKUNGEN ZUR TRANSLITERATION

Für die Transliteration persischer Begriffe, Orts- und Personennamen wurde im allgemeinen folgende Schreibweise gewählt:
(in der Reihenfolge des persischen Alphabets)
a/ā; b; p; t; s; j; ch; h; kh; d; z; r; z; zh; s; sh; s; z; t; z; '; gh; f; q; k; g; l; m; n; w/u; h; y/i (ā).

Die umfangreiche Verwendung von Quellenmaterial führt jedoch z.T. zu einer recht uneinheitlichen Schreibung von Zitaten und Text. Außerdem entspricht die Schreibweise einiger Namen/Bezeichnungen nicht dem Transliterationssystem. Ihre systemkonforme Transliteration sei hier angeführt:

Schreibweise

im Text	im Transliterationssystem
Faseli	Fāzeli
Gabrestān	Qabrestan
Hadji	Hājji
Haschmat-ol-Molk	Hashmat-ol-Molk
Kharārzi	Kharrāzi
Nešāti	Neshāti
Sargofli	Sarqofli
Sar-pushide	Sar-pushideh
Seh Kuhe	Seh Kuheh
Yaghobelace	Ya'qub-e-leys

Neben der persischen Bezeichnung "Rowghan" für Butterfett wurde häufig in Anlehnung an die englischen Quellen der brit.-ind. Ausdruck "Ghi" verwendet.

1. Problemstellung und Zielsetzung

1.1 Imperialismus und Stadtentwicklung im 19. Jahrhundert und frühen 20. Jahrhundert

Im 19. Jh. wies das qādjārische Persien eine zunehmende Tendenz wirtschaftlichen Niedergangs und politischer Abhängigkeit von imperialen Mächten auf. Das Fehlen einer starken Zentralgewalt begünstigte Aufstände einzelner Stammesführer (vgl. S. SARKHOCH 1975: 62) und verhalf den unter den Safaviden entmachteten Nomaden zu einem politischen und wirtschaftlichen Übergewicht (vgl. E. EHLERS 1980 b: 183). Parallel zu einer starken Ausdehnung des Nomadismus zu Beginn des 19. Jh. verfielen zahlreiche Dörfer und Bewässerungssysteme, Ackerland wurde offengelassen (vgl. G. HAMBLY 1964: 70 f.). Die von den Qādjāren planmäßig in verschiedenen Teilen Irans angelegten neuen Städte entbehrten ebenso wie die bereits existierenden Klein- und Mittelstädte des Schutzes der Zentralgewalt und konnten sich nicht weiterentwickeln; neben den wenigen Großstädten stagnierte ihre wirtschaftliche Entwicklung und Bevölkerungszahl (vgl. G. HAMBLY 1964: 72 f., E. EHLERS 1980 b: 175 f.).

Die Versuche des Hofes, angesichts der sich verringernden Staatseinnahmen Geldgeschäfte der Regierung durch verstärkte Kreditaufnahme bei einheimischen Kaufleuten und Bankiers (sarrāfs) (vgl. W. M. FLOOR 1979: 270) zu finanzieren, konnten die Wirtschaftskrise nur oberflächlich verdecken. Gegen Ende des 19. Jh. weiteten die Qādjāren die in Iran übliche Praxis des Verkaufs von Staatsämtern aus und veräußerten oder verpfändeten in wachsendem Ausmaß Kronländereien an begüterte Untertanen, um ihren Bedarf an Finanzkapital zu decken (vgl. E. EHLERS 1980 b: 174). Diese Maßnahmen in Verbindung mit steigenden Steuern für die bäuerliche Bevölkerung, wachsenden Übergriffen durch Nomaden und ansteigenden Eigentumsanteilen städtischer Händler am Ackerland bewirkten eine starke Landflucht und einen erneuten Niedergang der Wirtschaft des ländlichen Raumes (vgl. E. EHLERS 1980 b: 174 f.).

Der Binnen- und Außenhandel sowie das einheimische Handwerk und Manufakturwesen gerieten im 19. Jh. zunehmend unter den Druck ausländischer Konkurrenz. Besaß Esfahan zur Regierungszeit des Fath 'Ali Shāh (1797-1834) ca. 12.000 Webstühle zur Fabrikation von Kleidungsstücken, so waren 1845 infolge des Imports von Fertigwaren aus Europa nur einige Webstühle übrig geblieben (vgl. A. K. S. LAMBTON 1970: 239).

Die im 19. Jh. entstandene fast völlige Abhängigkeit Irans von ausländischen Mächten läßt sich im wesentlichen auf folgende Ursachen zurückführen (vgl. E. EHLERS 1980 b: 178):

- der Import von Fertigwaren behinderte den Aufbau eines einheimischen Manufakturwesens,

- der wirtschaftliche Einfluß des Auslandes erstreckte sich über die persische Landwirtschaft, den Bergbau und die ersten Ansätze eines Manufakturwesens,
- die systematische Anleihepolitik imperialistischer Großmächte führte zu einer Dauerverschuldung des persischen Staates.

Die Ostindienkompanie hatte bereits 1763 Bushire zum wichtigsten Hafen für den Handel im Persischen Golf ausgebaut (vgl.A.K.S.LAMBTON 1970: 216), während Rußland an einer Ausweitung des Handels in Nordiran interessiert war. Bis in die 50er/60er Jahre dominierten die vom Persischen Golf aus agierenden britischen Kaufleute, deren Handelstätigkeit über 50% des Iranhandels ausmachte (vgl. P. LUFT 1975: 520). Für die britische Regierung erlangte Persien erst in der zweiten Hälfte des 19. Jh. die Rolle eines Bollwerks gegen feindliche Angriffe auf Indien (vgl. A.K.S.LAMBTON 1970: 225). Nach dem russisch-persischen Krieg (1826-1828) und dem Frieden von Turkomanchāy (1828) erhielt Rußland das Recht, überall in Persien Konsulate und Handelsniederlassungen zu gründen. Um den Einfluß Rußlands auf den Persienhandel einzuschränken, die Sicherheit englischer Händler zu garantieren und den persischen Handel mit Europa auszuweiten, schloß Großbritannien nach langjährigen Bemühungen 1841 einen Handelsvertrag mit Persien ab (vgl.A.K.S.LAMBTON 1970: 243). In der zweiten Hälfte des 19. Jh. läßt sich ein ständig wachsender englischer und russischer Einfluß auf die persische Wirtschaft feststellen, wobei die abgeschlossenen Handelsverträge eine wichtige Voraussetzung für die Ausweitung des persischen Handels mit Europa waren. Der 1903 zwischen Rußland und Persien abgeschlossene Zollvertrag, der die Zölle für englische Importgüter hochsetzte, verhalf den im wesentlichen auf Nordiran beschränkten russischen Kaufleuten 1909-1911 zu einem Marktanteil von 45% des iranischen Gesamthandelsvolumens, während der britische Anteil bei 34% lag (vgl. P. LUFT 1975: 523).

> "Gestützt auf differenzierte Frachtraten, ein dichtes Netz von Agenten und ökonomisch versierten Konsuln in allen größeren Städten Nordirans wurde ein Teil der iranischen Wirtschaft stetig in die russische Wirtschaft eingegliedert. Iran sank dadurch in den folgenden Jahrzehnten zu einem weitgehend von Rußland abhängigen Rohstofflieferanten herab" (P. LUFT 1975: 523).

Der wachsende Verbrauch europäischer Güter in Persien (1) führte den Niedergang des einheimischen Handwerks herbei (vgl.A.K.S.LAMBTON 1970: 238), und der Aufbau einer Industriegesellschaft in Persien wurde unmöglich gemacht. Europäische Handelsniederlassungen in persischen Städten übernahmen die Versorgung mit Fernhandelsgütern und überformten durch ihre Wirtschaftsaktivitäten die traditionellen Strukturen der Bāzare (vgl. E. EHLERS 1980 a: 256). Hierbei arbeiteten britische und russische Handelsgesellschaften auch mit persischen Kaufleuten zusammen, die nicht völlig von den Gewinnen aus dem Exportgeschäft ausgeschlossen wurden und vor allem im Binnenhandel aufgrund ihrer Kenntnis der lokalen Marktbedingungen eine führende Stellung behielten (vgl. P. LUFT 1975: 513) (2).

"Insgesamt besteht kein Zweifel, daß die im Zusammenhang mit der Ausweitung des traditionellen Karawanenverkehrs sowie seiner Veränderung durch europäische Unternehmer begonnene Überflutung des persischen Marktes mit europäischen Produkten nicht nur zu einer verstärkten Deformation des autochthonen persischen Handels und Handwerks beigetragen hat, sondern vermutlich auch die Herausbildung einer hierarchischen Siedlungsstruktur sowie die Verschärfung des Gegensatzes zwischen Stadt und Land gefördert hat"
(E. EHLERS 1980 a: 256).

Die leeren Kassen des Staatshaushaltes ließen sich schon zu Beginn des 19. Jh. nicht über das Mittel steigender Steuerbelastungen der Bevölkerung füllen.

"... because of financial weakness, technological backwardness, and above all chronic insecurity, there was no development of Persia's internal resources of roads and transport, which was necessary both for the movement of trade and the establishment of public order" (A.K.S. LAMBTON 1970: 244).

Zur Befriedigung der wachsenden Ansprüche des Hofes und zur Überwindung der Finanzkrise in den 80er Jahren reichten die bisher von persischen Kaufleuten gewährten Kredite nicht mehr aus (vgl. P. LUFT 1975: 511). Unter Naser-ed-Din Shāh (1846-1896) griff die Praxis um sich, Konzessionen und Monopole langfristig an Ausländer zu vergeben, um die Staatseinnahmen zu steigern (vgl. E. EHLERS 1980 b: 179). Diese Konzessionspolitik führte zu einer weitgehenden Abhängigkeit Persiens von England und Rußland, die ihren sichtbaren Ausdruck in der 1907 vorgenommenen Aufteilung Persiens in Interessengebiete der beiden Großmächte fand. Vor dem Ersten Weltkrieg hatte Persien die Kontrolle über die gewinnträchtigsten Wirtschaftsbereiche aus der Hand gegeben (vgl. E. EHLERS 1980 b: 180): England besaß das alleinige Recht zur Ausbeutung der Erdölvorkommen, lenkte den Aufbau von Teppichmanufakturen und beherrschte den Teppichhandel. Rußland und England verfügten über die wichtigen Minenmonopole, und Rußland hatte die Fischereirechte im Kaspischen Meer erworben.

Darüber hinaus konnte der persische Staat zu Beginn des 20. Jh. seinen Haushalt nur noch mit europäischen Anleihen finanzieren (vgl. P. LUFT 1975: 528). Die zunehmende Abhängigkeit Persiens von europäischen Großmächten drückte sich in einer Dauerverschuldung aus, die 1907/08 ca. 5,7 Mill. Pfund Sterling betrug, während der Staat über Einnahmen von 1,6 Mill. Pfund Sterling verfügte (vgl. E. EHLERS 1980 b: 178).

Das Monopol der einheimischen Bankiers (sarrāfs) zerbrach infolge der wirtschaftlichen Penetration Persiens durch die nach 1889 erfolgte Gründung europäischer Banken (vgl. W. M. FLOOR 1979: 276 ff.). Die von England 1889 eröffnete 'Imperial Bank of Persia' und die 1891 gegründete russische 'Banque de Prêts' (seit 1899 'Banque d'Escompte de Perse') kontrollierten den gesamten Kapitalverkehr (vgl. P. LUFT

1975: 527-530). Die Tätigkeit der ṣarrāfs beschränkte sich in der Folgezeit zunehmend auf Geschäfte, die für europäische Banken zu riskant waren und meist mit kapitalschwachen Unternehmern, Einzelhändlern und Bauern abgeschlossen wurden (vgl. W. M. FLOOR 1979: 280).

Die Abhängigkeiten Persiens durch den Verkauf von Monopolen an Ausländer, die Dauerverschuldung durch europäische Anleihen und durch den Aufbau eines modernen Bankwesens sowie seiner Kontrolle durch Rußland und England wurden durch die Hereinnahme amerikanischer und europäischer Fachleute in wichtige Bereiche der Verwaltung noch verstärkt. 1879 hatte Naser-ed-Din Shāh russische Offiziere mit der Aufstellung einer Kosakeneinheit beauftragt, die sich zum schlagkräftigsten Truppenteil der persischen Armee entwickelte und unter dem Kommando russischer Offiziere stand (vgl. P. LUFT 1975: 521). Die Finanzverwaltung unterstand 16 Amerikanern, 1900 übernahmen 28 Belgier die Reorganisation des gesamten Zollwesens, und die persische Gendarmerie befehligten 11 Europäer verschiedener Nationalität (vgl. P. LUFT 1975: 533; E. EHLERS 1980 b: 180).

Diese oben umrissene politische und wirtschaftliche Situation Persiens im 19. Jh. und zu Beginn des 20. Jh. steckt das Wirkungsfeld der imperialen Mächte ab, deren Einflußnahme auf die Schlüsselbereiche in Wirtschaft und Verwaltung schwerwiegende Folgen für die innerstaatliche Entwicklung hatte. Die iranische Wirtschaftsstruktur blieb von außen deformiert in vorindustriellen Mustern stecken, so daß Iran bei Machtübernahme der Pahlavi-Dynastie (1925) weitgehend ein Agrarstaat ohne nennenswerte Industrie und moderne Verkehrsmittel (vgl. P. LUFT 1975: 506) war, dessen Ressourcen über einen Außenhandel von "nahezu kolonialer Struktur" (E. EHLERS 1980 b: 181) von ausländischen Mächten ausgebeutet wurde.

In dieser Phase staatlicher Ohnmacht sucht man vergeblich nach Entwicklungspolen wie städtischen Zentren von impulsgebender Ausstrahlungskraft. In welchem Ausmaß und mit Hilfe welcher Methoden imperiale Mächte die Stadtentwicklung beeinflußten und hemmten, konnte bisher nicht durch regionale Studien aufgezeigt werden.

Die 1869 planmäßig als Garnisonsstandort in Sistān gegründete Kleinstadt Nasratābād (= Zābol) (vgl. Abb. 1) bot günstige Voraussetzungen, um an ihrem Beispiel die Frage nach der wirtschaftlichen und physiognomischen Entwicklung iranischer Städte vor dem Hintergrund externer Steuerung durch imperiale Mächte zu stellen. Als Kleinstadt und neugegründete Siedlung weist Zābol von der äußeren Gestalt und den Wirtschaftsstrukturen überschaubare Verhältnisse auf, wie sie bei Großstädten mit historisch gewachsenen Bāzāren und weitverzweigten Handelsverflechtungen nicht anzutreffen sind. Die geostrategische Bedeutung der an Afghanistan grenzenden Provinz Sistān, durch die wichtige Verkehrswege von Ostiran nach British Indien führten, rief ein reges Interesse der russischen und britischen Regierung hervor, Sistān ihrem Einflußgebiet einzugliedern (3). Die Gründung eines

Abbildung 1:   Lage der Stadt Zābol in Iran

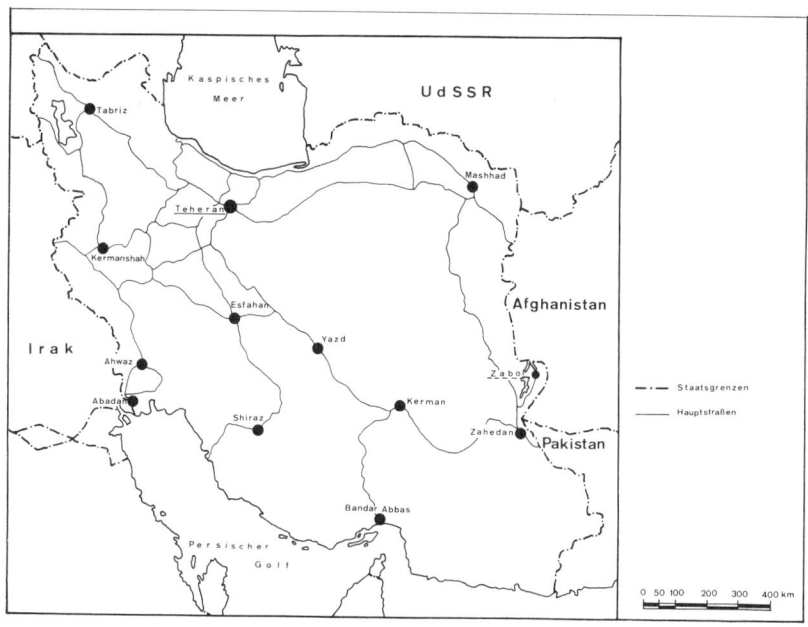

russischen und britischen Konsulats in Zābol dokumentiert diese Intentionen der Großmächte.

Die bei Archivstudien im Public Record Office und im India Office in London ausgewerteten Dokumente des britischen Konsulats in Zābol ermöglichten es, die extern gesteuerte Stadtentwicklung nachzuverfolgen. Mit der Schließung des russischen Konsulats und der Abwanderung britischer Kaufleute aus Zābol in den 30er Jahren des 20. Jh. fand die von Rußland und Großbritannien geformte Lenkung der städtischen Wirtschaft ein Ende. Erst jetzt konnte die Eigeninitiative der einheimischen Geschäftsleute und Grundeigentümer gestaltend auf das wirtschaftliche Wachstum des Bāzārs und somit die allgemeine städtische Entwicklung einwirken.

Die in Kap. 2 der vorliegenden Arbeit dargestellte Untersuchung der Entwicklung der iranischen Kleinstadt Zābol im 19. Jh. und frühen 20. Jh. erfolgte vor dem Hintergrund folgender Problemkreise:

- das physiognomische Wachstum und der Aufbau der städtischen Wirtschaft Zābols unter den Bedingungen einer von russischen und britischen Interessen gesteuerten Entwicklung, wobei die Rolle der Konsularvertretungen, Banken und indischen Händler als Instrumente wirtschaftlicher Steuerung hinterfragt wird;

- die Bedeutung und Funktion des unter dem Konkurrenzdruck von Warenimporten aus Rußland und Indien stehenden einheimischen Wirtschaftssektors und die Lebensbedingungen der städtischen Bevölkerung zur Zeit der Abhängigkeit Sistāns von europäischen Großmächten;

- die nach dem Abzug von Briten und Russen sich entfaltende Eigendynamik, die in der vom Staat initiierten Stadterweiterung und dem von einheimischen Geschäftsleuten getragenen Ausbau des Bāzārs zum Ausdruck kommt.

1.2 Forschungsstand zur Wirtschafts- und Sozialstruktur iranischer Klein- und Mittelstädte

Das wachsende Interesse der stadtgeographischen Forschung in Iran (4) an der Untersuchung von Klein- und Mittelstädten richtete sich vor allem auf folgende Fragestellungen:

- Die Genese, Wirtschafts- und Sozialstruktur der Stadt vor dem Hintergrund der Theorie des Rentenkapitalismus (M. MOMENI 1976, P. W. ENGLISH 1966, H. KOPP 1973, E. EHLERS 1978);

- die über die Wirtschaftsverflechtungen mit dem städtischen Bāzār und traditionelle Anbindungen an die stadtansässigen Grundeigentümer gesteuerten Stadt-Umland-Beziehungen (H. BOBEK 1974, E. WIRTH 1973, H. KOPP 1973, E. EHLERS 1971 b, 1975 a, 1976, 1977 a, 1977 b, 1978, 1980 b, M. MOMENI 1976, M. E. BONINE 1973);

- die Funktion von Klein- und Mittelstädten innerhalb der Hierarchie iranischer Städte und die Wirtschaftsverflechtungen städtischer Zentren untereinander (E. EHLERS 1978, 1980 b, M. MOMENI 1976, M. E. BONINE 1973).

Die unter Rezā Shāh eingeleiteten Staatsreformen führten infolge der Stadtsanierung, der Versuche zur Industrialisierung und der Verbesserung medizinischer und sanitärer Verhältnisse zu einem starken Bevölkerungswachstum, das sich in einer zunehmenden Verstädterung des Landes auswirkte (vgl. G. SCHWEIZER 1971: 345 f.). Die Anzahl der Klein- und Mittelstädte mit 5.000 - 100.000 Ew. wuchs bis 1966 auf 94,4 % der iranischen Städte mit 41,7 % der städtischen Bevölkerung an (vgl.

G. SCHWEIZER 1971: 348); 1976 gehörten 93,8% der Städte zu der Kategorie der Klein- und Mittelstädte, in denen 36,8% der urbanen Bevölkerung lebten (vgl. E. EHLERS 1980 b: 274).

Die Bedeutung dieser Klein- und Mittelstädte liegt in einem Zuwachs zentralörtlicher Funktionen, wodurch sie analog zu großstädtischen Zentren die Rolle eines "aktiven Organisationszentrums" (E. WIRTH 1973: 327) übernehmen, das wirtschaftliche Entwicklungsprozesse in den agrarischen Umländern initiiert, Arbeitsplätze schafft und Anreize zu marktorientierter Produktion gibt. Im Gegensatz zu diesen jüngsten Entwicklungstendenzen hat die Forschung gezeigt, in welch starkem Maße die Stadtentwicklung von der in rentenkapitalistischer Manier (vgl. H. BOBEK 1974) vorgenommenen Abschöpfung der Ressourcen des Umlandes geprägt war. Diese über die Mechanismen des Teilbaus (vgl. U. PLANCK 1962) entstandene "urban dominance" (P. W. ENGLISH 1966: 69) wurde durch die Organisation und Steuerung heimgewerblicher Produktion (z. B. Teppichknüpferei) verstärkt (vgl. P. W. ENGLISH 1966: 28 f., 69, 109 f. u. E. EHLERS 1977 a).

Gründung und Entwicklung der iranischen Kleinstadt Malāyer waren eng mit dem ländlichen Ergänzungsraum verzahnt (vgl. M. MOMENI 1976: 36-39 u. 47 f.). Die in die Stadt als Sitz ländlicher Grundeigentümer abgeflossenen Überschüsse aus der Rentenabschöpfung der agrarischen Produktion des Umlandes dienten zum Bau des Bāzārs, der Moschee sowie weiterer öffentlicher Einrichtungen und ermöglichten die wirtschaftliche Weiterentwicklung der Stadt.

72% der gesamten landwirtschaftlichen Nutzfläche von 170 Dörfern des Umlandes der Stadt Dezful (Provinz Khuzestān) gehörten in Dezful ansässigen Grundeigentümern (vgl. E. EHLERS 1977 b: 148 f.). Über die Teilbaupraktiken flossen von der jährlichen Ernte ca. 20.000 t Wintergetreide und 24.000 t Reis in die Stadt ab und verschafften Dezful beträchtliche wirtschaftliche Gewinne auf Kosten des Umlandes.

Als Beispiele für iranische Mittel- und Kleinstädte, deren wirtschaftliche Entwicklung in starkem Ausmaß auf der Akkumulation von Geld und Naturalien aus agraren Umländern in Händen stadtansässiger Grundeigentümer beruhte, können Kermān (vgl. P. W. ENGLISH 1966), Malāyer (vgl. M. MOMENI 1976), Bam (vgl. E. EHLERS 1975 a), Dezful (vgl. E. EHLERS 1976, 1977 b), Tabas (vgl. E. EHLERS 1977 a) und die Städte des östlichen Kaspitieflandes (vgl. H. KOPP 1973, 1977) angeführt werden.

Die Entwicklung iranischer Klein- und Mittelstädte beruhte neben ihrer Funktion als Residenzort der Grundeigentümer auf ihrer Rolle als Handelszentrum. Die besondere Bedeutung des Handels mit landwirtschaftlichen Produkten für die städtische Wirtschaft läßt sich aus zahlreichen Bāzārkartierungen ablesen (vgl. E. EHLERS 1978: 126), die einen starken kleinstädtischen Besatz an Läden des Nahrungsmittelbereichs und landwirtschaftlichen Rohprodukten (Wolle, Baumwolle u.a.) aufzeigen.

Dieser Handel stärkt über die praktizierten Einkaufs- und Verkaufsmechanismen ebenfalls die Wirtschaftskraft der Städte, da Großhändler, Geldverleiher, Einzelhändler und Handwerker bestrebt sind, die ländliche Bevölkerung über das System der Kreditgewährung planmäßig zu verschulden (vgl. H. BOBEK 1974: 76).

Beispielsweise waren in der iranischen Kleinstadt Malāyer 80% der ländlichen Kunden bei Bāzārhändlern verschuldet, die bei einer dreimonatigen Laufzeit der Kredite 30% Zinsen verlangten (vgl. M. MOMENI 1976: 181). Zwischen 40% und 60% der bäuerlichen Bevölkerung im Umland von Kabul hatten Schulden im städtischen Bāzār (vgl. H. HAHN 1965: 41-45). In Khuzestān waren 1960 ca. 56% aller Bauern verschuldet, wobei als Kreditgeber in 98% der Fälle städtische Händler, Geldverleiher oder Grundbesitzer fungierten (vgl. E. EHLERS 1976: 25).

Die in Iran als "pish-foroush" bezeichnete Praxis des Verkaufs landwirtschaftlicher Produkte vor der Ernte ist bei fast allen Produkten weit verbreitet und verstärkt die Anbindung ländlicher Produzenten an den städtischen Bāzār (vgl. H. LODI 1965). Die Bauern verpfänden bei dem Händler die zu erwartende Ernte und erhalten auf der Grundlage des vor der Ernte hohen Tagespreises einen Kredit, dessen Höhe je nach der Zeitspanne zwischen dem Geschäftsabschluß und der Ernte variiert. Zur Erntezeit ist der Bauer verpflichtet, die festgesetzte Erntemenge zu dem vergleichsweise geringen Marktpreis nach der Ernte an den Geldverleiher zu verkaufen. Zwischen 20% und 70% der gesamten landwirtschaftlichen Produktion Irans werden je nach Anbaufrucht und Landesteil nach diesem System vermarktet, wobei der an die Bauern gezahlte Preis durchschnittlich um 20% bis 40% unter dem Preis nach der Ernte liegt (vgl. H. LODI 1965: 1 u. 4). Im Oasengebiet von Bam erzielten die Weizenhändler einen Gewinn von 100% (vgl. E. EHLERS 1975 a: 48), und in Malāyer betrugen die Preisdifferenzen beim Weizen- und Rosinenhandel 30% (vgl. M. MOMENI 1976: 182).

Die aus den Verschuldungspraktiken resultierenden Abhängigkeitsverhältnisse zwischen Stadt und Land brachten der Stadt wichtige wirtschaftliche Vorteile (vgl. E. EHLERS 1978: 129):

- Konzentration des Handels mit landwirtschaftlichen Produkten in Klein- und Mittelstädten;
- Anbindung ländlicher Produzenten durch das "pish-foroush"-System an städtische Händler und Möglichkeiten der Investition von Wucherzinsen in der Stadt;
- Inbesitznahme des Ackerlandes zahlungsunfähiger Schuldner durch städtische Kreditgeber.

Das Zerbrechen des traditionellen Stadt-Umland-Verhältnisses im Gefolge von Agrarreformen und dem Ausbau zentralörtlicher Funktionen wird durch die oben beschriebenen Verschuldungspraktiken erschwert. Dem Funktionswandel zu "echten zentralen Orten, die mit ihrem Umland und Einflußbereich in wechselseitigem Geben und Nehmen verbunden sind" (E. WIRTH 1973: 330), steht zudem eine völlig

unzureichende ländliche Infrastruktur entgegen (vgl. P. W. ENGLISH 1966: 56,
M. E. BONINE 1973: 8, E. EHLERS 1975 a: 49 und 1976: 26-28, M. MOMENI:
1976: 171 ff.). Die Konzentration von Handel, Gewerbe und Dienstleistungen in
der Stadt zwingt die Bewohner des ländlichen Umlandes zum Einkauf selbst alltäglicher Gebrauchsgüter im städtischen Bāzār. Die Bereitstellung zahlreicher zentralörtlicher Funktionen in Verbindung mit den Verschuldungsmechanismen führt dazu,
daß die Stadt "auch als zentraler Ort der nahezu alleinige Nutznießer des geringen,
in seinem Umland zirkulierenden oder akkumulierten Geldes" (E. EHLERS 1975 a:
49) wurde. Positive Ausstrahlungskraft gewannen iranische Klein- und Mittelstädte
dagegen durch die Bereitstellung öffentlicher Dienstleistungen wie Behörden, Krankenhäuser und Schulen (vgl. E. EHLERS 1978: 129).

Trotz dieser in vieler Hinsicht auch heute noch parasitären Rolle der Stadt
gegenüber ihrem Umland ist es Klein- und Mittelstädten in Iran nicht gelungen,
die in der Stadt akkumulierten Summen zur Erlangung politischer und wirtschaftlicher Eigenständigkeit zu verwenden. Hierfür sind vor allem folgende insgesamt auf
die Stadtentwicklung einwirkende Faktoren entscheidend:

- die staatlich organisierte städtische Verwaltung;
- die weitreichende Kontrolle des Staates über den Markt der Stadt;
- die Einbindung der Klein- und Mittelstädte über Wirtschaftsverflechtungen
  in ein streng hierarchisch gegliedertes Städtewesen.

Die Kontrolle des Staates über die städtische Verwaltung und den Markt der Stadt
(vgl. I. M. LAPIDUS 1969: 49, C. CAHEN 1958: 67 f., G. GRUNEBAUM 1955:
148 f., A. H. HOURANI 1970: 18 f.) verhinderte in der Vergangenheit die Entwicklung eines unabhängigen Bürgertums und einer freien städtischen Wirtschaft.
Die enge Zusammenarbeit zwischen Regierung und kleiner städtischer Elite, die
in gegenseitigem Einverständnis das städtische Leben beherrschten (vgl. W. M.
FLOOR 1975: 180 f.), machte die Stadt zum Herrschaftsinstrument eines zentralisierten Staates (vgl. E. WIRTH 1966: 406). Diese Funktion der Stadt drückt sich in
den vom Staat als Zwangs- und Überwachungsorganisationen eingerichteten Korporationen der Händler und Handwerker aus, die auch in Klein- und Mittelstädten
entstanden (vgl. W. M. FLOOR 1975). Über diese Organisationsformen nimmt der
Staat Einfluß auf die Preisgestaltung im städtischen Bāzār, regelt die Besteuerung
der Händler und Handwerker und sichert sich die Kontrolle über das städtische Wirtschaftsleben. Der Entwicklung iranischer Klein- und Mittelstädte sind durch die
vom Staat stark eingeschränkte Handlungsfreiheit der Gewerbetreibenden und die bewußt eingedämmte Eigeninitiative der Bürger enge wirtschaftspolitische Grenzen
gesetzt.

Zwar verfügen Klein- und Mittelstädte einerseits durch ihre Versorgungsfunktion gegenüber dem ländlichen Umland über eine wirtschaftliche Basis, befinden
sich aber andererseits als "Brückenköpfe der großstädtischen Zentren" (E. EHLERS
1978: 130) in ökonomischen Abhängigkeiten. Die Beherrschung von Klein- und

Mittelstädten durch die Provinzzentren und Teherān wird vermittelt über:

- "das nationale Distributionssystem von Waren";
- "die Organisation eines kleinstädtischen und ländlichen Heimgewerbes durch großstädtische Unternehmer" (E. EHLERS 1978: 130).

Der Warenbezug von Kleinstädten erfolgt danach über die Provinzhauptstädte oder Teherān unter weitgehender Ausschaltung von Handelsverbindungen zwischen Klein- und Mittelstädten (vgl. M. MOMENI 1976: 114, E. EHLERS 1977 a: 288 u. 293 f.). Die aus dem Handel erwirtschafteten Gewinne kommen daher vorrangig den großstädtischen Zentren und besonders Teherān zugute. 1967 entfielen von 21 Mrd. Rial Bruttogewinn in Iran ca. 80% auf die Landeshauptstadt Teherān (vgl. M. MOMENI 1976: 115).

Die Dominanz der Großstädte wird zusätzlich durch den als "Usurpation der Bedarfsdeckung" (E. EHLERS 1978: 130 f.) bezeichneten Mechanismus verstärkt. Danach schließen Großstädte durch ihr Angebot an Agrarprodukten die Klein- und Mittelstädte von der Vermarktung aus (vgl. M. E. BONINE 1973).

Das von der Stadt organisierte ländliche Heimgewerbe, insbes. die Teppichknüpferei, verstärkt einerseits die Funktion der Stadt als "wichtiges Ausstrahlungszentrum für Innovationen" (E. WIRTH 1973: 331), andererseits führt die Mittlerstellung der Klein- und Mittelstädte innerhalb des Organisationsmechanismus (vgl. E. EHLERS 1978: 131 f., G. STÖBER 1978: 228 ff.) dazu, "daß die Kleinstädte als Vorposten und Brückenköpfe großstädtischer Wirtschaftsinteressen fungieren und damit selbst abhängig sind" (E. EHLERS 1980 b: 297).

Die Stellung iranischer Klein- und Mittelstädte im Muster der siedlungsgeographischen Hierarchisierung läßt sich nach E. EHLERS folgendermaßen charakterisieren (vgl. E. EHLERS 1980 b: 298):

- sie besitzen die Funktion zentraler Orte für ein eng umgrenztes Hinterland und bewirken durch die Kombination von zentralörtlichen Funktionen und rentenkapitalistischen Praktiken ein stark ausgeprägtes Stadt-Umland-Gefälle;
- Klein- und Mittelstädte werden andererseits über die ökonomischen Verflechtungen mit Provinz- und Großstädten fremdbestimmt und nehmen für die großstädtischen Zentren eine Art "Brückenkopffunktion" wahr.

1.3   Zielsetzung der Arbeit

Im Gegensatz zu einer auf der Residenzfunktion der Grundeigentümer beruhenden Entwicklung nahm die Kleinstadt Zābol im 19. Jh. keine ausbeuterische Rolle gegenüber ihrem Umland ein. Die über das Ackerland verfügenden lokalen

Stammesführer (Sardāre) hausten in befestigten ländlichen Siedlungen, und Nasratābād (= Zābol) besaß als Garnisonsstadt keine nenenswerte Mantelbevölkerung von Großgrundbesitzern. Die Untersuchung der von bekannten Mustern abweichenden Siedlungs- und Agrarsozialstruktur Sistāns ist Gegenstand einer eigenständigen Arbeit im Rahmen des "Sistān-Projekts" (5).

Die erst 1864/67 dem persischen Staatsverband eingegliederte Provinz Sistān geriet im Zuge der wirtschaftlichen Penetration Persiens unter den Einfluß imperialer Mächte, die in der Folgezeit auch die Entwicklung der Stadt Zābol nachhaltig bestimmten. Erst mit der Machtübernahme durch Rezā Shāh (1925) wurden einerseits die gestaltenden Kräfte der einheimischen Bevölkerung zum Ausbau des städtischen Bāzars freigesetzt, andererseits die Voraussetzungen für eine Eingliederung Zābols in die von Teherān dominierte Hierarchie des iranischen Städtewesens geschaffen.

Der Bāzār als "wirtschaftliches Organisationszentrum und als Finanzierungs- und Kreditplatz" (E. WIRTH 1974/75: 214) übernimmt die entscheidende Rolle für die Fortentwicklung der Stadt. Wie bei großstädtischen Zentren hängen Entstehung und Wachstum kleinstädtischer Bāzāre von der Investitionsbereitschaft stadtansässiger Großhändler und Großgrundbesitzer ab (vgl. M. MOMENI 1976: 40-43), die als Eigentümer des überwiegenden Teils der Läden (vgl. M. MOMENI 1976: 110-112, P. W. ENGLISH 1966: 74, E. SCHWEIZER 1972: 41 Anm. 18, L. ROTHER 1977: 39-41) den Bāzār zum "Objekt des Rentenkapitalismus" (E. WIRTH 1974/75: 218) machen.

Vermittelt über die Eigentumsverhältnisse werden die Standorte der Händler und Handwerker bestimmt, die sich entsprechend ihren Einkünften dort niederlassen, wo sie die vom Eigentümer geforderten Sargofli- und Mietpreise bezahlen können. Am Beispiel der Kleinstadt Zābol wurde versucht, dem Zusammenhang von Branchenkonzentration und -sortierung einerseits und den Standortfaktoren Bodenpreis, Sargofli- und Miethöhe andererseits nachzugehen. Vor dem Hintergrund eines weitgehenden Mangels an stadtansässigen Großgrundbesitzern und eines infolge langjähriger wirtschaftlicher Lenkung von außen nur rudimentär ausgebildeten einheimischen Wirtschaftssektors erhält die Frage nach dem sozialen Hintergrund der Bāzāreigentümer ein besonderes Gewicht. Aus welchen Schichten und Berufszweigen der ländlichen und städtischen Bevölkerung stammten sie, und aufgrund welcher ökonomischen Basis gelang es ihnen, eine führende Rolle innerhalb der städtischen Gesellschaft zu erringen?

Der als ein Grundzug der orientalischen Stadt herausgestellte "ständige Wechsel der Oberschicht" (H. BOBEK 1959: 286) infolge von Eroberungen und politischen Umstürzen gilt auch für die Sozialstruktur iranischer Städte, in deren Rahmen allen Land- und Stadtbewohnern theoretisch ein sozialer Auf- und Abstieg offen steht (vgl. E. EHLERS 1980 b: 153 f.). Diese größere soziale Mobilität hat ihre Wurzeln in der Islamisierung Persiens (vgl. W. MILLWARD 1971: 8). In dem bis zur

"Islamischen Revolution" von 1979 bestehenden Gesellschaftsaufbau Irans (vgl. J. A. BILL 1972: 8) war eine hierarchische Ordnung charakteristisch, die trotz individueller Aufstiegsmöglichkeiten unangetastet blieb.

"It can be generally stated that group and class memberships continually change, but group and class power points always remain" (J. A. BILL 1972: 26).

Aufstiegschancen eröffnen sich dem Einzelnen über die religiöse, bürokratische oder militärische Aufstiegsleiter, wobei vor allem der Ausbildung im Rahmen des modernen Erziehungswesens eine besondere Bedeutung zukommt (vgl. J. A. BILL 1972: 29 f.) und der Kreis der sozialen Aufsteiger sich meist auf Beamte, Militärs und Intellektuelle beschränkt (vgl. C. A. O. VAN NIEUWENHUIJZE 1971: 645 ff.).

Die soziologische und geographische Forschung ist einen Beleg anhand von Fallbeispielen für die oben herausgestellte soziale Mobilität bisher schuldig geblieben. Lediglich für die iranische Kleinstadt Malāyer konnte der Zusammenhang von Herkunft und beruflicher Differenzierung städtischer Geschäftsleute aufgezeigt werden (vgl. M. MOMENI 1976: 77).

Die Verbesserung der Einkommensmöglichkeiten der ländlichen Bevölkerung im Hinterland einer Klein- und Mittelstadt hängt sowohl von den durch städtische Unternehmer auf dem Lande geschaffenen Arbeitsplätzen (vgl. E. WIRTH 1973: 326 f.) als auch von den beruflichen Aufstiegsmöglichkeiten innerhalb der städtischen Wirtschaft ab. Befragungen unter stationären und ambulanten Gewerbetreibenden der Stadt Zābol über ihre Herkunft und ihren beruflichen Werdegang sollten Aufschluß über die Durchlässigkeit städtischer Sozialstrukturen geben.

Neben ihrer Bedeutung als Kontrollinstrumente des Staates können berufsständische Korporationen vermittelt über die Rangordnung der verschiedenen Gewerbe (vgl. P. W. ENGLISH 1966: 76) die soziale Stellung unter den Gewerbetreibenden widerspiegeln. Die Untersuchung der Organisationsformen der städtischen Wirtschaft in Zābol ermöglichte darüber hinaus Einblicke in die rechtlichen, ökonomischen und sozialen Funktionen der Korporationen. Hierbei standen folgende Problemkreise im Mittelpunkt des Interesses: die Schlichtung von Streitigkeiten unter den Mitgliedern, fiskalische Funktionen, Befugnisse bei der Festsetzung von Verkaufspreisen, Finanzhilfen für Korporationsmitglieder u.a.

Aufgrund ihrer vom Staat eingeschränkten wirtschaftspolitischen Einflußmöglichkeiten spielen Korporationen im Rahmen innerstädtischer Wirtschaftsverflechtungen eine untergeordnete Rolle. Vielmehr werden die "vielfältigen Verflechtungen und Wechselwirkungen des Interaktionssystems Bāzar" (E. WIRTH 1974/75: 221) von den in Khānen und Bāzārhallen großstädtischer Bāzāre ansässigen Großhändlern gesteuert, wobei die Intensität der Verflechtungen zwischen den Wirtschaftssektoren mit wachsender Größe des Bāzārs zunimmt (vgl. E. WIRTH 1974/75: 221). Den innerstädtischen Wirtschaftsverflechtungen einer Kleinstadt am Beispiel Zābols nachzugehen, war das Ziel von Befragungen unter Gewerbetreibenden der Stadt. Die Untersuchung von Warenbezugsmechanismen und Verdienstspannen der Geschäftsleute verschiedener Branchen vermittelt Einblicke in ökonomische Abhängigkeitsverhältnisse und die Funktionsweise eines kleinstädtischen Bāzārs.

Als Hemmnis für die ökonomische Entfaltung von Klein- und Mittelstädten und für die Entstehung echter zentralörtlicher Systeme wurde ihre Beherrschung durch großstädtische Zentren herausgestellt (vgl. E. EHLERS 1980 b: 295-300). Hierbei erschien das Verteilungssystem von Waren als ein wichtiger Faktor für die Einbindung von Kleinstädten in den iranischen Wirtschaftszentralismus. Darüber hinaus galt das Interesse der vorliegenden Arbeit der Art der Geschäftsverbindungen und den durch sie hervorgerufenen Abhängigkeitsverhältnissen zwischen den Gewerbetreibenden von Zābol und einflußreichen Händlern der Großstädte.

Die Untergliederung der vorliegenden Arbeit in eine historische, der Genese der Stadt geltende Untersuchung und die Erforschung rezenter Wirtschafts- und Sozialstrukturen bedingt die Auswertung unterschiedlichen Datenmaterials:

- die im Public Record Office und India Office in London seit der 1899 erfolgten Einrichtung einer britischen Konsularvertretung in Zabol bis zu ihrer Auflösung 1945 archivierten amtlichen Dokumente. Hierbei handelt es sich um den Konsulatsbriefwechsel, Konsulartagebücher mit Wochen- oder Monatsberichten, Militär- und Handelsberichte sowie Rechnungsberichte der Imperial Bank of Persia. Ergänzt werden die Quellen durch die Berichte von Mitgliedern der britischen Grenzkommissionen, die 1872 die Grenze zwischen Persisch- und Afghanisch-Sistān festlegten;
- die vor allem vom Statistischen Zentrum Irans veröffentlichten amtlichen iranischen Statistiken, wie z. B. die 1963 und 1975 herausgegebenen Basisinformationen zur Wirtschaftsstruktur Zābols und die von 1966 und 1976 vorliegenden Volkszählungsergebnisse.

Das empirische Material wurde während eines fünf Monate währenden Geländeaufenthaltes 1978 gewonnen. Durch die fruchtbare Zusammenarbeit mit dem Projektteilnehmer H. ZIA-TAVANA gelang es, auch in heiklen, die persönlichen und wirtschaftlichen Verhältnisse der Gesprächspartner betreffenden Fragestellungen Ergebnisse zu erzielen. Auf die Verwendung standardisierter Interviews in Form von Fragebogen wurde im Hinblick auf die Art der Fragestellungen bewußt zugunsten teilstandardisierter Interviews ohne Formulare verzichtet. Diese Methode erschien uns die einzig geeignete, um in Einzelgesprächen Problemkreise wie Eigentumsverhältnisse, Einkommensverhältnisse, Einkaufs- und Vermarktungsmechanismen, soziale Herkunft u. a. in den Griff zu bekommen. Als Informanten fungierten verschiedene Beamte der Stadt Zābol, der Vorsitzende der Otāq-e-Asnāf (Zusammenschluß der städtischen Korporationen) und über 100 Geschäftsleute, Handwerker und ambulante Gewerbetreibende des städtischen Bāzārs.

2. Gründung und Entwicklung der Stadt Zābol (Nasratābād)

2.1 Gründung der Stadt und Entwicklung im 19. Jahrhundert und frühen 20. Jahrhundert

Bis zur Mitte des 19. Jh. existierte in Sistān keine Siedlung, die über die drei Grundfunktionen einer orientalischen Stadt (vgl. E. WIRTH 1975: 51) verfügte. Ein aufgelockertes Siedlungsmuster mit kleinen Dörfern, die in ihrer Lage den Leitlinien der Bewässerungskanäle folgten, bestimmte das äußere Bild. Von den bäuerlichen Siedlungen hoben sich nur einige miteinander konkurrierende Dörfer ab, in denen lokale Stammesführer (Sardāre) ihre Herrschaftssitze errichtet hatten. Diese Siedlungen besaßen aber weder religiöse Zentren noch irgendeine Funktion als Markt oder gewerbliche Produktionsstätte.

2.1.1 Grundzüge der Siedlungsstruktur Sistāns vor der persischen Machtübernahme (1850/1864)

Sistān wurde im 19. Jh. von lokalen Sardāren beherrscht, die eine Schaukelpolitik zwischen Iran und Afghanistan betrieben. Solange in Sistān mehrere einheimische Stammesführer die Macht in Händen hielten und die staatliche Zentralgewalt weitgehend ausgeschaltet war, konnte keine staatliche Verwaltungsmetropole entstehen. Die verschiedenen Herrschaftssitze der sistānischen Sardāre bildeten die Zentren des Landes, und ihre Bedeutung hing von der Verfügungsgewalt des jeweiligen Sardārs über das Ackerland und die bäuerliche Bevölkerung entsprechend seiner militärischen Durchsetzungskraft ab. Das sich wandelnde Kräfteverhältnis zwischen den Sardāren, das durch private Fehden häufigen Veränderungen unterworfen war, drückte sich in den Beschreibungen europäischer Reisender aus; als die Herrschaftssitze der mächtigsten Sardāre wurden in Zeiträumen von wenigen Jahrzehnten verschiedene Ortschaften bezeichnet. Hieran wird auch ein gewisses Kräftegleichgewicht deutlich, das die Anlage eines städtischen Zentrums durch _einen_ Sardār zur Beherrschung ganz Sistāns nicht zuließ. Der ländliche Raum mit den in verschiedenen Dörfern liegenden Adelssitzen wurde nicht, wie es im Orient so häufig geschah, der Herrschaft einer Stadt als Verwaltungssitz der Zentralgewalt unterworfen.

H. POTTINGER, der zu Anfang des 19. Jh. durch Sistān reiste, bezeichnete eine Siedlung mit Namen "Dooshak" oder Jalālābād als "capital" von Sistān (H. POTTINGER 1816: 315) (vgl. Abb. 5). Schon drei Jahrzehnte später hatte Jalālābād seine Stellung als wichtigster Ort in Sistān verloren. Als sich J. P. FERRIER im Winter 1845/46 in Sistān aufhielt, war Sehkuhe (Drei-Berge) (vgl. Abb. 5) bereits die bedeutendste Siedlung des Landes. FERRIER, der sich der Kurzlebigkeit sistānischer Zentren bewußt war, drückte seine Skepsis in bezug auf stabile politische Verhältnisse in einer Beschreibung von "Sekooha" aus, wo er am 1.11.1845 weilte.

Abbildung 2: Sistān

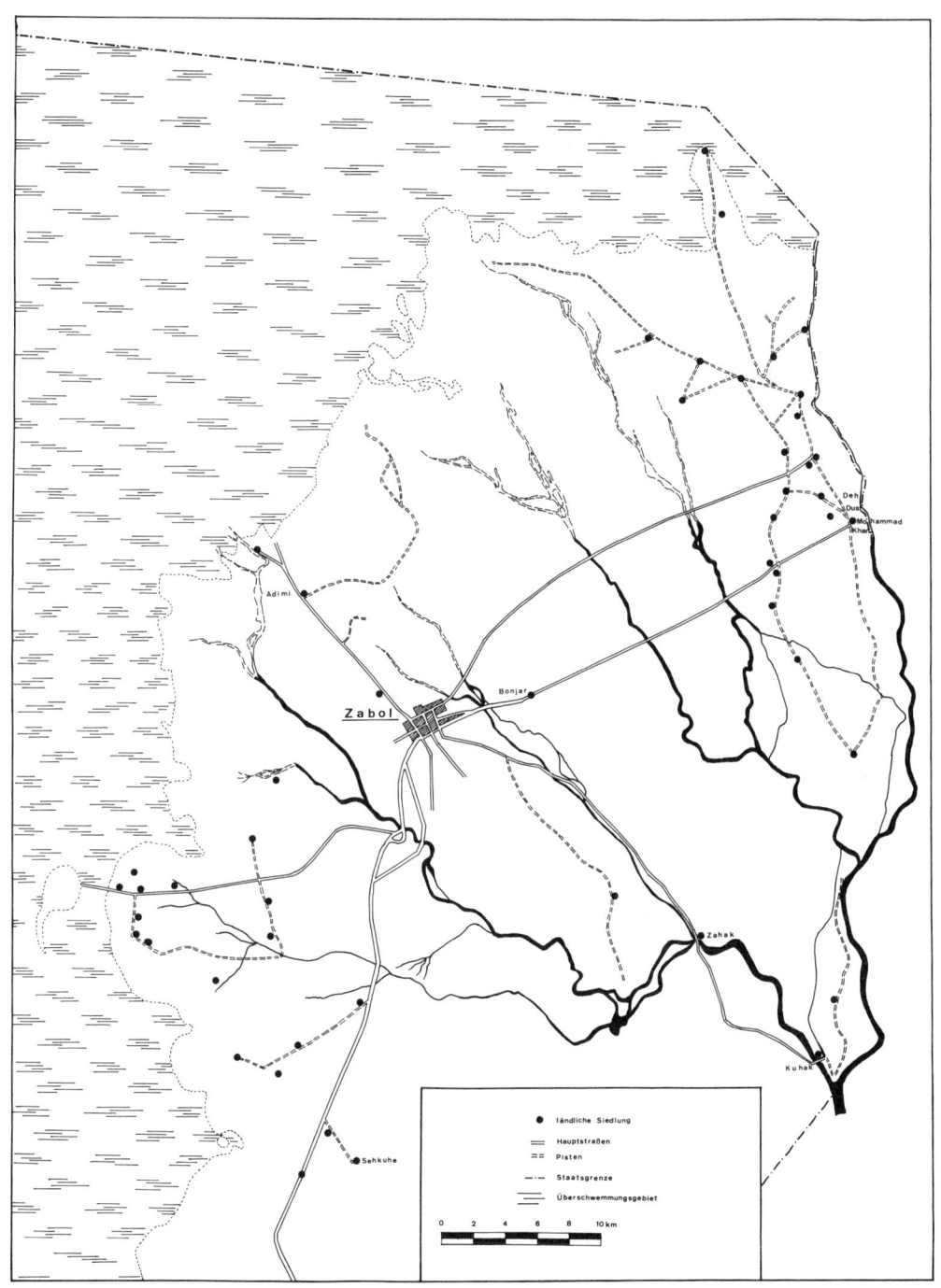

"This fortress is the strongest and most important of Seistan, ... It contains about twelve hundred houses, each of which would furnish one and in some cases two fighting men. I have called it the capital of Seistan, but it is impossible to say how long it may enjoy that title ..." (J. P. FERRIER 1857: 419).

Mitte des 19. Jh. versuchte Iran, ganz Sistān unter persische Herrschaft zu zwingen. Der Sardār ʿAli Khān, der von Sehkuhe aus einen großen Einfluß in Sistān ausübte, widersetzte sich einer Eingliederung Sistāns in das persische Staatsgebiet, worauf persische Truppen 1850 Sistān eroberten. Die Vormachtstellung von Sehkuhe zerbrach endgültig 1864/67 nach der Niederschlagung eines Aufstandes gegen die persischen Eroberer. Der persische Heerführer Mir ʿAlam Khān wurde zum Gouverneur ernannt, und dieses Amt blieb fest in Händen seiner Familie. Mit der Einsetzung eines Statthalters war Sistān in der Folgezeit der iranischen Zentralgewalt unterstellt.

Über die politische Situation am Ende des Jahres 1867 urteilte P. WYNNE:

"The Persians had destroyed the fort of Sekooha, the capital in the time of Taj Mohamed, and many other small forts which might form centres of resistance, and were building a large fort themselves a little north of Sekooha" (P. WYNNE 1870: 47).

Im Februar 1872 hielt sich die von F. GOLDSMID geleitete britische Grenzkommission in Sehkuhe auf, welche die territorialen Streitigkeiten um Sistān zwischen Iran und Afghanistan beilegen sollte. Von F. GOLDSMID stammt die erste Beschreibung von Sehkuhe (F. GOLDSMID 1876: 258 f.). Der Ort gruppierte sich demnach um drei Hügel, auf deren Gipfeln die ehemalige Zitadelle des Sardāren, das Haus des persischen Gouverneurs und eine Karawanserei erbaut waren. Wasser lag knapp unter der Erdoberfläche und war gut erreichbar. Die 5.000 Einwohner von Sehkuhe lebten als Bauern in 1.200 Häusern. F. GOLDSMID hebt hervor, daß es trotz einer solch beträchtlichen Bevölkerungszahl keine handwerklichen Betriebe in Sehkuhe gab.

Diese Beschreibung der von F. GOLDSMID als "the more modern capital of Sistan" (F. GOLDSMID 1873: 70) bezeichneten Siedlung verdeutlicht den Charakter sistānischer Zentren im 19. Jh. Zwar wurde Sehkuhe von 5.000 Einwohnern bewohnt (6), doch blieb die Siedlung eine reine "Ackerbürgerstadt" ohne gewerbliche Funktionen und infrastrukturelle Einrichtungen. Da das Wachstum der Siedlung sehr stark von der politischen Stellung des Sardāren abhing und Sehkuhe über keinerlei Handelsfunktion verfügte, verfiel die Siedlung nach der Gründung von Nasratabad schnell; 1892 wurden nur noch 600 Häuser bewohnt (V. BÜCHNER 1934: 491).

Die sistānischen Zentren vor Gründung von Nasratābād stellten eine Ansammlung von Wohnstätten der Stammesgefolgschaft eines Sardāren dar. Sie können - wie das Beispiel Sehkuhe zeigt - als bäuerliche Siedlungen im Schutz der Burg eines mehr oder weniger bedeutenden Territorialherren beschrieben werden. Die dörfliche Bevölkerung setzte sich fast ausschließlich aus Bauern zusammen. Eine nennenswerte Funktion als Handelsplatz oder gewerbliche Produktionsstätte besaßen die Siedlungen nicht.

2.1.2 Gründung von Nasratābād und Stadtentwicklung bis 1928

In dem Pariser Vertrag vom 4. März 1857 zwischen England und Persien hatte sich die persische Regierung verpflichtet, bei Streitigkeiten mit Afghanistan Großbritannien als Schiedsrichter anzurufen und so eine friedliche Konfliktlösung zu finden (E. SCHLAGINTWEIT 1877: 171). Die Frage der Grenzziehung in Sistān wurde deshalb einer englischen Grenzkommission unter Leitung von F. GOLDSMID übertragen, die 1872 mit ihrer Arbeit begann. Auf diese Weise konnte die persische Regierung zwar einen internationalen Konflikt vermeiden, nicht aber die innenpolitische Kontrolle über Sistān gewinnen.

Die Perser versuchten in den ersten Jahren nach der Besitzergreifung Sistāns zunächst, ihre militärische Überlegenheit zu festigen. Sie erbauten ein Fort in der Nähe der Siedlung Naṣirābād (E. SCHLAGINTWEIT 1877: 201 f.) und in unmittelbarer Nachbarschaft zu Hosseinābād. Die Wahl dieses Standortes zur Anlage einer Garnisonsstadt führte P. WYNNE auf militärische und handelspolitische Gründe zurück.

> "Hosseinabad was well selected, both for defence against the Seistan Belooch on the opposite bank, and for commanding the several lines of route that radiate from Seistan eastward ..." (P. WYNNE 1870: 48).

Die Anlage dieses Forts im Jahre 1869 durch Mir'Alam Khān von "Kain"(7) gilt als Gründung der Stadt Nasratābād, dem ersten persischen Verwaltungszentrum Sistāns (V. BÜCHNER 1934: 491; Auskunft des Bürgermeisteramtes von Zābol).

Mit der Errichtung einer Festung war die Ansiedlung persischer Bevölkerungsteile aus Khorassān und dem Qāenāt (Region um die Stadt Qāen) in Nasratābād verbunden, während Hosseinābād die ursprüngliche Sistānibevölkerung beibehielt.

> "The new town is almost entirely populated by people from Kain and Khurasan, but the village of Husainabad contains original Sistani inhabitants"
> (F. GOLDSMID 1876: 267).

Die Perser mißtrauten der Befriedung der sistānischen Bevölkerung, und es entsprach dem persischen Sicherheitsbedürfnis, die Eingliederung Sistāns durch Präsenz persischer Soldaten und Zivilisten nach außen zu dokumentieren. Mir'Alam Khān übergab den militärischen Schutz des ihm unterstellten Sistān lieber eigenen Truppen als den für ihre schwankende Haltung bekannten Sistānis. Die Einwanderung nach Sistān nahm beträchtliche Ausmaße an.

> "Sie siedelten 20.000 Colonisten aus dem von Hungersnoth heimgesuchten
> Khorassan an, und gaben an 4.000 Familien aus den benachbarten Districten
> Hokat und Khosch Land; in den meisten Dörfern sind Garnisonen von 10 bis
> 50 Mann eingelegt, eine Gesammtmacht von 3.000 Mann Infanterie und 800
> Khorassan-Reitern mit 10 Kanonen sorgen für Ruhe und Sicherheit" (nach H.
> BELLEW 1873 E. SCHLAGINTWEIT 1877: 202).

Der Stadtgründer Mir 'Alam Khān starb 1891, und der jüngere seiner Söhne, Isma'il Khān, bekannt als Shaukat-ol-Molk, folgte ihm als Gouverneur von Qāen nach, während sein älterer Sohn, Haschmat-ol-Molk, Gouverneur von Tabas und Sistān wurde (CURZON OF KEDLESTON 1899: 1). Haschmat-ol-Molk residierte nicht persönlich in Sistān, sondern schickte zuerst seinen Sohn Mir Ma'sum Khān und seit 1898 seinen Sohn Muhammad Reza Khān als Gouverneur nach Sistān. Sistān wurde fest in das System der Provinzverwaltung Irans eingefügt und verlor jegliche Unabhängigkeit. Die Anlage der Garnisonsstadt und des Verwaltungszentrums Naṣratābād bildete neben der Ansiedlung persischer Kolonisten eine wichtige Voraussetzung für Entwicklung und Bestand persischer Herrschaft in Sistān.

Naṣratābād, "the chief city of Sistan", wurde von B. LOVETT, der im März 1872 die Stadt besuchte, als Nasirabad bezeichnet (B. LOVETT 1874: 145). Diese Bezeichnung war unter der Bevölkerung Sistāns absolut unüblich und bezog sich auf eine kleine dörfliche Siedlung, die 2 Meilen von Naṣratābād entfernt lag (vgl. hierzu und zu folgendem SEISTAN CONSULAR DIARY (SCD) Nr. 3, 1902). Um die Jahrhundertwende wurde der Name Naṣratābād auf zwei Ursprünge zurückgeführt:

- Naṣratābād bedeutete "Stadt des Sieges", in Erinnerung an die Eroberung durch Mir 'Alam Khān;
- Naṣratābād galt als "Stadt von Nasr"; diese Bezeichnung war ein Kürzel für "Nasr-'u-din-Shāh", den Herrscher Irans.

In offiziellen Briefen aus Teheran wurde die Bezeichnung "Shahr-i-Nasriya" oder "Shahr-i-Seistan" verwendet; die Einwohner von Naṣratābād sprachen einfach von "Shahr", das heißt "Stadt". Neben der Bezeichnung "Shahr" war 1905 die Bezeichnung "Seistan" für Naṣratābād üblich (G. TATE 1909: 205). Der Name Naṣratābād fand nur selten Verwendung. Die Festung von Naṣratābād trug den Namen "Shahr-i-kadim" ("Die alte Stadt") (V. BÜCHNER 1934: 491).

Als F. GOLDSMID sich der Stadt im Januar 1872 erstmalig näherte, sah er in Naṣratābād vor allem die Festung.

> "From this defile, Nusratabad was discovered in the low country, in the form
> of two brown castellated buildings, which on approach proved to be the old
> and new stations respectively, each a walled enclosure for the protection and
> location of armed men or peacefull cultivators, as the case might require"
> (F. GOLDSMID 1873: 69).

Die Stadt Nasratābād besaß nach ihrer Gründung hauptsächlich die Funktion einer Festung, was sich in der Anlage von Stadtwällen mit Wassergräben und der innerhalb der Stadt gelegenen gut befestigten Burg des Gouverneurs zeigte.

Die erste ausführliche Beschreibung der frühen Anlage von Nasratābād stammt von H. BELLEW, der sein Augenmerk vor allem auf Art, Ausmaß und Stärke der Stadtbefestigung richtete.

> "Nasirabad is a newly-erected fort surrounding the former village of that name, and is the residence and seat of Government of the Persian Governor of Seistan, Meer Alum Khan of Ghayn. The fortified walls are of a square shape and surrounded by a deep ditch ... In the middle of the west face is a gateway through which we saw that the greater portion of the interior is an open and unoccupied space, and that the surrounding walls are unsupported on the inside. The buttres bastions on each face are about sixty yards apart. The village of Nasirabad occupies the north-east portion of the interior. Outside the north-west angle and separate from the rest of the fortifications is the citadal. It is strongly and carefully built and has eight turreted bastions on each of the west and north faces, with a covered way between the ditch and walls" (H. BELLEW 1873: 58).

H. BELLEW irrte, als er den Namen der von den Stadtwällen umschlossenen Siedlung mit Nasirābād angab; hierbei konnte es sich nur um Hosseinābād handeln (8). Nach seiner Beschreibung hat man sich Nasratābād als eine von rechtwinkligen Wällen umgebene Siedlung vorzustellen, innerhalb derer es große, unbebaute Flächen gab. Im Nordosten wird Hosseinābād von Wällen umschlossen und im Nordwesten befand sich die Burg des persischen Gouverneurs, die besonders stark befestigt war. Da ein großer Teil der Stadt unbewohnt war und viel freies Land von den Wällen umschlossen wurde, liegt die Vermutung nahe, daß beim Bau der Befestigungsanlagen auf den beabsichtigten Ausbau der Stadt Rücksicht genommen wurde und die unbebaute Fläche dazu dienen konnte, eine beträchtliche Anzahl von Soldaten im sicheren Schutz der Mauern unterzubringen.

Im Februar 1872 hielt sich die britische Grenzkommission zehn Tage lang in Nasratābād auf, und GOLDSMID beschrieb die Stadt folgendermaßen:

> "The present fort measures, according to a rough calculation, 400 by 500 yards, and is called by the natives the Shahr-i-Kadim (old city), in cotradistinction to the Shahr-i-Nau (new city), which is gradually being built contiguous to it, and to mark the limits of which a mud wall has been raised, prolonging the sides of the Shahr-i-Kadim, and with a face to the north. The dimensions of this new fort will be about 1.000 yards by 600 yards, and it will enclose an area of nearly half a sqare mile. Within this space the ancient Sistan village of Husainabad has been enclosed"
> (F. GOLDSMID 1876: 266 f.).

Der Versuch, bei der Gründung von Nasratābād persische Zivilisten, Soldaten aus Khorassān und Qāen und die sistanische Bevölkerung Hoseinābāds im Stadtkörper zu vereinigen, scheiterte. Über die genauen Hintergründe eines mißlungenen Aufstandes im Jahre 1873 gegen die "Fremdherrschaft" der Perser ist wenig bekannt. C. YATE, der sich 1894 in Nasratābād aufhielt, berichtete von erheblichen Spannungen zwischen den persischen Soldaten und der sistanischen Bevölkerung der Stadt. Zu dieser Zeit war Mir Ma'sum Khān persischer Gouverneur. In der Garnison von Nasratābād lagen neben 800 Soldaten eines Regiments aus Qāen noch 500 Soldaten, die irregulären Truppen aus Qāen angehörten. C. YATE berichtete über die Lebensumstände in Nasratābād.

> "This fort is purely a Kain settlement. No Sistanis are allowed to live in it, and those that come in by day to the bazar are not allowed to take in arms, and are turned out again at night when the gates are shut. There were said to be about 2.100 people altogether in the place, including sarbazes, irregulars followers of sorts" (C. YATE 1900: 78).

Der Grund für diese mißtrauische Haltung gegenüber den Sistānīs lag in dem Aufstand von 1873 begründet, als dessen Folge das ehemalige Dorf Hoseinābād aus dem Stadtverband ausgeschlossen wurde.

> "Husainabad, the adjoining village, now simply a collection of domed mud hovels. The village was originally walled, and was the main town, but the walls were distroyed during the rebellion in 1873, and had never been rebuilt" (C. YATE 1900: 79).

Das Zusammenleben von persischen Soldaten und sistanischer Bevölkerung in Nasratābād hatte keine vier Jahre gedauert. Am Ende des 19. Jh. standen sich die Wehrsiedlung Nasratābād und das volkreiche Dorf Hoseinābād durch einen Stadtwall räumlich voneinander getrennt gegenüber. Die Bevölkerung Nasratābāds, die 1894 nach Schätzung von C. YATE 2.100 Ew. betrug, setzte sich zu über 50% aus Soldaten zusammen, die zudem keine Sistānīs waren.

Am Ende des 19. Jh. besaß die Stadt bereits einen kleinen Bāzār, der eine wenn auch bescheidene Handelsaktivität belegt. Von C. YATE wird der Bāzār als "a poor place" bezeichnet (C. YATE 1900: 78), der an Waren nicht viel zu bieten hatte, bis auf etwas russischen Zucker aus Birjand und zwei Packen belgischer Kerzen (C. YATE 1900: 85).

Als der EARL OF RONALDSHAY im Dezember 1900 die Hauptstadt Sistāns besuchte, erschien ihm die Siedlung aus zwei Städten zu bestehen bzw. aus einer Doppelstadt, die sich aus dem von hohen Wällen umgebenen nördlichen Stadtteil, Nasratābād, und dem südlich gelegenen Hoseinābād zusammensetzte (RONALDSHAY 1902: 197). Zwischen diesen beiden Stadtteilen waren in den letzten Monaten die Gebäude des britischen Konsulats entstanden, die er als dritten Stadtteil mit dem

Namen "Trenchābād" bezeichnete (9). Diese so in ihrer Lage unterschiedenen Stadtteile besaßen auch unterschiedliche Funktionen.

> "Husainabad, as I have already mentioned, is little more than a collection of small domed mud houses, built irresective of ground plan, wheresoever fancy dictated, in the middle of a vast plain. Here and there a windmill of curious shape stands up conspicuous among the surrounding houses, ... Beyond this the houses of the Russian Vice-Consul and the head Mullah are the only other objects likely to attract one's attention" (RONALDSHAY 1902: 197).

Hosseināb̄ād hatte seinen ländlichen Charakter und seine Funktion als Wohnviertel bewahrt und besaß keinerlei öffentliche Bauten oder sonstige Gebäude, die besonders hervorstachen. Auch heute noch weisen die Häuser dieses Stadtteils kuppelförmig gewölbte Dächer auf, die aber nur noch teilweise aus luftgetrockneten Ziegeln mit einem Verputz aus Stampflehm bestehen.

Einen deutlichen Gegensatz zum natürlich gewachsenen Stadtteil Hosseināb̄ād bildete die neu angelegte Wehrsiedlung Nasratābād mit einer geradlinigen Hauptstraße.

> "Nasratabad, the northern town, though little to boast of, is by far the more imposing of the two ... In the centre of the southern wall stands one of the two gateways of the city, supported on each side by a buttres, and from here the central street runs the lengths of the city, terminating in a similar gateway in the centre of the north wall" (RONALDSHAY 1902: 197 f.).

Aus dieser Beschreibung geht nicht hervor, ob die Bebauung der noch ungenutzten Flächen im Innern der Stadt fortgeschritten war. Es mangelt auch an Angaben über die Bevölkerungsentwicklung in Nasratābād. Um die Jahrhundertwende lebten nach Schätzung von P. SYKES ca. 3.000 Ew. in Hosseināb̄ād (P. SYKES 1902: 375).

Die von RONALDSHAY als eigenständiger Stadtteil unter der Bezeichnung Trenchāb̄ād aufgeführten Konsulatsgebäude der Engländer waren von den beiden übrigen Stadtteilen durch einen freien Platz getrennt (RONALDSHAY 1902: 198). Zu den Konsulatsgebäuden zählte eine Moschee, die die Engländer gebaut hatten, sowie das Haus des Konsuls, Räume für die Wache und für die einheimischen Diener. Auf die Gründung des britischen Konsulats wird in Kap. 2.2.1 noch ausführlich eingegangen.

G. TATE beschrieb im April 1905 die Stadt Nasratābād als einen langsam verfallenden Ort, in dem nur noch die Residenz des Gouverneurs in der Burg in Ordnung gehalten wurde (G. TATE 1909: 206). Demgegenüber war Hosseināb̄ād, wo der größte Teil der Zivilbevölkerung lebte, in besserem Zustand (G. TATE 1909: 207). Die Bevölkerung von Hosseināb̄ād schätzte er für 1904/05 auf 500 Familien (G. TATE 1912: Appendix I A).

Die ausführlichste Beschreibung von Nasratabad und Hinweise auf die Lebensbedingungen in der Stadt am Anfang des 20. Jh. stammen von S. HEDIN, der auf seinem Weg nach Indien durch Sistān reiste und vom 9.4. bis 18.4.1906 in Naṣratābād weilte. Zu dieser Zeit besaß die Doppelstadt 7.000 Ew., wovon 2.500 Ew. in Nasratābād und 4.500 Ew. in Hosseinābād wohnten (S. HEDIN 1910: 311).

> "Husseinabad zeigt ein Gewirr von Kuppeln und Mauern, würfelförmiger Häuser und Windmühlen, alles grau und farblos, nur sehr selten durch ein bißchen Grün unterbrochen, durch irgendeinen armseligen Garten mit Maulbeer- und Apfelbäumen, den Mauern vor dem heftigen Sommerwinde schützen. Nasratabad bildet ein Rechteck, das im Norden und Süden ein wenig länger ist als im Osten und Westen. Eine Lehmmauer und ein mit Wasser gefüllter Wallgraben umschließen die Stadt" (S. HEDIN 1910: 312).

Auf dem Platz zwischen Nasratābād und Hosseinābād befand sich das von den Engländern errichtete Bankgebäude. Im südlichen Teil von Nasratābād lagen in einem langen, niedrigen Gebäude die Läden der englischen Händler und dahinter die Läden der russischen Händler.

> "Ich passiere das südliche Stadttor von Nasretabad, wo einige halbverhungerte, bemitleidenswerte Bettler ihre Hände ausstrecken. Hier beginnt die Hauptstraße, die quer durch die ganze Stadt von einem Tor zum andern führt; in ihr liegen auch die Basarläden. Die Straße ist eng, staubig und schmutzig, eine scheußliche Rinne voll Kehricht und Abfall; die einzigen Leute, denen ich begegne, sind schmierige Soldaten und Bettler, denen die Lumpen beinahe vom Leibe fallen. Die Stadt ist so klein, daß es nur einiger Minuten bedarf, um sie zu durchqueren. An ihrer Nordwestecke liegt die 'Ark', die Wohnung des Gouverneurs. Alles sieht verfallen, häßlich, heruntergekommen aus" (S. HEDIN 1910: 312) (10).

Die Beschreibungen S. HEDINs und anderer Reisender, die um die Jahrhundertwende nach Nasratābād gelangten, finden ihre Bestätigung in einem Lageplan von "Nasratabad Fort", der im Jahre 1898 nach Angaben von G. BRAZIER-CREAGH gezeichnet wurde (Public Record Office (PRO): FO 881/6969 CAPS 2249). Da genaue Lagebezeichnungen fehlen, ist es schwierig, die Grundrißskizze des alten Nasratābād in das moderne Stadtbild Zābols einzuordnen, zumal die Grenzen zwischen den alten Stadtteilen Nasratābād und Hosseinābād heute verwischt sind. Als Anhaltspunkt könnte das russische Konsulatsgebäude dienen, das als das einzig erhaltene Gebäude aus der Zeit der Jahrhundertwende aber nicht auf dem Plan von G. BRAZIER-CREAGH verzeichnet ist. Burg und Befestigungsanlagen sind schon während des ersten Drittels des 20. Jh. verfallen (vgl. Abb. 3).

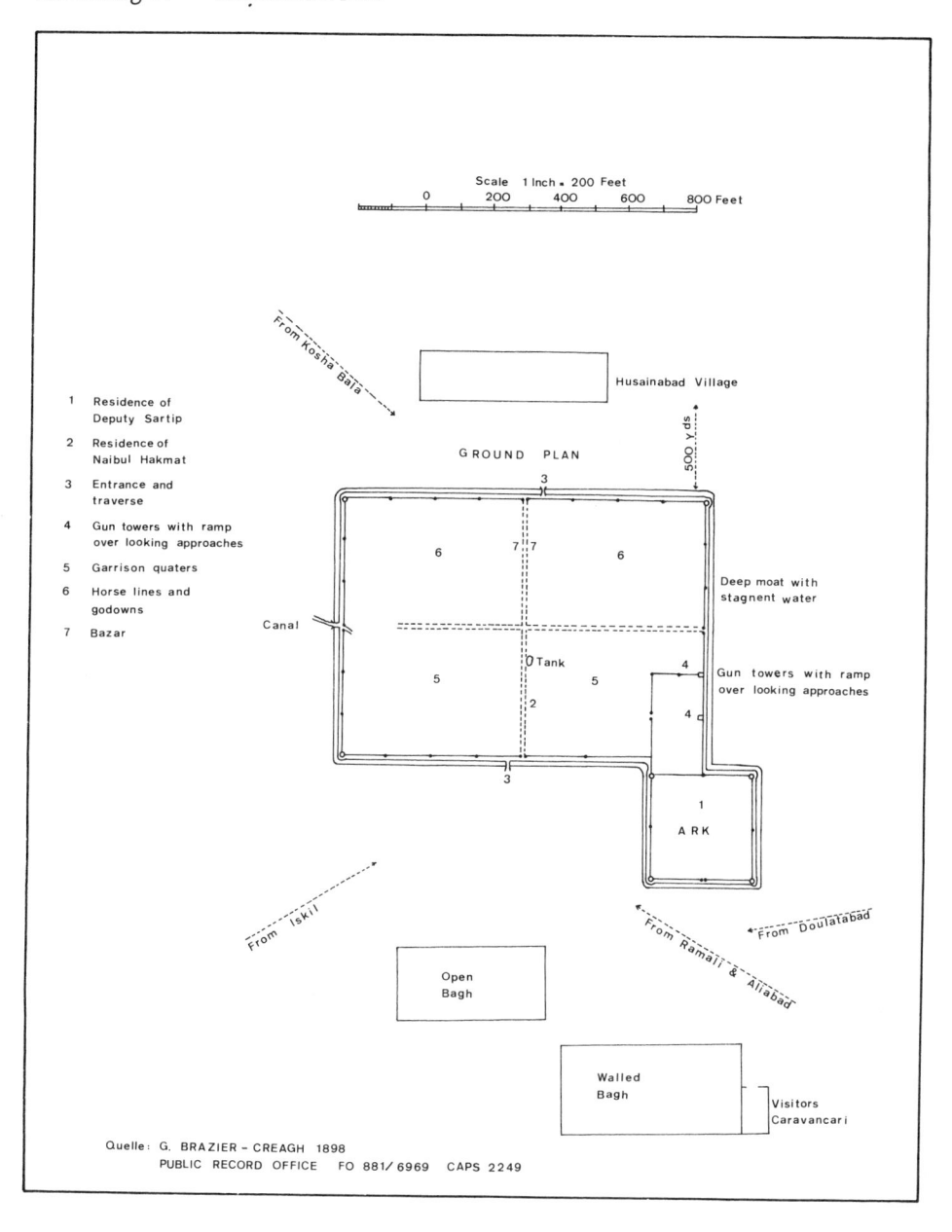

Abbildung 3: Nasratābād-Fort

```
                    Scale  1 Inch = 200 Feet
                0   200   400   600    800 Feet


                                  Husainabad Village
     From Kosha Bala →

  1  Residence of
     Deputy Sartip
  2  Residence of        GROUND PLAN
     Naibul Hakmat                 3
  3  Entrance and
     traverse
  4  Gun towers with ramp
     over looking approaches    6    7 7   6
  5  Garrison quaters                              Deep moat with
  6  Horse lines and                               stagnent water
     godowns
  7  Bazar          Canal

                                    Tank
                                                4  Gun towers with ramp
                           5        5              over looking approaches
                                    2           4

                                    3
                                                    1
                                                   ARK


          ← From Iskil                    ← From Ramali & Allabad    ← From Doulatabad

                              Open
                              Bagh

                                          Walled
                                          Bagh          Visitors
                                                        Caravancari

     Quelle: G. BRAZIER - CREAGH 1898
             PUBLIC RECORD OFFICE   FO 881/6969   CAPS 2249
```

500 yds

23

Nach Aussagen in der Stadtgeschichte unterrichteter Angehöriger des Bürgermeisteramtes und älterer Händler ergeben sich die folgenden angenäherten Lagebezeichnungen (vgl. Abb. 4). Das britische Konsulat befand sich etwa an der Stelle, wo heute die Polizeiwache liegt, am östlichen Ende der Bijān-Str. Der Stadtteil Hosseinābād schließt sich südöstlich des russischen Konsulats an, welches noch heute in unmittelbarer Nähe zum Bāzār-e-Gabrestān liegt; der alte Dorfkern erstreckte sich zwischen den modernen Straßenzügen der Rezā-Shāh-Kabir-Str., Yaghobelace-Str., Garshasb-Str. und 'Alam-Str. Die moderne Ferdowsi-Str. verläuft über einem alten Wassergraben - "chandak" - zum Schutz der Stadt, der die nördliche Grenze von Nasratābād bildete. Der auf der Skizze eingezeichnete umwallte Garten wurde nach Angaben des Bürgermeisteramtes von Mir'Alam Khān angelegt und wurde als "Esratābād-Garten" bezeichnet. Diesen Garten des Gouverneurs erwähnte G. TATE 1905 unter der Bezeichnung "Chahār Bāgh" (G. TATE 1909: 206). Seine Reste befinden sich nördlich der heutigen Mokri-Str. und westlich der Rezā-Shāh-Kabir-Str.

Diesen Angaben entsprechend wurde der beiliegende Lageplan gezeichnet, der angenähert die Verhältnisse zu Anfang des 20. Jh. wiedergibt. Für die Ausdehnung von Nasratābād und Hosseinābād wurden maßstabsgetreu die in der Skizze von G. BRAZIER-CREAGH angegebenen Maße verwendet. Hierbei zeigte sich, daß der Stadtteil Hosseinābād viel zu klein eingezeichnet war und bei einer Bebauung von 800 Häusern eine viel größere Fläche einnehmen müßte. Noch heute werden auch die zwischen Garshasb-Str. und Bijān-Str. gelegenen Stadtteile als Hosseinābād bezeichnet. Der südliche Teil des Bāzār-e-Gabrestān lag außerhalb beider Stadtteile und ist nur teilweise identisch mit der von G. BRAZIER-CREAGH innerhalb von Nasratābād eingezeichneten Bāzārgasse. Hierbei handelt es sich um die südöstlichen Teile des Bāzār-e-Fāseli, der eine wichtige Durchgangsstraße durch Nasratābād bildete.

Nach den Schätzungen europäischer Reisender und Mitgliedern der britischen Grenzkommission wurde eine Rekonstruktion der Bevölkerungsentwicklung versucht (vgl. Tab. 1). Der Charakter Nasratābāds als Garnisonsstadt schlägt sich in dem nur allmählichen Ansteigen der Bevölkerungszahlen nieder. Mangelnde Handels- und Dienstleistungsfunktionen ließen die Stadt für eine Ansiedlung wenig reizvoll erscheinen, zumal die persischen Behörden innerhalb der Stadt nur begrenzte Freizügigkeit gestatteten (vgl. C. YATE 1900: 78). 1894 besaß Nasratābād erst 2.100 Ew., wovon der größte Teil aus Soldaten bestand und die eigentliche städtische Bevölkerung nur wenige hundert Personen umfaßte (11). Das zu Beginn des 20. Jh. einsetzende Bevölkerungswachstum (vgl. Tab. 1) kann als ein Ergebnis der wirtschaftlichen Entwicklungsimpulse im ersten Drittel des 20. Jh. interpretiert werden.

Abbildung 4: Die Stadt Zābol am Anfang des 20. Jahrhunderts
- angenäherte Lageskizze -

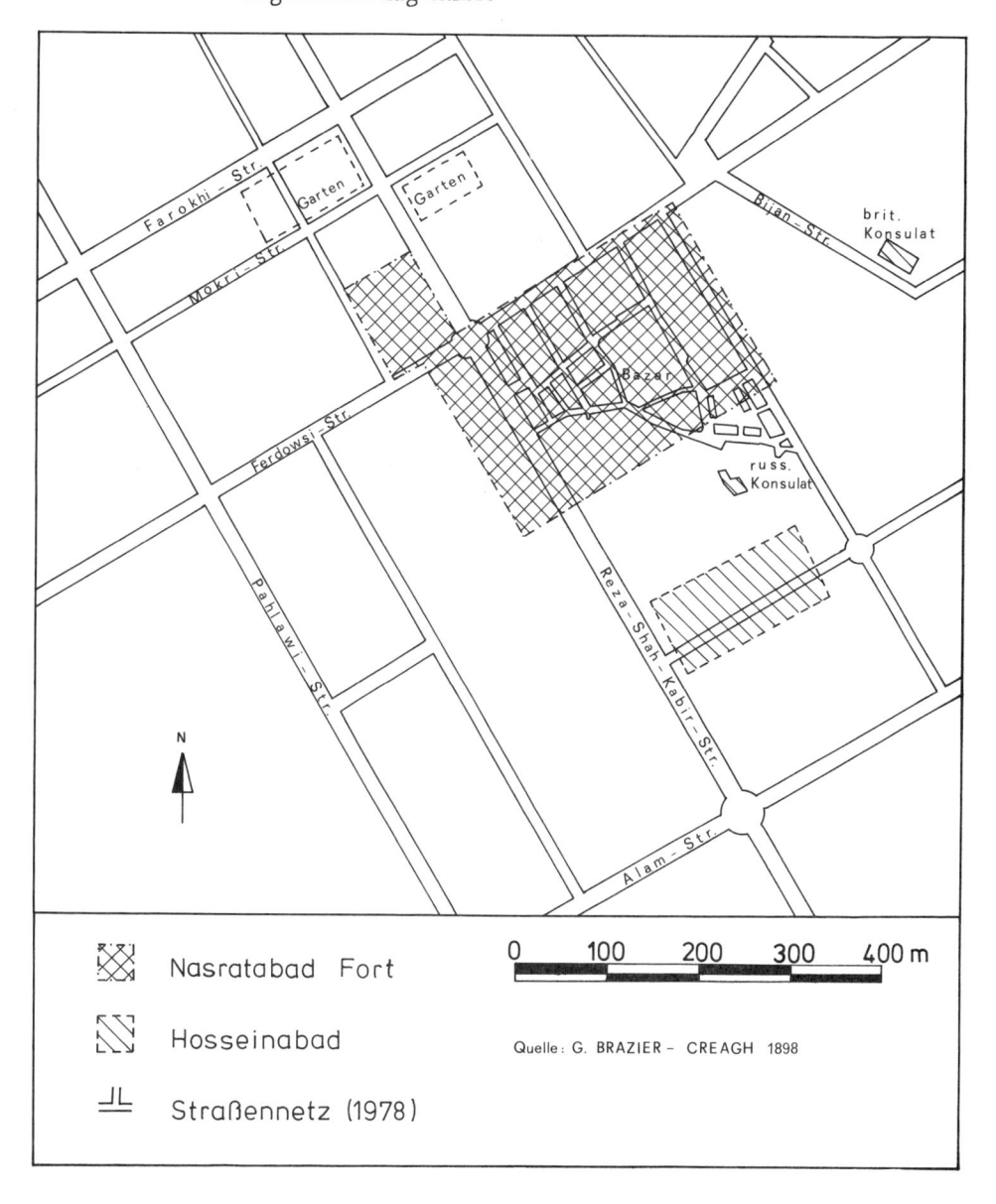

Quelle: G. BRAZIER - CREAGH 1898

Tabelle 1:   Bevölkerungsentwicklung in Nasratābād (Zābol)
              im ersten Drittel des 20. Jahrhunderts

Jahr	Bevölkerungszahl		Quelle
1894	2.100 Ew.	(Nasirabad)	C. YATE 1900
um 1900	3.000 Ew.	(Huseynabad)	P. SYKES 1902
1904/05	500 Familien	(Husenabad)	G. TATE 1912
1906	7.000 Ew.	(Nasratabad u. Hosseinabad)	S. HEDIN 1910
1911	300 Familien	(Nasratabad)	Military Report on Persia, Simla 1912
1919	10.000 Ew.	(Nasratabad)	Note on the Developement of trade in Sistan and the Kainat, 1920
1930	12.000 Ew.	(Zabol)	Military Report on Persia, 1930

2.2   Imperialismus und Wirtschaftsentwicklung

Wie die Reisebeschreibungen des 19. Jh. zeigen, stagnierten in der zweiten Hälfte des 19. Jh. sowohl die physiognomische Entwicklung als auch das wirtschaftliche Wachstum der Garnisonsstadt Nasrātabad (= Zābol), die auch nur über eine bescheidene Einwohnerzahl verfügte. Vom Staat konnten aufgrund der oben (vgl. Kap. 1.1) bereits angeführten wirtschaftlichen Schwäche keine Entwicklungsimpulse ausgehen, und einer durch Renteneinkünfte aus dem agrarischen Umland getragenen Entwicklung (vgl. M. MOMENI 1976: 36-39) stand der Mangel an stadtansässigen Großgrundbesitzern entgegen.

Die Versorgung der ländlichen Siedlungen Sistāns mit den zur Agrarproduktion notwendigen Produktionsmitteln und mit Konsumgütern scheint über die in Iran für die erste Hälfte des 19. Jh. noch weitverbreitete Selbstversorgung der Dörfer (vgl. S. SARKHOCH 1975: 334 ff.) gesichert worden zu sein (vgl. auch Kap. 2.2.2).

Vor dem Hintergrund einer bis zur Machtübernahme der Pahlavi-Dynastie anhaltenden staatlichen Ohnmacht, der für die Entwicklung einer Kleinstadt ungünstigen Agrarverfassung des ländlichen Raumes und unter den Bedingungen sich weitgehend selbstversorgender ländlicher Siedlungen boten sich keine Entwicklungschancen für Nasratābād. Dagegen erfolgte eine wirtschaftliche Entwicklung auf der Grundlage externer Steuerung, durch die in der Stadt ein von England und Rußland fremdbestimmter Wirtschaftssektor aufgebaut wurde. Zugleich barg diese von imperialen Großmächten intendierte 'Entwicklung' die Gefahr einer wirtschaftlichen Scheinblüte, da die Großmächte kein Interesse an einer Stärkung des einheimischen städtischen Wirtschaftssektors hatten. Ausgangspunkt für die wirtschaftliche Penetration waren die von Rußland und England verfolgten ökonomischen Interessen an einer Ausbeutung in Sistān vorhandener Ressourcen und an der Schaffung von Absatzmärkten sowie ihr machtpolitisches Interesse an der Einbeziehung Sistāns in den eigenen Einflußbereich.

2.2.1 Versuche zur Durchsetzung englischer und russischer Handelsinteressen

Sistān besaß am Ende des 19. Jh. aufgrund seiner geostrategischen Lage eine wichtige Rolle für die Machtpolitik der Kolonialmächte Rußland und England. Für die Russen führten die Handelswege von ihren Einflußzonen am Kaspischen Meer und Khorassān nach Süden zum Persischen Golf über Sistān (vgl. P. LUFT 1975: 524 u. 535). Der britischen Regierung war an einer Sicherung der Grenzen Baluchistāns ebenso gelegen wie an einer Ausweitung der Handelsaktivitäten in Südostiran (vgl. H. M. DURAND 1899: 8). In Sistān berührten sich die Interessen beider Kolonialmächte, und beide Regierungen versuchten, Sistān in ihre Einflußzone einzubeziehen. Die von den Engländern und Russen zu diesem Zweck gewählten wirtschaftspolitischen Maßnahmen und ihre Auswirkungen auf die Entwicklung Sistāns und im besonderen der Stadt Nasratābād sind Gegenstand dieses Kapitels. Die Wirtschaftsgeschichte der Stadt wurde bis zur Auflösung der europäischen Konsularvertretungen in den 30er Jahren entscheidend von der Durchsetzung ihrer Wirtschaftsinteressen geprägt.

Im Hinblick auf die Entwicklung der Stadt stellt sich die Frage, ob die wirtschaftliche Entwicklung Nasratābāds durch das Konkurrenzverhältnis Rußland-England gefördert oder behindert wurde und inwieweit ein einheimischer Wirtschaftssektor unter diesem Konkurrenzdruck überhaupt Entwicklungschancen besaß.

Zur sichtbaren Dokumentation ihrer Präsenz und ihres Interesses an Sistān errichteten England und Rußland Konsularvertretungen in Nasratābād. Der politischen Repräsentation in Nasratābād folgten direkte Eingriffe in das städtische Wirtschaftsleben durch die Ansiedlung indischer Händler seitens der Engländer und Handelsabsprachen mit einheimischen Geschäftsleuten seitens der Russen. Diese Maßnahmen wurden ergänzt durch den Aufbau eigener Banken, die eine wichtige Rolle bei der Vergabe von Krediten spielten.

2.2.1.1 Einrichtung und Entwicklung britischer und russisch-sowjetischer Konsularvertretungen

Die Initiative zur Errichtung eines Konsulats in Sistān ging von der russischen Regierung aus, worauf die Engländer aus handels- und machtpolitischen Erwägungen in Zugzwang gerieten. Im November 1896 wurde auf einem zwei acre großen Gelände mit dem Bau des russischen Konsulargebäudes in Hosseinābād begonnen, welches im März 1897 fertiggestellt war und von den Russen für 60 Rupien von der Stadtverwaltung gemietet wurde (G. BRAZIER-CREAGH 1898: 11). Die Errichtung einer russischen Konsularvertretung resultierte aus der Zunahme russischer Handelsaktivitäten in Nordostiran (vgl. P. LUFT 1975), die von den Engländern als "Russification of Khorasan" bezeichnet wurde (CURZON OF KEDLESTON 1899: 9). Dabei stellte die Etablierung des russischen Generalkonsulats in Mashhad nur eine Etappe zur weiteren Ausdehnung der russischen Einflußzone nach Süden dar.

> "In 1891 a native trader, named Haji Agha, appeared as Russian Newsagent at Birjand; and an emissary of bad character, named Muhammad Rahim Khan, who had already been dismissed from the Russian service, was again taken to employ, and was posted as News-agent at Nasirabad in Seistan" (CURZON OF KEDLESTON 1899: 9f.) (12).

Bereits im Jahr 1898 eröffnete ein Perser mit Namen Muhammad Akram Khān, der in russischen Diensten stand, einen Laden im Bāzār von Nasratābād und handelte mit verschiedenen russischen Gütern (G. BRAZIER-CREAGH 1898: 31). Derselbe Händler hatte vorher für sechs Jahre dieselbe Funktion in Kandahar wahrgenommen.

An diesem Beispiel wird die vom Generalkonsulat in Mashhad verfolgte Methode zur Ausweitung von Handelsaktivitäten deutlich. Von einer Konsularvertretung wurden einheimische Händler als Informanten über die wirtschaftlichen Verhältnisse und Marktchancen in russische Dienste genommen. Fielen deren Berichte positiv aus, schloß das russische Konsulat Verträge mit persischen Händlern ab, die daraufhin mit Gütern aus Rußland beliefert wurden, die sie im Bāzār verkauften und somit indirekt den Markt für russische Waren erschließen halfen. Dadurch konnte vermieden werden, daß russische Staatsbürger direkt in Erscheinung traten und das Mißtrauen der einheimischen Bevölkerung gegen die Fremden nicht geweckt wurde.

Die britischen Handelsaktivitäten versuchte die russische Regierung 1895 einzuschränken, indem sie Importverbote erließ und einen Zolltarif für alle Güter aus Indien einführte, die zu dieser Zeit über Khorassān nach Russisch-Mittelasien gelangten (CURZON OF KEDLESTON 1899: 10). Ein Einfuhrverbot betraf alle britischen oder indischen Importe nach Rußland mit Ausnahme von Tee, Indigo und Kattun, die mit hohen Zöllen belegt wurden.

Diese Handelsrestriktionen und die gleichzeitige Ausweitung russischer Handelsaktivitäten nach Ostpersien rief Gegenmaßnahmen Großbritanniens hervor. Die Forderungen der britischen Regierung formulierte H. DURAND.

"We must keep Seistan in our zone. It is too valuable, and would be too dangerous in Russian hands, for us to let the Russians continue unchecked their efforts to close it to us and our trade" (H. DURAND 1899: 8).

Zur Sicherung eines größtmöglichen Einflusses Großbritanniens in Sistān schlug er vor allem zwei Maßnahmen vor:
- die Ansiedlung indischer Händler,
- die Errichtung eines britischen Konsulats in Nasratābād.

Khān Bahādur Maulā Bakhsh, ein "Native Attaché" des 1889 in Mashhad eröffneten britischen Generalkonsulats, reiste 1898 zur Erkundung der Handelswege mit einer Karawane indischer Händler in 65 Tagen von Mashhad nach Quetta. Er berichtete über die Meinung der indischen Händler zu der neuen Handelsroute Mashhad-Quetta, der trotz Verlusten von Kamelen und Wassermangel gute Handelschancen eingeräumt wurden.

"The Indian traders ... have not formed an unfavourable view of the new trade route, and they intend to advise their firms to send goods by it in the future" (CURZON OF KEDLESTON 1899: 3).

Die Chancen für die Einfuhr britischer Güter nach Sistān würde nach Meinung H. DURANDs ganz erheblich und gewinnbringend gesteigert werden können, wenn die indische Regierung sich entschließen könnte, eine Eisenbahnlinie zu bauen (H. DURAND 1899: 5). Um mit den in russischen Diensten stehenden Händlern wirkungsvoll konkurrieren zu können, wurde als wichtigste Voraussetzung die Ansiedlung indischer Händler in Nasratābād propagiert.

"If a few Hindu traders could be imported, or induced to come in here, like at Kirman, and settle, a brisk trade, I am confident, would soon spring up and we could very easily at a profitable margin undersell Russian goods" (G. BRAZIER-CREAGH 1898: 46).

Eine wichtige Voraussetzung für diese handelspolitischen Überlegungen war die Errichtung eines Konsulats in Nasratābād, welches die Interessen der britischen Untertanen vertreten konnte. Nach Eröffnung des britischen Generalkonsulats in Mashhad 1889 unterstand Sistān diesem Konsulatsbereich. Von Mashhad aus wurden in den 90er Jahren zahlreiche Erkundigungsreisen nach Sistān durchgeführt, aber erst der Bau eines russischen Konsulatsgebäudes und die Entsendung eines russischen Konsuls führten zur Errichtung eines britischen Konsulats in Nasratābād im Frühjahr 1899.

> "It was then announced that a Russian, named Ziedler, had been appointed Russian Consul in Seistan - an announcement, which was immediately followed by the despatch of Captain Sykes, hitherto British Consul at Kerman, to Seistan in a similar capacity" (CURZON OF KEDLESTON 1899: 11) (13).

Während die russische Konsularvertretung schon seit 1897 in einem festen Konsulatsgebäude untergebracht war, kampierten die Engländer noch um die Jahrhundertwende in einem Garten des Amir von Qāen (SCD Nr. 4, 1900). Die Bitte des Konsuls Chenevix-Trench, ein festes Haus bauen zu dürfen, war abgelehnt worden, da sein Beglaubigungsschreiben noch nicht eingetroffen war. Im Mai/Juni des Jahres 1900 ließen sich die Engländer Lehmhütten errichten und residierten noch im Dezember 1902 in einem erst teilweise vollendeten Konsulatsgebäude (SCD Nr. 19, 1902), während das russische Konsulat ausgebaut und befestigt wurde (14). Im Oktober 1900 kaufte der russische Konsul das in Hosseinābād gelegene Konsulatsgebäude (SCD Nr. 15, 1900), das bisher gegen eine Jahresmiete von 150 Tomān (SCD Nr. 13, 1900) gemietet worden war, für einen Kaufpreis von 450 Tomān.

In einem Brief vom 22. Mai 1908 vom britischen Konsul Kennion an die indische Regierung beschrieb er die äußere Gestalt der Konsulatsgebäude, stellte eine Liste der dort lebenden Personen zusammen und schlug neue Baumaßnahmen vor, deren Durchführung er durch die Beifügung eines Bauplanes zu forcieren versuchte (PRO, F.O. 371/714: 2606) (15).

Über die Entwicklung der sowjetischen Konsularvertretung existieren nur spärliche Nachrichten. Die wirtschaftspolitischen Aktivitäten der sowjetischen Konsularvertretung ließen nach (SCD Febr. 1928 F.O. 371/13063), und der im März 1928 vom sowjetischen Konsul bei der "Imperial Bank of Persia" beantragte Kredit von 10.000 Tomān wurde nicht mehr zum Bau eines neuen Konsulats verwendet (SCD März 1928 F.O. 371/13063). Das sowjetische Konsulat in Hosseinābād wird 1930 in den englischen Akten zum letzten Mal erwähnt (Military Report on Persia Vol. I, 1930 Polit. & Secret Department Reg. No. C 80). Im Jahre 1931 wurde nach Angaben des Bürgermeisteramtes in Zābol das sowjetische Konsulat durch Rezā Shāh geschlossen (16).

Nach dem Ausbau der Ost-West-Verbindungsstraße über Zāhedān verlor Sistān die handelspolitische Bedeutung, die es noch zu Anfang des Jahrhunderts für die englischen Interessen besessen hatte. Das zeigte sich u.a. bei der Neuordnung der Konsulatsvertretungen in Ostpersien im Jahr 1932, als das Konsulat von "Sistān und Kain" mit dem ihm unterstellten Vizekonsulat in Zāhedān abgeschafft und das gesamte Konsulatsgebiet dem Generalkonsulat in Mashhad unterstellt wurde; in Zābol und Zāhedān existierte jeweils nur noch ein Vizekonsulat (PRO, F.O. 369/2369 und F.O. 369/7496). Diese Regelung erschien 1944 bereits unbefriedigend, da der Vizekonsul von "Sistān und Kain" sich über mangelnde Ar-

beit beklagte und vorschlug, das Vizekonsulat in Zābol ganz aufzulösen und Zābol
dem Konsulardistrikt von Zāhedān zu unterstellen (PRO, F.O. 369/7496). Das Amt
eines Vizekonsuls von Zābol und Zāhedān sollte neu geschaffen werden, wobei als
Amtssitz Zāhedān vorgeschlagen wurde. Diese Pläne wurden im Juli 1945 verwirklicht (PRO, F.O. 369/4928) und Zābol dem Konsulardistrikt von Zāhedān unterstellt (17).

2.2.1.2   Die Ansiedlung indischer Händler durch die Briten und Methoden
           zur Wahrung russischer Wirtschaftsinteressen

Zur Steigerung des wirtschaftlichen und politischen Einflusses in Sistān bemühten sich Engländer und Russen, nach der Errichtung von Konsularvertretungen
ihre Handelsinteressen durch ihnen ergebene Händler durchzusetzen. Die britische
Regierung hatte die Möglichkeiten einer wirtschaftlichen Einflußnahme in Sistān
durch Inspektionsreisen, die vom Generalkonsulat in Mashhad ausgingen, erkunden
lassen. Mehrere britische Offiziere - Webb Ware (1897), Brazier-Creagh (1897),
Mac Mahon (1896), Yate (1894), Napier (1892-93) - besuchten Sistān.
Besonders Webb Ware wies auf die zukünftige wirtschaftliche Bedeutung Sistāns
hin, die in einer Ausweitung des Handels mit Getreide, ghi (Butterfett) und Wolle
lag (CURZON OF KEDLESTON 1899: 2). Um den Handel mit diesen wichtigsten
Rohstoffen Sistāns in Gang zu bringen, unternahm die britische Regierung große
Anstrengungen, indische Händler zu Handelsniederlassungen in Sistān zu bewegen.
Im April 1900 wurden die britischen Handelsinteressen erst von einem Inder mit Namen Seth Suleiman wahrgenommen, der in Nasratābād die Firma"Mohammad Ali
Brothers"aus Quetta vertrat (SCD Nr. 4, 1900). Die Engländer dachten aber daran,
ihre Handelsaktivitäten durch Ansiedlung möglichst vieler indischer Händler zu
steigern. "The more traders and British subjects the Vice-Consul can have under
him here the better" (SCD Nr. 4, 1900).

Im Mai 1900 erlaubte der Amir von Qā'en dem Seth Suleiman aus Quetta,
seinen Laden und sein Wohnhaus an beliebiger Stelle in Nasratābād zu bauen, und
war sogar bereit, ihm das Grundstück kostenlos zu überlassen (SCD Nr. 6, 1900).
Offensichtlich waren nicht nur die Engländer, sondern auch die persische Regierung
daran interessiert, die schwache Wirtschaftsstruktur von Nasratābād zu verbessern,
indem sie indische Händler zur Niederlassung ermunterten. Die Stadt verfügte um
die Jahrhundertwende über genügend Ödland in ihren Umfassungsmauern, so daß
Seth Suleiman sich einen passenden Bauplatz aussuchen konnte. Im August 1900
begann Seth Suleiman mit dem Ladenbau gegenüber der Burg des Gouverneurs in
Nasratābād unter der Bedingung, den Laden wieder aufzugeben, wenn das Bauland
von der persischen Regierung beansprucht wurde (SCD Nr. 11, 1900). Die Bauarbeiten waren im September beendet,und erste Warenbestellungen des Seth Suleiman
gingen an die "Cockburn Agency, Srinagar" für "Kashmir artware, especially,

silver and papier mache work" (SCD Nr. 13, 1900). Der britische Konsul besichtigte im September den neuen Laden und beschrieb ihn und die Handelsaktivitäten fogendermaßen.

> "It is by far the best building within the dirty and tumble-down fort of Nasratabad. It occupies a central position and is a very substantial mark of the progress we have made in Seistan. I am sorry that there are not more Indian traders in Seistan, for, besides the retail business of selling fancy goods to the Persians, there is a good trade to be done in exporting and importing wholesale. I should like to see the Parsee start business in Persia ..." (SCD Nr. 14, 1900).

Demnach war Seth Suleiman der Vertreter einer Handelsfirma aus Quetta, die neben Luxusgütern aus Indien (18) vor allem Gebrauchsgegenstände für den täglichen Bedarf nach Sistān einführte. In Sistān kaufte Seth Suleiman in großen Mengen Wolle für den Export nach Quetta auf (SCD Nr. 15, 1900). Der Import von Gütern des täglichen Bedarfs für eine breitere Käuferschicht kam um die Jahrhundertwende noch nicht in gewünschtem Ausmaß in Gang; der britische Konsul gab aber dem Handel mit solchen Gütern für die Zukunft gute Marktchancen.

Kurze Zeit später gelangten auch in europäischen Fabriken hergestellte Waren verschiedenster Art auf den Markt von Nasratābād. Der EARL OF RONALDSHAY zeigte sich bei seinem Besuch im Dezember 1900 beeindruckt über den Aufschwung der Handelsgeschäfte von Seth Suleiman. Unter den kleinen Buden der einheimischen Händler hob er das Geschäft des indischen Händlers hervor.

> "The exception to which I have referred is a commodious and well built shop, midway between the south and north gates of the city, where goods of European manufacture of all sorts and kinds, included under the general heading of piece goods, are sold by an individual who, as far as this branch of his business at any rate is concerned, corresponds to the general dealer of the West. The owner of this establishment is one Seth Suleiman, an Indian merchant who left Quetta at the end of 1899 with a capital of 20.000 rupees to exploit the trade of Sistan; a venture which had already met with considerable success, and at the time of my visit he was making a very large profit on his capital, which he informed me was not nearly large enough to admit of his carrying on the trade of which the place was capable" (RONALDSHAY 1902: 198).

Diese günstige Geschäftsentwicklung lockte im Laufe des Jahres 1901 noch weitere indische Händler nach Nasratābād. Zum Anlaß der Feierlichkeiten des Geburtstags von König Eduard VII. im November 1901 gaben "Messrs. Tek Chand and Co., now our leading merchants here" (SCD Nr. 23, 1901) ein Gastmahl für alle britischen Konsulatsangehörigen und indischen Händler im neuen britischen Bāzār, der zu dieser Festlichkeit festlich beleuchtet war. Die oben genannte Firma scheint innerhalb eines Jahres Seth Suleiman in seiner Stellung als führenden Händler verdrängt zu haben.

Der Zuzug indischer Händler nach Nasratābād hielt auch in der Folgezeit an. Im März 1902 errichtete eine weitere indische Firma eine Niederlassung in Nasratābād, deren Agent schon im Jahre 1901 Erkundigungen über in Sistān benötigte Handelsgüter eingezogen hatte (19). Zum ersten Mal wurden auch Filialen in sistānischen Dörfern in der Nähe der afghanischen Grenze errichtet.

> "Messrs. Charnan Singh and Co. have now built and are occupying premises of their own, consisting of 3 shops. This firm, which has been studying the requirements of Seistan for the past year, have now got their shop stocked with large consignments of goods suitable for Seistan, the Kainat and the Afghan districts adjoining Seistan ... This firm is also starting a branch shop in a village on the Afghan border, making the second British shop which exist in that locality. The Agent of Scheikh Faiz Mohammad, the biggest British trader in Meshad, who recently passed trough here, is now engaged in building a very imposing caravanserai with 4 large shops on the most prominent site in Nasratabad. I am inducing the other British traders here to follow his example. The most striking features of this place at present are the imposing Entrance Gate of the British Consulate and the shops of the British merchants" (SCD Nr. 31, 1902).

Im Juni 1902 wurden die neuen Geschäftshäuser fertiggestellt, die aus vier großen Läden und einer Karawanserei bestanden, die Sheikh Faiz Mohammad aus Mashhad gehörten (SCD Nr. 6, 1902).

Sistān besaß vor allem für den Exporthandel mit landwirtschaftlichen Produkten (Getreide, Wolle, ghi) eine große Bedeutung. Importwaren fanden zu Beginn des Jahrhunderts nur einen kleinen Käuferkreis, der über die nötigen finanziellen Mittel verfügte. Der britische Konsul Benn war sich dieser Situation bewußt und beklagte die geringen Marktchancen für Importwaren.

> "... import trade of Seistan from India is insignificant, there being no money to speak of in Seistan. There is a small market for piece goods, wrought iron, and a little crockery only" (SCD Nr. 28, 1902).

Die persische Provinzregierung versuchte, den Handel mit Sistān ebenfalls zu entwickeln und unterstützte die britische Politik. Zum Schutz für die Kaufleute und ihre Waren ließ der Gouverneur Haschmat-ol-Molk im März 1902 eine Karawanserei in Nasratābād errichten (SCD Nr. 31, 1902).

Die Nachrichten über Geschäftseröffnungen indischer Händler sind auf die ersten Jahre des 20. Jh. beschränkt. Später wurde nur noch dann auf ihre Handelsaktivitäten eingegangen, wenn es sich um besondere Vorhaben handelte (20).

Das Pestjahr 1906 fügte dem Handel großen Schaden zu, da die Geschäfte mehrere Monate lang geschlossen blieben und auch keine neuen Waren nach Sistān gelangen konnten, weil jeder Handel mit Sistān zur Pestzeit verboten war (21).

Die Abwanderung zahlreicher indischer Geschäftsleute in dem Pestjahr 1905/06 (PRO, F.O. 371/503) wurde auch in den folgenden Jahren nicht durch Zuzug neuer indischer Händler ausgeglichen. So beklagt der "Military Report on Persia 1911" den Mangel an Händlern als ein wichtiges Entwicklungshindernis für Sistān. In Nasratābād gab es nur noch drei indische Händler bzw. Firmen.

> "There are a few shops in Nasratabad, only two of which are of any size. These belong to Indian traders:
> (i) Jait Singh. He has not been altogether succesful, and has returned to India, leaving the business in the hands of an agent.
> (ii) Seth Sulaiman. He is the only reliable trader in Sistan. He has been there for 10 years, and owing to the peoples' indebtedness to him is able to exact a modicum of punctuality from natives in his transactions with them.
> (iii) Muhammad Ali Brothers have recently started a 4 H.P. flour mill in Sistan. They intend to set up oil presses and additional grain crushing machines"

(Military Report on Persia 1911, Simla 1912: 207).

Von zehn indischen Handelsniederlassungen in Nasratābād in den Jahren 1900-1906 existierten 1911 nur noch drei (vgl. Tab. 2). Die Gründe für die zahlreichen Geschäftsaufgaben lagen in den schweren finanziellen Einbußen während der Pestzeit. Die über Sistān verhängte Quarantäne hatte die Handelsverbindungen abgeschnitten und sieben Handelsniederlassungen mußten aufgegeben werden. Neben den starken Geschäftseinbußen während der Pest ist es auch möglich, daß viele indische Händler die Marktchancen in Nasratābād überschätzt hatten und bei mangelnder Kaufkraft der sistānischen Bevölkerung zur Geschäftsaufgabe gezwungen waren.

Einen Einblick in die Geschäftspraktiken der indischen Händler ermöglichen die Aussagen über den als einzig zuverlässig beschriebenen Seth Suleiman. Es wurde ausdrücklich betont, daß seine Geschäftspartner bei ihm verschuldet waren und er sie deshalb zur pünktlichen Einhaltung bei geschäftlichen Transaktionen zwingen konnte (22). Seth Suleiman war zudem der am längsten in Nasratābād ansässige Händler, der Geschäftsverbindungen als erster aufbauen konnte und so auch in Krisenzeiten am ehesten in der Lage war, seine Geschäfte fortzusetzen.

Auf gut funktionierende Geschäftsverbindungen der indischen Getreidehändler und ökonomische Druckmittel läßt auch der für 1916 belegte Mechanismus des Getreideaufkaufs in sistānischen Dörfern schließen. Während der Getreideknappheit im Frühjahr 1916 bemühte sich der britische Konsul

Tabelle 2: Die Ansiedlung indischer Händler in Nasratābād zu Beginn des 20. Jahrhunderts

Name des Händlers bzw. der Firma	Zeitpunkt der Geschäftsaufnahme (erste Erwähnung)	1911 noch ansässig	Anzahl der Läden	Herkunft
Seth Suleiman Agent bei Moh. Ali Broth.	1900	+ +	1	Quetta
Messrs. Tek Chand and Co.	1901	-		Indien
Sheikh Faiz Mohammad	1902	-	4 und 1 Karawanserei	Mashhad
Messrs. Charnan Singh and Co.	1902	-	3 und 1 Dorfladen	Indien
Umr-Din	(1906)	-	1	Indien
Sultan Moh.	(1906)	-		Kandahar
Chait Singh	(1906)	+		Indien
Ghulam Muh.	(1906)	-		Indien
Moti Ram	(1906)	-		Indien
Muh. Azim	(1906 an Pest gest.)	-		Indien

Quelle: SCD versch. Jahre

Prideaux vergeblich, bei den Sardāren und Kadkhodās (Dorfvorsteher) Getreide aufzukaufen (SCD Nr. 49, 1915 und Nr. 1, 1916). Diese versicherten, alles Getreide zur Eigenversorgung zu benötigen, obwohl bekannt war, daß sie über große Vorräte verfügten, die sie zurückhielten, um den Getreidepreis in die Höhe zu treiben. In dieser Notsituation schloß das Konsulat im Februar 1916 einen Vertrag mit dem indischen Händler Mahan Singh von der Firma Messrs. Chuharmal Jowala Singh, worin sich die Firma verpflichtete, für das Konsulat 975 kharwār Gerste und 775 kharwār Weizen in sistanischen Dörfern einzukaufen (PRO, F.O. 371/2737). Aus dem Vertragstext geht hervor, daß die indischen Händler Sammellager für Getreide in Nasratābād und den Dörfern Lutak und Deh Tuti besaßen. Offensichtlich war es ihnen auch in Notzeiten aufgrund ihrer guten Geschäftsbeziehungen möglich, Getreide zu beschaffen. Nachdem die indischen Händler aktiv geworden waren, stimmte eine Kadkhoda-Versammlung den Getreidelieferungen für das Konsulat zu (SCD Nr. 4, 1916). Zwar liegen keine Nachrichten darüber vor, mit welchen Mitteln es den indischen Händlern gelang, die Kadkhodās umzustimmen, doch kann aufgrund der schon oben angesprochenen Verschuldungspraxis davon ausgegangen werden, daß sie ökonomischen Druck auf die Kadkhodās ausübten.

In den folgenden Jahren finden sich überhaupt keine oder nur spärliche Nachrichten über die indischen Händler in Nasratābād. So ist es schwierig, ein angenähertes Bild von der Entwicklung der indischen Handelsniederlassungen zu zeichnen. Seit 1911 stieg die Zahl der indischen Händler wieder an. Zur Neujahrsfeier des Jahres 1922 waren im britischen Konsulat 50 indische Händler anwesend (SCD Nr. 29, 1922). Da zum Konsulatsbereich auch die Orte Birjand und Duzdap (Zahedan) gehörten, ist es möglich, daß auch aus diesen Städten indische Händler bei der Neujahrsfeier anwesend waren. Für das Jahr 1928 wurde die Anzahl der am Neujahrsfest teilnehmenden indischen Händler mit 40 Personen angegeben (SCD Dez. 1927).

Auch nach den städtebaulichen Maßnahmen des Jahres 1928 betrieben indische Händler in Zābol ihre Geschäfte, wenn ihre Anzahl auch abgenommen hatte und sie nur eine kleine Gemeinschaft bildeten. In den Konsularakten war die Rede von einer "small number of petty traders who form the Sikh community at Sistan ..." (SCD Mai 1930). Nach dem Militärbericht von 1930 bildeten die indischen Händler am Ende der 20er Jahre aber weiterhin die wirtschaftlich dominante Schicht; ihnen gehörten die meisten Läden im Bāzār und mehrere Karawansereien.

"... also the greater part of the bazar, which includes a few good shops belonging to British Indian traders and a number of caravan-serais" (Military Report on Persia, Vol. I, 1930).

Zu dieser Zeit hatte Duzdap der Stadt Zābol als Handelsstützpunkt aber bereits den Rang abgelaufen. Ähnlich den Aktivitäten am Anfang des 20. Jh. in Nasratābād waren auch in Duzdap indische Händler maßgeblich an der Stadtgründung und dem Aufbau des wirtschaftlichen Lebens beteiligt. Auf eine Anfrage über den Grundbesitz von Ausländern in Persien berichtete der Konsul von Sistan über die Verhältnisse in Duzdap.

"The property so held consists of some 111 shops and 64 privat houses. As is known to the Government of India, Duzdap was founded by Indian Traders and the greater part of the Bazaar is owned by Indian nationals" (PRO, F.O. 371/14527).

Inwieweit auch aus Zābol abgewanderte indische Händler am Aufbau Duzdaps beteiligt waren, läßt sich nicht mehr feststellen. Mit den Engländern, die sich schon seit der Mitte der 30er Jahre allmählich aus Zābol zurückzogen, wanderten nach Aussagen von Geschäftsleuten in Zābol auch die indischen Händler nach Zāhedān ab. Die städtische Wirtschaft ging danach in die Regie einheimischer Geschäftsleute über.

Aus den Konsularakten sind die Geschicke der indischen Händler zu dem Zeitpunkt, als das britische Interesse an Sistān nachließ, nur punktuell faßbar. Im Jahr 1934 mußte die seit nunmehr 34 Jahren in Sistān ansässige Firma Mohammad Ali Brothers Konkurs erklären (PRO, F.O. 369/2370). Ihre 1907 auf dem Gelände des britischen Konsulats errichteten Geschäftsräume (PRO, F.O. 369/2473) wurden 1937 verkauft. Dies ist die einzige aktenkundige Nachricht über das Schicksal der indischen Händler am Ausgang der 30er Jahre. Die Stadt Zābol, die nun abseits der über Zāhedān führenden großen Ost-West-Verbindungsstraße lag, verlor völlig an wirtschaftlichem Interesse, und die indischen Händler wanderten mit der britischen Konsularvertretung aus Zābol ab. Entweder ließen sie sich in Zāhedān nieder oder gingen zurück nach Indien.

Die Quellenlage über die wirtschaftlichen Aktivitäten der russischen und späteren sowjetischen Konsularvertretung ist ungleich schlechter als bei den britisch-indischen Handelsaktivitäten. Werden russische Wirtschaftsmaßnahmen in den britischen Konsularakten erwähnt, so müssen sie zudem vor dem Hintergrund der gegenseitigen Rivalitäten gewertet werden.

Nach der Etablierung des als "news-agent" in russischen Diensten stehenden Muhammad Rahim Khān im Jahre 1891 und der ersten Ladeneröffnung durch Muhammad Akram Khān im Jahre 1898 dehnte die russische Konsularvertretung ihre Handelsaktivitäten auch auf den ländlichen Raum aus. Die Russen verfolgten dabei eine andere Handelspolitik als das britische Konsulat, indem sie nicht primär die Ansiedlung ihnen ergebener Händler im Bāzar von Nasratabad förderten, sondern sich dörflicher Handelsagenten bedienten, die sie mit russischen Waren für verschiedene sistānische Dörfer belieferten.

In seinem Bericht über die Handelsverhältnisse Sistāns in den Jahren 1906/07 beschrieb der britische Konsul Kennion die russischen Handelsmethoden.

> "They have Agents in almost every village, who are supplied with goods from the Hussainabad emporium to the value of Tomans 1.000 or 5.000 according to the size and importance of the village, all that is asked of them being a deposit of 20 per cent., or failing that, two guarantors known to the Russian Bank" (PRO, F.O. 371/503).

Das russische Konsulat versuchte die ländlichen Konsumenten direkt in ihren Heimatdörfern zu erreichen und auf diesem Weg den im Bāzar von Nasratabad ansässigen Händlern Kunden zu entziehen. Es wäre interessant zu verfolgen, inwieweit die wenigen heute noch existierenden dörflichen Bāzāre ihren Ursprung dieser Handelspolitik verdanken.

Vor diesem Hintergrund erscheint der Bericht des britischen Konsuls Chenevix-Trench vom April 1900 als Propaganda, da er jegliche russische Handelsaktivität in Sistān abstritt.

"The Russian Consul is not here to look after Russian trade that does not exist, nor does a single Russian subject" (SCD Nr. 4, 1900).

Unter Umständen waren dem britischen Konsul die Geschäftspraktiken der Russen noch unbekannt, und er schloß von dem Mangel an russischen Händlern im Bāzār von Nasratābād auf ein generelles Fehlen von Handelsaktivitäten. Vielleicht war das Netz dörflicher Verteilerstellen auch noch nicht dicht genug, um sofort ins Auge zu springen.

Im Dezember 1900 verkaufte erst ein Händler im Bāzār von Nasratābād russische Baumwollstoffe (SCD Nr. 9, 1900). Stolz verkündete der britische Konsul:

"British influence is for all purposes the only influence here"
(SCD Nr. 10, 1900).

Während die Ansiedlung indischer Händler im Bāzār zu Anfang des Jahrhunderts gute Fortschritte machte, bemühte sich das russische Konsulat auch weiterhin nicht um die Ansiedlung russischer Händler. Vielmehr versuchte der russische Konsul, unter den einheimischen Händlern Verkäufer für russische Waren, insbesondere Baumwollstoffe, zu extrem niedrigen Einkaufspreisen zu finden (SCD Nr. 13, 1900).

Das russische Konsulat war ebenso wie die indischen Händler am Exporthandel mit landwirtschaftlichen Produkten interessiert und unterhielt geschäftliche Beziehungen zu einheimischen Fernhändlern.

"One of the biggest ghi-producers in the Mian Kangi district is one Katkhuda Miskin, Beluch, who sends a large caravan every year to Quetta in charge of his partner, Jehangir. The latter is receipt of Russian pay, and his son is employed in the Russian Consulate" (SCD Nr. 26, 1901).

Weitere Informationen über die vertraglichen Verpflichtungen zwischen ghi-Exporteuren und dem russischen Konsulat fehlen. Im Bereich des Fernhandels konnten die Russen schon deshalb nicht mit den Engländern ernsthaft konkurrieren, weil das Zielgebiet aller landwirtschaftlichen Exporte Indien war.

Die Versuche, "russische" Händler aus anderen Landesteilen Irans in Nasratābād anzusiedeln, blieben meist in der Phase der Planung stecken. Im Dezember 1902 beabsichtigte die russische Bank in Mashhad, einige Händler nach Sistān zu schicken, die Läden in Nasratābād und Bonjār errichten sollten (SCD Nr. 19, 1902). Die erste Nachricht von der Eröffnung der Handelsniederlassung eines russischen Kaufmanns in Nasratābād stammt vom April 1903 (SCD Nr. 8, 1903). Es liegen aber keine Informationen über die Art seiner Geschäfte, die von ihm verkauften Waren und die Geschäftsentwicklung vor. Hauptsächlich stützten sich die Russen auch in der Folgezeit auf einheimische Händler. Einige ihrer Namen wurden während der Unruhen des Pestjahres 1906 erwähnt. Als örtliche Händler und wohlbekannte Agenten der russischen Bank galten: Mullāh Muḥammad Taki, Mullāh Muḥammad Hussein, Hāji Khorāshādi, Hassan Khorāshadi (SCD Nr. 12, 1906). Zumindest einige der persischen Händler hatten Schulden bei der russischen Bank, womit belegt ist, daß auch die Russen die Methode der Verschuldung ihnen ergebener Händler anwandten. Am 30. April 1906 mußte der Mullāh Muḥammad Taki den Großteil seiner Besitzungen der russischen Bank übergeben und seinen Laden schließen, weil er bei der Bank hochverschuldet war (SCD Nr. 17, 1906).

Bis zum Jahr 1927 finden sich keinerlei Hinweise über den Fortgang der vom sowjetischen Konsulat verfolgten Handelspolitik. Erst der vom britischen Konsul Skrine im Herbst 1927 herausgegebene Handelsbericht belegt sowjetische Handelsaktivitäten. Anfang Oktober 1927 war ein neuer sowjetischer Konsul nach Sistān gekommen, der von einem Landwirtschaftsexperten und zwei armenischen Händlern begleitet wurde. Bereits kurz nach seiner Ankunft ernannte er einen Beauftragten für den Wollhandel und versuchte, jüngere persische Händler zu einer Gruppe zusammenzuschließen, die den Handel mit sowjetischen Waren übernehmen sollte. Im Gegensatz zu der bisher vom britischen und russischen Konsulat betriebenen Handelspolitik versprach er Kredite mit langen Laufzeiten und günstige Einkaufspreise für Waren wie Zucker, Öl und Güter des täglichen Bedarfs. Birjand sollte das Verteilungszentrum für sowjetische Waren werden, die von dort nach Nasratabad und Duzdap gelangen sollten. Der britische Konsul befürchtete, daß die Preise der indischen Händler unterboten würden.

> "The Soviet system of selling goods cheap in the countries on their borders in order to finance the purchase of the raw materials they require, and eventually to capture both markets, is well known, and it was to be expected that the Soviet Consul should pay considerable attention to the export trade in wool and cotton. He has appointed two agents for the purchase of wool, one of them Ghulam Husain Sarbeshagi, a notoriously untrustworthy merchant who, by means of his manipulations of the wool market, caused the failure of the buying agency established in Sistan by Messrs. Ackroyd Bros. of Bradford in 1925 while acting as their agents; the other Ishaq, an Armenian convert to Islam, who appears to be an active Bolshevik propagandist" (Seistan Commercial Diary (SCom.D) Sept./Okt. 1927).

Im Bereich des Wollhandels beherrschten einige indische Händler den Markt fast völlig, so daß das britische Konsulat keine sowjetische Konkurrenz befürchten mußte.

> "The wool trade is at present in the hands of certain British Indian traders, notably Mohd. Azam Khan, a shrewd business man of Afghan extraction with a considerable knowledge of and influence over the flockowners of

both Persian and Afghan Sistan" (SCom.D Sept./Okt. 1927).

Auch die Befürchtung der Engländer vor einer Überschwemmung des Marktes mit billigen sowjetischen Waren erwies sich als gegenstandslos. Der sowjetische Konsul Platte konnte sein Versprechen, die Händler mit großen Mengen an Zucker, Öl und sowjetischen Fabrikwaren zu versorgen, wegen Lieferschwierigkeiten nicht einhalten (SCD Nov. 1927). Dadurch sahen sich die persischen Händler in ihren Erwartungen und ihrem Vertrauen getäuscht und gingen mit dem sowjetischen Konsulat keine derartigen geschäftlichen Bindungen mehr ein. Im Februar 1928 konnte der britische Konsul stolz feststellen: "There are no Russian subjects in this district ..." (SCD Febr. 1928).

Nach Fertigstellung der neuen geradlinigen Straßenzüge im Jahre 1929 versuchte die Stadtverwaltung, die Händler zum Umzug in die neuen Geschäftsstraßen zu bewegen. Das sowjetische Konsulat sah hierin die Möglichkeit, ein Bāzārviertel als Gegengewicht zum von indischen Händlern beherrschten traditionellen Bāzār zu schaffen, und unterstützte die Stadtverwaltung in ihren Bemühungen, indem umzugswilligen persischen Händlern sowjetische Warenlieferungen versprochen wurden.

"A Soviet Agent in Sistan has induced ten persons to take shops in the new bazaar, presumably to sell Russian goods" (SCD Aug./Sept. 1929).

Die Warenlieferungen trafen zwar in Sistān ein, stießen jedoch auf erhebliche Absatzschwierigkeiten. Im Februar 1930 gab es in Sistān große Mengen sowjetischer Waren, die sich aber nur schlecht verkaufen ließen (SCD Febr. 1930) und auch in Afghanistan wegen der steigenden Lebenshaltungskosten keinen Absatz fanden.

Nach dem Besuch von Rezā Shāh am 19.11.1930 in Nasratābād wurden keinerlei sowjetische Handelsaktivitäten mehr erwähnt. 1931 löste Rezā Shāh das sowjetische Konsulat auf, und damit endete die sowjetische Einflußnahme auf die sistānische Wirtschaft.

2.2.1.3 Das Bankwesen in Nasratābād

Wichtige Instrumente zur Steuerung und Durchsetzung eigener Wirtschaftsinteressen waren die Banken, welche von Briten bzw. Russen gegründet worden waren (vgl. Kap. 1.1). Mit ihrer Hilfe ließen sich geschäftliche Transaktionen finanzieren und durch die Vergabe von Krediten gelang es, die indischen Geschäftsleute gegenüber den sistānischen zu begünstigen (23). Den Banken kommt somit neben der wirtschaftlichen Einflußnahme durch Ansiedlung von Händlern eine wichtige Bedeutung zu. Für die Entwicklung des Wirtschaftslebens in Nasratābād haben die von britischen bzw. russischen Interessen geleiteten Banken zu einem großen Teil beigetragen.

Zu Anfang des 20. Jh. gab es in Persien zwei europäische Banken, die 1889 eröffnete "Imperial Bank of Persia" und die 1891 gegründete "Banque de Prêts de Perse" (seit 1899 "Banque d'Escompte de Perse") (vgl. A. GLEADOWE-NEWCOMEN 1906: 14, P. LUFT 1975: 527-532). Die "Imperial Bank of Persia" war ein englischer Konzern, der unter Aufsicht des Shāh wie eine Staatsbank arbeitete und das alleinige Recht zur Herausgabe von Banknoten besaß (vgl. W. M. FLOOR 1979: 277). Die "Banque de Prêts de Perse" wurde von der russischen Regierung unterstützt und auch als "Russian Bank" bezeichnet. Neben dem Hauptstandort der beiden Banken in Teherān verfügten sie über mehrere Filialen in persischen Städten. Es spricht für die Bedeutung, welche die britische Regierung Sistān beimaß, daß sich im Jahre 1905 auch in Nasratābād eine Bankfiliale befand, ebenso wie beispielsweise in Mashhad, Esfahān oder Shirāz. Der Gründungszeitpunkt der "Russian Bank" läßt sich nicht genau feststellen; zum ersten Mal wurde sie im Januar 1906 erwähnt (SCD Nr. 2, 1906).

In seinem Handelsbericht für das Jahr 1906/07 nannte der britische Konsul Kennion unter den Maßnahmen der indischen Regierung zur Ermutigung des Handels in Sistān ausdrücklich die Zahlung einer Beihilfe für die "Imperial Bank of Persia", um eine Bankfiliale in Nasratābād zu eröffnen (Brief von Konsul Kennion an die indische Regierung vom 27.8.1907; PRO, F.O. 371/503). Ein Grundstück war 1903 erworben worden, und das Bankgebäude wurde kurze Zeit später errichtet. Mit Etablierung der Bank wurden zwei handelspolitische Ziele verfolgt:

- die Bildung eines Gegengewichts zur "Russian Bank";
- die Unterstützung des Handels.

In einer Bilanz anläßlich des dreijährigen Bestehens der Bank stellte der Konsul fest, daß der Erfolg bisher in beiden Punkten ausgeblieben war. Die "Imperial Bank of Persia" erwies sich als nicht konkurrenzfähig gegenüber der "Russian Bank", die hauptsächlich damit beschäftigt war, russische Waren auf Darlehensbasis zu verkaufen. Nach persischem Recht war es der Filiale der "Imperial Bank of Persia" aber nicht erlaubt, langfristige Darlehen zu hohen Zinssätzen zu vergeben, wodurch ihre Konkurrenzfähigkeit eingeschränkt wurde (24).
Mit dem Wegfall dieses wichtigen Mittels zur Schaffung von Investitionsbereitschaft befand sich die Bank in dem Dilemma, lediglich eine kleine Gruppe von Geldverleihern und Händlern zu unterstützen, ohne den Indienhandel zu fördern.

> "The Branch Bank, therefore, along with the other items of expenditure from Indian revenues intended to encourage the trade, seems only to benefit a few money-lenders and shop keepers; and these, unfortunately, of a parasitic class which may fulfil a function of its own, but whose presence in Seistan does not assist Indian trade" (PRO, F.O. 371/503).

Aus diesem Grunde schlug Kennion der indischen Regierung vor, die Unterstützungen, die bisher der "Imperial Bank of Persia" zugeflossen waren, einer besonderen

Handelsgesellschaft zur Verfügung zu stellen.

Es konnte den britischen Interessen, die auf eine Entwicklung des Exporthandels abzielten, nicht genügen, lokale Händler, die den eigenen Gewinn im Auge hatten, finanziell zu unterstützen. Vor diesem Hintergrund wird die Handelspolitik der Briten, die sich auf eine Ansiedlung indischer Händler stützte, noch einmal erklärlich. Die indischen Firmen waren infolge ihres wirtschaftlichen Interesses und ihrer finanziellen Mittel am besten zur Vertretung der britischen Exportinteressen geeignet. Die Vergabe langfristiger Kredite an diese Händlergruppe wäre ein wichtiges Instrument für weitergehende Investitionen gewesen.

Die "Imperial Bank of Persia" hatte dementsprechend nach den ersten vier Jahren ihres Bestehens trotz jährlicher Zuschüsse von 1500 brit. Pfund seitens der indischen Regierung mit Verlusten von über 2.790 brit. Pfund abgeschlossen (Rechnungsbericht der "Imperial Bank of Persia" vom 20.9.1907; PRO, F.O. 371/497). Die von der Bank in Nasratabad vergebenen kurzfristigen Kredite sind nur für die Jahre 1907/08 belegbar (PRO, F.O. 371/497). 1907 wurden nur zwei Darlehen vergeben, die beide der Gouverneur von Sistān, Shaukat-ol-Molk, erhielt. Sie beliefen sich auf insgesamt 60.000 Kran bei 12% Zinsen, zahlbar in 14 Tagen bis 2 Monaten. 1908 hatte sich die Anzahl der Personen, die Darlehen erhielten, auf drei erhöht, worunter sich wiederum Shaukat-ol-Molk befand. Die Kredithöhe war auf insgesamt 83.000 Kran gestiegen.

Bezeichnend für die britische Handelspolitik ist die Praxis der Vergabe von Krediten (25). Für die Jahre 1907/08 weist der Rechnungsbericht eine Liste von beantragten Darlehen auf, die nicht vergeben wurden. 1907 waren es insgesamt 333.000 Krans (sechs Antragsteller), von denen allein Shaukat-ol-Molk 200.000 Krans beantragt hatte. Die Antragsteller baten um eine Laufzeit von 3 bis 12 Monaten. 1908 stellte nur ein gewisser Mustaufi aus Birjand einen Antrag auf Erteilung eines Darlehens von 10.000 Krans, das nicht gewährt wurde. Unter den Antragstellern befand sich wiederholt der Mālik-u-Tujjār, der Vorsteher der persischen Händler in Nasratabad. Obwohl ausdrücklich vermerkt wurde, daß er das Darlehen zum Kauf von Handelsgütern in Indien benötigte, kam die Bank ihm mit Hinweis auf die unruhigen Verhältnisse in Persien nicht entgegen. Die Vermutung, daß die Bank eine Schutzpolitik für die von indischen Händlern importierten Waren betrieb, liegt nahe. Dieses Bestreben, das Aufkommen einer einheimischen Konkurrenz zu den indischen Händlern nicht zuzulassen, ist neben der Scheu, langfristige Kredite zu gewähren, kennzeichnend für die Handelspolitik der "Imperial Bank of Persia". Aus diesem Grunde konnten auch keine wirtschaftlichen Wachstumsimpulse auf den einheimischen Sektor der städtischen Wirtschaft ausgehen. Die Bank war nicht an einem allgemeinen Aufschwung in Nasratabad interessiert und versagte persischen Geschäftsleuten die nötige finanzielle Unterstützung für Eigeninitiativen.

Die zunehmende Bedeutung Duzdaps führte am 21.3.1922 zur Schließung der Filiale der "Imperial Bank of Persia" in Birjand zugunsten einer neueingerichteten

Filiale in Duzdap (SCD Nr. 31, 1922). Die Bank in Nasratābād blieb aber weiterhin bestehen (SCD Nov. 1927) und wurde erst im Februar 1930 geschlossen (SCD Febr. 1930). Die persische Regierung eröffnete am 8.5.1930 eine Filiale der persischen National Bank in Zābol (SCD Mai 1930). Die National Bank zog ab 21.3. 1932 alle im Umlauf befindlichen Kran ein und tauschte sie gegen Rials um (SCD März 1932 (26).

Die von Rußland und Großbritannien über die europäischen Banken ausgeübte Kontrolle des Kapitalverkehrs (vgl. P. LUFT 1975: 527-530) hemmte, wie das Beispiel Zābol zeigt, die kleinstädtische Entwicklung. Hierbei spielte die Vergabe von Krediten eine entscheidende Rolle:

- analog zu der Verschuldungspraxis gegenüber dem persischen Staat (vgl. P. LUFT 1975, E. EHLERS 1980 b: 178 ff.) versuchte die Filiale der "Imperial Bank of Persia" in Nasratābād, den einflußreichsten staatlichen Funktionsträger, Shaukat-ol-Molk, über die Vergabe von Krediten in ökonomische Abhängigkeit zu zwingen;
- andererseits schwächte die Bank die Investitionsbereitschaft einheimischer Händler durch die Verweigerung von Krediten.

Mit der Nationalisierung des Bankwesens begann ein neues Kapitel in der Wirtschaftsgeschichte Zābols; der britische Einfluß wurde zurückgedrängt, und stattdessen setzte eine wirtschaftliche Steuerung aus Teherān ein, die bis zum heutigen Zentrum-Peripherie-Verhältnis (vgl. E. EHLERS 1978) führte.

2.2.1.4   Zusammenfassung

Vergleicht man die wirtschaftlichen Aktivitäten der russisch/sowjetischen und britischen Regierung, so lassen sich folgende auf beiden Seiten gleichermaßen vorhandene Zielvorstellungen herausstellen:

- der Versuch, Sistān der eigenen wirtschaftlichen Einflußzone einzuverleiben,
- das Interesse an den reichlich vorhandenen landwirtschaftlichen Produkten (Getreide, Wolle, ghi),
- ein sich erst allmählich entwickelndes Interesse, Sistān als Absatzmarkt eigener industrieller Produktion zu gewinnen.

Bei der Durchsetzung dieser politischen Vorstellungen war die britische Regierung nicht zuletzt deshalb erfolgreicher, weil sie zur Belieferung von Quetta, ihres bedeutendsten Marktes in Baluchistān, nicht so große Entfernungen zu überwinden hatte und die Organisation des Handels in Händen indischer Händler lag. Demgegenüber existierten keine Handelsverbindungen nach Russisch-Mittelasien. Die zögernden Versuche, Sistān als Absatzmarkt industrieller Produkte zu erschließen, schei-

terten. Zwar bestand ein ausreichender Bedarf an Lebensmitteln wie Zucker und
Öl sowie Kleidung und Gebrauchsgütern, doch reichte die Kaufkraft der sistānischen
bäuerlichen Bevölkerung zum Erwerb solcher Waren nicht aus.

Kennzeichnend für die städtische Wirtschaft ist ihre fremdgesteuerte Struktur,
die Nasratābād im wesentlichen die Funktion eines Umschlagplatzes für den Export
landwirtschaftlicher Güter zuwies. Die indischen Händler dominierten nicht nur
im Exporthandel, sie bildeten auch die zentrale Verteilerstelle für die Importe aus
Indien. In diesem Wirtschaftssystem blieben die einheimischen Händler in der Rolle von Einkäufern bei indischen Handelsfirmen. Diese schränkten darüber hinaus die
wirtschaftliche Handlungsfreiheit der Sistānis mit Hilfe der üblichen Verschuldungspraxis ein. Die von der britischen Regierung betriebene Finanzpolitik verfolgte das
Ziel, den Indienhandel möglichst in den Händen der indischen Händler zu monopo-
lisieren. Den zu Investitionen bereiten sistānischen Geschäftsleuten wurden die nötigen Kredite durch die "Imperial Bank of Persia" versagt.

Die wirtschaftliche Konkurrenz des russischen bzw. sowjetischen Konsulats
zu den indischen Händlern konnte die Selbständigkeit der einheimischen Wirtschaft nicht fördern. Inwieweit die russische Handelspolitik durch die Ansiedlung
von Dorfhändlern zur Verbesserung der Infrastruktur auf dem Lande beitrug und
eventuell das Entstehen dörflicher Bāzāre förderte, bleibt unklar.

Die wichtigsten Ergebnisse der europäischen Einflußnahme auf die städtische
Wirtschaft sind folgende:

- eine Beraubung Sistāns an eigener Nahrungsmittel- und Rohstoffproduktion durch Durchsetzung reiner Exportinteressen,
- kein Rückfluß und nur ansatzweise Investition der erwirtschafteten Handelsgewinne, da der Handel fast ausschließlich von indischen Firmen organisiert wurde,
- die Ausbildung einer von einheimischen Geschäftsleuten getragenen städtischen Wirtschaft wurde verhindert,
- positive Aspekte liegen in der von den indischen Händlern vorgenommenen baulichen Ausgestaltung des Bāzārs durch die Anlage von Ladenzeilen und den Bau mehrerer Karawansereien.

Nach dem Abzug der indischen Händler und Schließung des sowjetischen Konsulats
mußte es im Interesse der Entwicklung Sistāns liegen, den ersatzlosen Export von
Rohstoffen zu unterbinden und mit den erwirtschafteten Handelsgewinnen eine unabhängige, leistungsfähige Wirtschaft aufzubauen.

2.2.2 Bedeutung des einheimischen Wirtschaftssektors

Vor der Gründung von Nasratābād und bis zur Ansiedlung von indischen Händlern im Bāzār der Stadt gab es in Sistān keinen Markt von einiger Bedeutung. Im Jahre 1894, fünfundzwanzig Jahre nach Gründung von Nasratābād, stellte der sich erst allmählich entwickelnde Bāzār ein so unzureichendes Warenangebot bereit, daß die ländliche Bevölkerung eigene Handelskarawanen zusammenstellte (C. YATE 1900: 84).

Diese Beobachtung deutet auf eine weitgehende Selbstversorgung sistānischer Dörfer hin, wie sie im 19. Jh. in Iran noch weitverbreitet war (vgl. S. SARKHOCH 1975). Die zur Feldarbeit notwendigen Ackergeräte wurden von dorfansässigen Schmieden und Schreinern oder Wanderhandwerkern hergestellt (vgl. S. SARKHOCH 1975: 335-340), und aufgrund der Untersuchung der ländlichen Heimindustrie kommt S. SARKHOCH zu dem Ergebnis, "daß im letzten Jahrhundert die Textilproduktion der normalen Gebrauchsstoffe wohl in Hausindustrie auf dem Lande hergestellt wurde" (S. SARKHOCH 1975: 341).

Die Versorgung der sistānischen Bevölkerung erfolgte durch Dorfhändler, über deren räumliche Verteilung G. BRAZIER-CREAGH berichtete (vgl. Abb. 5). Am Ende des 19. Jh. betrieben 23 Dorfhändler in insgesamt 10 ländlichen Siedlungen ihre Geschäfte, während für Nasratābād nur ein Händler aufgeführt wurde (G. BRAZIER-CREAGH 1898: 24 f.). Die beste Versorgungssituation herrschte in den Dörfern "Kaleh-e-Nao" und Daulatābād, wo sich acht bzw. fünf Händler niedergelassen hatten (vgl. Tab. 3). Die dörfliche Infrastruktur entsprach noch den Bedürfnissen vor Anlage eines städtischen Zentrums, und Nasratābād verfügte als Garnisonsstadt über keinerlei Marktfunktion. Die ländlichen Siedlungen waren geradezu zur Selbstversorgung gezwungen. In der zweiten Hälfte des 19. Jh. richteten sich die Bestrebungen der Provinzregierung auf militärische Herrschaftssicherung, wobei der wirtschaftliche Ausbau der Stadt vernachlässigt wurde.

Der Mangel an einheimischen Händlern in Nasratābād erklärt sich aus dem Fortbestand der Siedlungs- und Wirtschaftsstruktur, wie sie sich vor Gründung der Stadt herausgebildet hatte.

Zur Deckung der Bedürfnisse einer städtischen Bevölkerung reichte die Wirtschaftskraft der ländlichen Händler und der wenigen in Nasratābād ansässigen einheimischen Geschäftsleute nicht aus. Die vor allem aus persischen Soldaten bestehenden Stadtbewohner errichteten deshalb eigene Läden. Um die Jahrhundertwende zählte P. SYKES 50 bis 100 Läden in der Stadt, die von Soldaten der Garnison betrieben wurden (P. SYKES 1902: 375). Der Aufbau eines städtischen Bāzārs war auf der Grundlage von Soldaten-Händlern, die ihre Händlertätigkeit ohne weitreichende Geschäftsverbindungen und ohne langfristige Perspektiven wahrnahmen, nicht möglich. Zudem erwiesen sich Nachfrage und Kaufkraft der einheimischen Bevölkerung als zu gering, um den Aufbau eines städtischen Bāzārs zu unterstützen. In dieser Si-

Abbildung 5: Wohnorte der Händler in Sistān am Ende des 19. Jahrhunderts

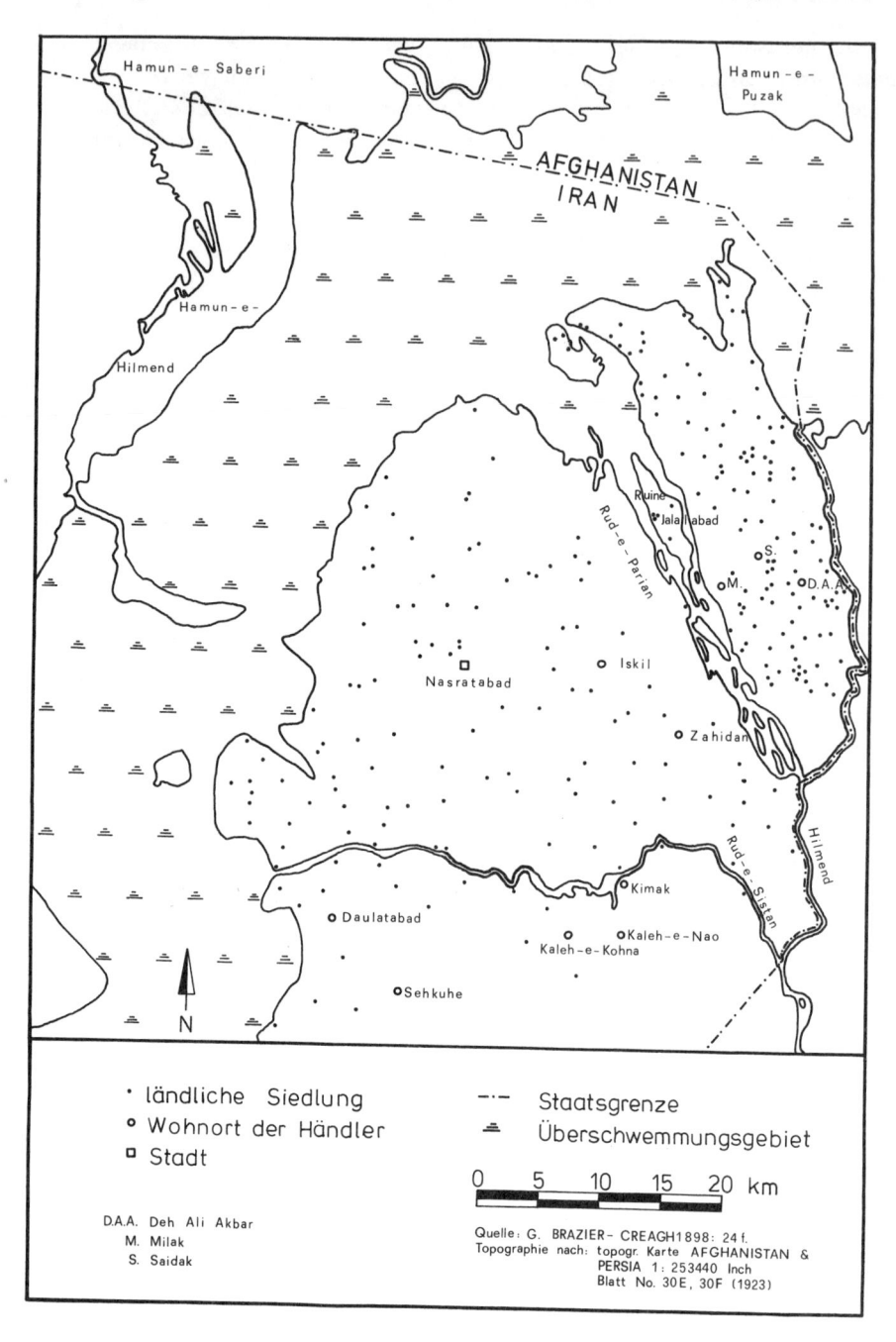

Tabelle 3: Anzahl und räumliche Verteilung sistānischer Händler am Ende des 19. Jahrhunderts

Wohnort	Name des Händlers
Daulatabad	Azghar Mashdi
	Mir Beg
	Agha Qala Ali
	Shar Dil
	Agha Ghulam Murtaza
Sehkuhe	Pasand Khan
Kaleh-e-Kohna oder	Mirza Fakir Muhammad
Burj-e-Kohna	Karblai Ghulam Ali Beg
	Syed Ali Agha
Kaleh-e-Nao oder	Abas Khushali
Burj-e-Nao oder	Muhammad Ghulam Hussain
Burj-e-Alam Khan	Ali Gul
	Ahmed Akhund
	Shah Sowar Azghar
	Noor Muhammad
	Ali Jan
	Darwesh Ali
Kimak	Ibrahim
Iskil	Mir Abbas
Zahidan	Ahmed Khan Nautini
Milak	Mohammed u.a.
Saidak	Yousaf
Deh Ali Akbar	Ali Akbar
Nasratabad	Karblai Agha Jan

Quelle: G. BRAZIER-CREAGH 1898: 24/25 (Schreibweise unverändert)

tuation konnte die Initialzündung zur Verstärkung der städtischen Marktfunktion nur von außen durch die Wirtschaftsaktivitäten der Briten und Russen erfolgen.

Im Dezember 1900, als mit Ausnahme des Ladens von Seth Suleiman noch keine indischen Händler sich in Nasratābād niedergelassen hatten, bot der Bāzār ein äußerst ärmliches Bild.

> "With a single exception, the houses and shops on either side of the street are small and insignificant, the latter hardly recognisable as such, owing to their apparent innocence of goods for sale; while the owner is content to sit in front of his door, in a state of apathetic indolence, typical of all great and small, from the highest to the lowest, throughout the dominions of his Highness Muzaffar-ad-Din-Shah" (RONALDSHAY 1902: 198).

Während die britischen Konsularakten relativ ausführlich über die Auswirkungen der Ansiedlung indischer Händler berichten, liegen kaum Nachrichten über die Rolle des einheimischen Wirtschaftssektors vor. Sistānische Händler wurden nur beiläufig erwähnt und nicht ein einziges Mal auf einen persischen Geschäftsmann in Nasratābād verwiesen, der einige Bedeutung erlangt hätte. Bei einer stärkeren wirtschaftlichen Position der einheimischen Händler wäre diese Tatsache schon aus wirtschaftspolitischen Überlegungen nicht unerwähnt geblieben.

Sistānische Händler erlangten erst dann Interesse, wenn sie versuchten, mit den indischen Firmen zu konkurrieren. Nur in zwei Fällen erfährt man etwas über solche Eigeninitiativen. Die sistānischen Wollhändler verkauften ihre Wolle in Sabzavār (Stadt westlich von Mashhad) und beteiligten sich nicht an den Handelskarawanen der indischen Händler, die nach Quetta zogen (SCD Nr. 15, 1900); der größte ghi-Produzent und Händler war ein Baluche aus dem Mian-Kangi-Distrikt (SCD Nr. 26, 1901). Noch 1930 war der Einfluß des einheimischen Wirtschaftssektors sehr gering, wie die Einstufung der bedeutendsten sistānischen Händler zeigte. Die anläßlich des Besuchs von Rezā-Shāh in Nasratābād dem Shāh vorgestellten vier Vertreter der örtlichen Händler wurden in den britischen Konsularakten als unbedeutende Ladeninhaber qualifiziert (PRO, F.O. 371/15341).

Ebenso spärliche Informationen liegen über die Eigentumsverhältnisse im einheimischen Wirtschaftssektor vor. Das Grundeigentum einiger stadtansässiger Mullāhs und religiöser Führer in Nasratābād war beträchtlich. Als im Jahre 1916 der religiöse Führer Mullāh Muhammad Mehdi starb, wurde sein Vermögen auf 100.000 Toman geschätzt (SCD Nr. 6, 1916). Um die Nachfolge im Amt des obersten "Mujtehid" von Sistān bewarb sich sein Halbbruder Hāji Sheikh Muhammad Rezā, der identisch mit jenem gleichnamigen religiösen Führer ist, der Eigentümer zahlreicher Läden im Bāzār-e-Nešāti war (vgl. Kap. 2.3.2).

Die vorhandenen Informationen über die Bedeutung des einheimischen Wirtschaftssektors deuten darauf hin, daß die sistānischen Geschäftsleute bis zum Abzug der indischen Händler eine untergeordnete Rolle innerhalb der städtischen Wirtschaft spielten. Es existierten keine speziellen Wirtschaftsbereiche, die von einheimischen Händlern kontrolliert wurden. Beim Warenbezug waren sie entweder von Einkäufen bei indischen Händlern abhängig oder arbeiteten als "Agenten" des russischen Konsulats, wodurch sich ihr Spielraum bei der Preisgestaltung beschränkte.

Ohne die Aussicht, mit den finanzkräftigen Ausländern konkurrieren zu können, führten sie ein Kümmerdasein. Das in der Stadt vor allem in den Händen der Geistlichkeit vorhandene Kapital wurde nicht zum Aufbau eines leistungsfähigen einheimischen Wirtschaftssektors investiert. Ebenso mangelte es an Unterstützung seitens der Provinzregierung, die sogar die Ansiedlung der indischen Händler unterstützt hatte. Erst nachdem die indischen Händler Sistān verlassen hatten und sistānische Geschäftsleute die erwirtschafteten Handelsgewinne im Bāzār investierten, setzte seine bauliche und wirtschaftliche Entwicklung ein.

2.2.3 Einkommen und Lebensstandard der Bevölkerung

Die schon angesprochene Bedeutung Sistāns für den Export landwirtschaftlicher Produkte und als Absatzmarkt von Gebrauchsgütern kann anhand der Quellen über die Handelsverhältnisse näher verdeutlicht werden. Im Mittelpunkt des Interesses stehen die in Reisebeschreibungen, Konsulartagebüchern und Handelsberichten angesprochenen Handelsmechanismen und die sich aus der Handelspolitik ergebende Preisentwicklung. Durch den Vergleich von Preis- und Lohnentwicklung wurde versucht, einen Einblick in den Lebensstandard der Bevölkerung zu gewinnen.

2.2.3.1 Handel und Preisentwicklung

Zu den wichtigsten Exportgütern Sistāns gehörte Getreide. Noch bevor indische Kaufleute den Getreidehandel nach Quetta in ihre Hände nahmen, wurde Getreide von Sistān in andere Landesteile Irans, vornehmlich ins Qā'enāt, exportiert. C. STEWART berichtete auf seiner 1882 unternommenen Reise nach Sistān von bedeutenden Getreideexporten nach dem Qā'enāt bzw. der Stadt Birjand.

"... grain is largely imported from Sistan, where the quantity produced is far beyond the requirements of the population" (C. STEWART 1886: 140).

Getreideexporte von Sistān ins Qā'enāt waren auch in den 20er Jahren des 20. Jh. üblich (Trade Report 1920; PRO, F.O. 371/3892). Nach Mißernten in entfernteren Landesteilen bestand Bedarf an sistānischem Weizen sogar in Bam (G. BRAZIER-CREAGH 1898: 47) und im Raum Kermān (SCD Nr. 2, 1923).

Der Getreidebedarf der sistānischen Bevölkerung konnte trotz dieser inneriranischen Exporte und der Ausfuhren nach Indien gedeckt werden. Mangel an Getreide wurde, abgesehen von schlechten Erntejahren, meist künstlich durch die Preispolitik der Provinzregierung und der Sardāre erzeugt. Mehrere solcher Beispiele sind in den Quellen belegt. Die Provinzregierung bereicherte sich in Notzeiten durch überhöhte Preisforderungen für Hilfssendungen des Staates. Um die Jahrhundertwende kaufte der sistānische Gouverneur Haschmat-ol-Molk Staatsgetreide für 86 Pfd./1 Kran vom Staat auf und verkaufte es an die Bevölkerung für 47 Pfd./1 Kran (Artikel in "Habl-ul-Matin" Nr. 39 vom 8.6.1906; PRO. F.O. 371/114).

Um die Preise in die Höhe zu treiben, hatten im März 1903 der Provinzgouverneur und der Sardār Purdil Khān große Mengen Getreide gehortet (SCD Nr. 6, 1903). Sie spekulierten auf den Bedarf der erwarteten britischen Schiedskommission. Die Preise stiegen entsprechend dieser Verknappungspolitik um das Zehnfache gegenüber dem Vorjahr (vgl. Tab. 4).

Zu Beginn des Pestjahres 1906 verkaufte Haschmat-ol-Molk das ihm als Hilfssendung der Zentralregierung anvertraute Staatsgetreide für 16 Pfd./1 Kran. Im Laufe des Frühjahrs stiegen die Preise des von ihm verkauften Staatsgetreides auf 8,6 - 6,5 Pfd./1 Kran; im Juni lag der Preis bei 4,6 Pfd./1 Kran (PRO. F.O. 371/114). Zwar lagen diese Preise noch unter denen auf dem freien Getreidemarkt, doch handelte es sich bei den Getreidelieferungen um Unterstützungen seitens der Regierung für die hungernde Bevölkerung. Da der Provinzgouverneur gleichzeitig Getreideausfuhren nach Qāen anordnete und in Sistān Getreide hortete, kam es zu einer großen Hungersnot.

"Unter gewöhnlichen Verhältnissen werden schon große Mengen der Kornernte des Jahres von einer kleinen Anzahl reicher Leute aufgekauft, die später beim Wiederverkauf die Preise zu mehr als doppelter Höhe hinauftreiben. Der Mangel, der jetzt herrschte, war zum großen Teil eine Folge der fehlgeschlagenen Ernte in Kain, wohin aus Sistan solche Kornmengen geschickt werden mußten, daß das Land schließlich selbst in Not geriet. Alle Armen, d.h. der größere Teil der Bevölkerung, mußten jetzt entweder verhungern oder ihr Leben mit Schilfschößlingen und Kräutern fristen; auf diese Weise mußten sie noch weitere sechs Wochen um ihr Dasein kämpfen, bis sie das diesjährige Korn ernten konnten" (S. HEDIN 1910: 308/09).

Im Februar 1906 gab es kein Brot mehr im Bāzār zu kaufen (SCD Nr. 8, 1906).

Sardāre und indische Händler gaben 1916 gegenüber der Steuerverwaltung als Vorrat nur einen Bruchteil des tatsächlich eingelagerten Getreides an. Z.B. verfügte der indische Händler Seth Suleiman nach Aussagen seines Agenten in Quetta über 2.500 Kharwār Getreide, während er den persischen Behörden mitteilte, nur 100 Kharwār zu besitzen (SCD Nr. 49, 1915). Sardāre und Händler verfolgten diese Preispolitik mit so großer Rücksichtslosigkeit, daß die Bevölkerung Sistāns im Bāzār von Nasratābād kein Getreide mehr kaufen konnte (SCD Nr. 1, 1916) (27).

Die Zentralregierung versuchte, Unruhen der sistānischen Bevölkerung wegen der oben beschriebenen Preispolitik der Provinzregierung und der Getreidehortungen der Sardāre durch verschiedene Maßnahmen zu verhindern. Um die Versorgung Sistāns und der angrenzenden Gebiete Ostpersiens sicherzustellen, wurden häufig

Exportverbote für sistānisches Getreide erlassen. Hiervon waren auch die indischen Händler betroffen, die bei Getreideausfuhren nach Quetta die Erlaubnis der Steuerverwaltung einholen mußten. Im April 1922 entzog die Zentralregierung dem Provinzgouverneur die Verantwortung für den Verkauf des Getreides von Staatsland und unterstellte Verkäufe von Staatsgetreide der Aufsicht des Zolldirektors in Nasratābād, der Belgier war (SCD Nr. 31, 1922). Da es in Sistān nur Staatsland gab und der Regierung ca. ein Drittel der Ernte gehörte, kontrollierte der belgische Zolldirektor den Handel mit einem großen Teil der sistānischen Getreideproduktion (28).

Betrachtet man die Preisentwicklung für Getreide auf dem Markt von Nasratābād/Zābol, zeigt sich eine relativ große Konstanz der Preise vom ausgehenden 19. Jh. bis heute. Die Preise für Weizen schwankten normalerweise zwischen 2 bis 3 Pfd. pro 1 Kran/Rial und für Gerste zwischen 4 bis 9 Pfd. pro 1 Kran/Rial (vgl. Tab. 4). In guten Erntejahren lag der Weizenpreis zwischen 9 bis 26 Pfd. pro 1 Kran/Rial und bei Gerste zwischen 14 und 32 Pfd. pro 1 Kran/Rial. 1977 mußte durchschnittlich für 1 Pfd. Weizen 1 Tomān (10 Rial) gezahlt werden. In den Jahren, für die Getreidepreise vor und nach der Ernte vorliegen, sind Preisunterschiede um das Doppelte festzustellen. Nach der Ernte im Mai 1906 erhielt der Käufer für 1 Kran 6 Pfd. Weizen, während er vor der Ernte im Januar für 1 Kran nur 3,3 Pfd. Weizen kaufen konnte. Für Gerste sind die Relationen ähnlich: im Januar 1906 bekam der Käufer für 1 Kran 4 Pfd. Gerste, während er nach der Ernte im Mai 9 Pfd. für 1 Kran erhielt (29).

Neben Getreide war ghi (Butterfett) ein wichtiges Erzeugnis der sistānischen Landwirtschaft. Von 1872 bis 1903 stieg der Preis für ghi von 2,1 Pfd. pro 1 Kran bis auf 0,4 Pfd. pro 1 Kran (vgl. Tab. 4). Seit dieser Zeit blieb er etwa konstant bei 0,4 Pfd. pro 1 Kran. Obwohl ghi seit Anfang des 20. Jh. mit einer Ausfuhrsperre belegt war, wurde es als Schmuggelware über Afghanistan nach Quetta exportiert (SCD Nr. 23, 1901). ghi stammte meist aus dem Miān-Kangi-Distrikt, wo die meisten ghiproduzierenden Viehhalter lebten.

"Seventy-five per cent of ghi caravans are using the Afghan route to Chagai and Nushki this year in order to avail the 5 per cent customs duty charged on exports from Sistan. The latter duty comes to about 17 krans per camel load, while the duty paid to the Afghan customs authorities (by those who fail to smuggle through without paying any duty at all) is 23 krans per camel load. But in the latter case it was pointed out to me that, as a rule out of caravan of 50 camals only 10 were declared, a small douceur was given to the customs representative, and a pass obtained which permitted the whole caravan to move without let or hindrance. I found also that every caravan had to pay something to the Amir Hasmat-ul-Mulk's representative so as to escape the Hasmat's order forbidding the exportation of ghi from the country. Thus in spite of having to pay two douceurs as well as the Afghan customs dues, to say nothing to the risk of highway robbery on the road, the ghi producers of the Mian Kangi district seem to find it cheaper to use the Afghan

Tabelle 4: Preisentwicklung für landwirtschaftliche Produkte in Sistān

Jahr	Preise landwirtschaftlicher Produkte (in brit. Pfd. pro 1 Kran/Rial)					Quelle
	Weizen	Gerste	Rowghan oder ghi	Mehl	Luzerne	
1872	26,0	32,5	2,1			GOLDSMID 1876: 271
1898	3,1	6,0		0,8		BRAZIER-CREAGH 1898:4
1900 (Mai)	26,0					SCD Nr. 5, 1900
1902 (März)	24,0	30,0	0,8	15,0	100,0	SCD Nr. 6, 1903
1903 (Febr.)	2,1					SCD Nr. 3, 1903
1903 (März)	3,5	4,5	0,4	2,5	6,0	SCD Nr. 6, 1903
1906 (Jan.)	3,3	4,0			4,9	SCD Nr. 4, 1906
1906 (Mai)	6,0	9,0				SCD Nr. 20, 1906
1911	19,5					MR 1911 Simla 1912
1911/12	9,75 -13,0	16,0 -19,5	0,56 -0,65			SCD Nr. 12, 1913
1913 (März	6,5	9,75	0,54			SCD Nr. 12, 1913
1915 (Aug.)	3,3	4,3	0,4		11,1	PRO. F.O. 371/2737
1916 (Apr.)	4,3	5,4	0,4		22,2	PRO. F.O. 371/2737
1921 (Juli)	3,2	4,9				SCD Nr. 6, 1921
1932/33	3,7	4,3				CR 1933 F.O. 371/16970
1941	15,6 -23,4					BWIS Nr. 43, 1941
1942	10,14	14,48				BWIS Nr. 24, 1942
1942	12,67					BWIS Nr. 29, 1942
1977	0,1 -0,11					eig. Befr.

MR: Military Report; CR: Commercial Report; BWIS: Baluchistan weekly Intelligence Summaries; eig. Befr.: eigene Befragung im Bāzār von Zābol Febr./Juli 1978

route than to pay 5 per cent export duty via Koh-i-Malik Siah. The only ghi which would seem to travel by the Robbat route is that belonging to British traders" (SCD Nr. 26, 1901).

Ähnlich wie beim Getreidehandel versuchte die Provinzregierung Gewinne aus dem eigenen Exportverbot zu ziehen, indem sie "Sonderabgaben" von denjenigen Händlern forderte, die trotz des Verbotes ghi ausführen wollten. Unter den Bedingungen des von Exportbeschränkungen beschnittenen Handels blühte der Schmuggel an der schwer zu überwachenden Grenze nach Afghanistan. Da Haschmat-ol-Molk persönlich daran verdiente, scheint er auch nicht ernsthaft auf die strikte Durchführung des Exportverbotes für ghi geachtet zu haben.

Durch das Ausfuhrverbot für ghi wurde die Einkommenssituation der indischen Händler sowie der sistānischen Viehhalter verschlechtert und diese zum Schmuggel ermuntert.

> "The object of the prohibition is to reduce prices for the benefit of Nasratabad town, and it will hit Indian traders hard, as ghi is one of the few commodities which it pays to export from Sistan. It will probably hit the Persian cattle-owners, who form an important element in the population, still hard" (SCD Sept. 1927).

Am Handel mit ghi, an dem besonders viehhaltende Baluchen beteiligt waren, verdienten einige Fernhändler so gut, daß nach Abzug der indischen Händler ein großer Teil der Gewinne für den Ausbau des Zāboler Bāzārs investiert werden konnte (vgl. Kap. 3.2.1.3).

An tierischen Produkten Sistāns erlangten auch Wolle und Häute einige Bedeutung. Um die Jahrhundertwende berichtete G. BRAZIER-CREAGH von mehreren Karawanen bis zu 40 Kamelen, die Wolle und Häute nach Quetta transportierten (G. BRAZIER-CREAGH 1898: 49). Im Jahre 1906 wurden in Sistān Felle und Häute von ca. 300.000 Stück Vieh (Schafe, Ziegen, Kühe) verkauft. Für Wolle wurden so niedrige Preise verlangt, daß sie trotz hoher Transportkosten mit Gewinn in Mashhad verkauft werden konnte (Brief von Konsul Kennion an die indische Regierung vom 24.8.1907; PRO F.O. 371/503).

Für den Handel mit Vieh war in Afghanisch Sistān bei dem Dorf "Karki" ein Grenzposten eingerichtet worden, der die Funktion einer Zollstation besaß (SCD Nr. 12, 1921). Von hier konnten legal Schafe, Ziegen und Kühe ein- und ausgeführt werden. Meist war jedoch Viehschmuggel vom afghanischen nach dem iranischen Teil Sistāns üblich. Anreiz hierfür boten die unterschiedlichen Viehpreise, die in Iran nahezu doppelt so hoch waren wie in Afghanistan. Beispielsweise kostete im Juli 1921 ein Schaf in Afghanisch Sistān 15 Kran und auf der iranischen Seite der Grenze 25 Kran; bei Kamelen lagen die Relationen zwischen 150 Kran pro Tier in Afghanistan und 300 Kran pro Tier in Iran (SCD Nr. 6, 1921 (30)).

Als einziger handwerklicher Exportartikel sind Teppiche zu nennen, die allerdings größtenteils im Qāenāt geknüpft wurden. Die erste Nachricht über den Teppichhandel von 1906 besagt, daß infolge der Pest die Ausfuhr von Teppichen verboten war (Brief des brit. Konsuls vom 11.2.1906 an das Auswärtige Amt, Calcutta; PRO, F.O. 371/107). Zu dieser Zeit gab es nur im Qāenāt Teppichproduktion in größerem Umfang, während in Sistān Teppiche vereinzelt und nur für den Eigenbedarf geknüpft wurden. Infolge des Ersten Weltkrieges erfuhr die Teppichknüpferei im Qāenāt eine so entscheidende Einschränkung, daß 1920 ca. 80% der vormals vorhandenen Webstühle nicht mehr in Betrieb waren (Trade Report 1920 (TR) PRO, F.O. 371/3892). Die Teppichknüpferei im Qāenāt nahm erst 1927 nach Aufstellung neuer Webstühle zu, als auch in Sistān erstmals Teppiche an senkrecht stehenden Webstühlen geknüpft wurden, die von der "Oriental Carpet Manufactures, Ltd." aufgestellt worden waren (Annual commercial Report 1927/28 (ACom.R); PRO, F.O. 371/13064). Diese Initiative war aber nicht von dauerhaftem Erfolg gekrönt. Nach Aussagen des Leiters der staatlichen Teppichgesellschaft in Zābol existierte vor Aufnahme der Tätigkeit der Teppichgesellschaft im Jahre 1969 keine irgendwie organisierte Teppichknüpferei in Sistān. Diese Angaben werden auch gestützt durch den Annual Commercial Report von 1933, der nur noch von wenigen kleinen Betrieben berichtet, die Teppiche für den Eigenbedarf knüpften (ACom.R 1933; PRO, F.O. 371/16970). 1934 ist von Teppichknüpferei in Sistān gar keine Rede mehr (ACom.R 1934; PRO, F.O. 371/18994).

Importwaren, die nach Sistān gelangten, waren nicht immer für Naṣratābād bestimmt, sondern wurden vor dem weiteren Transport nach Birjand oder Mashhad in den Karawansereien von Nasratābād gelagert. Manche Handelsgesellschaften besaßen Beauftragte in Nasratābād, die für den ordnungsgemäßen Transport dieser Waren verantwortlich waren. Aus diesem Grunde läßt sich nicht immer feststellen, welche Waren für den Markt in Nasratābād bestimmt waren, und welche weitertransportiert werden sollten. An Importen, für die der Bedarf in Sistān und dem Qāenāt 1920 am größten war, wurden aufgeführt: Tee, Indigo und Reis aus Calcutta, Bengalen und Shikarpur sowie Zucker, Baumwollprodukte, Wollsachen, Glas, Lampen, Eisenwaren und Messerschmiedewaren, Gewürze, Pfeffer, Ingwer, Streichhölzer und Heizöl, die auf dem Seeweg, meist aus Karachi, nach Sistān gelangten (TR 1920; PRO, F.O. 371/3892). Daraus ergibt sich eine extrem starke Importabhängigkeit Sistāns von indischen Waren und dem Management indischer Kaufleute. Mit Ausnahme von Grundnahrungsmitteln war Sistāns Versorgung vom Indienhandel abhängig.

Die Regierung Rezā Shāhs versuchte, diese nicht nur für Sistān bestehende Importabhängigkeit durch das in den 30er Jahren erlassene "Trade Monopoly Law" einzuschränken. Die hierin festgelegten Importbeschränkungen, die vor allem Zucker und Tee betrafen, hatten in Zābol zwei wichtige Auswirkungen:

- der Abzug indischer Händler kündigte sich an,
- der Schmuggel für Güter, die mit Importbeschränkungen belegt waren, nahm zu.

Der Annual Commercial Report von 1933 berichtet von zahlreichen Geschäftsaufgaben in Zābol.

"A large number of petty traders in the towns have been compelled to close business as a result of the Monopoly Law" (ACom.R 1933; PRO, F.O. 371/16970).

Obwohl die persische Regierung 1934 große Mengen belgischen Zuckers über Zāhedān importierte und unter Zollaufsicht verkaufte, nahm der Schmuggel mit Zucker und Tee in Südostiran zu (ACom.R 1934; PRO, F.O. 371/18994). Der Verkauf von Schmuggelwaren wirkte sich stark auf die Entwicklung der Bāzārpreise in Zābol aus.

> "Smuggeling is now so universal that it is doubtful if any measures can be contrived which will suppress it" (SCD Aug. 1932).

Selbst die Androhung der Todesstrafe schreckte die an der Grenze zu Afghanistan lebenden Stämme nicht von diesem lukrativen Geschäft ab. Da die offiziellen Preise weit über denen für Schmuggelwaren lagen, fanden geschmuggelte Waren reißenden Absatz in Zābol.

> "Two rates now rule in Zabol town - one for normal trade and one for contraband goods - e.g., sugar loaf official rate Rials 12 per loaf obtainable without difficulty at Rials 7, cotton 'shirting' - open bazar rate Rials 13 per Zal, 'Private Deals - Rials 5'" (SCD Aug. 1932).

Im September 1932 versammelte der Provinzgouverneur die führenden Händler in Zābol und rief sie unter Hinweis auf Vergünstigungen durch den Shāh zu aktiver Mitarbeit bei Einschränkung des Schmuggels auf (SCD Sept. 1932). Aufgrund von Versorgungsengpässen bei Gütern, die dem staatlichen Handelsmonopol unterstanden, ließ sich der Schmuggel nicht nachhaltig eindämmen. Im Januar 1933 gab es im Bāzār überhaupt keinen legal eingeführten Zucker zu kaufen, während geschmuggelter Zucker überall unter dem Ladentisch gehandelt wurde. Der staatlich festgelegte Preis lag bei 14 Rial pro Zuckerhut, gegenüber 8 bis 9 Rial, die für Schmuggelware gefordert wurden (SCD Jan. 1933). Zur Kontrolle des Schmuggels verlangte die Provinzregierung von allen Dorfbewohnern in Grenznähe, die Waren in Zābol verkaufen wollten, sich von der nächstgelegenen Zollstation eine Erlaubnis darüber ausstellen zu lassen. Waren ohne solche schriftliche Erlaubnis durften nicht nach Zābol gelangen. Diese Maßnahmen scheinen jedoch relativ wirkungslos geblieben zu sein.

> "In spite of these precautions the villages all along the frontier from the sea coast to Meshed are fully stocked with smuggled tea, sugar and cloth and consequently legitimate trade in the towns is at a stand still" (SCD März 1933).

Am Anfang des 20. Jh., als Großbritannien noch die Handelschancen mit Sistān erkundete und die erste Ansiedlung indischer Händler erfolgte, formulierte P. SYKES, der damalige Generalkonsul in Khorassān, die englischen Handelsinteressen. Hierbei erkannte er, daß in Südostiran kein Markt für hochwertige industrielle Produkte aus England zu erschließen war, hingegen Tee, Indigo und Gewürze aus Indien gute Absatzchancen vorfinden würden, zumal Rußland nicht als Handelskonkurrent für diese Güter auftreten konnte (Report on the Trade of Khorasan 1906/07; PRO, F.O. 368/210). Diese Prognose erwies sich als durchaus zutreffend, und ohne die Importschranken in den 30er Jahren hätte Großbritannien seinen Handelseinfluß für diese Waren über ganz Südostiran ausgedehnt.

Die Einfuhr von Gebrauchsgegenständen des täglichen Bedarfs stieß nach dem Ersten Weltkrieg auf große Schwierigkeiten. Der britische Konsul Gould machte hierfür vor allem die geringe Kaufkraft der sistānischen Bevölkerung verantwortlich, die meist von lokalen Produkten lebte und selbst preiswerte Importwaren nicht erstehen konnte (TR 1920; PRO, F.O. 371/3892). Selbst diejenigen Personen, die er bei einem Jahreseinkommen von 50 brit. Pfund als reich bezeichnete, würden es vorziehen, ihr Geld für eine Pilgerreise nach Kerbalā auszugeben, als Importwaren zu kaufen.

2.2.3.2 Einkommensverhältnisse

Über die Lebensbedingungen der Bevölkerung Sistāns existieren außer gelegentlichen Hinweisen in den Konsularakten keine ausführlichen Berichte. Durch einen Vergleich der Preise von Grundnahrungsmitteln (bes. Weizen) und in Nasratābād/Zābol gezahlten Arbeitslöhnen soll versucht werden, einen Einblick in die Einkommensverhältnisse zu gewinnen. Veränderungen in der Einkommensstruktur werden als Anzeichen für Wandlungen im Wirtschaftsleben der Stadt aufgefaßt und vor ihrem Hintergrund erläutert.

Um Vergleichsmöglichkeiten der zwischen 1900 und 1978 gezahlten Löhne zu erhalten, wurde der Getreidepreis des jeweiligen Jahres zur Bestimmung eines "Lebensstandardindex" herangezogen. Bei den Löhnen handelte es sich um Tagesverdienste von Facharbeitern bzw. Bauhandwerkern (Klempner, Maurermeister, Kanalreiniger) und ungelernten Arbeitern (meist Bauarbeiter), die den Konsularakten entnommen werden konnten. Für die Zeit nach 1941 wurden Ergebnisse eigener Befragungen herangezogen.

Die Einkommensentwicklung von Löhnen für Arbeiter ist in Tabelle 5 dargestellt. Für 1920 wurden zum Vergleich die Einkommen der sogenannten "reichen Leute" und des Steuerdirektors eingefügt. Die Tageslöhne von 1900 bis 1928 für ungelernte Arbeiter wiesen keine wesentlichen Steigerungen auf und schwankten zwischen 0,5 Kran 1900 und 1,25 Kran 1928. Gelernte Arbeiter hatten im selben Zeitraum auch keinen nennenswerten Lohnzuwachs zu verzeichnen; ihr Tagesverdienst bewegte sich zwischen 2 Kran 1901 und 6 Kran 1928. Selbst der Tagesverdienst "reicher Leute" für das Jahr 1920 fiel mit 4,1 Kran recht bescheiden aus. Diese recht geringen Einkommensunterschiede lassen auf eine erst sehr schwach ausgebildete soziale Schichtung der städtischen Bevölkerung schließen. Die Händler Nasratābāds, die bei einem weitgehenden Fehlen von Verwaltungsbeamten, nach den führenden Vertretern der Geistlichkeit (vgl. Kap. 2.2.2), den Großteil der "reichen Leute" stellten, erwirtschafteten unter dem Konkurrenzdruck indischer Händler nur

Tabelle 5: Entwicklung der Einkommen von Arbeitern in Nasratābād/Zābol 1900-1978

Jahr	Tagesverdienst in Kran/Rial			Quelle
	ungelernte Arbeiter	Facharbeiter, Bauhandwerker	andere Berufsgruppen	
1900	0,5-0,75			SCD Nr. 7, 1900
1901 (Nov.)		2		SCD Nr. 23, 1901
1920			4,1 ("reiche Leute")	TR 1920; PRO, F.O. 371/3892
1920			2197 (Steuerdirektor)	Brief von Konsul Gould an die ind. Reg. vom 2.6.1922 PRO, F.O. 371/7812
1927/1928	1,0-1,25	4-6		CR 1927/28; PRO, F.O 371/13064
1928 (März)	1		1 (Bauer)	SCD März 1928
1928 (Nov./Dez.)	1,25			SCD Nov./Dez. 1928
1941	10	60		eig. Befr.
1955	50			eig. Befr.
1968	100-150			eig. Befr.
1978	300-350	450		eig. Befr.

geringe Einkommen. Aus diesem homogenen Einkommensgefüge hoben sich die wenigen hohen Staatsbeamten ab. Auf den vergleichbaren Tagessatz umgerechnet verdiente der Steuerdirektor Sistans 2.197 Kran. Einem geringen Unterschied zwischen unteren und mittleren Einkommensschichten stand ein gewaltiger Einkommenssturz von hohen Staatsbeamten zum überwiegenden Teil der sistānischen Bevölkerung gegenüber.

Im Zuge des vom Staat in den 30er Jahren vorgenommenen Ausbaus der Stadt, durch die Initiative sistanischer Händler bei der baulichen Erweiterung des Bāzārs und infolge der Landreform Rezā Shāhs verbesserte sich das Lohnniveau spürbar. Der Tagesverdienst eines ungelernten Bauarbeiters stieg über 1,25 Kran (1928) und 10 Rial (1941) auf durchschnittlich 325 Rial (1978). Der Verdienst eines Facharbeiters kletterte von durchschnittlich 5 Kran (1928) auf 60 Rial (1941) und lag 1978 bei 450 Rial. Bei der Betrachtung des absoluten Lohnniveaus ist zu bedenken, daß ein Arbeiter i.R.

keinen dauerhaften Arbeitsplatz besaß und der Tagesverdienst für die Deckung der Lebenshaltungskosten einiger Tage ausreichen mußte. 1978 fand ein Bauarbeiter nur alle 7 bis 10 Tage Arbeit.

Aussagen über die Entwicklung des Lebensstandards sind nur im Vergleich mit Lebenshaltungskosten möglich. Als Index für die Lebensbedingungen wurde der Getreidepreis herangezogen (vgl. Tab. 6). Ein ungelernter Arbeiter konnte bei dem günstigen Getreidepreis nach der Ernte im Mai 1900 von seinem Tagesverdienst ca. 16 Pfd. Weizen einkaufen. Der Jahresdurchschnittspreis für Weizen, der bei Heranziehung der Vergleichszahlen aus den Jahren 1898 bis 1903 um das Achtfache höher war, erlaubte durchschnittlich den Einkauf von 2 Pfd. Weizen pro Tagesarbeitslohn. Setzt man die oben beschriebene Praxis der Sardāre, Getreide zu horten, voraus, so war es einem Arbeiter unmöglich, Weizen zu den günstigsten Jahrespreisen zu erstehen. 1927/28 erhielt er zwischen 3 und 4 Pfd. Weizen am Tag, und 1978 war sein Tageseinkommen auf 30 bis 35 Pfd. Weizen angestiegen.

Ein Facharbeiter konnte 1901 nach der Ernte ca. 50 Pfd. und im Jahresdurchschnitt ca. 5 Pfd. Weizen von seinem Tagesverdienst kaufen; 1927/28 lag sein Tagesverdienst bei 17 Pfd. Weizen und 1978 bei 45 Pfd.

Die Lohn- und Preisentwicklung kann noch an einigen weiteren Beispielen aufgezeigt werden. 1920 reichte der Wochenverdienst eines Arbeiters zum Kauf von 1 Pfd. Tee aus (TR 1920; PRO, F.O. 371/3892); bei einem Preis von rund 200 Rial pro 1 Pfd. Tee im Jahre 1978, war es einem ungelernten Arbeiter möglich, allein von einem Tageslohn 1,6 Pfd. Tee zu kaufen. 1921 konnte er von einem Monatslohn ein Schaf erstehen, vorausgesetzt er fand jeden Tag Arbeit. Während 1978 ein Facharbeiter zum Erwerb eines Schafes 17 Tagesarbeitslöhne aufwenden mußte, benötigte ein ungelernter Arbeiter 23 Tagesarbeitslöhne.

Tabelle 6: Reallöhne gelernter und ungelernter Arbeiter in Nasratābād/Zābol 1900-1978

Jahr	Durchschnittlicher Tagesverdienst	
	ungelernte Arbeiter	Facharbeiter, Bauhandwerker
1900/01	2 Pfd. Weizen	5 Pfd. Weizen
1927/28	3-4 Pfd. Weizen	17 Pfd. Weizen
1978	30-35 Pfd. Weizen	45 Pfd. Weizen

Quelle: Akten des brit. Konsulats in Nasratābād/Zābol und eigene Befragung

Ein Vergleich der Einkommensentwicklung von Facharbeitern und ungelernten Arbeitern zeigt einen steilen Anstieg der Einkommen der Facharbeiter (vgl. Tab. 6) (31). Die Einkommen näherten sich erst in den 70er Jahren allmählich etwas an. Die Einkommensunterschiede lassen sich aus dem großen Mangel an Facharbeitern einerseits und der großen Masse ungelernter Arbeitskräfte andererseits erklären, die vom Land in die Stadt strömten. Vor allem in den Zeiten reger Bautätigkeit, z. B. während der Ausbauphase des Bāzārs von 1928 bis 1958, mußte sich die gestiegene Nachfrage nach Bauhandwerkern positiv auf das Lohnniveau von Facharbeitern auswirken.

2.3   Nationalstaatliche Eigendynamik -
        Stadterweiterung und Bazarausbau seit 1928

Die äußere Gestalt Nasratābāds hatte bis 1928 keine einschneidenden Veränderungen erfahren; die ursprüngliche Garnisonsstadt war zwar immer stärker mit dem sich unmittelbar anschließenden Großdorf Hosseinabad verwachsen, doch folgten hieraus keine städtebaulichen Konsequenzen. Eine geringe zentralörtliche Bedeutung für das agrare Umland kennzeichnete die Funktionalität der Stadt.

Das Wachstum Zābols infolge staatlicher Stadtplanung, die bauliche Erweiterung des Bāzārs (bes. von 1928-1958) und die Entstehung neuer Geschäftsviertel in den 70er Jahren sind Gegenstand des folgenden Kapitels.

2.3.1   Wachstum der Stadt infolge staatlicher Stadtplanung

Fast alle Verbesserungen der städtischen Infrastruktur vor dem Beginn staatlicher Baumaßnahmen in Zābol stehen in direktem Zusammenhang mit der Anwesenheit der indischen Händler und der britischen bzw. russischen Konsularvertretungen. Von seiten des Gouverneurs wurden kaum Anstrengungen unternommen, um durch einen Ausbau von Verwaltungseinrichtungen, Schulen, Krankenhäusern die Stadt Nasratābād zu einem wichtigen Versorgungszentrum Sistāns auszubauen.

Im Jahre 1905 wurden als einzige infrastrukturelle Einrichtungen Nasratābāds die persische Garnison, der bescheidene Bāzār sowie das russische und britische Konsulat aufgeführt (A. GLEADOWE-NEWCOMEN 1906, Appendix c.). Ein Jahr später errichteten die Briten ein "Pest-Krankenhaus" (SCD Nr. 11, 1906). An der geringen zentral-örtlichen Bedeutung der Stadt änderte sich auch in den folgenden Jahren nichts; Nasratābād fand im Militärreport von 1911 nur in seiner Funktion als befestigte Stadt Erwähnung (MR 1911, Simla 1912: 93). Nicht nur im Vergleich mit Birjand (25.000 Ew.), sondern auch mit den größten ländlichen Siedlungen Sistāns war Nasratābād 1911 mit nur 300 Familien schwach bevölkert. Als größtes Dorf Sistāns wurde Bonjār mit 800 Häusern aufgeführt, gefolgt von Sehkuhe (300 Häuser) und 'Aliābād (250 Häuser) (MR 1911, Simla 1912: 93). Schon im Jahre 1904/05 hatten in Hosseinābād 500 Familien gelebt (G. TATE 1912: 342). 1919 war die Bevölkerungszahl Nasratabads auf 10.000 Ew. angewachsen, während sich die Einwohnerzahl Birjands auf 20.000 Ew. verringert hatte (TR 1920; PRO, F.O. 371/3892). Im Trade Report für das Jahr 1919 wurden keine über den Stand von 1911 hinausreichenden infrastrukturellen Einrichtungen erwähnt.

Die erste Schule Sistāns ließ der Gouverneur Haschmat-ol-Molk 1920 für 170 Schüler in Nasratābād errichten, und er kündigte im August 1921 den Bau einer weiteren städtischen und vier ländlicher Schulen an (SCD Nr. 12, 1921) (32).

Seit Anfang der 20er Jahre existierte in Nasratābād Stromversorgung, die allerdings nur für den privaten Gebrauch des Gouverneurs bestimmt war. Schon 1921 wurde vom Diebstahl von Glühbirnen bei indischen Händlern berichtet (SCD Nr. 12, 1921), und nach dem ACom.R von 1927/28 begann die städtische Elektrizitätsversorgung in den Jahren 1924/25. Samsām-ud-Daula, der mit Haschmat-ol-Molk verwandte Gouverneur, ließ die Hauptstraßen der Stadt beleuchten, unterhielt drei elektrisch betriebene Getreidemühlen, eine Entkörnungsmaschine für Baumwolle und ein Kino (ACom.R 1927/28; PRO, F.O. 371/13064). Im Dezember 1927 wurden die Hauptstraßen der Stadt, das britische Konsulat und das Haus des Gouverneurs mit elektrischem Licht versorgt (SCD Dez. 1927). Nachdem die Stromversorgung Anfang der 30er Jahre ausgedehnt worden war, erwies sich diese städtische Dienstleistung als zu kostspielig. Im Januar 1933 ergaben sich erste Schwierigkeiten bei der städtischen Elektrizitätsversorgung (SCD Jan. 1933), und die Kraftstation funktionierte nur noch für den privaten Gebrauch des Gouverneurs, da die Stadtverwaltung für ein Jahr die Stromrechnung nicht bezahlt hatte (ACom.R 1933; PRO, F.O. 371/16970).

Der Straßenbau steckte Anfang 1928 noch in seinen Anfängen. In Sistān gab es nur eine einzige befestigte Straße für Kraftfahrzeuge von 5,6 km Länge (SCD Febr. 1928).

Zu Beginn des Jahres 1928 hat man sich die infrastrukturelle Ausstattung Nasratābāds folgendermaßen vorzustellen:

- staatliche Behörden: Zollamt, Polizeistation, Verwaltungssitz des Gouverneurs;
- Gesundheitswesen: ein Behelfskrankenhaus der britischen Botschaft;
- Schulwesen: 2 Grundschulen in Nasratābād (4 Dorfschulen);
- Wirtschaft: mehrere Karawansereien und Läden, die größtenteils indischen Händlern gehörten; die russische und englische Bank;
- sonstige infrastrukturelle Einrichtungen: 1 Kino, elektrischer Strom für die Hauptstraßen, das britische Konsulat, das Haus des Gouverneurs.

Nach dem Regierungsantritt von Rezā Shāh im Jahre 1925 unternahm die Zentralregierung aus militärischen Überlegungen große Anstrengungen, ein leistungsfähiges

Straßennetz zu schaffen. Hiermit verbunden war eine Umgestaltung iranischer Städte, die in einer auffälligen Veränderung des Grundrisses in Erscheinung trat. Die unter Rezā Shāh eingeleiteten Reformen veränderten das Stadtbild durch die Anlage großer Straßendurchbrüche und Rundplätze (K. SCHARLAU 1961: 181 ff.) und bewirkten durch Ansiedlung von Industriebetrieben und Verbesserungen der sanitären Verhältnisse ein sprunghaftes Ansteigen der städtischen Bevölkerung (G. SCHWEIZER 1971: 346; E. EHLERS 1971: 14). Die physiognomischen Auswirkungen dieses Veränderungsprozesses zeigten sich vor allem bei den Kleinstädten Irans und prägen bis heute das Stadtbild (vgl. M. MOMENI 1976: 57-62).

Die Zentralregierung ordnete im Oktober 1928 den Ausbau Nasratābāds an. Ohne Rücksicht auf gewachsene Wohnviertel wurden geradlinige Straßenzüge angelegt, wodurch vor allem die Wohnungen der ärmeren Leute am Stadtrand zerstört wurden. Gegen die Versuche der Bevölkerung, ihre Behausungen vor dem Abbruch zu retten, schritten Soldaten der städtischen Garnison ein (33).

Nach Angaben des Bürgermeisteramtes von Zābol entstanden 1928/29 die folgenden Straßenzüge:

- Rezā-Shāh-Kabir-Str.
- Mokri-Str.
- 'Alam-Str.
- Pahlawi-Str.
- Farokhi-Str.
- Chozaime-'Alam-Str.

Durch Begradigung bereits vorhandener kleiner Gassen und vor allem durch den Bau völlig neuer Straßenzüge entstanden die Grundmuster der oben aufgeführten Straßen, die zu ihrer heutigen Ausdehnung erst in den folgenden Jahren erweitert wurden (vgl. Abb. 6). Die neuangelegten Straßen berührten hierbei außer den Wohnvierteln von Nasratābād und Hoseinābād auch einige Häuser, die am Stadtrand entstanden waren.

Vom Beginn des 20. Jh. bis 1928 war Nasratābād beträchtlich nach Norden und Westen gewachsen. Der alte von 'Nasratābād Fort' gebildete Stadtkern übernahm immer stärker die Funktion des Bāzārbezirks, um den sich die Wohngebiete unter Einschluß des ehemaligen Hoseinabad gruppierten. Die genaue Ausdehnung der bebauten Flächen läßt sich nicht mehr feststellen; vor allem im Nordwesten der Stadt wurden große noch nicht bebaute Areale in die Stadtplanungsmaßnahmen einbezogen. So sprechen die Konsularberichte auch von der Anlage einer ganz neuen Stadt, die sich ausgehend von den im Nordwesten gelegenen Wohnbezirken weiter ausdehnte.

> "Under the guidance of the energetic Frontier Commissioner the construction of an entirely new town, occupying a portion of the north-west quarter of the existing 'Nasratabad' and extending a considerable distance into the surrounding country, is proceeding apace. It is well planned and laid out in a network of alternate khiabans (boulevards) and kuchehs (streets) at right

Abbildung 6: Wachstum des Stadtgebietes von Zābol

angles to one another. The khiabans are 20 mtrs and the kuchehs 10 meters in width, and the former are being planted with datepalms. Burnt bricks are being used freely for the street facades and for the construction of verious public buildings which are already taking shape, notably the municipal offices, public baths and girl's school. It is satisfactory to note that the picturesque palmfringed ruins of Mir Alam Khan's citadel are not being destroyed, as was at first proposed, but (possibly as a result of earnest representations by His Majesty's Consul) are being preserved in the middle of the new town and used to house the Amnreh headquarters" (SCD Nov./ Dez. 1928).

Die schon recht baufällige ehemalige Zitadelle von Nasratābād und ein großer Teil der Altstadt fielen den Baumaßnahmen nicht zum Opfer. Nur die Rezā-Shah-Kābir-Str. führte durch den westlichen Teil des alten "Nasratabad-Fort". Die übrigen modernen Straßenzüge durchquerten Wohngebiete, die erst nach Ansiedlung der indischen Händler entstanden waren. Die heute im Süden und Osten Zābols gelegenen geradlinigen Straßenzüge und die im Stadtzentrum rechtwinklig auf die Rezā-Shāh-Kabir-Str. stoßende Ferdowsi-Str. existierten noch nicht (34).

Die Neuanlage der Stadt (1928/30) konnte nicht allein von der Gemeinde finanziert werden, die nur über ein kleines Budget verfügte. Der Staat stellte die finanziellen Mittel für Stadtplanung und Bauvorhaben bereit und bewilligte der Stadtkasse darüber hinaus einen Zuschuß von 2.000 Tomān (SCD Nov./Dez. 1928). Diese Zuwendungen erschienen der Bevölkerung so ungewöhnlich, daß sich das Gerücht über einen bevorstehenden Besuch des Shāh in der Stadt ausbreitete.

Der äußeren Neugestaltung sollte auch eine Neuordnung des Wirtschaftslebens der Stadt folgen. Die Stadtverwaltung versuchte, ähnlich den Befugnissen der heutigen Otāq-e-Asnāf (Zusammenschluß der berufsständischen Korporationen) (vgl. Kap. 4.2.1), die Verkaufspreise im Bāzār festzulegen und den Wettbewerb unter den Händlern einzuschränken. Diese Versuche riefen ebensolche Proteste hervor wie der Befehl, die Läden im traditionellen Bāzarbezirk (vgl. Abb. 7) zu verlassen und sich in den neuen Straßenzügen niederzulassen.

"In Sistan attempts of the Municipality to regulate sale price of bazaar produce is causing discontent. Orders have issued for all shopkeepers to move into the shops in the new kheyabans" (SCD Juli/Aug. 1929).

Dem Aufruf, den Bāzār zu verlassen, scheint nur in geringem Umfang Folge geleistet worden zu sein, denn anläßlich des Shāhbesuchs im November 1930 (s.u.) existierten kaum Läden in den neuen Straßen. Lediglich zehn Händler, denen die sowjetische Botschaft billige Warenlieferungen versprochen hatte, ließen sich in den neuen Straßen neider (SCD Aug./Sept. 1929). Noch kurz vor dem Besuch des Shāh versuchte die Stadtverwaltung offensichtlich erfolglos, die Umsiedlung in die neuen Geschäftsstraßen zu betreiben (SCD Aug. 1930).

Währenddessen schritten die Baumaßnahmen weiter fort. Im Februar 1930 wurden zu beiden Seiten der Straßen Bäume gepflanzt und ein Stadtpark angelegt (SCD Febr. 1930). Im März begannen die Arbeiten an der Verbindungsstraße zwischen Nasratābād und Jallalābād (Miān-Kangi-Distrikt), die bis Bonjār für den Kraftfahrzeugverkehr hergerichtet wurde (SCD März 1930). Die Fernstraße nach Zāhedān erhielt 1932 eine aus Ziegelsteinen errichtete Brücke über den Naurāb (SCD Juli 1932), und 1933 unterstützte der Staat mit 20.000 Tomān den weiteren Straßenausbau der Strecke Zābol-Zāhedān (SCD Jan. 1933).

Der Straßenbau lockte viele arbeitsuchende Sistānis aus den ländlichen Siedlungen an, und schon Ende 1928 fanden über 1.000 Arbeitskräfte für einen Tageslohn von 1,25 Kran Beschäftigung als Bauarbeiter (SCD Nov./Dez. 1928). Infolge der Neugestaltung der Stadt verbesserte sich die Beschäftigungssituation, und in den folgenden Jahren stieg bei großem Bedarf an Arbeitskräften das Lohnniveau. Der Zuzug zahlreicher Arbeiter führte zu einem starken städtischen Bevölkerungszuwachs, der sich in einem beträchtlichen Anstieg der Lebensmittelpreise äußerte. Hinzu kam ein Zustrom von Bettlern, die im Armenhaus beköstigt werden mußten (SCD Febr. 1930). Infolge dieser Notlage sah sich die Stadtverwaltung gezwungen, gemeindeeigene Brotläden einzurichten.

> "Municipal bread shops have also been started and have proved a great boon to the people. Before this there were no regular bakeries and the price changed for bread bakes by private individuals was very high" (SCD Febr. 1930).

Die Institution der gemeindeeigenen Brotläden besteht auch heute noch in Form ambulanten Brotverkaufs auf Karren und Ständen der Stadtverwaltung. Ebenso üblich ist der Verkauf von besonders schmackhaftem Fladenbrot durch Bauersfrauen im Bāzār, das um ca. 50% teurer ist als das Brot der städtischen Bäckereien.

Die erste Beschreibung der neuen Stadt ist in einem Sonderbericht enthalten, den der britische Konsul am 8.12.1930 anläßlich des Besuches von Reza-Shāh verfaßt hatte ("Visit of his Imperial Majesty the Shāh to Sistan Consulate Area"; PRO, F.O. 371/15341). Am 19.11.1930 erreichte der Shāh von Birjand kommend Sistān. Vor der Stadt hatte man vier Zelte errichtet; je eines war für den Shāh, die persischen Beamten, die Konsularbeamten und die indischen Händler bestimmt. An der Haupteingangsstraße zur Stadt standen die Sardāre auf Kamelen Spalier. Nachdem der Shāh Vertreter der Geistlichkeit, eine Abordnung sistānischer Händler und die Konsularbeamten empfangen hatte, fuhr er direkt zur Stadt und begab sich zum Haus des Gouverneurs. Diesen Besuch in der neuen Stadt beschrieb der britische Konsul folgendermaßen:

> "After dark he drove through the Khiyabans of the 'new' town. This 'new' town which has been constructed within the year by Sarhang Murteza Khan in anticipation of His Majesty's visit, is commonly known as 'the town of walls'. It is distinguished by the fact that it has no inhabitants, although giving the illusion of fine streets and sumptuous houses. There are some

eight wide, straight avenues, brilliantly illuminated at night by electricity, bounded on either side by high white-washed walls and with quite magnificent porches at regular intervals, apparently the entrances of houses of the wealthy.
To those 'in the know' that is 'the sum and total' of the town, with the exception of the house, situated in a garden, which the Shāh occupied. Behind the walls and within the fine entrances are plots of waste land, on which there are not and never likely to be, any buildings. The inhabitants continue to live in the ancient part of the town which His Majesty did not see.
Sarhang Murteza Khan informed me that His Majesty was well pleased with the 'new' town. He also complimented Hisam Ud Dowleh on his garish, modern dwelling and told Shaukat Ul Mulk to learn from his nephew and bring his fine old persian house at Birjand 'up to date'" (PRO; F.O. 371/15341).

Bereits am 20.11.1930 brach der Shāh wieder auf und reiste nach Duzdap. Das wichtigste Ergebnis des Shāh-Besuches war die Namensänderung von Nasratābād in Zābol (PRO; F.O. 371/15341). Ebenso wie Nasratābād in Anlehnung an altpersische Traditionen in Zābol umbenannt wurde, erhielt Duzdap den Namen Zāhedān (SCD Dez. 1930).

Nach einer Bauzeit von Oktober 1928 bis Oktober 1930 war zwar eine neue, aber auch eine in ihren neuerrichteten Teilen unbewohnte Stadt entstanden. Die dem Shah vorgeführten Straßenzüge beherbergten hinter den sie begrenzenden Mauern kein Leben, weil es die Bewohner Zābols vorzogen, weiterhin in ihren Stadtvierteln zu leben. Die Ausbauarbeiten an den neuen Straßenzügen waren 1934 noch nicht abgeschlossen, und auch die Bebauung der erschlossenen Grundstücke setzte sich fort (A Com. R 1934; PRO, F.O. 371/18994).

Neben dem Beharrungswillen der städtischen Bevölkerung ist vor allem eine stagnierende Bevölkerungsentwicklung verantwortlich für die weitgehende Menschenleere der neuen Stadtviertel. Der nur allmähliche Anstieg der Einwohnerzahlen von 10.000 Ew. im Jahre 1919 auf 12.000 Ew. im Jahre 1930 (vgl. Tab. 1) setzte sich auch in der Folgezeit fort (35).

Als im November 1931 erstmalig die Malaria in Zābol auftrat, wurde der Stadtverwaltung deutlich, wie notwendig ein Ausbau des Gesundheitswesens und die Verbesserung der hygienischen Verhältnisse waren (SCD Nov. 1931). Die Konstruktion von Wasserkanälen an jeder Seite der Hauptstraßen hatte ideale Brutstätten für die Anopheles-Mücke entstehen lassen. Zur Verbesserung der hygienischen Verhältnisse ließ die Stadtverwaltung im März 1932 ein Schlachthaus errichten (SCD März 1932). Im Mai 1933 wandelte die Stadtverwaltung eine Karawanserei in ein Krankenhaus um (SCD Mai 1933), und im Jahr 1934 wurde erstmalig ein Arzt in Zābol erwähnt (A Com. R 1934; PRO, F.O. 371/18994). Das in Zābol eingerichtete Krankenhaus mit 128 Betten diente nicht nur der medizinischen Versorgung der städtischen Bevölkerung, sondern verstärkte auch die zentralörtliche Bedeutung der Stadt für das ländliche Umland. Im Zaboler Krankenhaus wurden 1934 über 18.000 Patienten ambulant behandelt und 500 kleinere und 137 größere Operationen ausgeführt.

2.3.2 Entstehungsgeschichte der einzelnen Bāzārgassen

Die 1869 gegründete Garnisonsstadt Nasratābād gewann an wirtschaftlicher Bedeutung erst durch die Ansiedlung indischer Händler, die nicht nur die Wirtschaftsstruktur der Stadt prägten, sondern auch ihr Erscheinungsbild durch die Anlage mehrerer Karawansereien veränderten. Der vom Staat angeordnete Ausbau der Stadt leitete eine neue Phase der städtischen Wirtschaftsgeschichte ein, die gekennzeichnet war von einem Erstarken einheimischer Wirtschaftsaktivitäten. Die zunehmende ökonomische Bedeutung sistānischer Geschäftsleute drückte sich in einer regen Bautätigkeit im Bāzār der Stadt aus.

Informationen über die bauliche Entwicklung der Bāzārgassen konnten in zahlreichen Gesprächen mit im Bāzār ansässigen Händlern und Handwerkern und einem Interview mit Vertretern des Bürgermeisteramtes gewonnen werden. Die vergleichsweise junge Geschichte des Zāboler Geschäftsviertels ermöglichte eine recht genaue Rekonstruktion seiner Entstehungsgeschichte, die in Abbildung 7 dargestellt ist.

In der Zeit von 1880 bis zur Jahrhundertwende besaß der Markt von Hosseinābād zentrale Bedeutung für die Versorgung Nasratābāds. Der Bazar von Hosseinābād bildete ursprünglich eine Art 'Linienbazar' (E. WIRTH 1974/75: 251 f.), der die Funktion eines 'Einzelhandelsbazars' (ebd.: 211) hatte. Die ältesten Läden waren gegenüber der Eingangspforte des später gegründeten russischen Konsulats errichtet worden und befanden sich etwa an der Stelle, wo heute die Läden des Händlers Z. und des Stoffhändlers K. liegen (vgl. Abb. 7 und Abb. 13). Bis zur Jahrhundertwende dehnte sich dieser Linienbazar auf das Gelände eines ehemaligen Friedhofs aus und nahm die Form eines rechteckigen Marktplatzes an.

Der 'Bāzār' erhielt nach dem ehemaligen Friedhofsgelände den Namen Bazār-e-Gabrestān (Gabrestan = Friedhof). Derjenige Teil des Bazar-e-Gabrestan, der sich in Fortsetzung des ehemaligen Linienbazars bis zur heutigen Garshasb-Str. erstreckte, wurde noch im ersten Drittel des 20. Jh. als Bāzār-e-Barbarihā bezeichnet (36).

Im Bazar-e-Gabrestān hatten sich Händler für Grundnahrungsmittel, Gewürzhändler und vor allem Getreidehändler niedergelassen (37); das Handwerk wurde ursprünglich nur von Schmieden vertreten. Der von den Ladenzeilen des Bāzār-e-Gabrestān umschlossene Platz diente als städtischer Viehmarkt. Im Jahre 1963 wurden die aus luftgetrockneten Ziegeln errichteten Läden abgerissen und durch Ladenboxen aus gebrannten Ziegeln ersetzt.

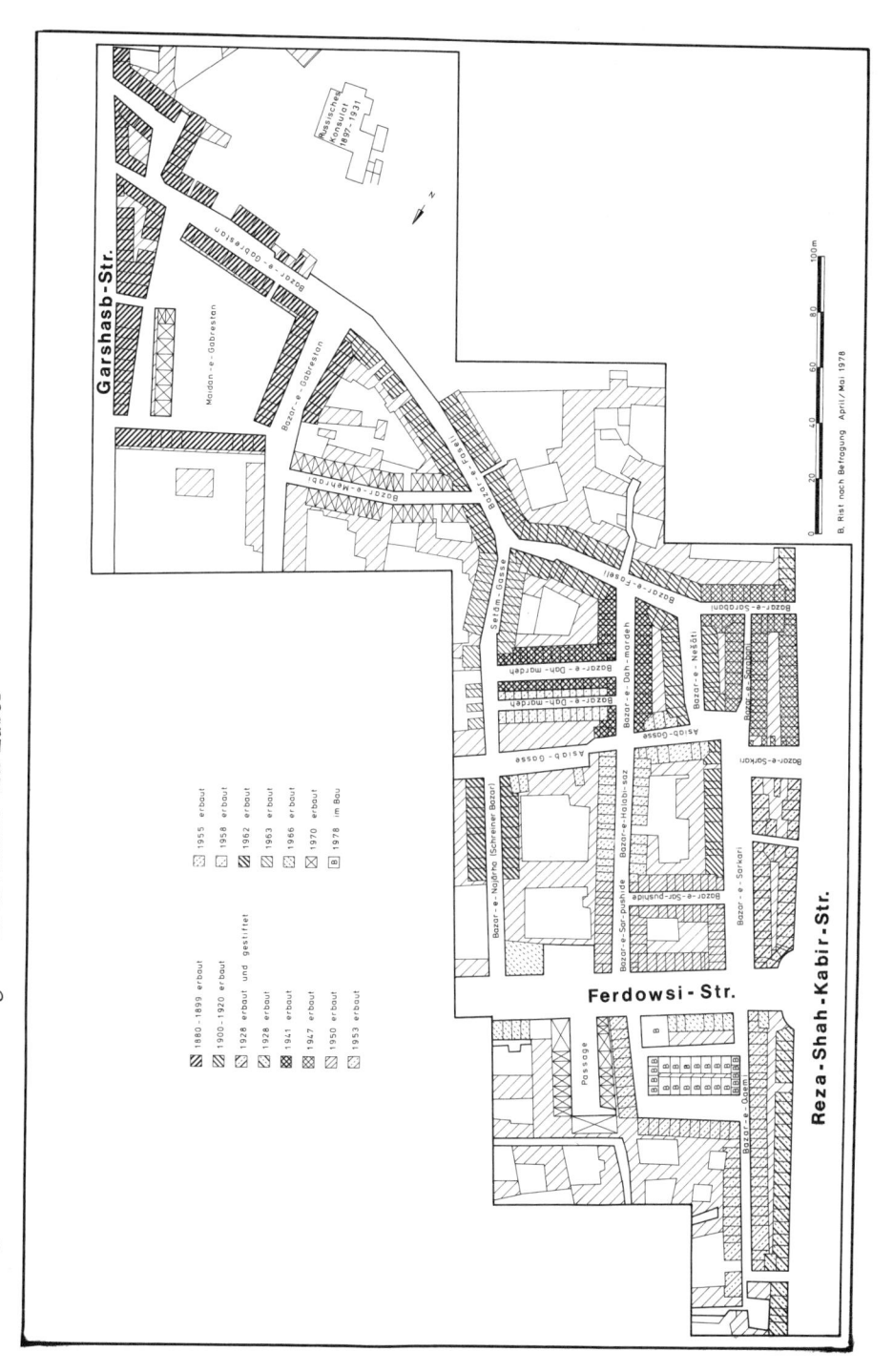

Abbildung 7: Die Entwicklung des Bāzārviertels von Zābol

Auf der Grundrißskizze von G. BRAZIER-CREAGH von 1898 (vgl. Abb. 3) ist eine langgezogene Bāzārgasse innerhalb von 'Nasratābād Fort' eingezeichnet. An ihrem geradlinigen Verlauf bestehen berechtigte Zweifel, denn alle befragten Geschäftsleute und das Bürgermeisteramt beschrieben den an den Bāzār-e-Gabrestān angrenzenden Teil des Bāzār-e-Faseli als die älteste Bāzārgasse von Nasratābād. Zwischen 1900 und 1920 entstanden der gesamte Bāzār-e-Faseli, der Bāzār-e-Nešati und ein Teil des Bāzār-e-Sarkāri.

Der Bazar-e-Faseli trägt seinen Namen nach einem Grundeigentümer Faseli, der dort einen Garten und ein Wohnhaus besessen hatte. Die meisten Händler, die sich in dieser Bāzārgasse niederließen, kauften von ihm das Grundstück und errichteten ihre Läden selbst. Auf diese Art individueller Ansiedlung von kleinen, selbständigen Händlern weisen auch die noch heute bestehenden Eigentumsverhältnisse hin: der höchste Anteil von Eigentümern, die mit dem Geschäftsinhaber identisch waren, fand sich 1978 im Bāzār-e-Faseli (Vgl. Kap. 3.2.1.1). An Berufsgruppen, die ursprünglich im Bāzār-e-Faseli vertreten waren, wurden Händler für Grundnahrungsmittel, Bäcker, Woll- und Gemüsehändler aufgeführt. Im Zuge von Renovierungsmaßnahmen Ende der 50er und Anfang der 60er Jahre verschwanden die ursprünglich mit einem Bādgir (Windturm) versehenen Kuppeldächer der Läden, und vielfach zeigte sich die Tendenz zur Verkleinerung der Geschäftsräume. Inwieweit die islamischen Erbteilungsgesetze oder kommerzielle Überlegungen für die Schaffung einer größeren Anzahl kleinerer Einheiten ausschlaggebend waren, bleibt unklar. In der Zeit dieser Renovierungsmaßnahmen vollzog sich auch eine Veränderung der Branchenstruktur durch die Zunahme des Stoffhandels.

Der Bāzār-e-Nešati entstand kurz nach der Jahrhundertwende zu einer Zeit, als der Bāzār-e-Sarkari noch nicht existierte. Ihren Namen erhielt die Bāzārgasse, die bei der Bevölkerung als 'Bāzār' bekannt war, in den 30er Jahren von der Stadtverwaltung. In der Mitte des Längsbazars floß ursprünglich ein kleiner kanalisierter Bach, über den sich im Schnittpunkt mit der Āsiab-Gasse die 'Koroki-Brücke' spannte. Seine heutige Gestalt nahm der Bāzār-e-Nešati 1947 an, als der Bāzār-e-Sarābāni erbaut wurde. Wie bei der Renovierung im Bāzār-e-Faseli wurden Gebäude aus gebrannten Ziegeln errichtet und die Ladeneinheiten verkleinert. Vor 1947 erstreckte sich zwischen der Bāzārgasse und der Reza-Shah-Kabir-Str. die Ruine einer ehemaligen Karawanserei indischer Händler. An die gegenüberliegende Ladenzeile des Bāzār-e-Nešati schlossen sich im Nordwesten ein Garten des religiösen Führers der Stadt, Hadji Sheikh Muhammad Reza, und im Nordosten eine verlassene Karawanserei indischer Händler an. Jener Muhammad Reza hatte auf der an seinen Garten grenzenden Seite der Bāzārgasse sämtliche Läden errichten lassen, während die Läden auf der gegenüberliegenden Straßenseite verschiedenen Eigentümern gehörten. Zu den wichtigsten Handelsgütern des Bāzār-e-Nešati zählten: Māst (Joghurt), Gerste, Baumwolle, Melonenkerne, Stroh, Gemischtwaren.

Der Bāzār-e-Sarkāri entstand im Jahre 1928 im Rahmen der staatlichen Stadtplanung und wurde von Amir Asadallah 'Alam von Qāen, der den Beinamen Sarkār besaß, als Stiftungsbāzār angelegt. Die Stiftung umfaßte auch die an der Rezā-Shāh-Kabir-Str. errichteten Läden. Der Bāzār-e-Sarkāri nahm den Platz einer ebenfalls dem Amir von Qāen gehörenden Karawanserei ein, die beim Bau der Rezā-Shāh-Kabir-Str. zerschnitten worden war. Gegenüber der alten Karawanserei befanden sich schon seit der Jahrhundertwende aus ungebrannten Ziegeln mit Kuppeldach und Bādgir errichtete Läden, die indische Händler hatten bauen lassen. Bis zum Jahre 1928 hieß deshalb die Bāzārgasse "Bāzār-e-Sikhā."

1941 erbaute der einflußreiche Stoffhändler Nur Moḥammad Dah-mardeh die ersten beiden überdachten Bāzārgassen. Ein aus Holzbalken gefertigtes und mit Schilfmatten gedecktes Giebeldach schützte den nach seinem Erbauer benannten Bāzār-e-Dah-mardeh vor der Sonnenhitze. Zwischen der Hauptgasse des Bāzār-e-Dah-mardeh, die vom mittleren Teil des Bāzār-e-Faseli nach Nordwesten abzweigte, und dem Bāzār-e-Nešāti befand sich eine von indischen Händlern verlassene Karawanserei. Vor ihrem Abzug nach Zāhedān hatte hier eine indische Firma mit Stoffen und Gemischtwaren gehandelt. An der Stelle des heutigen Bāzār-e-Dah-mardeh erstreckte sich ein Garten, den der Stoffhändler aufkaufte.

Der gesamte Bāzārkomplex mit seiner Giebeldachkonstruktion wurde in 30 Tagen von 14 Maurermeistern und einer großen Anzahl von Bauarbeitern aus gebrannten Ziegeln errichtet. Die Handwerker und alle zum Bau benötigten Materialien stammten aus Zābol bzw. dem ländlichen Umland. Einem Maurermeister zahlte Dah-mardeh als Tageslohn 60 Rial, und ein Bauarbeiter erhielt 10 Rial. Nach Abschluß der Bauarbeiten besaß jede Ladeneinheit einen Wert von 570 Rial.

Die zweite, schmalere Seitengasse des Bāzār-e-Dah-mardeh entstand im Jahre 1958 als ebenfalls überdachter Bāzārteil. Um Platz für ihre Anlage zu gewinnen, ließ der Stoffhändler ein altes Wohnhaus abreißen, das von einem kleinen Garten umgeben war. Die neuerrichteten Einheiten wurden schon bald nach ihrem Bau als Lagerräume und Unterstellmöglichkeiten für die Karren der Lastträger genutzt.

Im Jahre 1972/73 ließ Dah-mardeh als Reaktion auf einen Beschwerdebrief der Ladeninhaber in dem größeren, 1941 errichteten Seitenast des Bāzār-e-Dah-mardeh Renovierungsarbeiten durchführen. Statt gebrannter Ziegel wurden erstmalig im Bāzār von Zābol Eisenträger als Stützen eingezogen. Nach Angaben des Erbauers trug er selbst die Renovierungskosten und sorgte für die Einstellung der Maurermeister und Hilfsarbeiter.

Nach dem Bau des Bāzār-e-Dah-mardeh hatte der Markt von Zābol endgültig seinen Charakter als Linienbāzār verloren und begann sich in Richtung auf einen Flächenbāzār (E. WIRTH 1974/75: 252 f.) zu entwickeln. Durch die Errichtung des Bāzār-e-Sarabāni im Jahr 1947 verstärkte sich diese Tendenz. Der Stoffhändler Ebtehādj Sarabāni hatte die Ruinen der zwischen dem Bāzār-e-Nešāti und der Rezā-Shāh-Kabir-Str. gelegenen Karawanserei niederreißen lassen und den nach ihm benannten Bāzār errichtet. Der Bāzārkomplex bestand aus zwei rechtwinklig aneinanderstoßenden Bāzārgassen, von denen die eine die Verbindung vom Bāzār-e-Faseli zur Rezā-Shāh-Kabir-Str. herstellte und die zweite parallel zum Bāzār-e-Nešāti verlief. Die Karawanserei besaß ursprünglich die Funktion eines Lagerraums für Handelsgüter indischer Händler, als deren wichtigstes Geschäft der Verkauf von alkoholischen Getränken galt.

Die bedeutendste Karawanserei indischer Händler nahm das Gelände des 1950 erbauten Bāzār-e-Sar-pushide ('Überdachter Bāzār') ein. In ihr soll nach Aussagen befragter Händler der Inder Seth Suleiman aus Karachi seine Geschäftsräume gehabt haben, wo er gemeinsam mit zwei weiteren indischen Händlern den Handel mit alkoholischen Getränken, Uhren, Stoffen, Gemischtwaren, Vieh und Getreide betrieb. Um das Jahr 1940 hatten sich in der Karawanserei Geschäftsleute aus Yazd niedergelassen, die als Konditoren und Zuckerbäcker arbeiteten. Der Innenhof der Karawanserei ist heute noch durch den rückwärtigen Eingang eines Schusterladens im Bāzār-e-Sar-pushide zu erreichen.

Der Bau sämtlicher Läden im Bāzār-e-Sar-pushide und der sich zur Ferdowsi-Str. und dem Bāzār-e-Sarkari öffnenden Ladenboxen wurde gemeinsam von drei Personen finanziert. Bauherren und Eigentümer sind:

- der Stoffhändler Nur Mohammad Dah-mardeh,
- der Schwiegersohn (Teppichhändler) von Dah-mardeh,
- der Schwager von Dah-mardeh.

Die Bauherren trugen jeweils den gleichen Anteil an den Baukosten, und um eine Konzentration von Eigentumsanteilen zu vermeiden, losten sie nach Fertigstellung der Läden den Eigentümer jeder Ladeneinheit unter sich aus. Jeder erhielt auf diese Art die gleiche Anzahl von Geschäften, wobei die Eigentumsanteile auf den gesamten Bazarkomplex zersplittert waren.

Im Jahr 1953 erreichte der Zāboler Bāzār mit dem Bau des Bāzār-e-Qāemi seine bis heute größte Ausdehnung nach Nordwesten. Die Hauptgasse stellte eine Verlängerung des Bāzār-e-Sarkari dar und lag parallel zur Rezā-Shāh-Kabir-Str.; etwa in ihrer Mitte zweigte im rechten Winkel eine Ladenzeile ab, die zunächst parallel zur Ferdowsi-Str. verlief und auf der Höhe des Bāzār-e-Sar-pushide in Richtung auf die Ferdowsi-Str. umknickte. Hierdurch entstand ein großer offener Platz, auf dem im Frühjahr 1978 Ladenboxen errichtet wurden, deren Bau im Juni 1978 noch nicht abgeschlossen war. Der Bāzār-e-Qāemi trägt seinen Namen nach dem Erbauer des Bāzārs, Herrn Qāemi, dem religiösen Führer und Vorsitzenden der Stadtverordnetenversammlung von Zābol. Qāemi ist der Sohn des schon erwähnten religiösen Führers Hādji Sheikh Muhammad Reza, der maßgeblich an der Errichtung des Bāzār-e-Nešāti beteiligt war. Um die Kosten für den Bau des Bāzārs bestreiten zu können, machte Qāemi ein weiteres Mitglied der Zāboler Geistlichkeit, Wali Zadeh, zu seinem Teilhaber.

Zwischen dem Bāzār-e-Sar-pushide und dem Bāzār-e-Dah-mardeh errichteten der Wollhändler Tādj Mohammad und der Schwager von Dah-mardeh auf den Trümmern eines verfallenen Gebäudes im Jahr 1955 den Bāzār-e-Halabi-sāz (Klempner-Bāzār). Die Bāzārgasse wurde nach den Klempnern benannt, die sich dort niedergelassen hatten, und stellte die Verbindung vom Bāzār-e-Dah-mardeh zum Bāzār-e-Sar-pushide her. Im selben Jahr entstanden auch in der Āsiāb-Gasse (Mühlen-Gasse) die ersten Läden. Von der ehemals in dieser Gasse gelegenen Mühle zeugt noch ein Mahlstein, der neben dem Eingang eines Geschäftes für ghi aufgestellt ist.

Im Bāzār-e-Ḥalabi-sāz ordnete der Eigentümer, Wollhändler M., die Renovation von sieben Läden an, die auf Kosten der Mieter vom März bis April 1978 durchgeführt wurde. Wie bei den Renovierungsarbeiten 1972/73 im Bāzār-e-Dahmardeh wurden in Wände und Decken der Ladeneinheiten Stahlträger eingezogen. Der Arbeitslohn für einen ungelernten Bauarbeiter betrug 350 Rial am Tag.

Abseits des weitgehend dem Handel vorbehaltenen zentralen Teils des Zāboler Bāzārs ließen sich Schreiner in dem 1962 angelegten Bāzār-e-Najārhā (Schreiner-Bazar) nieder. Zum ersten Mal in der Entwicklungsgeschichte des städtischen Bāzārs hatte ein in Zabōl ansässiger Grundbesitzer sein Kapital in den Bau einer Bāzārgasse investiert. Hādji ʿAli ʿAsger Gāsemi kaufte von der Stadt das Baugelände und die darauf befindlichen Gebäudereste einer ehemaligen Gendarmeriestation auf, die zuletzt als Schule gedient hatte. Der Bāzār-e-Najārha wurde 1962 ohne Überdachung erbaut und erhielt erst im April 1978 ein von den Schreinern selbst gezimmertes Flachdach aus von Schilfmatten abgedeckten Holzbalken. Als Verlängerung des Bāzār-e-Najārha und Verbindung zum Bāzār-e-Faseli entstand 1963 der von der Stadtverwaltung mit Setām-Gasse bezeichnete Bāzār.

Im Jahr 1970 wurden die letzten Teile des heutigen Baubestandes des Zāboler Bāzārs errichtet. Die Stadtverwaltung ließ auf dem Maidān-e-Gabrestān eine aus acht Boxen bestehende Ladenzeile parallel zur Garshasb-Str. anlegen. Die meisten Läden sind heute noch ungenutzt. In dem vom Bāzār-e-Faseli, dem Bāzār-e-Gabrestān und dem Bāzār-e-Mehrābi gebildeten Dreieck lagen vor 1970 mehrere Wohngebäude und ein Garten, die Ḥossein Mehrābi gehörten. Um eine Zerstörung des Baubestandes zu verhindern, führte der nach seinem Erbauer als Bāzār-e-Mehrābi bezeichnete Bāzār fast in seinem gesamten Verlauf über ehemaliges Gartenland und Hofgelände. An den Erstellungskosten des Bāzārs beteiligten sich noch zwei Personen, die mit geringen Eigentumsanteilen entschädigt wurden.

An der Ferdowsi-Str. entstand 1970 ein 'Passage' genannter Bāzār, dessen Geschäfte nach dem Vorbild iranischer Großstädte eine verglaste Ladenfront aufwiesen. Der Getreidemühlenbesitzer Mālek Zādeh hatte vor dem Bau der Passage ein ehemaliges Gebäude der Bank Melli abreißen lassen.

Eine mit der Stadtgründung verbundene Anlage des Bāzārs (vgl. M. MOMENI 1976: 32), der die wirtschaftliche Basis für Kleinstädte darstellt (vgl. E. WIRTH

1975: 53),erfolgte bei Gründung der Garnisonsstadt Nasratābād nicht. Vielmehr nahm die Entwicklung des Zāboler Bāzārs ihren Ausgang von einem dörflichen Markt, dem Bāzār-e-Gabrestān, der neben der Siedlung Hosseinābād auch Nasratābād versorgte. Derartige Beispiele für bāzārähnliche Konzentrationen von Einzelhandel und Handwerk in ländlichen Siedlungen sind zwar bekannt (vgl. E. WIRTH 1974/75: 219), doch gingen Entwicklungsimpulse i.R. von städtischen Bāzāren aus. Beispielsweise bildete in der iranischen Kleinstadt Malāyer der vom Gouverneur gestiftete Kernbāzār mit seiner planmäßigen Anlage (vgl. M. MOMENI 1976: 40/ 41 Abb. 7) den Ausgangspunkt für die weitere Ausdehnung des Bāzārbezirks (vgl. M. MOMENI 1976: 43). Als deutliches Anzeichen der fremdgesteuerten Wirtschaftsentwicklung errichteten nach der Jahrhundertwende indische Händler im Stadtgebiet Nasratābāds mehrere Karawansereien und den Bāzār-e-Sikhā (38).

Die Verbindung zwischen dem städtischen und dem dörflichen Markt wurde zwischen 1900 und 1920 durch den Bau des Bāzār-e-Faseli hergestellt, so daß ein Linienbazar mit anschließenden Karawansereien entstand. Derartige Linienbāzāre entstehen vorwiegend in längeren Zeiträumen und ohne einen bewußten Planungsprozeß, indem eine Gasse als Passantenachse bevorzugt wird (vgl. E. WIRTH 1974/ 75: 252); bei baulicher Fortentwicklung setzt bewußte Planung ein. So nahm der Bāzār von Zābol 1941 nach Abzug der indischen Händler infolge einheimischer Investitionen die Gestalt eines Flächenbāzārs (vgl. E. WIRTH 1974/75: 252 f.) an. Die verfallenen Karawansereien wurden zugunsten sich kreuzender Bāzārgassen abgerissen, und auch in der Folgezeit entstanden keine neuen Karawansereien.

Das Fehlen von Karawansereien als traditionelle Standorte des Groß- und Fernhandels (vgl. E. WIRTH 1974/75: 225) in dem von einheimischen Geschäftsleuten erbauten Bāzār deutet auf den nach Abzug der indischen Händler vollzogenen Funktionswandel hin. Der Bāzār von Zābol diente nicht mehr als Umschlagplatz für Fernhandelsgüter, sondern übernahm in der Folgezeit Versorgungsfunktionen gegenüber dem agraren Umland.

Die für das Wachstum kleinstädtischer Bāzāre notwendigen Investitionen seitens stadtansässiger Großgrundbesitzer (vgl. M. MOMENI 1976: 110-112, P. W. ENGLISH 1966: 74) spielen in Zābol nur eine untergeordnete Rolle. Als wichtigste Bauherren traten in Zābol ansässige Händler, Vertreter der Geistlichkeit und der Amir von Qāen auf; nur eine Bāzārgasse wurde von einem stadtansässigen Grundbesitzer errichtet. Die zentralen, überdachten Teile des Bāzārs verdankten ihre Entstehung der Investitionsbereitschaft eines Stoffhändlers und seiner Verwandten.

Die Branchenstruktur des Bāzārs von Nasratābād weist deutlich auf das Nebeneinander von zwei städtischen Wirtschaftssektoren hin: einerseits blieb der einheimische Wirtschaftssektor auf die unmittelbare Bedarfsdeckung der Bevölkerung beschränkt, und andererseits existierte ein von indischen Großhändlern gesteuerter Wirtschaftsbereich mit hochwertigen Exportwaren. Die ehemalige Branchenstruktur des Zāboler Bāzārs läßt sich nur nach dem Erinnerungsvermögen alteingesessener

Geschäftsleute erschließen. Hervorstechendes Kennzeichen der Branchengliederung war der deutliche Unterschied zwischen dem Warensortiment indischer Karawansereien und den von einheimischen Händlern angebotenen Waren. Während sich das Angebot Zāboler Händler weitgehend auf Grundnahrungsmittel, Wolle, Gemischtwaren, Vieh und Getreide beschränkte, verkauften indische Händler darüber hinaus Stoffe, Uhren und alkoholische Getränke.

Gegenüber dem planmäßig angelegten Bāzar von Malāyer, für den eine branchenmäßige Gliederung bereits seit dem frühen 20. Jh. belegt ist (vgl. M. MOMENI 1976: 44), scheint es in den Bāzārgassen von Zābol nach Aussagen der Händler keine Branchenkonzentration gegeben zu haben. Die in kleinen Bāzāren häufig nur schwach ausgeprägte branchenmäßige Gliederung ist die Folge eines beschränkten Angebots und limitierter Nachfrage (vgl. E. EHLERS 1980 b: 282).

Die ursprünglich aus ungebrannten Ziegeln gemauerten und mit einem Kuppeldach versehenen Läden wurden zwischen 1947 und 1960 abgerissen und durch Konstruktionen aus gebrannten Ziegeln ersetzt. Mit dieser Renovierung war häufig eine Verkleinerung der Geschäftsräume verbunden. Seit 1972/73 setzte sich die Verwendung von Stahlträgern als Stützen in Wänden und Decken durch, und mit dem Bau der Passage 1970 entstanden erstmalig Läden mit verglaster Ladenfront.

2.3.3   Entwicklung des Geschäftsviertels am Ortseingang von Zābol

Der moderne Kraftfahrzeugverkehr veränderte das Bild vieler iranischer und orientalischer Städte zunächst durch die Anlage geradliniger Straßendurchbrüche in der Altstadt. Diese Entwicklung setzte sich in den vergangenen 20 Jahren mit der Ausbildung verkehrsgünstig gelegener Geschäftsviertel am Ortseingang fort. Die Branchengliederung an den Ausfallstraßen der Städte unterschied sich von derjenigen der Bāzārviertel oder modernen Geschäftsstraßen durch ein Überwiegen von Kraftfahrzeugreparaturwerkstätten, Fahrzeughandel, Betrieben zur Personenbeförderung und zahlreichen Dienstleistungsbetrieben, die den Bedürfnissen der Reisenden entgegenkamen (vgl. E. WIRTH 1967: 177; H. HAHN 1972: 18). Als Gründe für diese Entwicklung wurden herausgestellt (vgl. E. WIRTH 1968: 124 f.):

- die gewandelten Verkehrsverhältnisse infolge einer zunehmenden Motorisierung,
- die Enge der Altstadt, in der kein Raum mehr für Betriebe mit hohem Platzanspruch vorhanden war.

Zābol bildet den Endpunkt einer Landstraße, die als 'Sackgasse' von der Fernverkehrsverbindung zwischen den Provinzhauptstädten Zāhedān und Mashhad abzweigt. Von Zābol führen nur Schotterstraßen zu einigen größeren ländlichen Siedlungen, da dem Ausbau einer Verbindungsstraße nach Afghanistan die politischen Verhältnisse entgegenstehen und es keinen offiziellen Grenzübergang gibt. Demzufolge bot nur die von Zāhedān nach Zābol einmündende Straße Ansatzpunkte für die Entwicklung eines auf den Fernverkehr ausgerichteten Geschäftsviertels.

In den Jahren 1932/33 wurde der Ausbau einer Landstraße von Zābol nach Zāhedān in Angriff genommen, die den Ansprüchen des Kraftfahrzeugverkehrs entsprechen sollte. 1933 errichtete ein Unternehmer aus Hosseinābād (Siedlung in der Nähe von Birjand) die erste städtische Tankstelle, die ca. 800 Meter von der heutigen Tankstelle entfernt am damaligen Stadtrand lag. Die zu diesem Zeitpunkt noch weitgehend unbewohnte 'Neustadt' bot zunächst genug Raum für die Ansiedlung auf den Kraftfahrzeugverkehr spezialisierter Betriebe.

Nachdem 1972 der erste Busunternehmer in der Nähe des Stadtparks einen Busbahnhof eröffnet hatte und 1973 die erste Tankstelle mit Zapfanlage gebaut worden war, ließen sich zahlreiche Geschäftsleute und Handwerker am Ortseingang von Zābol nieder. In den Jahren 1974/75 entstanden 52 Ladeneinheiten. Kharārzi (Händler für Grundnahrungsmittel), Bäcker, Teehändler und Teestubenbesitzer eröffneten Läden mit einem speziell auf die Bedürfnisse der Reisenden abgestimmten Angebot (vgl. Abb. 8). Die Handwerker der Kraftfahrzeugbetriebe und Händler für Ersatzteile wählten den Standort vor der Stadt ebenso wie die beiden Transportunternehmer aus folgenden Gründen:

- verkehrsgünstige Lage des Standortes,
- geringere Mieten und Sargofli als in Zābol (vgl. Kap. 3.2.2),
- 1974 erließ die Stadtverwaltung eine Bestimmung, wonach es verboten war, im Stadtgebiet weitere Reparaturwerkstätten und Transportunternehmen anzusiedeln.

Die im Vergleich mit anderen iranischen Kleinstädten erst spät erfolgte Anlage eines Geschäftsviertels am Stadtrand läßt sich vor allem mit der innerstädtischen Wirtschaftsentwicklung erklären. Die Kapazität der Altstadt war erst vor ein paar Jahren erschöpft, und die sprunghafte Entwicklung vor allem im Tertiärsektor setzte Ende der 60er Jahre ein (vgl. Kap. 3.1). Voraussetzung für die Niederlassung von Händlern im Nahrungs- und Genußmittelbereich sowie von Händlern für Ersatzteile waren die Aussiedlung von Transportunternehmern aus der Stadt und der Bau einer modernen Tankstelle. Die Standortwahl wurde nicht nur von der Verkehrsbezogenheit und der räumlichen Enge der Altstadt beeinflußt. Als weitere wichtige Motive zur Ansiedlung am Stadtrand treten rechtliche Bestimmungen und ein Gefälle bei Mieten und Sargofli hervor.

Abbildung 8: Die Entwicklung des Geschäftsviertels am Ortseingang von Zābol

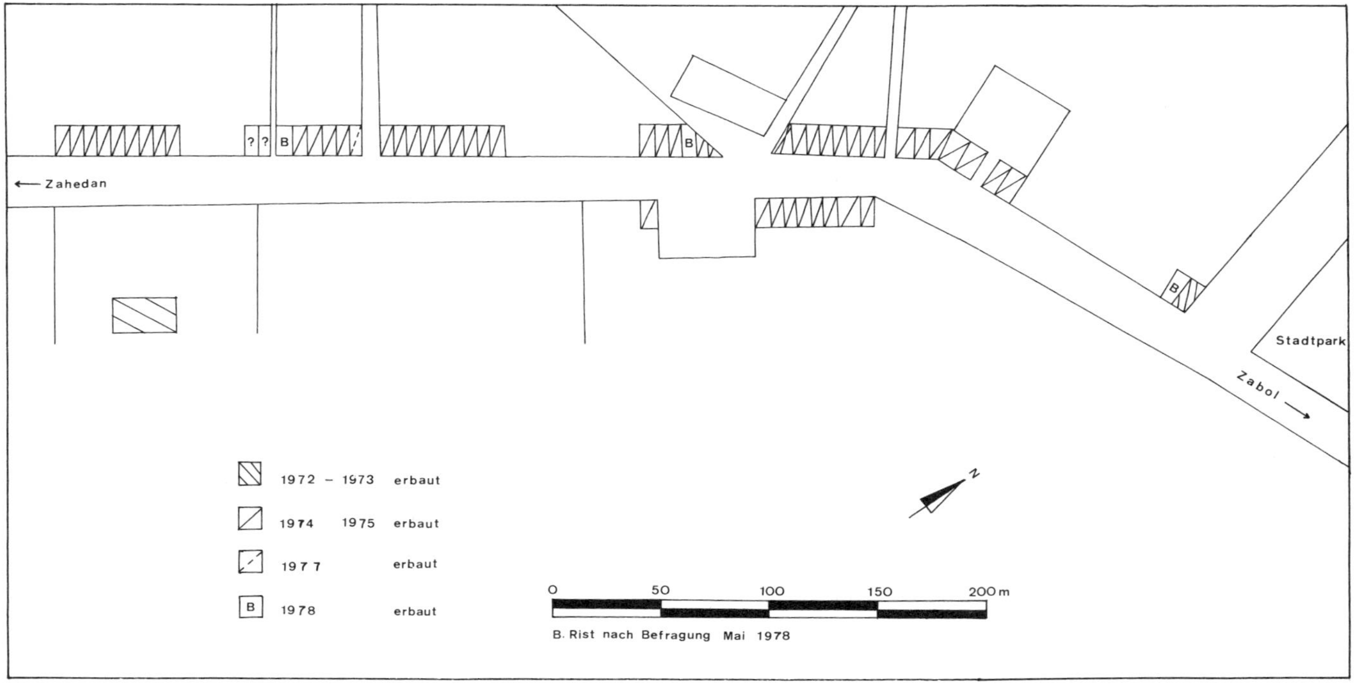

3. Die heutige Wirtschaftsstruktur der Stadt Zābol

3.1 Struktur der städtischen Wirtschaft

Die Stadt Zābol verdankt ihre Entstehung und zunehmende zentralörtliche Bedeutung im Gegensatz zu einer Vielzahl orientalisch-islamischer Städte nicht der Ansiedlung von Großgrundbesitzern und der Akkumulation der im ländlichen Raum erwirtschafteten agraren Überschüsse, sondern dem planmäßig erfolgten Gründungsakt durch die Zentralregierung. Somit wurde eine Stadtentwicklung eingeleitet, die geprägt war von einer primären Übernahme militärischer Aufgaben und Verwaltungsfunktionen. Die Etablierung eines militärisch-bürokratischen Brückenkopfes der Teheräner Regierung zog erst den Ausbau gewerblicher Funktionen nach sich. Dieser in seinen Grundmustern vom Regelfall abweichende Entwicklungstyp findet seinen Niederschlag in der städtischen Wirtschaftsstruktur.

Am Anfang der Entwicklung stehen staatliche Repräsentanz in Form einer Garnison und des Sitzes einer Verwaltung in den Händen eines Gouverneurs, der sein Amt quasi weitervererbte. Eine einheimische Schicht von Händlern und Handwerkern fehlte fast völlig oder war im Vergleich mit dem Einfluß der russischen und besonders britisch-indischen Handelsniederlassung fast bedeutungslos. Erst die 1928 vom Staat eingeleiteten städtebaulichen Maßnahmen, der in Verbindung hiermit erfolgte Ausbau des Bāzārbezirks durch einheimische Geschäftsleute und die Auflösung der europäischen Handelsniederlassungen machten den Weg für eine eigenständige Wirtschaftsentwicklung der Stadt frei. Die von 1928 bis 1978 entstandene Wirtschaftsstruktur der Stadt ist Gegenstand der folgenden Betrachtungen.

3.1.1 Zābol als Handels- und Verwaltungszentrum

Das sprunghafte städtische Wirtschaftswachstum kann eindrucksvoll am Beispiel der Zunahme handwerklicher Betriebe aufgezeigt werden, deren Entwicklung sich bis in die Zeit vor 1948 zurückverfolgen läßt (vgl. Ministry of Interior (Hrsg.), Industrial Census of Iran 1963, Baloochestan and Sistan Ostan; im folgenden zitiert als Ind. Census 1963). Von im Jahr 1963 gezählten 217 handwerklichen Betrieben stammten nur 24 aus der Zeit vor 1948, 106 Handwerker hatten sich zwischen 1948 und 1959 in Zābol niedergelassen, und in nur 4 Jahren bis 1963 entstanden weitere 85 Betriebe (vgl. Tab. 7).

Diese Entwicklung setzte sich fort, und zu den 1963 aufgeführten Branchen des handwerklichen Bereichs (39) kamen bis 1975 noch weitere hinzu (vgl. Tab. 10). Innerhalb der bereits 1963 in Zābol vorhandenen Branchen stieg die Anzahl der Betriebe bis 1975 um 145.

Tabelle 7: Entstehung der handwerklichen Betriebe in Zābol

Anzahl aller Betriebe 1963	Entstehungsjahr und Anzahl der Betriebe									
	vor 1948	1948-1952	1953-1957	1958	1959	1960	1961	1962	Aug. 1953	nicht erfaßt
217	24	26	53	19	8	13	14	28	30	2

Quelle: Ministry of Interior (Hrsg.), Industrial Census of Iran 1963, Baloochestan and Sistan Ostan

Dieses starke Wirtschaftswachstum, das sich nicht nur auf den handwerklich-industriellen Bereich beschränkte, muß vor dem Hintergrund verschiedener Faktoren gesehen werden. Von Bedeutung sind in diesem Zusammenhang:

- das handelspolitische Interesse der Zentralregierung, welches sich in verschiedenen Investitionen niederschlug (z. B. Stadtplanung, Ausbau des Bankwesens),
- die finanziellen Zuschüsse und Steuererleichterungen seitens des Staates (vgl. Kap. 4.2.1), die zur Belebung der Wirtschaft führen sollten und mit der Absicht erfolgten, eine Grenzprovinz stärker an die Zentralregierung zu binden und dem iranischen Teil Sistāns einen Entwicklungsvorsprung gegenüber der afghanischen Provinz Nimruz zu sichern,
- das Bemühen Teheraner Geschäftsleute, nach Abzug der Briten Sistān als Absatzmarkt zu erschließen,
- die Aktivitäten sistānischer Geschäftsleute, die ihr Kapital im Bāzār von Zābol investierten und neue Handelsbeziehungen knüpften.

Die ersten Statistiken über die Wirtschaftsstruktur der Stadt liegen mit dem Industrial Census of Iran 1963 vor (vgl. Tab. 8). Insgesamt wurden 717 Betriebe mit 1.379 Beschäftigten ausgewiesen. Mit 510 Betrieben entfielen rund 71% aller Betriebe auf den Tertiärsektor, der primär geprägt war von einem hohen Anteil von 416 Betrieben im Handelsbereich. Auffällig ist die geringe Repräsentanz öffentlicher Dienstleistungen, die mit nur 6 Betrieben deutlich hinter dem privaten Sektor zurückblieben.

Der Sekundärsektor wies insgesamt 207 Betriebe auf und war geprägt von traditionellen handwerklichen Betrieben wie Bäckern, Metzgern, Schneidern, Schustern, Schreinern, Schmieden und Halabi-sāz (Klempner).

Der 'moderne' Bereich innerhalb des Sekundärsektors wurde vertreten durch Gummiverarbeitung (1 Betrieb), Ziegeleien (17 Betriebe) und die Bauindustrie (2 Betriebe). Mit insgesamt 20 Betrieben machte er nur 9,6% aller Betriebe innerhalb des Sekundärsektors aus.

Tabelle 8: Branchengliederung im sekundären und tertiären Sektor in Zābol 1963

Branchen	Anzahl aller Betriebe	Betriebe mit Beschäftigten				Anzahl aller Beschäftigten	Beschäftigtenstruktur		
		1-2	3-4	5-9	10 und mehr		Eigentümer	unbezahlte und Familienangeh.	bezahlte Angestellte
Nahrungsmittel	46	30	13	3	-	111	55	8	48
Textilherstellung und Lederverarbeitung	67	42	17	6	2	190	67	30	93
Holzverarbeitung und Möbelherstellung	27	12	10	4	1	97	34	8	55
Gummiverarbeitung	1	1	-	-	-	2	2	-	-
Metallverarbeitung	43	40	3	-	-	68	43	7	18
Ziegeleien	17	1	6	8	2	108	24	-	84
Bauindustrie	2	1	1	-	-	5	2	2	1
übrige	4	3	-	1	-	11	4	-	7
Sekundärsektor ges.	207	130	50	22	5	592	231	55	306
Elektrizität, Wasser	1	-	-	-	1	16	-	-	16
Großhandel	32	30	2	-	-	45	37	2	6
Einzelhandel	384	358	22	4	-	516	429	24	63
Banken	1	-	-	1	-	6	-	-	6
Transport, Kommunikation	5	2	-	3	-	27	9	-	18
medizinische Versorgung	4	3	-	1	-	12	4	-	8
Fahrzeugreparatur	12	8	4	-	-	25	13	-	12
übr. private Dienstleistungen	65	48	15	1	1	131	69	14	48
öffentliche Dienstleistungen	6	5	1	-	-	9	6	-	3
Tertiärsektor ges.	510	454	44	10	2	787	567	40	180
Sekt. und Tert. ges.	717	584	94	32	7	1.379	798	95	486

Quelle: Ministry of interior (Hrsg.), Industrial Census of Iran 1963, Baloochestan and Sistan Ostan

Von den 18.806 Ew. Zābols im Jahr 1966 fanden nur 1.379 Personen eine Beschäftigung innerhalb der städtischen Wirtschaft. Geht man von 4.000 bis 5.000 Haushalten aus, so fand nur jeweils ein Mitglied eines jeden dritten bzw. vierten Haushalts Arbeit, was auf relativ hohe Arbeitslosigkeit bzw. außerstädtische Arbeitsplätze eines Großteils der städtischen Bevölkerung schließen läßt. Die Beschäftigtenstruktur besaß nahezu ein Gleichgewicht zwischen Sekundär- und Tertiärsektor; 592 Personen (43%) arbeiteten im Sekundärsektor und 787 Personen (57%) waren im Tertiärsektor beschäftigt.

Innerhalb des Sekundärsektors stellten die 190 Schneider und Schuster mit 32% der Beschäftigten dieses Wirtschaftssektors den höchsten Anteil; 111 Personen waren im Bereich der Nahrungsmittelproduktion beschäftigt, 108 Personen arbeiteten in den Ziegeleien und 97 Personen waren im Wirtschaftszweig Holzverarbeitung und Möbelherstellung tätig. Überraschend niedrig erscheint der geringe Anteil von Beschäftigten in der Bauindustrie. Bei den aufgeführten 5 Personen handelte es sich um 2 Eigentümer, 2 unbezahlte Familienangehörige und 1 bezahlten Angestellten. Die zahlreichen in Zābol durchgeführten Bauvorhaben ließen sich natürlich nicht mit dieser beschränkten Anzahl von Arbeitskräften durchführen, so daß der Schluß erlaubt ist, daß für die Bauvorhaben Arbeitskräfte nur kurzfristig eingestellt wurden (40).

Der Tertiärsektor wies einen überragenden Anteil von 561 Personen (71%) im Bereich des Groß- und Einzelhandels auf. 25 Personen arbeiteten im öffentlichen Dienstleistungsbereich, 12 Personen in der medizinischen Versorgung und 189 Personen im privaten Dienstleistungsbereich.

Im Jahr 1963 war die städtische Wirtschaft von einer überwiegenden Kleinbetriebsstruktur geprägt. 584 Betriebe (81%) besaßen nur 1-2 Beschäftigte, 94 Betriebe (13%) wiesen 3-4 Beschäftigte auf, 32 Betriebe (5%) verfügten über 5-9 Beschäftigte und in nur 7 Betrieben (1%) arbeiteten wenigstens 10 Personen. Diese Kleinbetriebsstruktur resultierte aus einer überwiegend handwerklichen Produktionsweise im Sekundärsektor und einem personell unterbesetzten Dienstleistungsbereich. Innerhalb des Sekundärsektors boten nur die Ziegeleien ansatzweise günstigere Beschäftigungsmöglichkeiten. Der von Kleinbetrieben der Händler dominierte Tertiärsektor stellte infolge eines nur unterentwickelten privaten Dienstleistungsbereichs keine ausreichenden Beschäftigungsmöglichkeiten bereit.

Die Kleinbetriebsstruktur resultierte letztendlich aus der personellen Zusammensetzung. Der größte Teil der Betriebe wurde vom Eigentümer und dessen Familienmitgliedern bewirtschaftet. Von 1.379 Beschäftigten waren 798 Personen (58%) Betriebseigentümer, 95 Personen (7%) unbezahlte Familienangehörige und nur 486 Personen (35%) bezahlte Angestellte. Die vorherrschenden Familienkleinbetriebe machten die Wirtschaftsstruktur der Stadt nur bedingt aufnahmefähig für Arbeitsuchende und trugen zur Arbeitslosigkeit bei.

Zusammenfassend läßt sich die aus der offiziellen Statistik sichtbar gewordene Wirtschaftsstruktur folgendermaßen kennzeichnen:

- fast ausschließlich eine handwerkliche Produktionsweise in kleinen Familienbetrieben,
- ein im Tertiärsektor noch unterentwickelter öffentlicher und privater Dienstleistungsbereich,
- ein wenig aufnahmefähiger Arbeitsmarkt.

Für das Jahr 1975 weist die Landesbetriebszählung von Zābol 1.277 Betriebe und 3.180 Beschäftigte aus (vgl. Imperial Government of Iran, Basisinformation zur Landesbetriebszählung Zabol No 606, Tehran 1354/1975; im folgenden zitiert als Landesbetriebszählung 1975). 349 Betrieben (27,3%) im Sekundärsektor standen 928 Betriebe (72,7%) im Tertiärsektor gegenüber. Ein ähnliches Verhältnis zeigte sich beim Vergleich der Beschäftigtenzahlen. Im Sekundärsektor arbeiteten 726 Personen (22,8%) und im Tertiärsektor 2.454 Personen (77,2%).

Wichtigste Produktionszweige im Sekundärsektor waren die Nahrungsmittelproduktion mit 142 Betrieben (40,7%), die Textilherstellung mit 76 Betrieben (21,8%) sowie die jeweils 38 Betriebe (10,9%) der Holz- und Metallverarbeitung. Traditionelle handwerkliche Betriebe dominierten, und industrielle Produktionszweige existierten nur ansatzweise in Form von Ziegeleien. Typisch für den kleinstädtischen Charakter Zābols war die große Anzahl von Schneidern, die größtenteils auf die Herstellung von sistānischen Kleidungsstücken spezialisiert sind. Die wichtige Position, die das Handwerk innerhalb der städtischen Wirtschaft einnahm, zeigte sich in der Verarbeitung von Stoffen, Holz und Metall in kleinen handwerklichen Betrieben. Trotz einer weitgehenden Importabhängigkeit Zābols vom Teherāner Markt wird ein großer Teil der Fertigprodukte auf handwerklicher Basis selbst hergestellt.

Groß- und Einzelhandel umfaßten mit 617 Betrieben 66,5% aller Betriebe des Tertiärsektors. Sowohl der öffentliche als auch der private Dienstleistungsbereich hatten an Umfang und Qualität gegenüber 1963 deutlich zugenommen.

Von 726 Beschäftigten des Sekundärsektors arbeiteten 194 Personen (26,6%) in der Nahrungsmittelproduktion, 153 Personen (21,1%) in Ziegeleien und 143 Personen (19,7%) im Bereich der Textilherstellung. Insgesamt blieb das Arbeitsplatzangebot wegen der kleinbetrieblich-handwerklichen Struktur der Betriebe sehr beschränkt; ein bis drei Beschäftigte pro Betrieb sind die Regel. Einzige Ausnahme hiervon bilden die Ziegeleien, in denen durchschnittlich über 15 Personen pro Betrieb arbeiteten.

Der Tertiärsektor hielt demgegenüber ein ausgedehnteres Arbeitsplatzangebot bereit. Im Groß- und Einzelhandel arbeiteten 709 Personen (28,9%), 427 Personen bei zivilen und militärischen Behörden (17,4%), 327 Personen (13,3%) im Erziehungs- und Ausbildungsbereich, 208 Personen (8,5%) in der medizinischen Versor-

Tabelle 9: Branchengliederung im sekundären und tertiären Sektor in Zābol 1975

Branchen	Anzahl der Betriebe			Anzahl der Beschäftigten		
	abs.	% Sek.	% insges.	abs.	% Sek.	% insges.
Nahrungsmittel	142	40,7	11,1	194	26,2	6,1
Textilherstellung	76	21,8	6,0	143	19,7	4,5
Lederverarbeitung	14	4,0	1,1	15	2,1	0,5
Teppichherstellung	12	3,4	0,8	37	5,1	1,1
Holzverarb. u. Möbelherstellung	38	10,9	3,0	74	10,2	2,3
Gummiverarbeitung	2	0,6	0,2	6	1,0	0,2
Metallverarbeitung	38	10,9	3,0	62	8,5	2,0
Ziegeleien	10	2,8	0,8	153	21,1	4,8
Bauindustrie	1	0,3	0,1	9	1,2	0,3
übrige	16	4,6	1,2	33	4,5	1,0
Sekundärsektor gesamt	349	100,0	27,3	726	100,0	22,8
	abs.	% Tert.	% insges.	abs.	% Tert.	% insges.
Elektrizität, Wasser	8	0,9	0,6	150	6,1	4,7
Großhandel	24	2,6	1,9	42	1,7	1,3
Einzelhandel	593	63,9	46,4	667	27,2	21,0
Banken, Versicherungen	14	1,5	1,1	76	3,1	2,4
Transport, Kommunikation	41	4,4	3,2	57	2,3	1,8
medizinische Versorgung	19	2,0	1,5	208	8,5	6,5
Fahrzeugreparatur	26	2,8	2,0	60	2,5	1,9
Reparatur elektrischer Geräte	8	0,9	0,6	11	0,5	0,3
Reinigung	6	0,6	0,5	14	0,6	0,5
Friseur	22	2,4	1,7	26	1,1	0,8
Foto	7	0,7	0,5	11	0,4	0,3
Kino	2	0,2	0,2	13	0,5	0,4
Restaurants, Hotels	35	3,8	2,8	74	3,0	2,3
übrige private Dienstleistungen	39	4,2	3,1	115	4,7	3,6
zivile u. militärische Behörden	18	2,0	1,4	427	17,4	13,4
Post, Telegraphenamt	3	0,3	0,2	108	4,4	3,5
Erziehung und Ausbildung	25	2,7	2,0	327	13,3	10,3
Moscheen, Gebetshäuser	20	2,2	1,6	8	0,3	0,3
übrige öffentl. Dienstleistungen	18	1,9	1,4	60	2,4	1,9
Tertiärsektor gesamt	928	100,0	72,7	2.454	100,0	77,2
insgesamt	1.277		100,0	3.180		100,0

Quelle: Imperial Government of Iran, Basisinformation zur Landesbetriebszählung Zābol No 606, Tehrān 1354/1975

gung, 150 Personen in städtischen Elektrizitäts- und Wasserwerken (6,1%), 108 Personen (4,4%) bei Post und Telegraphenamt und 115 Personen (4,7%) in den nicht näher aufgeschlüsselten privaten Dienstleistungsbereichen.

Die Entwicklung der städtischen Wirtschaft von 1963 bis 1975 wurde bestimmt von einer starken Zunahme der Betriebe und Beschäftigten, dem Ausbau bestehender Wirtschaftszweige und der Entstehung neuer Branchen (vgl. Tab. 10). Die Anzahl der Betriebe nahm um 560 von 717 auf 1.277 zu, und die Beschäftigtenzahl hat sich mit einem Zuwachs von 1.801 Personen mehr als verdoppelt. Vor allem im Tertiärsektor setzte ein starker Aufschwung ein. Die 1963 bestehenden 510 Betriebe nahmen um 418 auf 928 zu, und die Anzahl der Beschäftigten verdreifachte sich von 787 auf 2.454. Demgegenüber verlief die Entwicklung im immer noch handwerklich geprägten Sekundärsektor langsamer. Die Anzahl der Betriebe stieg von 207 auf 349, und die Beschäftigtenzahlen nahmen von 592 auf 726 zu.

Diese Entwicklungstendenz zu einer 'Dienstleistungsgemeinde' ist Ausdruck der allgemein in Iran zu beobachtenden mangelnden Einbeziehung von Klein- und Mittelstädten in den Industrialisierungsprozeß des Landes (vgl. W. KORBY 1977) (41). Bei dem Vorherrschen einer handwerklichen Produktionsweise in Kleinbetrieben erfolgen Wachstumsimpulse vorrangig über den Tertiärsektor, und die Bedeutung der Stadt als Produktionsstandort bleibt gering. Die überproportionale Zunahme von Erwerbstätigen im Bereich Handel, Transport und Dienstleistungen führte beispielsweise in der nordiranischen Stadt Sārī zu einem aufgeblähten Tertiärsektor mit 75% aller Beschäftigten und den hiermit verbundenen Problemen verdeckter Arbeitslosigkeit und Unterbeschäftigung (vgl. H. KOPP 1977: 182 f.).

Den größten Zuwachs hatte im Sekundärsektor die Nahrungsmittelproduktion mit einer Wachstumsrate von 208% zu verzeichnen. Die Nahrungsmittelversorgung mußte sich der ebenfalls gewachsenen städtischen Bevölkerung anpassen (vgl. Tab. Fußn. 35). Bei der Textilherstellung und Lederverarbeitung kamen 23 neue Betriebe hinzu (Wachstum 34%) und bei der Holzverarbeitung und Möbelherstellung 11 Betriebe (Wachstum 40,7%). Im Bereich der Metallverarbeitung ging die Anzahl der Betriebe um 5 von 43 auf 38 zurück, was auf die verstärkte Einfuhr von Fertigprodukten zurückzuführen ist. Die Abnahme der Ziegeleien von 17 auf 10 hatte ihre Ursache in einer Konzentration auf weniger Betriebe mit höherer Arbeitsleistung, was in den gestiegenen Beschäftigtenzahlen zum Ausdruck kommt.

Erstmals erschienen in der Statistik des Jahres 1975 städtische Teppichknüpfereien. Mit nur 12 Betrieben und 37 Beschäftigten konnten sie aber keinen Beitrag zum Abbau der Arbeitslosigkeit leisten. Hierbei handelte es sich nach Auskunft der Zāboler Filiale der staatlichen iranischen Teppichgesellschaft um Städter, die im Auftrag der Teppichgesellschaft arbeiteten (vgl. Kap. 4.2.2.1).

Am eindrucksvollsten verlief die Entwicklung im Tertiärsektor. Im Handelsbereich erhöhte sich die Anzahl der Betriebe von 416 auf 617. Vor allem im privaten

Tabelle 10: Branchengliederung und wirtschaftliche Entwicklung im sekundären und tertiären Sektor in Zābol 1963 bis 1975

Branchen	Anzahl der Betriebe 1963	1975	Zu-/Abnahme		Anzahl der Beschäftigten 1963	1975	Zu-/Abnahme	
Nahrungsmittel	46	142	+	96	111	194	+	83
Textilherstellung	-	76	+	23	-	143		
Lederverarbeitung	-	14	+	12	-	15		
Textilherstellung u. Lederverarbeitung	67	(90)			190	(158)		
Teppichherstellung	-	12	+	12	-	37	+	32
Holzverarb. u. Möbelherstellung	27	38	+	11	97	74	-	37
Gummiverarbeitung	1	2	+	1	2	6	+	23
Metallverarbeitung	43	38	-	5	68	62	-	4
Ziegeleien	17	10	-	7	108	153	+	6
Bauindustrie	2	1	-	1	5	9	+	45
übrige	4	16	+	12	11	33	+	4
Sekundärsektor gesamt	207	349	+	142	592	726	+	22
								134
Elektrizität, Wasser	1	8	+	7	16	150	+	134
Großhandel	32	24	-	8	45	42	-	2
Einzelhandel	384	593	+	209	516	667	+	151
Banken, Versicherungen	1	14	+	13	6	76	+	70
Transport, Kommunikation	5	41	+	36	27	57	+	30
medizinische Versorgung	4	19	+	15	12	208	+	196
Fahrzeugreparatur	12	26	+	14	25	60	+	35
Reparatur elektrischer Geräte	-	8	+	8	-	11	+	11
Reinigung	-	6	+	6	-	14	+	14
Friseur	-	22	+	22	-	26	+	26
Foto	-	7	+	7	-	11	+	11
Kino	-	2	+	2	-	13	+	13
Restaurants, Hotels	-	35	+	35	-	74	+	74
übrige private Dienstleistungen	65	39	-	26	131	115	-	16
zivile u. militärische Behörden	-	18	+	18	-	427	+	427
Post, Telegraphenamt	-	3	+	3	-	108	+	108
Erziehung und Ausbildung	-	25	+	25	-	327	+	327
Moscheen, Gebetshäuser	-	20	+	20	-	8	+	8
übrige öffentl. Dienstleistungen	6	18	+	12	9	60	+	51
Tertiärsel 'r gesamt	510	928	+	418	787	2.454	+	1.667
insgesamt	717	1.277	+	560	1.379	3.180	+	1.801

Quelle: Industrial Census 1963 und Landesbetriebszählung 1975

und öffentlichen Dienstleistungsbereich setze ein sprunghafter Zuwachs ein. Zu der einzigen Bank im Jahr 1963 kamen weitere 13 Banken und Versicherungen hinzu, die 5 Betriebe im Transport- und Kommunikationsbereich wuchsen auf 41 an, und die Anzahl der Fahrzeugreparaturbetriebe stieg von 12 auf 26. Weitere Reparaturbetriebe, Reinigungen, Friseure, Fotogeschäfte, Kinos und Hotels erschienen erstmalig in der Statistik von 1975. Die medizinische Versorgung wurde erheblich verbessert. Im öffentlichen Dienstleistungsbereich nahmen die Betriebe der Elektrizitäts- und Wasserversorgung von einem auf 8 zu; erstmals in der Statistik genannt wurden zivile und militärische Behörden, Post, Telegraphenamt, Einrichtungen im Erziehungsbereich und Moscheen.

Noch deutlicher wird diese dynamische Entwicklungstendenz bei einer Betrachtung der Beschäftigtenzahlen. Um nur die wichtigsten Zuwachsbereiche zu nennen, sei verwiesen auf die Zunahme um 427 Beschäftigte bei den Behörden, 327 Beschäftigte im Ausbildungsbereich und einen Zuwachs um 196 Beschäftigte in der medizinischen Versorgung. Während der Sekundärsektor aufgrund seiner kleinbetrieblich-handwerklichen Struktur nur 134 neue Arbeitsplätze bereitstellen konnte, erlebte der Tertiärsektor einen Zuwachs von 1.667 Arbeitsplätzen.

Zusammenfassend läßt sich über die wirtschaftliche Entwicklung von 1963 bis 1975 folgendes feststellen:

- die kleinbetrieblich-handwerkliche Struktur im Sekundärsektor wurde beibehalten, worauf eine nur begrenzte Zunahme der Betriebe und Arbeitskräfte zurückzuführen ist;
- im Tertiärsektor setzte eine sprunghafte Entwicklung ein, die sich in einer Zunahme der Betriebe um 82% und der Arbeitsplätze um 212% ausdrückte.

3.1.2   Standorte städtischer Wirtschaftsbereiche

Das äußere Bild des traditionellen Bazars orientalischer Städte wird im wesentlichen von folgenden Merkmalen bestimmt (vgl. E. WIRTH 1974/75: 223-250):

- dem typischen Baubestand des Bazars,
- der Trennung von Wohnen und Wirtschaften,
- der räumlichen Branchensortierung,
- dem zentral-peripheren Gefälle als räumlichem Ordnungsprinzip.

Der Zaboler Bazar besaß nach dem Abzug der indischen Händler und dem Verfall ihrer Karawansereien als typische Bauelemente Bazargassen, in denen Händler und Handwerker arbeiteten und freie Plätze, die als Viehmarkt (Maidan-e-Gabrestan) oder Standort ambulanter Gewerbetreibender dienten (42).

Die einzelnen Branchen der Handwerker und Händler sind im Bazar räumlich sortiert. Produktion und Verkauf derselben Ware befinden sich häufig in engster

Nachbarschaft. Das Bazarangebot orientiert sich an der unterschiedlichen Kaufkraft der verschiedenen Kundengruppen, indem einzelne Bazarabschnitte auf Waren für einen bestimmten Kundenkreis ausgerichtet sind.

Die Stärke und Richtung der Passantenströme bestimmen im wesentlichen die räumliche Ordnung der Branchen unterschiedlicher sozialer Wertschätzung im Bazar (vgl. E. WIRTH 1974/75: 244). Es ergibt sich ein zentral-peripheres Gefälle vom Haupteingang des Bazars zu weiter entfernt liegenden Bazarteilen. Die zentralen Teile des Bazars sind in ihrem Warenangebot vorwiegend auf städtische Kunden mit hoher Kaufkraft ausgerichtet, während die randlichen Bazarbezirke ihr Angebot auf ein ländliches Publikum eingestellt haben.

Dieses Bild des traditionellen Bazars veränderte sich durch die Entstehung neuer Geschäftsviertel. Der Bazar wurde von einem Funktionswandel betroffen, dessen Leitlinien folgendermaßen zusammengefaßt werden können:

- Der Bazar ist nicht mehr das alleinige Wirtschaftszentrum der Stadt und stellt sich auf ein spezifisches Publikum um, das sich vor allem aus der ländlichen und ärmeren städtischen Bevölkerung zusammensetzte. Mit dieser Spezialisierung des Bazars auf eine bestimmte Käuferschicht ist eine Wertminderung verbunden (vgl. E. WIRTH 1967: 169; E. WIRTH 1968: 104 f.; K. DETTMANN 1970: 97; H. RUPPERT 1969: 70).
- Die Wirtschaftsstruktur des Bazars änderte sich durch die Abwanderung des Großhandels in die modernen Geschäftsviertel und die Abdrängung des Handwerks aus dem Bazar in die Wohnviertel der Altstadtquartiere oder die verlassenen Karawansereien. Das gleichberechtigte Nebeneinander von Handel und Handwerk im traditionellen Bazar existiert nicht mehr. Einzelhandel und Produktion sind räumlich getrennt, und die traditionelle Einheit von Produktion und Verkauf an demselben Standort wird aufgegeben (vgl. E. WIRTH 1968: 105 ff.; K. DETTMANN 1970: 100; H. RUPPERT 1969: 73; H. HAHN 1972: 18 f.).

Von diesem Funktionswandel waren nicht alle orientalischen Städte in gleichem Ausmaß betroffen. Am besten lassen sich die oben aufgeführten Veränderungen innerhalb des Bazars an Großstädten nachweisen (vgl. G. SCHWEIZER 1972: 43 f.). In Klein- und Mittelstädten besaß der Bazar infolge der andersartigen wirtschaftlichen Struktur dieser Städte immer schon eine andere Bedeutung. Sein Warenangebot war viel stärker auf die Bedürfnisse des ländlichen Umlandes ausgerichtet, und ausgesprochene Luxusgüter fehlten völlig. E. EHLERS hat am Beispiel der südkaspischen Klein- und Mittelstädte aufgezeigt, daß diese Bazare keine soziale Wertminderung durchgemacht haben und Käuferschicht und Warenangebot weitgehend konstand blieben (vgl. E. EHLERS 1971: 22). Zu ähnlichen Ergebnissen gelangte auch E. GRÖTZBACH bei der Untersuchung von zwei afghanischen Provinzstädten (vgl. E. GRÖTZBACH 1975: 420). Der Bazar der iranischen Kleinstadt Malayer erfuhr insgesamt eine erhebliche Wertminderung und wurde, bedingt durch die Abwanderung vieler Großhändler in die neuen Geschäftsviertel, zu einem wirtschaftlichen 'Unterzentrum' (M. MOMENI 1976: 150). Die häufig festgestellte Verdrängung des Handwerks aus dem Bāzār ließ sich in Malāyer nicht beobachten.

Die modernen Geschäftsviertel schließen häufig unmittelbar an den Bāzār an und lassen sich nach ihrem Entstehungszeitpunkt in drei verschiedene Typen unterteilen (vgl. E. WIRTH 1968: 110-114). Wegen ihres vom Bāzār unterschiedlichen Warenangebots und einer anders strukturierten Käuferschicht stehen Bāzār und moderne Geschäftsviertel in keinem Konkurrenzverhältnis zueinander, sondern ergänzen sich gegenseitig. Viele für den Bāzār typische Eigenarten wurden übernommen, wie die Innenhofstruktur der Gebäude, eine bāzārähnliche Branchensortierung und die Abstufung nach sozialer Wertigkeit der Standorte (vgl. E. WIRTH 1968: 115 f.).

3.1.2.1 Das Bāzārviertel

Die zur Erfassung des Geschäftsbesatzes im März/April 1978 durchgeführte Kartierung des Zāboler Bāzārviertels zeigt das typische Bild eines iranischen Kleinstadtbazars (vgl. Abb. 9). Die im zentralen Teil gelegenen überdachten Bāzārgassen des Bāzār-e-Dah-mardeh und des Bāzār-e-Sar-pushide sind Standorte von Handel und Handwerk und bilden den Kern des städtischen Marktes, der von sich kreuzenden unüberdachten Bāzārgassen umschlossen wird. Der 'traditionelle' Bāzār fügt sich mit mehreren Übergängen in das Netz moderner Geschäftsstraßen ein und liegt in unmittelbarer Nachbarschaft des Schnittpunktes von Ferdowsi-Str. und Rezā-Shāh-Kabir-Str. (43).

Im traditionellen Bāzār wurden 1978 insgesamt 481 Geschäftsräume gezählt, die sich folgendermaßen auf die einzelnen Wirtschaftszweige verteilten (vgl. Tab. 11):

- Nahrungs- und Genußmittel
  (Handel und Handwerk)   154 Räume   (32,1%)
- Übriger Handel   235 Räume   (48,8%)
- Übriges Handwerk   89 Räume   (18,5%)
- Private und öffentliche
  Dienstleistungen   3 Räume   (0,6%)

Hieraus wird ersichtlich, daß der Bāzār eine wichtige Funktion bei der Nahrungsmittelversorgung der Bevölkerung übernimmt, ein breit gefächertes Angebot an Handelsgütern bereitstellt und Handwerksbetrieben einen günstigen Standort bietet (vgl. Tab. 11). Das fast völlige Fehlen von privaten und öffentlichen Dienstleistungen zeigt eine für Bāzārviertel typische Erscheinung.

Innerhalb des Nahrungs- und Genußmittelbereichs (Handel und Handwerk) überwiegt der Handel mit verschiedenen Grundnahrungsmitteln. Den höchsten Anteil neh-

Tabelle 11: Geschäftsbesatz im Bazar von Zābol 1978, aufgegliedert nach Standorten und Branchen

	Bazar-e-Qabrestan	Bazar-e-Faseli	Bazar-e-Dah-mardeh	Bazar-e-Sar-pushide	Bazar-e-Sarkari	Bazar-e-Sarabani	Bazar-e-Nesati	Bazar-e-Halabi-saz	Asiab-Gasse	Bazar-e-Najarha	Setam-Gasse	Bazar-e-Mehrabi	Bazar-e-Qaemi	insgesamt
Nahrungs- und Genußmittel (Handel und Handwerk)														
Kharārzi	19	6		3	3	5		4			1	7		48
Zuckerwaren	4	1	1	3	1			3			1	1		15
Tee				3		5		3			1	6	7	25
Salz	2							1						3
Rowghan (Butterfett)				1						1				2
Obst und Gemüse	1			2	10									13
Datteln	2					12								14
Attari		2												2
Fisch	1									2				3
Hühner					1	2								3
Metzger	1													1
Getreide und Reis	13											1		14
Bäckerei u. Konditorei	1													1
Garküche, Teestube	2			3	2							2	1	10
insgesamt	46	9	4	14	15	24	-	11	3	-	3	16	9	154
Übriger Handel														
Stoffe und Textilien		30	2		5	2	12			3		5	2	1	62
Decken, Mützen, Tücher		11												11
Teppiche		7		7	2	2						1	12	31
Teppiche und Tee				4				1						5
Wolle und Filz		4			3	4				1			10	22
Matratzen, Schaumstoff		1		1			1			1				4
Schuhe		3	8							1				12
Schuhe und Textilien			17							1			1	19
Haushaltswaren		2		3	7		6	5		1		1	2	27
Tonkrüge	2										2			4
Siebe, Brotbleche	2	4												6
Schilfrohrmatten	3													3
Blechtruhen		1												1
Metallwaren	2	1			2									5
Gemischtwaren		5	2		1	1						1		10
Uhren, Schmuck													1	1
Elektroartikel								1						1
Kochgas, Heizöl													1	1
Foto, Papier													1	1
Farben, Glas					2									2
Baustoffe	3													3
Dünger												2		2
Grünfutter	2													2
insgesamt	14	69	29	15	22	9	19	6	7	-	11	6	28	235
Übriges Handwerk														
Schneider		2	16	5		1	1	2		1		6	3	1	38
Schreiner u. Holzverarb.	1	1								17			1	20
Schmied	7													7
Halabi-saz (Klempner)								3	2					5
Fahrzeugreparatur													1	1
Lampen- u. Teekocherrep.	2							2	1				1	6
Wollfärber												1	1	2
Schuster				2										2
Friseur	2		1	1		2						1		7
Getreidemühle	1													1
insgesamt	15	-	18	8	-	3	1	7	4	17	7	4	5	89
Private u. öff. Dienstleistungen														
Moschee u. Gebetsräume	1									1				2
Bank							1							1
insgesamt	1	-	-	-	-	-	1	-	1	-	-	-	-	3
insgesamt	76	78	51	37	37	36	21	24	15	17	21	26	42	481

Quelle: eigene Kartierung März/April 1978

men die als Kharārzi bezeichneten Händler ein, die eine Art Kramladen besitzen (44). Zuckerwaren, Tee, Obst und Gemüse, Datteln und Getreide sind die hauptsächlichen Handelsgüter. Der Handel mit Luxusgütern fehlt völlig, und selbst von den als Attāri bezeichneten Händlern für Gewürze und Heilkräuter haben sich nur zwei im Bāzār niedergelassen. An handwerklichen Betrieben gibt es im Bāzār nur einen Metzger und einen Bäcker; die Standorte dieser Handwerkszweige liegen meist in den modernen Geschäftsvierteln (vgl. Kap. 3.1.2.3).

Der übrige Handel ist stark auf Gebrauchsgegenstände des täglichen Bedarfs ausgerichtet. Entsprechend der städtischen Wirtschaftsstruktur richtet sich das Bedürfnis der Kunden vor allem auf Handelsgüter, die sie selbst weiterverarbeiten können oder zu diesem Zweck städtischen Handwerkern übergeben. Zu diesem Bereich zählen der Handel mit Stoffen, Wolle und Filz. Der Handel mit Fertigprodukten wie Lederschuhen und besonders Textilien ist aber bei steigender Kaufkraft der Bevölkerung in Entwicklung begriffen, und der Zābōler Bāzār stellt ein ausreichendes Angebot an Haushaltswaren bereit. Die Händler für Tonkrüge, Siebe, Brotbleche und Grünfutter wenden sich vorwiegend an ein ärmeres ländliches Publikum. Unter den im Bāzār angebotenen Waren befinden sich auch hochwertige Produkte wie Teppiche, die in insgesamt 36 Läden verkauft werden (45) und 2 Geschäfte für Uhren, Schmuck und Elektroartikel.

Die 89 handwerklichen Betriebe verarbeiten zum überwiegenden Teil Rohstoffe, und nur 9 der Betriebe haben sich auf Reparaturen spezialisiert. Zu den wichtigsten Handwerkszweigen zählen die Schneider, Schreiner und Schmiede, die 73% aller Handwerksbetriebe ausmachen. Das Vorherrschen dieser drei Handwerke verdeutlicht die kleinstädtische Wirtschaftsstruktur, in deren Rahmen Textilien, Möbel und bestimmte Metallwaren des bäuerlichen Bedarfs auf handwerklicher Basis produziert werden.

Im gesamten Bāzarbezirk befinden sich zwei Gebetsräume und eine Filiale der Bank Sāderāt. Hiermit erschöpft sich das im Bāzār vorhandene Angebot an privaten und öffentlichen Dienstleistungen.

Die als typisch herausgestellte räumliche Branchensortierung findet sich auch im Bāzār von Zābol und tritt besonders deutlich bei den Handwerkern hervor (vgl. Abb. 9). Der Bāzār-e-Najārhā beherbergt ausschließlich Werkstätten der Schreiner, in einem Seitenast des Bazar-e-Deh-mardeh konzentrieren sich die Schneider, und sämtliche Schmiede gehen ihrer Arbeit in einem abgelegenen Teil des Bāzār-e-Gabrestān nach. Der Bāzār-e-Halabi-sāz und die sich unmittelbar anschließende Āsiāb-Gasse sind die einzigen Standorte der Halabi-sāz (Klempner) im Bāzār. Demgegenüber zerstreuen sich die Handwerksbuden der Lampen- und Teekocherreparateure und der Friseure über verschiedene Bāzārgassen. Mit Ausnahme der Schmiede und Schreiner, die wegen eines größeren Raumbedarfs und Lärmbelästigung in randlichen Bāzārbereichen angesiedelt sind, befinden sich Handwerksbetriebe in zentralen Bāzarteilen. Von den insgesamt 38 Schneiderwerkstätten liegen 21 in überdachten Bāzārgassen; einen zentralen Standort nehmen auch die Halabi-sāz, Lampen- und Teekocherreparateure und Schuster ein.

Auch beim Handel zeigt sich eine starke Konzentration einzelner Branchen auf bestimmte Gassen. Im Bāzār-e-Faseli und dem sich unmittelbar anschließenden Bāzār-e-Nešāti befinden sich 42 von insgesamt 62 Läden für Stoffe und Textilien. Alle 11 Geschäfte für Decken, Mützen, Tücher liegen im Bāzār-e-Faseli; wichtigster Standort für Wolle und Filz ist der Bāzār-e-Qāemi. Schuhgeschäfte und die im Zāboler Bāzār typischen Läden für Schuhe und Textilien sind fast ausschließlich im Bāzār-e-Dah-mardeh anzutreffen. Die Teppichhändler konzentrieren sich auf drei Standorte, von denen jeweils einer im Bāzār-e-Qāemi, im Bāzār-e-Sarpushide und im Bāzār-e-Faseli liegt. In 8 der insgesamt 13 Bāzārgassen findet der Käufer Haushaltswaren, und eine ähnliche Streuung weist der Handel mit Gemischtwaren auf. Der Handel konzentriert sich vor allem auf die zentralen Bāzārteile und nimmt fast ausschließlich einen Bāzārbezirk ein, der gebildet wird vom Bāzār-e-Faseli, dem Bāzār-e-Nešāti und der Hauptgasse des Bāzār-e-Dah-mardeh. In diesem Bezirk zeigt sich ein deutliches Hervortreten des Handels mit Stoffen, Textilien, Schuhen, Teppichen, Decken, Mützen und Tüchern. Waren einheimischer Produktion wie Siebe und Brotbleche werden im Übergangsbereich vom Bāzār-e-Faseli zum Bāzār-e-Gabrestān angeboten; der Bāzār-e-Gabrestān ist der einzige Standort für den Handel mit Schilfrohrmatten.

Handel und Handwerk des Nahrungs- und Genußmittelbereichs sind zu rund 30% auf den Bāzār-e-Gabrestān konzentriert. Hier betreiben 19 von insgesamt 48 Khararzi ihre Geschäfte, und 13 von insgesamt 14 Getreidehändlern befinden sich in diesem traditionell vom Getreidehandel geprägten Bāzārteil. Der Handel mit Obst und Gemüse findet überwiegend im Bāzār-e-Sarkari statt, und 12 von 14 Dattelhändlern haben sich im Bāzār-e-Sarabāni niedergelassen. Keine Branchenkonzentration weisen die Zuckerwarenhändler und die über den gesamten Bāzār verteilten Garküchen und Teestuben auf.

Entsprechend der im Bāzār von Zābol ausgebildeten Branchenkonzentration und Sortierung ist das Warenangebot einzelner Bāzārgassen auf einen bestimmten Kundenkreis ausgerichtet. Der aus einem dörflichen Markt entstandene Bāzār-e-Gabrestān wendet sich mit seinem Angebot an Grundnahrungsmitteln, Getreide, Tonkrügen, Sieben und Brotblechen vorwiegend an ein ländliches Publikum. Die im Bāzār-e-Gabrestān ansässischen Schmiede arbeiten fast ausschließlich für bäuerliche Kunden.

Demgegenüber sind die im zentralen Teil des Bāzārs gelegenen Gassen mit einem Angebot an Stoffen, Textilien, Schuhen und Haushaltswaren gleichermaßen Einkaufsbereiche für Städter und ländliche Kunden. Hierzu zählen besonders der Bāzār-e-Dah-mardeh, der Bāzār-e-Nešāti und der Bāzār-e-Faseli. Auf einen gemischten Kundenkreis deutet auch das Warenangebot in den übrigen Bāzārgassen hin.

Die drei Standorte des Teppichhandels zählen zu den Einkaufsbereichen meist städtischer Kunden, wobei die Teppichhändler im Bāzār-e-Sar-pushide und im Bāzār-e-Faseli die hochwertigsten Waren anbieten; im Bāzār-e-Qaemi findet der Käufer neben sistānischen Teppichen auch billigere Schmuggelware aus Afghanistan und Pakistan.

Eine räumliche Ordnung der Branchen unterschiedlicher sozialer Wertschätzung zeigt sich im kleinstädtischen Bāzār von Zābol in einem zentral-peripheren Gefälle von den im 20. Jh. entstandenen Bāzārteilen zum älteren Bāzār-e-Gabrestān. Die ehemalige Branchenstruktur des Bāzār-e-Gabrestān, die gekennzeichnet war vom Handel mit Getreide, Vieh und Grundnahrungsmitteln, veränderte sich im Laufe seiner Entwicklung kaum (vgl. Kap. 2.3.2). Demgegenüber verdrängten hochwertigere Waren das ursprünglich ebenfalls auf Kunden mit geringer Kaufkraft ausgerichtete Angebot in den zentralen Bāzārteilen. Das zentral-periphere Gefälle als räumliches Ordnungsprinzip wird nicht ausschließlich von Stärke und Richtung der Passantenströme bestimmt. Als wichtige Standortfaktoren und Merkmale sozialer Differenzierung können im Zāboler Bāzār die Eigentumsverhältnisse, Bodenpreise, Mieten und Sargofli gelten (vgl. Kap. 3.2).

3.1.2.2 Standorte und Branchengliederung des ambulanten Gewerbes

Das als 'Gewerbe ohne festes Gewerbelokal' (D. WIEBE 1976: 34) definierte ambulante Gewerbe richtet sich bei der Standortwahl nach der Passantendichte der verschiedenen Bāzārgassen, besitzt vielfach eine Ergänzungsfunktion zum Warenangebot des stationären Handels und tritt in ebensolcher Branchenkonzentration auf (vgl. F. SCHOLZ 1972: 51; D. WIEBE 1976: 34-39).

Die Anzahl der ambulanten Gewerbetreibenden schwankte im März geringfügig zwischen 155 bis 165 Personen und verringerte sich im Juni auf 97 Personen (46). Diese Tendenz zeigte sich auch innerhalb der einzelnen Wirtschaftsbereiche in einer starken Abnahme der Gewerbetreibenden vom Frühjahr bis zum Sommer. Insgesamt können die Standorte von 122 Personen als konstant angesehen werden. Der hohe Anteil von rund 25% der ambulanten gegenüber den stationären Gewerbetreibenden scheint typisch für kleinstädtische Bāzāre zu sein (vgl. E. EHLERS 1975: 44 f.; D. WIEBE 1976: 36) und verdeutlicht die wirtschaftliche Bedeutung des ambulanten Gewerbes.

Der höchste Anteil der ambulanten Gewerbetreibenden mit konstantem Standort ist im Nahrungs- und Genußmittelbereich tätig. Obst und Gemüse, Sabzi, Fleisch und Brot bestimmen das Warenangebot (47).

Eine wichtige Ergänzungsfunktion gegenüber dem stationären Bāzārhandel übernehmen die ambulanten Händler für Obst, Gemüse und Fleisch. Während die Zāboler Metzger fast ausschließlich Schafe schlachten, wird im ambulanten Handel nur Rind-

tur des ambulanten Gewerbes verstärkt den Charakter dieses Bāzārs als Markt für ärmere und ländliche Bevölkerungsschichten.

Im Übergangsbereich zum Bāzār-e-Faseli lassen sich die ambulanten Gewerbetreibenden im Schutz der schon stark verfallenen Mauer des ehemaligen russischen Konsulats nieder. Ihr Angebot an Besen, Spindeln, Gewürzen und die Dienstleistungen der Flickschuster und Friseure wenden sich an ein wenig kaufkräftiges Publikum. Die Stoffhändler halten dagegen ein Angebot für einen gemischten Kundenkreis bereit. Im Mittelteil des Bāzār-e-Faseli konzentrieren sich die Händler für gebrauchte Kleidung und Schmiedefrauen, die Sicheln, Zangen und Messer aus eigener handwerklicher Produktion verkaufen. Insgesamt kann der Bāzār-e-Faseli als Standort ambulanter Händler für Stoffe, Textilien und einfache Gebrauchsgüter sowie des ambulanten Handwerks charakterisiert werden. Aktivitäten im Nahrungs- und Genußmittelbereich (Handel und Handwerk) fehlen fast völlig.

In dem zwischen Bāzārzentrum und Bāzār-e-Najārhā gelegenen Teil der Asiāb-Gasse lassen sich die Händler für Fleisch, Fisch und Seevögel nieder. Ihr Standort in einer breiten Gasse ohne Geschäftsbesatz besitzt den Vorteil, in unmittelbarer Nähe zum stark frequentierten Bazar-e-Dah-mardeh zu liegen. Der untere Teil der Asiab-Gasse weist eine gemischte Struktur des Handels mit Fleisch und Gebrauchsgütern auf.

Im Bāzār-e-Sarkāri sind alle Bereiche des ambulanten Gewerbes vertreten. Eine deutliche Branchenkonzentration hat sich im Schnittpunkt mit der Rezā-Shāh-Kabir-Str. ausgebildet. Hier liegen die Standorte der arbeitsuchenden Bauarbeiter und Brothändlerinnen aus dem ländlichen Umland.

3.1.2.3   Die modernen Geschäftsstraßen

Von den 1928/30 erbauten Hauptstraßen entwickelte sich nur die Rezā-Shāh-Kabir-Str. zu einem hervorragenden Standort städtischer Wirtschaftsbereiche. Die übrigen fünf Straßenzüge führten durch Wohnviertel Zābols. Das starke Wirtschaftswachstum von 1963 bis 1975, das sich in einer beträchtlichen Zunahme der Betriebe und Beschäftigten niederschlug, erforderte einen weiteren Ausbau der Stadt; im Süden und Osten Zābols ließ die Stadtverwaltung nach 1966 sechs neue Straßenzüge anlegen. Die Ferdowsi-Str., die Garshasb-Str. und die Yaghobelace-Str. umschlossen den traditionellen Bāzārbezirk und boten zahlreichen Geschäftsleuten und Dienstleistungsbetrieben günstige Standortbedingungen (51).

Bei der im März/April 1978 durchgeführten Kartierung (vgl. Abb. 9 und Abb. 12) der modernen Geschäftsstraßen wurden insgesamt 436 Geschäftsräume gezählt, die sich folgendermaßen auf die einzelnen Wirtschaftszweige verteilten (vgl. Tab. 13):

Abbildung 11: Schema von Branchenkonzentration und Funktionsbereichen des stationären und ambulanten Gewerbes in Zābol

	Einzelhandel mit billigem Angebot (Bāzār-e-Gabrestān)	Übergangsbereich vom Einzelhandel mit billigem zum Einzelhandel mit gehobenem Warenangebot (Bāzār-e-Gabrestān/ Bāzār-e-Faseli)	Einzelhandel mit gehobenem Angebot (Bāzār-e-Faseli)
Branchenkonzentration im stationären Gewerbe	Nahrungs- u. Genußmittel, einfache Gebrauchsgegenstände, traditionelles Handwerk →	einfache Gebrauchsgegenstände, Textilien →	Stoffe und Textilien
	↑ Ergänzungsfunktion	↑ Ergänzungsfunktion	↑ Ergänzungsfunktion
Branchenkonzentration im ambulanten Gewerbe	Nahrungs- u. Genußmittel, einfache Gebrauchsgegenstände, Transporttiere →	einfache Gebrauchsgegenstände, Handwerk, Stoffhandel →	gebrauchte Textilien, Stoffe, spezielle handwerkliche Produkte

Quelle: eigener Entwurf

Tabelle 13: Geschäftsbesatz in den modernen Geschäftsstraßen von Zābol 1978, aufgegliedert nach Standorten und Branchen

	Ferdowsi-Str.	Passage (Ferdowsi-Str.)	Rezā-Shāh-Kabīr-Str.	Garshasb-Str.	Yaghobelace-Str.	Ortseingang von Zābol	insgesamt
Nahrungs- und Genußmittel (Handel und Handwerk)							
Lebensmittel	7	1	6				14
Kharrāzi	1		13	16	5	11	46
Zuckerwaren	1		3	1			5
Tee			9		1		10
Salz					1		1
Obst und Gemüse	3		9	6			18
Metzger	1		8	1			10
Getreide und Reis				4			4
Bäckerei u. Konditorei	2		5		1		8
Garküche, Teestube	1		2		2		5
Stangeneis	1			1			2
Māst (Joghurt)			2				2
insgesamt	17	1	57	29	6	15	125
Übriger Handel							
Stoffe und Textilien		2	10	1			13
Teppiche	1	1	7				9
Wolle und Filz			4	2			6
Schaffelle			1	1			2
Schuhe	2						2
Schuhe und Textilien		1					1
Haushaltswaren	2		8				10
Schilfrohrmatten				2			2
Metallwaren				1			1
Gemischtwaren	1			4	1		6
Uhren, Schmuck	2		2	1			5
Elektroartikel	3		11				14
Fahrzeughandel, Ersatzteile			16		1	6	23
Kochgas, Heizöl			1		1	1	3
Foto, Papier	3	1	6	2			12
Farbe, Glas	2		2	1	1		6
Möbel	1		1		2	2	6
Baustoffe				2			2
Grünfutter			1	1			5
Apotheke, Drogerie	1		3				4
insgesamt	18	5	73	18	6	7	127

	Ferdowsi-Str.	Passage (Ferdowsi-Str.)	Rezā-Shāh-Kabīr-Str.	Garshasb-Str.	Yaghobelace-Str.	Ortseingang von Zābol	insgesamt
Übriges Handwerk							
Schneider	13	4	18		3		38
Schreiner und Holzverarb.	2		3	2	3		10
Blechtruhenhersteller				6			6
Ḥalabi-sāz (Klempner)	1		3	5	1		10
Schweißer	4						4
Fahrzeugreparatur			11	3	4	5	23
Autosattlerei			1				1
Rep. elektrischer Geräte	3						4
Lampen- u. Teekocherrep.			2	3	4		9
Wollfärber			3	1		1	5
Schuster	3		3	2			8
Friseur	3		7	2			12
Getreidemühle							1
insges.	29	4	52	24	16	6	131
Private u. öffentliche Dienstleistungen							
Verwaltung	5		2			1	8
Schule				3			3
Moschee u. Gebetsräume			1				1
Hamām	1						1
Arzt u. Arzthelfer	4		6				10
Bank	3	2	3				8
Büronutzung	1	1	4				6
Kino	2						2
Billardsalon			2				2
Restaurant, Hotel						1	2
Personentransporte						4	4
Tankstelle						1	1
Reinigung	2		2	1			5
Druckerei			1				1
insgesamt	18	3	21	4	-	7	53
insgesamt	82	13	203	75	28	35	436

Quelle: eigene Kartierung März/April 1978

- Nahrungs- und Genußmittel
  (Handel und Handwerk)   125 Räume   (28,7%)
- Übriger Handel   127 Räume   (29,1%)
- Übriges Handwerk   131 Räume   (30,0%)
- Private und öffentliche
  Dienstleistungen   53 Räume   (12,2%)

Die Bereiche Nahrungs- und Genußmittel (Handel und Handwerk), der übrige Handel und das übrige Handwerk nehmen mit Anteilen zwischen 28,7% und 30,0% eine etwa gleich bedeutsame Stellung ein, während auf Dienstleistungen 12,2% der Betriebe entfallen.

Lebensmittelhändler und Kharārzi arbeiten in 48% der im Nahrungs- und Genußmittelbereich vorhandenen Geschäfte (52), auf den Handel mit Obst und Gemüse entfallen 14,4%, und die Händler für Tee sowie Metzger belegen jeweils 8% der Läden. Das Warenangebot ist auf einen gemischten Kundenkreis ausgerichtet und geht nur im Bereich des Handels mit hochwertigen Lebensmitteln über eine Grundversorgung der Bevölkerung hinaus.

In den modernen Geschäftsstraßen überwiegt der Handel mit traditionell im Bāzār vorhandenen Gebrauchsgütern wie Stoffen, Textilien, Wolle, Haushalts- und Gemischtwaren. Dieses Angebot wird ergänzt durch den Fahrzeug- und Ersatzteilhandel, Geschäfte für Elektroartikel und Möbel. Auf diesen modernen Sektor innerhalb des Handels entfallen 30,7% aller Geschäfte (53).

Entsprechend dem gestiegenen Warenangebot an industriellen Fertigprodukten und dem Ausbau der Stadt haben sich spezialisierte Handwerksbetriebe in den neuen Geschäftsvierteln niedergelassen. Zu den Branchen Fahrzeugreparatur, Autosattlerei, Reparatur elektrischer Geräte und Schweißer gehören 24,4% aller Werkstätten. Die Grundbereiche handwerklicher Produktion bleiben auch in den modernen Geschäftsstraßen die wichtigsten Handwerkszweige; auf Schneider, Schreiner, metallverarbeitende Betriebe, Wollfärber und Schuster entfallen 65,6% der vorhandenen Betriebe. Bei einem Vorherrschen von Handwerksbetrieben zur unmittelbaren Bedarfsdeckung der Bevölkerung ist eine starke Ausrichtung auf die Bedürfnisse des Kraftfahrzeugverkehrs unverkennbar.

Der sprunghafte Zuwachs von Betrieben im privaten und öffentlichen Dienstleistungsbereich in den 60er und 70er Jahren schlägt sich im Geschäftsbesatz der neuen Hauptstraßen deutlich nieder. Der große Platzanspruch der meisten Branchen des Dienstleistungsbereichs schließt eine Ansiedlung im immer stärker ausgebauten Bāzārviertel aus. Städtische Behörden, Ärzte, Banken, Büros und Personentransportunternehmen finden die besten Standortbedingungen in den ausgebauten Geschäftsstraßen vor, die eine gute Verkehrsanbindung gewährleisten können.

Als Haupteinkaufsstraße von Zabol kann die Rezā-Shāh-Kabir-Str. bezeichnet werden, in der 46,5% aller Ladeneinheiten der modernen Geschäftsstraßen liegen.

Die Rezā-Shāh-Kabir-Str. teilt das Stadtgebiet von Zābol in zwei Hälften, und die breite Streuung der Branchen über den gesamten Straßenverlauf erlaubt die günstigste Versorgung anschließender Wohnviertel mit Nahrungs- und Genußmitteln. Geschlossene Ladenzeilen erstrecken sich von ihrem Schnittpunkt mit der Mokri-Str. bis zur Einmündung der Yaghobelace-Str. Im Nahrungs- und Genußmittelbereich haben sich 45,6% der Händler und Handwerker in dieser Hauptstraße niedergelassen. 57,5% der Geschäfte verschiedener Handelsbranchen befinden sich hier. Eine deutliche Branchenkonzentration kennzeichnet die Standorte der Händler für Fahrzeuge und Ersatzteile, Stoffe und Textilien sowie Teppiche. An der Hauptgeschäftsstraße eröffneten 52 Handwerker ihre Werkstätten. Am zahlreichsten sind die Niederlassungen der Schneider und die Fahrzeugreparaturwerkstätten. Einrichtungen des Dienstleistungsbereichs liegen zu 39,6% in der Rezā-Shāh-Kabir-Str., in der sich vor allem Ärzte (54) und Banken niederließen.

Die räumliche Ordnung der Branchen in der Rezā-Shāh-Kabir-Str. weist ein deutliches zentral-peripheres Gefälle auf; in der Nähe der Einmündung der Yaghobelace-Str. überwiegen Reparaturwerkstätten und weitere Handwerksbetriebe, und im Schnittpunkt mit der Mokri-Str. konzentrieren sich verschiedene Branchen des Nahrungs- und Genußmittelbereichs. Ausgehend von diesen beiden Endpunkten nimmt die Qualität des Warenangebotes bis zum Schnittpunkt der Rezā-Shāh-Kabir-Str. mit der Ferdowsi-Str. zu. In der Nachbarschaft des Maidān-e-Bistopanj-e-Shahrivar befinden sich das bestausgestattete Lebensmittelgeschäft der Stadt, Händler für Teppiche, Textilien und Stoffe, Uhren, Schmuck, Fahrzeuge und Elektroartikel. Die hier ansässigen Schneider haben sich auf die Anfertigung von Maßanzügen spezialisiert.

Die Ferdowsi-Str. besitzt ein weites Branchenspektrum. Hervorstehendes Kennzeichen des Nahrungs- und Genußmittelbereichs ist das Überwiegen von Lebensmittelgeschäften mit hochwertigen Waren, während der übrige Handel ein breitgefächertes Angebot ohne Spezialisierung aufweist. 44,8% der Werkstätten in der Ferdowsi-Str. entfallen auf Schneider, in ihr liegen alle Schweißereien und der größte Teil der Reparaturwerkstätten für elektrische Geräte. Im Dienstleistungsbereich stechen Verwaltungseinrichtungen (55), Ärzte und Banken hervor.

Das räumliche Ordnungsprinzip der in der Ferdowsi-Str. vertretenen Branchen ist gekennzeichnet von einer Konzentration hochwertiger Waren des Lebensmittelbereichs, des Handels und der Banken an den Bāzāreinmündungen und dem Schnittpunkt mit der Rezā-Shāh-Kabir-Str. Von diesem Zentrum aus nimmt die Qualität der Handelsgüter ab, haben sich Handwerksbetriebe angesiedelt und sind Verwaltungsgebäude errichtet worden.

Die von der Ferdowsi-Str. abzweigende Passage besitzt nur 13 Geschäftsräume. Das Vorhandensein von 5 weiteren noch leerstehenden Räumen deutet auf eine noch nicht abgeschlossene Ansiedlung von Geschäftsleuten hin. Die Branchenstruktur ist gemischt, wobei die Standorte von Händlern für hochwertige Gebrauchsgüter und Banken neben den Werkstätten der Schneider liegen.

Der Bāzār-e-Gabrestān mündet auf die Garshasb-Str., in der sich der Charakter des ältesten Zāboler Marktes fortsetzt. Im Nahrungs- und Genußmittelbereich wenden sich Khararzi sowie Händler für Obst, Gemüse und Getreide mit ihrem Warenangebot an ein vorwiegend ländliches Publikum. Auf einen Käuferkreis der unteren Einkommensschichten ist auch das Angebot des Handels ausgerichtet; der Verkauf von Wolle, Filz, Schilfrohrmatten, Gemischtwaren und Baustoffen herrscht vor. Die Handwerker nehmen 32% der Geschäftsräume der Garshab-Str. ein und gehören überwiegend traditionellen Handwerken an, bei denen die metallverarbeitenden Branchen dominieren. Eine deutliche Branchenkonzentration ist bei den Händlern für Getreide, Obst und Gemüse, den Khararzi und den Blechtruhenherstellern festzustellen.

Das Warenangebot in der Yaghobelace-Str. dient der Versorgung der Einwohner dieser Straße und anschließender Sackgassen mit Grundnahrungsmitteln und einfachen Gebrauchsgütern.

In der Mitte der 70er Jahre entstanden am Ortseingang von Zābol in der Nähe einer Tankstelle und eines Personentransportunternehmens 52 Ladeneinheiten (vgl. Abb. 12). Die Geschäftsleute, die sich an der Ausfallstraße niedergelassen haben, richten ihr Warenangebot auf die Bedürfnisse der Reisenden aus, und die Handwerksbetriebe spezialisieren sich auf die Fahrzeugreparatur. Im Nahrungs- und Genußmittelbereich herrschen die Khararzi vor, und die Händler verkaufen Fahrzeuge und Ersatzteile.

3.1.2.4 Funktionswandel und Ausbau der städtischen Wirtschaftsbereiche

In der äußeren Gestalt iranischer Klein- und Mittelstädte erfolgten durch die Modernisierungsbestrebungen unter Rezā Shāh tiefgreifende Veränderungen, die sich auch in Wandlungen der städtischen Wirtschaftsstruktur niederschlugen. Die modernen Geschäftszentren entstanden längs der Straßendurchbrüche, und der Bāzār wurde nur in den Teilbereichen, die unmittelbar an die Zentralplätze stießen, in die Aufwertung der modernen Geschäftszentren einbezogen (vgl. E. EHLERS 1980 b: 285).

Dieser Funktionswandel vollzog sich in folgenden Schritten:

I. bis zum Beginn der 30er Jahre stellt der Bāzār das einzige städtische Wirtschaftszentrum dar (vgl. M. MOMENI 1976: 132), wobei der Handel mit Agrarprodukten des Umlandes der wichtigste Wirtschaftsfaktor ist (vgl. H. KOPP 1977: 179; E. EHLERS 1971: 12);

II. nach dem Ausbau der Durchgangsstraßen in den 30er Jahren setzt ein Funktionsverlust des Bāzārs zugunsten der modernen Geschäftszentren ein; dieser Funktionswandel ist beispielsweise in der iranischen Kleinstadt Malāyer nach

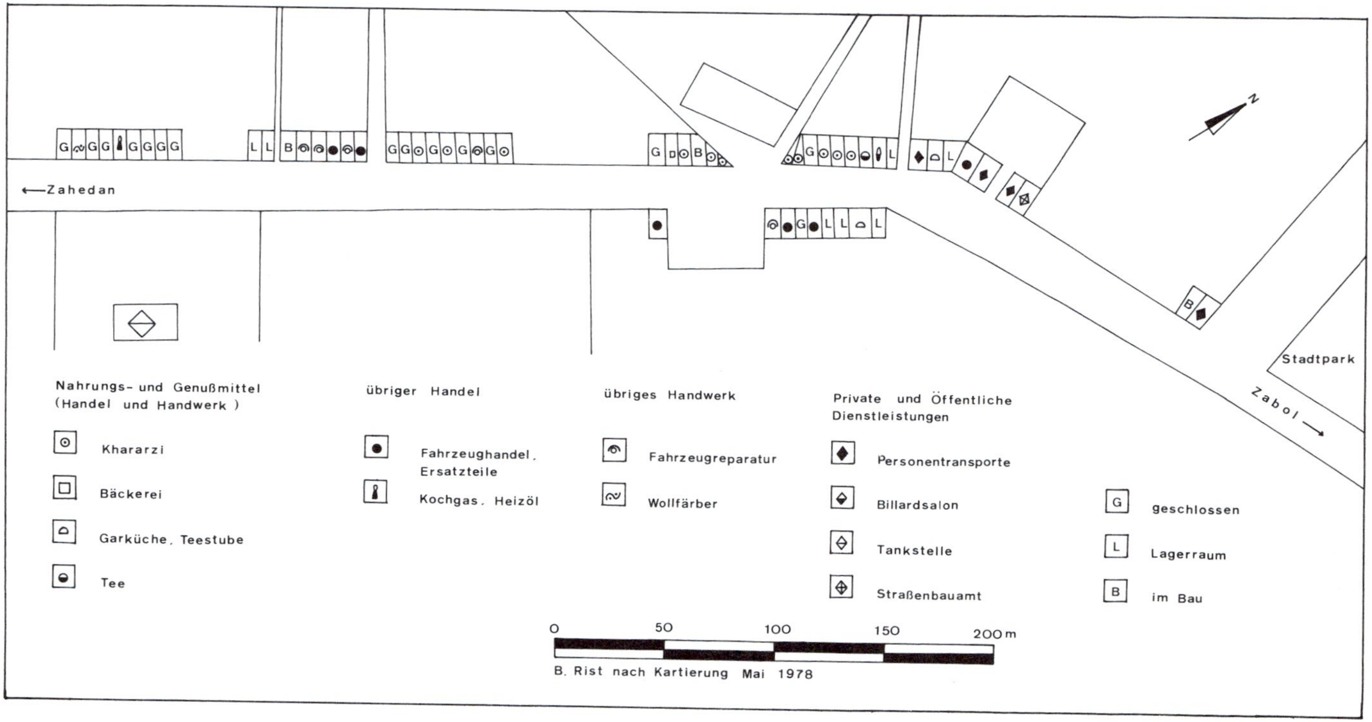

Abbildung 12: Ortseingang Zābol: Geschäftsbesatz Frühjahr 1978

der vollständigen Verlagerung des Großhandels in die Hauptstraßen während der 50er Jahre abgeschlossen (vgl. M. MOMENI 1976: 132);

III. in der Folgezeit verfallen die randlichen Bāzārteile, und der Funktionsverlust des traditionellen Wirtschaftszentrums verstärkt sich (vgl. M. MOMENI 1976: 151; H. KOPP 1977: 192; B. RIST 1979: 116 f.).

In der II. Phase, in der sich der Funktionswandel vollzieht, übernehmen die neuen Verkehrsadern durch die Abwanderung des Großhandels und vieler Einzelhändler einen wesentlichen Teil der wirtschaftlichen Funktionen des Bāzārs, und sein räumliches Wachstum ist beendet (vgl. M. MOMENI 1976: 132 f.). In den modernen Geschäftszentren lassen sich neue Wirtschaftszweige (z.B. Spezialgeschäfte, Banken, Reparaturbetriebe u.a.) nieder, die Verwaltung und private Dienstleistungsbetriebe wählen hier ihren Standort (vgl. H. KOPP 1977: 190 f.; M. MOMENI 1976: 146; E. EHLERS 1975: 45; B. RIST 1979: 121 f.). Der Bāzār dient zur Deckung langfristiger Bedürfnisse (Bekleidung, Haushaltsartikel) für ein wenig finanzkräftiges Publikum und zeigt rückläufige Tendenz bei Branchen der täglichen Bedarfsdeckung (vgl. M. MOMENI 1976: 138).

Die noch heute anhaltende III. Phase ist von einem fortschreitenden Funktionsverlust und Verfall des Bāzārs gekennzeichnet. Ehemalige Läden werden zu Lagerräumen, Teile des Bāzārs verfallen (vgl. M. MOMENI 1976: 132 f.); im Bāzār der nordiranischen Stadt Sārī findet sich Branchenkonzentration nur noch vereinzelt bei einigen Branchen im Zentrum (Schuhe, Schmuck), und das Warenangebot wendet sich vorwiegend an die städtische Unterschicht (vgl. H. KOPP 1977: 192).

Im Gegensatz zu iranischen Klein- und Mittelstädten mit historisch gewachsenen Bāzāren und von Großhändlern wahrgenommenen Fernhandelsfunktionen hat der Bazar von Zabol keinen Funktionsverlust durchgemacht. Ein Vergleich des Geschäftsbesatzes im Bāzār und den modernen Geschäftsstraßen (vgl. Tab. 14) belegt die Bedeutung, die der Bāzār als wirtschaftliches Zentrum der Stadt auch heute noch besitzt.

Im Nahrungs- und Genußmittelbereich (Handel und Handwerk) wird das weitgefächerte Angebot des Bāzārs durch den Verkauf von hochwertigen Lebensmitteln in den neuen Geschäftsstraßen ergänzt. Läden für Grundnahrungsmittel, Obst und Gemüse verteilen sich gleichmäßig auf beide Geschäftsviertel, und während im Bāzār der Handel mit Zuckerwaren, Tee, Datteln und Getreide vorherrscht, überwiegen in den modernen Geschäftsstraßen der Handel mit Lebensmitteln und die Handwerksbetriebe der Metzger und Bäcker.

Im Bereich des übrigen Handels werden sowohl im Bāzār als auch in den modernen Geschäftsstraßen hochwertige Waren angeboten. Einer Ausrichtung des Bāzārs auf den Handel mit Stoffen, Textilien, Schuhen, Teppichen, Wolle und Haushaltswaren entspricht die Konzentration des Handels mit Uhren, Schmuck, Elektroartikeln, Fahrzeugen und Ersatzteilen, Fotoartikeln und Schreibwaren in den modernen Ge-

Tabelle 14: Geschäftsbesatz im Bāzār und den modernen Geschäftsstraßen von Zābol 1978, aufgegliedert nach Standorten und Branchen

	Bāzārbezirk	moderne Geschäftsstraßen	insgesamt
Nahrungs- und Genußmittel (Handel und Handwerk)			
Lebensmittel	-	14	14
Khararzi	48	46	94
Zuckerwaren	15	5	20
Tee	25	10	35
Salz	3	1	4
Rowghan (Butterfett)	2	-	2
Obst und Gemüse	13	18	31
Datteln	14	-	14
Attari	2	-	2
Fisch	3	-	3
Hühner	3	-	3
Metzger	1	10	11
Getreide und Reis	14	4	18
Bäckerei und Konditorei	1	8	9
Garküche, Teestube	10	5	15
Stangeneis	-	2	2
Māst (Joghurt)	-	2	2
insgesamt	154 (55,2%)	125 (44,8%)	279 (100%)
Übriger Handel			
Stoffe und Textilien	62	13	75
Decken, Mützen, Tücher	11	-	11
Teppiche	31	9	40
Teppiche und Tee	5	-	5
Wolle und Filz	22	6	28
Schaffelle	-	2	2
Matratzen, Schaumstoff	4	-	4
Schuhe	12	2	14
Schuhe und Textilien	19	1	20
Haushaltswaren	27	10	37
Tonkrüge	4	-	4
Siebe, Brotbleche	6	-	6
Schilfrohrmatten	3	2	5
Blechtruhen	1	-	1
Metallwaren	5	1	6
Gemischtwaren	10	6	16
Uhren, Schmuck	1	5	6
Elektroartikel	1	14	15
Fahrzeughandel, Ersatzteile	-	23	23
Kochgas, Heizöl	1	3	4
Foto, Papier	1	12	13
Farben, Glas	2	6	8
Möbel	-	2	2
Baustoffe	3	5	8
Dünger	2	-	2
Grünfutter	-	1	3
Apotheke, Drogerie	-	4	4
insgesamt	235 (64,9%)	127 (35,1%)	362 (100%)
Übriges Handwerk			
Schneider	38	38	76
Schreiner u. Holzverarb.	20	10	30
Schmied	7	-	7
Blechtruhenhersteller	-	6	6
Ḥalabī-sāz (Klempner)	5	10	15
Schweißer	-	4	4
Fahrzeugreparatur	1	23	24
Autosattlerei	-	1	1
Rep. elektrischer Geräte	-	4	4
Lampen- u. Teekocherrep.	6	9	15
Wollfärber	2	5	7
Schuster	2	8	10
Friseur	7	12	19
Getreidemühle	1	1	2
insgesamt	89 (40,5%)	131 (59,5%)	220 (100%)
Private u. öffentl. Dienstleistungen			
Verwaltung	-	8	8
Schule	-	3	3
Moschee u. Gebetsräume	2	1	3
Hamam	-	1	1
Arzt u. Arzthelfer	-	10	10
Bank	1	8	9
Büronutzung	-	6	6
Kino	-	2	2
Billardsalon	-	1	1
Restaurant, Hotel	-	2	2
Personentransporte	-	4	4
Tankstelle	-	1	1
Reinigung	-	5	5
Druckerei	-	1	1
insgesamt	3 (5,4%)	53 (94,6%)	56 (100%)
insgesamt	481 (52,5%)	436 (47,5%)	917 (100%)

Quelle: eigene Kartierung März/April 1978

schäftsstraßen.

Traditionelle Handwerke wie Schneider, Schreiner und metallverarbeitende Betriebe haben sich in beiden Geschäftsvierteln niedergelassen. Die größere Anzahl von Handwerksbetrieben in den modernen Geschäftsstraßen resultiert aus der Ansiedlung moderner Handwerkszweige wie Schweißereien, Fahrzeugreparaturbetrieben und Reparaturwerkstätten für elektrische Geräte außerhalb des Bāzārbezirks.

Die privaten und öffentlichen Dienstleistungen haben ihren Standort fast ausschließlich in den modernen Geschäftsstraßen.

Der als typisch für die Entwicklung iranischer Klein- und Mittelstädte herausgestellte Funktionswandel deutet sich in Zābol erst allmählich an und zeigt sich in den 70er Jahren nur in der verstärkten Ansiedlung moderner Dienstleistungsbetriebe und der Verwaltung in den neuen Geschäftsstraßen. Die Ursachen für eine verzögerte Entwicklung liegen in der Wirtschaftsgeschichte Zābols begründet, deren Leitlinien folgendermaßen verliefen:

I. erstes Drittel des 20. Jh.:
weitgehende Stagnation des einheimischen Wirtschaftssektors und nur punktuelle physiognomische Veränderungen des Bāzārs durch die Anlage indischer Karawansereien;

II. 1928-1930:
Anlage moderner Straßenzüge, in die keine Abwanderung von Geschäftsleuten aus dem erst in Grundmustern existierenden Bāzār erfolgt;

III. 1941-70er Jahre:
nach dem Abzug der indischen Händler rege Bautätigkeit und Wirtschaftsaufschwung im Bāzār und zeitlich parallel die bauliche und wirtschaftliche Entwicklung der modernen Geschäftsstraßen.

Die Parallelität in der Entwicklung von 'traditionellem' Bāzār und 'modernen' Geschäftsvierteln unterscheidet Zābol von den älteren Kleinstädten wie Malāyer, Sāri, Bam u.a., die bereits zu Beginn der 30er Jahre über vollausgebildete Bāzāre verfügten. Charakteristische Unterschiede im Stand der wirtschaftlichen Entwicklung weisen Zābol als junge Kleinstadt aus.

Eine Wertminderung des Zāboler Bāzārbezirks ist nicht feststellbar, und der Bau neuer Geschäftsstraßen führte nicht zur Abwanderung des Großhandels und Abdrängung des Handwerks. Während der ambulante Handel das Warenangebot des Bāzārs für ein ärmeres und ländliches Publikum erweitert, ergänzen die modernen Geschäftsstraßen das hochwertige Bāzārangebot durch industrielle Fertigprodukte, moderne Handwerkszweige und Dienstleistungsbetriebe (56).

Die weitreichende Branchensortierung des stationären und ambulanten Gewerbes im Bāzārviertel ist in den modernen Geschäftsstraßen nicht durchgängig ausgeprägt. Der Schnittpunkt von Rezā-Shāh-Kabir-Str., Ferdowsi-Str. und zentralem Bāzārbereich bildet den Kern des Zāboler Geschäftsviertels, von dem aus ein zentral-peripheres Gefälle sowohl in Richtung auf die ältesten Bāzārteile als auch zu den Randbereichen der Geschäftsstraßen festzustellen ist.

3.2 Standortfaktoren und Merkmale sozialer Differenzierung

Als wichtige Standortfaktoren und Merkmale sozialer Differenzierung können im Zāboler Geschäftsviertel die Eigentumsverhältnisse, Bodenpreise, Mieten und Sargofli angesehen werden. Die Untersuchung der Eigentumsverhältnisse ermöglicht Aussagen über dominierende Gruppen innerhalb der städtischen Wirtschaft, und der an einigen Beispielen aufgezeigte soziale Hintergrund der Eigentümer gibt Aufschluß über die Möglichkeiten der Kapitalbildung und die Investitionsbereitschaft im Bāzārbezirk. Die unterschiedliche Höhe der Bodenpreise, Mieten und Sargofliforderungen stellt einen wichtigen Standortfaktor für die Ansiedlung bestimmter Branchen in verschiedenen Bāzārgassen dar (57).

3.2.1 Die Eigentumsverhältnisse

Den Eigentumsverhältnissen in den Geschäftsvierteln wurde bei Untersuchungen über die orientalische Stadt bisher wenig Beachtung geschenkt, so daß zu dieser Fragestellung meist nur generelle Aussagen möglich waren. Als Eigentümer der Bāzārgebäude führte E. WIRTH 'Stiftungen, wohlhabende Familien oder reiche Einzelpersonen' an (E. WIRTH 1974/75: 218). Auch Forschungsergebnisse zur Wirtschaftsstruktur iranischer Städte führten nicht über allgemeingültige Feststellungen hinaus. Der städtischen Elite in der iranischen Stadt Kermān gehörten einige einflußreiche Familien an, die die Produktion in der Stadt und in ihrem Hinterland kontrollierten und sich durch Besitz im Bāzār und im Umland der Stadt auszeichneten. Die dieser Elite zugerechneten Großhändler investierten ihr Kapital u.a. auch in Bāzārgebäuden (vgl. P. W. ENGLISH 1966: 73 f.).

In der südiranischen Kleinstadt Bam wurden Landrenten im städtischen Bāzār investiert und vor allem in der Vergangenheit ganze Bāzārgassen von reichen Grundherren erbaut und vermietet. Darüber hinaus existierten religiöse Stiftungen und Eigentum von Bāzārhändlern an städtischem Grund und Boden (vgl. E. EHLERS 1975: 48).

Die Geschäftsräume und Werkstätten der iranischen Kleinstadt Malāyer gehörten entweder Stiftungen, Landbesitzerfamilien oder Großhändlern der Stadt (vgl. M. MOMENI 1976: 110 f.). Während im Bāzārbezirk Stiftungseigentum existierte und eine Tendenz zur Besitzerzersplitterung feststellbar war, fehlten Stiftungen in den modernen Geschäftsstraßen, und als Eigentümer traten ehemalige Landbesitzer, Großhändler und mittlere Einkommensschichten der Stadt auf. Im Bāzār und den Hauptstraßen war der Anteil der Geschäftsleute mit eigenen Geschäftsräumen gering.

3.2.1.1 Der Bāzār

Im Bāzār von Zābol konnten durch Interviews im April/Mai 1978 die Eigentumsverhältnisse von 551 Läden, Werkstätten und Lagerräumen festgestellt werden, was einem Anteil von 82,7% aller Einheiten des Bāzārbezirks entspricht (vgl. Tab. 15). Auf die hierbei unterschiedenen Gruppen von Eigentümern entfallen folgende Besitzanteile:

- Händler und Handwerker 339 Räume (61,5%)
- stadtansässige Grundbesitzer 48 Räume (8,7%)
- Geschäftsinhaber identisch mit Eigentümer 37 Räume (6,7%)
- Personen ohne ermittelbaren Beruf 14 Räume (2,5%)
- öffentliche Funktionsträger 65 Räume (11,8%)
- Stiftungseigentum 40 Räume (7,3%)
- Stadt Zābol 8 Räume (1,5%)

Unter den Eigentümern zeigt sich eine Dominanz der Privatpersonen, denen 91,2% der Räume gehören, während auf religiöse Stiftungen nur 7,3% entfallen und die Stadt Zābol Eigentümer von 1,5% der Räume ist. Betrachtet man das Eigentum der Privatpersonen, so verfügt die Gruppe der Händler und Handwerker über die größten Besitzanteile; entgegen den Forschungsergebnissen in Kermān, Bam und Malāyer spielen die stadtansässigen Grundbesitzer nur eine untergeordnete Rolle und bleiben mit ihrem Eigentumsanteil noch hinter dem Besitz der öffentlichen Funktionsträger zurück. Die Ursache für die geringen Eigentumsanteile der Landbesitzerfamilien liegen in der agrarwirtschaftlichen Sonderstellung Sistāns, die vor der Landreform von einem Vorherrschen der Staatsländereien geprägt war. Erst nach den Landreformen zeigen sich Ansätze zur Bildung von Großgrundbesitz (vgl. H. ZIA-TAVANA). Die hohen Eigentumsanteile der Zāboler Händler verdeutlichen ihre Initiative beim Ausbau des Bāzārs.

In der Eigentümergruppe der Händler und Handwerker verfügen die Stoffhändler über die größten Eigentumsanteile, gefolgt von den Woll-, Teppich- und Getreidehändlern. Die Eigentumsanteile der Handwerker liegen bei einem Wollfärber und dem Betreiber einer Getreidemühle. Zāboler Händler für industrielle Fertigprodukte oder Großhändler entfernt liegender städtischer Zentren haben kein Kapital im Zāboler Bāzār investiert (58).

Als öffentliche Funktionsträger mit Eigentumsanteilen im Bāzār treten drei religiöse Führer und ein pensionierter Offizier auf. Der umfangreiche Besitz der re-

Tabelle 15: Eigentumsverhältnisse im Bazar von Zābol 1978

Eigentümer	Bāzār-e-Gabrestān	Bāzār-e-Faseli	Bāzār-e-Dāh-mardeh	Bāzār-e-Sar-pushide	Bāzār-e-Sarkari	Bāzār-e-Sarabani	Bāzār-e-Nesāti	Bāzār-e-Halabi-sāz	Āsiāb-Gasse	Bāzār-e-Najārhā	Setām-Gasse	Bāzār-e-Mehrābi	Bāzār-e-Qāemi	Passage	insgesamt
Eigentum von Händlern und Handwerkern															
Stoffhändler D.		4	84	18				2							108
Schwiegersohn von D.				18											18
Schwager von D.				17				5							22
Stoffhändler S.						56									56
Stoffhändler A.							4								4
Stoffhändler G.		2													2
Stoffhändler B.		1													1
Bruder von Stoffh. B.		1					1								2
Stoffhändler P.					1		5								6
Stoffhändler K.	9														9
Wollhändler M.								18	2						20
Woll- und Teppichh. A.	8														8
Teppichhändler J.		5													5
Getreidehändler S. und R.	11														11
Händler M.												24			24
Händler K.												2			2
Händler G.												4			4
Händler S.	5														5
Händler Z.	5														5
Händler N.		2													2
Wollfärber S.												1			1
Getreidemühlenbetreiber S.	8													16	24
insgesamt	46	15	84	53	1	56	10	23	4	-	1	30	-	16	339
Eigentum von stadtansässigen Grundbesitzern															
Grundbesitzer G.										19					19
Grundbesitzer N.											1				1
Grundbesitzer A.													23		23
Grundbesitzer S.	5														5
insgesamt	5	-	-	-	-	-	-	-	-	19	1	-	23	-	48
Eigentum von Personen ohne ermittelbaren Beruf															
Eigentümer S.	1														1
Eigentümer R.								2							2
Eigentümer G.								3							3
Eigentümer M.	5														5
Eigentümer H.	3														3
insgesamt	9	-	-	-	-	-	-	5	-	-	-	-	-	-	14
Eigentum von öffentlichen Funktionsträgern															
Religiöse Führer Q. und Z.														57	57
Religiöser Führer T.		3													3
Pensionierter Offizier M.	4	1													5
insgesamt	4	4	-	-	-	-	-	-	-	-	-	-	-	57	65
Stiftungseigentum															
Stiftung A					40										40
insgesamt	-	-	-	-	40	-	-	-	-	-	-	-	-	-	40
Städtisches Eigentum															
Stadt Zabol	8														8
insgesamt	8	-	-	-	-	-	-	-	-	-	-	-	-	-	8
Geschäftsinhaber identisch mit Eigentümer	10	13	-	-	10	-	3	-	1	-	-	-	-	-	37
nicht befragt, keine Auskunft	23	49	-	-	-	-	8	-	12	-	23	-	-	-	115
insgesamt	105	81	84	53	51	56	21	28	17	19	25	30	80	16	666

Quelle: eigene Befragung April/Mai 1978

ligiösen Führer Q. und Z. läßt auf einen starken Einfluß der Geistlichkeit innerhalb der städtischen Wirtschaft schließen.

Die Einkünfte aus der religiösen Stiftung des Amir von Qāen dienen der Finanzierung der Trauerfeiern während des Monats Moḥaram, die jährlich 10 Tage lang zu Gedenken des Imam Hossein im Privathaus einer Tochter des Amir von Qā'en in Zābol stattfinden.

In den meisten Bāzārgassen herrscht geschlossener Besitz eines Eigentümers oder einer Familie vor, und nur im Bāzār-e-Gabrestān und Bāzār-e-Faseli überwiegt eine Tendenz zur Besitzzersplitterung (vgl. Abb. 13). Die Ursache für diese Unterschiede in der Eigentumsstruktur liegt in der Entstehungsgeschichte der jeweiligen Bāzārgasse. Während die ältesten Bāzārteile durch die schrittweise Anlage kleiner, neuer Ladenzeilen wuchsen, indem allmählich die Ladenbox eines Geschäftsmannes neben der eines anderen entstand, verdanken die zentralen Bereiche des Bāzārs ihre Entstehung der Initiative eines Bauherrn.

Im Bāzār-e-Gabrestān gibt es 12 verschiedene Eigentümer mit Besitzanteilen zwischen 1 bis 11 Läden; unter den 10 Geschäftsleuten, die selbst Eigentümer ihrer Läden sind, stechen besonders die schon seit Ende des 19. Jh. im Bāzār ansässigen Schmiede hervor, die ihre Werkstätten selbst errichtet haben. Entsprechend der großen Bedeutung des Bāzār-e-Gabrestān als Getreidemarkt stammen auch die Eigentümer mit den größten Besitzanteilen aus dem Kreis der Getreidehändler und Mühlenbesitzer. Die Mitglieder dieser Gruppe von Eigentümern, zu der auch die Händler S. und Z. gerechnet werden können, betreiben ihre Geschäfte im Bāzār-e-Gabrestān, während die übrigen Eigentümer (ein Woll- und Teppichhändler, ein Stoffhändler, ein Grundbesitzer, ein pensionierter Offizier, die Stadt Zābol und drei Personen ohne ermittelbaren Beruf) Läden zu Investitionszwecken errichtet haben.

Die weitgehende Kleinbesitzstruktur im Bāzār-e-Faseli resultiert aus der Entstehungsgeschichte dieser Bāzārgasse; kleine, selbständige Geschäftsleute hatten ihre Läden selbst errichtet, und der Bāzār-e-Faseli wuchs allmählich mit dem Bāzār-e-Gabrestān zusammen. Der höchste Anteil von Eigentümern, die mit dem Geschäftsinhaber identisch sind, findet sich in dieser Bāzārgasse (59). Von den 8 feststellbaren Eigentümern mit Eigentumsanteilen zwischen 1 bis 5 Läden gehören 4 zu den Stoffhändlern, einer hatte früher als Teppichhändler gearbeitet, und bei einem Händler wurden keine weiteren Berufsangaben gemacht. Außerdem verfügen ein religiöser Führer und der schon als Eigentümer im Bāzār-e-Gabrestān aufgetretene pensionierte Offizier M. über Besitzanteile. Der Teppichhändler J. hat 5 Ladeneinheiten im Schnittpunkt mit dem Bāzār-e-Gabrestān erbauen lassen und, nachdem er seinen Beruf nicht mehr ausübt, die Nutznießung an drei Familienangehörige vergeben (60).

Im Bāzār-e-Nešati gehören 10 Läden 3 verschiedenen Stoffhändlern, in 3 Fällen ist der Geschäftsinhaber identisch mit dem Eigentümer, und über die Eigentumsverhältnisse von 8 Läden gaben befragte Geschäftsleute keine Auskunft. Diese Eigen-

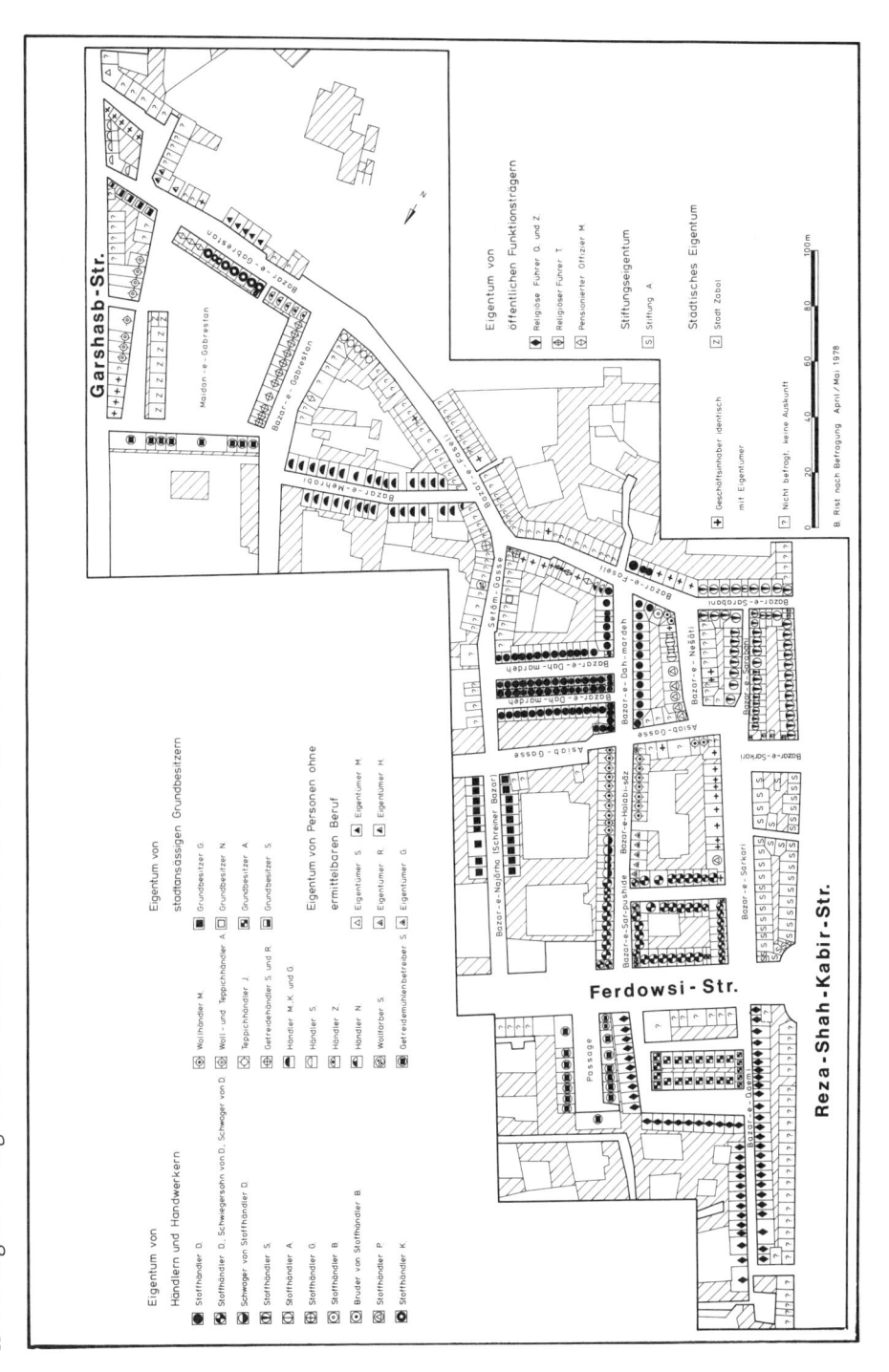

Abbildung 13: Eigentumsverhältnisse im Bāzār von Zābol 1978

tumsstruktur hat sich erst 1945 herausgebildet. Vor 1945 gehörten dem religiösen Führer Muhammad Rezā 8 Läden, die im Zuge der Renovierungsmaßnahmen des Jahres 1947 auf 11 Räume verkleinert wurden. Der im Bāzār-e-Sarkāri ansässige Stoffhändler P. erwarb 1945 von Muhammad Rezā 4 Ladenräume für einen Kaufpreis von 1.400 Tomān, die er 1947 zu 5 Einheiten ausbaute (61). Der Stoffhändler A. kaufte gemeinsam mit seinem inzwischen verstorbenen Onkel 1945 3 Läden, die er zu 5 Geschäftsräumen ausbaute, von denen er 3 Läden vermietet, einen selbst als Geschäft nutzt und einen weiterverkaufte. Eine Ladenbox verkaufte Muhammad Rezā an den Bruder eines Stoffhändlers aus dem Bāzār-e-Faseli. Am Beispiel der Wandlung der Eigentumsstruktur im Bāzār-e-Nešati wird die Tendenz zur Besitzersplitterung in den älteren Bāzārgassen deutlich. Das Eigentum des einflußreichsten religiösen Führers der Stadt ging infolge der zunehmenden ökonomischen Bedeutung der Zāboler Geschäftsleute in den Besitz von Stoffhändlern über.

In den nach 1928 entstandenen Bāzārgassen überwiegen große, geschlossene Eigentumsanteile einer Person oder einer Familie. Nur im Bāzār-e-Sarkāri wurden Läden gestiftet, wobei der Stiftungscharakter heute nicht mehr streng beachtet wird (vgl. Kap. 3.2.2.3). Nach Abzug der indischen Händler erwarben Zāboler Geschäftsleute die Läden des ehemaligen "Bāzār-e-Sikhā", so daß die Geschäftsinhaber in diesem Teil des Bāzār-e-Sarkāri mit dem Eigentümer identisch sind.

Das Eigentum der Familie Dah-mardeh erstreckt sich über den Bāzār-e-Dah-mardeh, den Bāzār-e-Sar-pushide und Teile des Bāzār-e-Halabi-sāz (62).

Auf die einzelnen Mitglieder der Familie entfallen folgende Besitzanteile:

- Nur Mohammad Dah-mardeh   108 Räume
- Schwager von N. M. Dah-mardeh   22 Räume
- Schwiegersohn von N. M. Dah-mardeh 18 Räume

Von 551 Räumen, deren Eigentumsverhältnisse festgestellt werden konnten, entfallen auf die Familie Dah-mardeh 148 Räume, was einem Anteil von 26,8% entspricht (63).

Derartig ausgedehnter Besitz, der sich in der Hand des Erbauers der Ladenzeilen konzentriert, unterliegt nach dem Tod des Bauherrn einer raschen Besitzersplitterung, wie am Beispiel des Bāzār-e-Sarābāni aufgezeigt werden kann. Im Mai 1978 verstarb der Stoffhändler Ebtehādj Sarābāni, der Erbauer des 1947 errichteten Bāzār-e-Sarābāni. Seinen Besitz von 56 Ladeneinheiten vererbte er an seine drei Söhne, die ebenfalls einen Stoffhandel betreiben (64).

Im Bāzār-e-Halabi-sāz sind 23 von 28 Läden Eigentum der beiden Erbauer, des Wollhändlers M. und des Schwagers von N. M. Dah-mardeh. Der Schwager von N. M. Dah-mardeh verkaufte später 5 Läden an zwei Personen ohne ermittelbaren Beruf (65).

Alle 19 Werkstätten im Bāzār-e-Najārhā gehören dem stadtansässigen Grundbesitzer G., der als erster Landeigentümer 1962 sein Kapital in den Bau einer Bāzārgasse investiert hat.

Im Bāzār-e-Mehrābi gehören dem Erbauer Hossein Mehrābi 24 Ladeneinheiten. Zwei weitere Händler, die sich an den Baukosten beteiligt haben, wurden mit Eigentumsanteilen von 2 und 4 Läden entschädigt.

Die religiösen Führer Q. und Z., die 1953 den Bāzār-e-Qāemi erbaut haben, begannen zum Zeitpunkt der Befragungen im April/Mai 1978, einen Teil ihrer 57 Läden an verschiedene kleine Eigentümer zu verkaufen. Bauherr und Eigentümer aller 23 Ladenboxen, die 1978 neu errichtet wurden, ist der Landeigentümer Abbās 'Alawiān.

Die 1970 an der Ferdowsi-Str. entstandene Passage hat der Getreidemühlenbesitzer Mālek Sādeh erbaut. Zusammen mit seinem Besitzanteil von 8 Räumen im Bāzār-e-Gabrestān verfügt er über insgesamt 24 Ladeneinheiten.

3.2.1.2 Das Geschäftsviertel am Ortseingang

Die Eigentumsverhältnisse der größtenteils 1974/75 errichteten Ladeneinheiten (vgl. Abb. 14) weichen in ihrer Struktur nur unwesentlich von der im Bāzār vorgefundenen Besitzstruktur ab. Der wichtigste Unterschied liegt in dem Fehlen von Stiftungseigentum und stadtansässigen Grundbesitzern als Eigentümer; zu der Eigentümergruppe der Händler und Handwerker kommen zwei Unternehmer hinzu, die Personentransportunternehmen betreiben.

Händler, Handwerker und Unternehmer verfügen mit 65% über die größten Besitzanteile, wobei ein Händler aus dem traditionellen Bāzārbezirk als wichtigster Eigentümer in Erscheinung tritt. Fünf Eigentümern mit nahezu gleichen Eigentumsanteilen (vgl. Tab. 16) zwischen 10% und 13,3% steht der Bāzārhändler S. gegenüber, der 30% aller Geschäftsräume besitzt. Nur in einem Fall ist der Geschäftsinhaber identisch mit dem Eigentümer, und in einer Einheit ist das Straßenbauamt der Stadt Zābol untergebracht.

In den Jahren 1974/75 errichtete der Bāzārhändler S. zwei jeweils geschlossene Ladenzeilen auf Ödland (66). Er selbst betreibt im Geschäftsviertel am Ortseingang von Zābol keine Geschäfte, und der Bau der Ladenzeilen kann als Investition eines Händlers aus dem traditionellen Bāzārbezirk angesehen werden.

Eigentümer von 6 Läden ist der Schneider und Vorsteher der Schneiderzunft Ali S. Seine Werkstatt liegt an der Rezā-Shāh-Kabir-Str., und er hat sich auf die Fabrikation von Herrenanzügen spezialisiert. Die Investition eines Schneiders belegt das hohe Einkommen von Fachhandwerkern, die bei einem unzureichenden Angebot an hochwertigen Konfektionswaren diese Marktlücke schließen.

Am wichtigsten für die Entwicklung des Geschäftsviertels wirkten sich die Niederlassungen der beiden Garageneigentümer So. und Sh. aus. Jeder von ihnen ver-

Abbildung 14: Eigentumsverhältnisse am Ortseingang von Zābol 1978

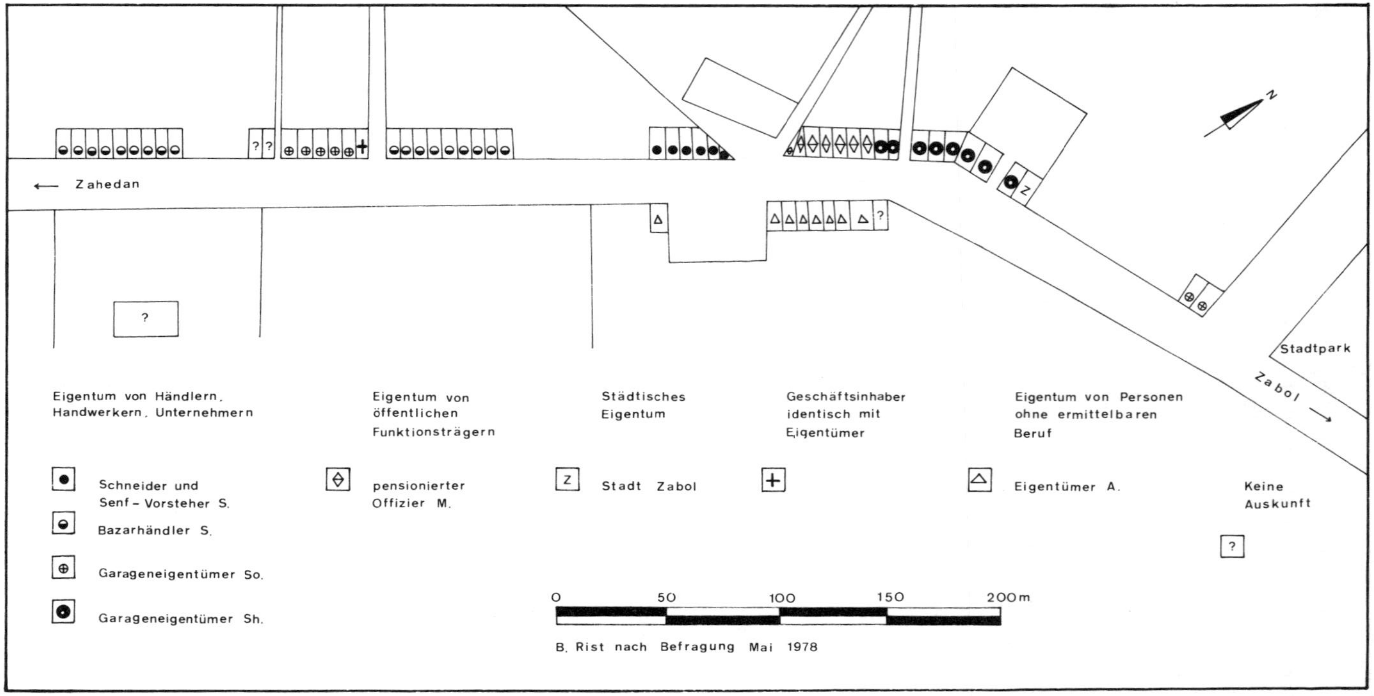

Eigentum von Händlern, Handwerkern, Unternehmern
- ● Schneider und Senf-Vorsteher S.
- ◐ Bazarhändler S.
- ⊕ Garageneigentümer So.
- ◉ Garageneigentümer Sh.

Eigentum von öffentlichen Funktionsträgern
- ◈ pensionierter Offizier M.

Städtisches Eigentum
- Z Stadt Zabol

Geschäftsinhaber identisch mit Eigentümer
- +

Eigentum von Personen ohne ermittelbaren Beruf
- △ Eigentümer A.

Keine Auskunft
- ?

0   50   100   150   200m

B. Rist nach Befragung Mai 1978

Tabelle 16:   Eigentumsverhältnisse am Ortseingang von Zābol 1978

Eigentümer	Eigentum an Geschäftsräumen an der Ausfallstraße von Zābol nach Zāhedān
Eigentum von Händlern, Handwerkern und Unternehmern	
Schneider und Senf-Vorsteher S.	6
Bāzārhändler S.	18
Garageneigentümer So.	7
Garageneigentümer Sh.	8
insgesamt	39
Eigentum von öffentlichen Funktionsträgern	
pensionierter Offizier M.	7
insgesamt	7
Städtisches Eigentum	
Stadt Zābol	1
insgesamt	1
Eigentum von Personen ohne ermittelbaren Beruf	
Eigentümer A.	8
insgesamt	8
Geschäftsinhaber identisch mit Eigentümer	1
keine Auskunft	4
insgesamt	60

Quelle: eigene Befragung Mai 1978

fügt über einen Besitz von 7 bzw. 8 Läden, und nur diese beiden Eigentümer arbeiten selbst am Ortseingang von Zābol. Durch die Verlagerung ihrer Personentransportunternehmen von der Rezā-Shāh-Kabir-Str. an den Stadtrand wurde die Entwicklung des Geschäftsviertels überhaupt erst ermöglicht, da viele Händler und Dienstleistungsbetriebe ihr Angebot auf den Kundenkreis der Reisenden ausgerichtet haben.

Einzige Person mit Eigentumsanteilen im traditionellen Bāzār und den neuen Ladenzeilen am Ortseingang ist der pensionierte Offizier M., der 7 Läden besitzt.

3.2.1.3 Der soziale Hintergrund der Eigentümer

Bei einer Betrachtung der Eigentumsverhältnisse im Bāzār und am Ortseingang von Zābol stellt sich die Frage nach der sozialen Herkunft und ökonomischen Basis der Eigentümer. Anhand der Entwicklung der Eigentumsverhältnisse kann aufgezeigt werden, daß die Eigentümer von Geschäftsräumen der ältesten Bāzārteile aus dem Kreis der religiösen Führer, Händler für Getreide und Mühlenbesitzer stammen. Neben dieser wirtschaftlich wichtigen Eigentümergruppe verfügen aber auch zahlreiche Einzelhändler über eigene Läden, was sich vor allem am Beispiel des Bāzār-e-Faseli aufzeigen läßt (67).

Der Vater des Stoffhändlers und einflußreichsten Bauherrn im zentralen Bāzār Nur Mohammad Dah-mardeh stammt aus Sistān und gehört der gleichnamigen Baluchen-Tāyfeh Dah-mardeh an. Die Familie besaß zwar nur wenig Ackerland, nannte aber umfangreiche Viehherden ihr eigen, die hohe Gewinne einbrachten. Der Vater wanderte in den 20er/30er Jahren in die Stadt ab und ließ sich als Händler für ghi im Bāzār von Zābol nieder. Sein Reichtum an eigenen Herden und die familiären Bande zu weiteren Viehhaltern verschafften ihm eine zunehmende ökonomische Bedeutung als Großhändler. Ghi aus eigener Produktion und von Viehhaltern und Bauern Sistāns verkaufte er nur zu einem geringen Teil in Zābol; seine wichtigste Einkommensgrundlage bildete der ghi-Handel mit größeren städtischen Zentren Irans, vor allem Mashhad. Auch heute bestehen noch enge Verwandtschaftsbeziehungen zur Tāyfeh Dah-mardeh, deren Mitglieder als Viehhalter in der Nähe der Dörfer Borj-e-Yusof, Qorqori, Milek, Hossein-Dah-mardeh u.a. beheimatet sind. Ob der Stoffhändler Nur Mohammad Dah-mardeh zum Befragungszeitpunkt über Besitz an Viehherden verfügte, war nicht zu erfahren, kann aber aufgrund der Familienverhältnisse als wahrscheinlich gelten. Durch geschickte Heiratsverbindungen (68) gelang es der Familie Dah-mardeh, das Kapitalvolumen zu erweitern und einen großen Teil des Zāboler Marktes zu beherrschen.

Die Investition des vom Vater erworbenen Handelskapitals in den Bau mehrerer Bāzārkomplexe belegt die Investitionsbereitschaft von ursprünglich im ländlichen Raum ansässigen Viehhaltern. Die Gewinne aus dem Handel mit landwirtschaftlichen Produkten ermöglichten nach Abzug der indischen Handelskonkurrenten aus Zābol einen großzügigen Ausbau des Bāzārviertels. Entsprechend der Agrarsozialstruktur

Sistāns erfolgten Investitionen im Handelsbereich nicht von seiten der auf dem Land ansässigen Sardāre, sondern durch viehhaltende Baluchen.

Die Familie des Getreidemühlenbetreibers Mālek Sadeh stammt ebenfalls aus dem ländlichen Umland Zābols. Mālek Sādeh kann als der bedeutendste Getreidemühlenbesitzer Sistāns bezeichnet werden, da ihm der größte Teil der in sistānischen Dörfern vorhandenen Mühlen gehört (vgl. H. ZIA-TAVANA). Darüber hinaus vermietet er Arbeits- und Tragtiere an die bäuerliche Bevölkerung und hat früher selbst als Transportunternehmer gearbeitet.

Diese Gruppe von Eigentümern mit einer ökonomischen Basis im ländlichen Sistān zählt zu den wichtigsten Investoren im Bāzār von Zābol.

Der Stoffhändler E. Sarābāni stellt den Typ des alteingesessenen Händlers dar, dessen Familie schon vor der Jahrhundertwende in Zābol lebte. Ob die Familie, die über keinen Besitz an Land oder Vieh verfügt, aus Sistān stammt, ließ sich nicht mehr ermitteln. Die Konkurrenz der indischen Händler verhinderte bis in die 40er Jahre größere Investitionen einheimischer Händler im Bāzār. 1978 besaß E. Sarābāni neben 56 Bāzārläden ein komfortables Wohnhaus an der Reza-Shāh-Kabir-Str., das Gebäude der Bānk Melli und eine Reihe angrenzender Läden auf der Ferdowsi-Str. sowie das in der Ferdowsi-Str. gelegene öffentliche Bad, das er kurz vor seinem Tod an Mālek Zādeh verkaufte (69).

E. Sarābāni arbeitete schon zur Zeit der britischen Einflußnahme auf die städtische Wirtschaft als Stoffhändler im Zāboler Bāzār. Seine Geschäftsverbindungen reichten bis Karachi, von wo er den größten Teil der Stoffe bezog. Außer ihm und einem Stoffhändler im Bāzār-e-Nešati gab es in den 20er/30er Jahren nur noch zwei weitere einheimische Stoffhändler in Zābol.

Die mangelnde Investitionsbereitschaft des Stoffhändlers vor 1947 deutet auf einen Mangel an Eigenkapital zur Durchführung eigenständiger Handelsunternehmungen hin. Vielmehr scheint E. Sarābāni wie die meisten iranischen Fernhändler im ausgehenden 19. Jh. als Agent der indischen Handelsfirmen tätig gewesen zu sein (vgl. W. M. FLOOR 1976: 119 u. 123 f.), wobei die Zusammenarbeit mit britischen Handelsgesellschaften erhebliche Gewinne im Exportgeschäft nicht ausschloß (vgl. P. LUFT 1975: 513).

Am Beispiel des Stoffhändlers E. Sarābāni läßt sich aufzeigen, daß als weitere Investitionsträger im Bāzār alteingesessene Händlerfamilien auftreten, die nach Abzug der indischen Händler Gewinne aus dem Fernhandel im Bāzār investierten.

Die einzige religiöse Stiftung im Bāzārviertel von Zābol geht auf den Amir von Qāen zurück, der einer der größten Landeigentümer im Gebiet von Birjand war und durch seine Stellung bei Hof über bedeutende politische Machtmittel verfügte. Der Amir von Qaen besaß schon eine alte Karawanserei an der Stelle des heutigen Bāzār-e-Sarkāri und setzte mit dem Bau des Stiftungsbāzārs seine frühere Investitionstätigkeit fort. Das nötige Kapital stammte aus umfangreichem Landeigentum, und der Bau des Bāzār-e-Sarkāri ist das einzige Beispiel für Investitionen hoher öffentlicher Funktionsträger.

Die Verbindung von geistlichen und politischen Funktionen sicherte den religiösen Führern auch eine wirtschaftliche Bedeutung innerhalb der städtischen Wirtschaft. Der schon in den englischen Quellen als vermögender religiöser Führer angeführte Hāji Sheikh Muhammad Rezā (vgl. Kap. 2.2.2) war der bedeutendste einheimische Bauherr zur Zeit des britischen Wirtschaftseinflusses. Sein Sohn ließ 1953 den nach ihm benannten Bāzār-e-Qaémi errichten und verfügte als religiöser Führer und Vorsitzender der Stadtverordnetenversammlung von Zābol über politische Einflußmöglichkeiten. Der Eigentümergruppe der öffentlichen Funktionsträger muß auch der pensionierte Offizier M. zugerechnet werden, der in der Garnison von Zābol diente und nach seiner Pensionierung Kapital in den Erwerb und Bau von Läden im Bāzārbezirk und an der Ausfallstraße nach Zāhedān investierte.

3.2.1.4 Entwicklung und Struktur der Eigentumsverhältnisse

Im Bāzārbezirk können 6 verschiedene Gruppen von Eigentümern unterschieden werden, wobei die Gruppe der Händler und Handwerker mit 61,5% über die größten Eigentumsanteile verfügt; im Gegensatz zu den Untersuchungsergebnissen in anderen iranischen Städten bleiben die Eigentumsanteile der stadtansässigen Grundbesitzer (8,7%) und der religiösen Stiftungen (7,3%) gering. Die Eigentumsstruktur des Geschäftsviertels am Ortseingang (70) unterscheidet sich vom Bāzārviertel durch das Fehlen von stadtansässigen Grundbesitzern und Stiftungseigentum.

Während in den ältesten Bāzārgassen eine Tendenz zur Besitzzersplitterung festzustellen ist, herrscht in den nach 1928 entstandenen Bāzārteilen geschlossener Besitz eines Eigentümers oder einer Familie vor. Diese Entwicklung setzt sich im Geschäftsviertel am Ortseingang fort. Typisch ist hier wie in den jüngeren Bāzārteilen das Vorherrschen von Eigentumsanteilen in Form von geschlossenen Ladenzeilen, die in der Regel 6-8 Ladeneinheiten umfassen.

Der politisch und ökonomisch tonangebende Personenkreis in Zābol tritt als wichtigste Eigentümergruppe auf, wobei sich Veränderungen innerhalb der Machtstrukturen in Wandlungen der Eigentumsverhältnisse niederschlagen. Die in den ältesten Bāzārgassen schon seit deren Anlage über Besitz verfügende Gruppe der religiösen Führer, Händler für Getreide und Mühlenbesitzer wurde in den 40er Jahren von den Investitionen einheimischer Geschäftsleute überflügelt, die mit Stoffen, Textilien, Wolle und Teppichen handelten. Die ökonomische Basis für den Bāzārausbau lag anfangs vor allem im Besitz von Viehherden, dem Fernhandel mit ghi und Gewinnen über die Anlage von Getreidemühlen im ländlichen Sistān. Als Investitionsträger treten ursprünglich im ländlichen Raum beheimatete Personen auf, die in die Stadt abgewandert sind. Die erst in den 60er und 70er Jahren einsetzende Investitionsbereitschaft stadtansässiger Grundbesitzer kann als Machtzuwachs dieser

Eigentümergruppe infolge fehlgeschlagener Landreformmaßnahmen interpretiert werden.

3.2.2 Bodenpreise, Sargofli, Mieten

Entsprechend der unterschiedlichen Höhe der Bodenpreise, Mieten und Sargofliforderungen wählten Geschäftsleute die Standorte für ihre Geschäftsräume aus. In der iranischen Kleinstadt Malāyer schwankten die städtischen Bodenpreise einschließlich der Geschäftsviertel zwischen 50 und 7.000 Rial/qm, wobei die Preisspanne in Wohngebieten 50 bis 200 Rial/qm betrug (vgl. M. MOMENI 1976: 152). Im Zentrum des Geschäftsviertels waren die Preise am höchsten und nahmen sowohl zur Peripherie der Geschäftsstraßen als auch zu den Wohngebieten hin ab. Innerhalb der Wohngebiete zeigte sich eine Erhöhung der Bodenpreise in W-O-Richtung. Mit dieser Preisdifferenzierung war eine soziale Staffelung der Wohnviertel verbunden.

Das Sargofli-Prinzip ist eine in Iran weit verbreitete Methode bei der Vermietung von Geschäftsräumen, Werkstätten, Hotels, Kinos u.a. (vgl. I. CLARKE / B. CLARK 1969: 124; M. BONINE 1973: 19; M. MOMENI 1976: 110 f.). Der Eigentümer eines Ladens oder einer Werkstätte überträgt einem Mieter das Nutzungsrecht gegen die Zahlung einer einmaligen Abfindung (Schlüsselgeld), die häufig über den Baukosten des vermieteten Raumes liegt. Die Höhe der Summe wird zwischen dem Eigentümer und dem Mieter entsprechend der Größe des Ladens und des jeweiligen Grundstückspreises ausgehandelt.

In Kermānshāh erreichten die Sargofliforderungen 1969 ca. 300.000 Rial, während in iranischen Großstädten über 1.000.000 Rial gefordert wurden (I. CLARKE/ B. CLARK 1969: 124). In der Provinz Yazd wurde Sargofli nur in der Provinzhauptstadt verlangt, und der Brauch, ein Schlüsselgeld zu erheben, setzte sich erst allmählich in den Kleinstädten des Hinterlandes durch (M. BONINE 1973: 19). Aufgrund der guten Einkommensmöglichkeiten durch Sargofliforderungen verstärkte sich in der iranischen Kleinstadt Malāyer die Tendenz zur Errichtung zahlreicher kleiner Ladenboxen. Am Beispiel der Vermietung einer Apotheke im Jahre 1972 zeigte M. MOMENI auf, daß die einmalige Zahlung von Sargofli in Höhe von 100.000 Rial für den Mieter die stärkste Belastung darstellte, da die Ladenmiete mit 500 Rial gering war (M. MOMENI 1976: 111). Im Bāzār lagen die Ladenmieten sogar nur bei durchschnittlich 100 Rial.

3.2.2.1 Bodenpreise

Im Jahre 1900 verlangte die Stadtverwaltung von dem britischen Konsul für das Gelände zur Errichtung der Konsulatsgebäude einen Grundstückspreis von 2 Kran pro zar; das 1903 erworbene Grundstück, auf dem die 'Imperial Bank of Persia' errichtet wurde, kostete drei Jahre später bereits 5 Kran pro zar (PRO, F.O. 371/497). Im Jahre 1937 wurde beim Verkauf des Grundstücks der Firma 'Mohammad Ali Brothers', das südlich der britischen Konsulatsgebäude lag, für ein Gelände von 9.145 zar ein Kaufpreis von 5.000 Rial gezahlt, was einem Grundstückspreis von 1,8 Rial/zar entspricht (PRO, F.O. 369/2473). Vergleicht man die Bodenpreise für die unmittelbar benachbarten Grundstücke des britischen Konsulats und der indischen Handelsfirma, so zeigt sich eine weitgehende Konstanz der Bodenpreise von 1900 bis 1937. Hierbei muß berücksichtigt werden, daß sich beide Grundstücke zum damaligen Zeitpunkt am unbebauten Stadtrandgebiet befanden und keinen Wertzuwachs aufweisen konnten. Demgegenüber lag der Bodenpreis für die zentraler gelegene 'Imperial Bank of Persia' (vgl. Kap. 2.1.2) um mehr als das Doppelte über den Grundstückspreisen am Stadtrandgebiet.

Dieses zentral-periphere Gefälle der Bodenpreise läßt sich auch 1975 im Stadtgebiet von Zābol feststellen (vgl. Abb. 15) (71). Die Preisspanne erstreckt sich von 10 - 50 Rial/qm an der städtischen Bebauungsgrenze bis zu 2.500 Rial/qm im zentralen Geschäftsbereich. Die von der Stadtverwaltung festgesetzten Bodenpreise dienen als Grundlage zur Berechnung von Steuern und geben wie in Malāyer (M. MOMENI 1976: 142) nur einen Richtwert wieder, der aber eine innerstädtische Differenzierung in Gebiete unterschiedlich hoher Bodenpreise erlaubt (72):

- im Stadtzentrum um den Maidān-e-Bistopanj-e-Shahrivar und im größten Teil des Bāzārs liegt der Bodenpreis bei 2.500 Rial/qm;
- Bodenpreise von 1.000 - 1.500 Rial/qm werden in der Ferdowsi-Str., der Rezā-Shāh-Kabir-Str. und den peripheren Bāzārgassen verlangt;
- in den übrigen Straßen mit Geschäftsbesatz hat die Stadtverwaltung den Bodenpreis auf 800 Rial/qm festgesetzt;
- Wohngebiete in unmittelbarer Nachbarschaft zu den Geschäftsvierteln weisen Bodenpreise zwischen 160 und 400 Rial/qm auf, während der Bodenpreis in Randbereichen der Stadt zwischen 10 und 150 Rial/qm schwankt.

Das Gefälle der Bodenpreise vom Stadtzentrum zur Peripherie der Stadt belegt einerseits die gleichwertige soziale Wertschätzung von traditionellem Bāzārbezirk und modernen Geschäftsvierteln, andererseits zeigt sich, daß die geringen Bodenpreise am Stadtrand einen Anreiz zur Errichtung von gewerblichen Subzentren darstellen. Dies gilt für die Ansiedlung von Schweißereien im Schnittpunkt von Hirmand-Str. und 'Alam-Str. ebenso wie für die Entstehung des neuen Geschäftsviertels an der Ausfallstraße nach Zāhedān.

Abbildung 15: Bodenpreise in Zābol 1975

3.2.2.2　Sargofli

In Zābol ist die rechtliche Stellung des Sargofli zahlenden Mieters eine andere, als diejenige von Personen, die nur zu Mietzahlungen verpflichtet sind (73). Sargofli umfaßt:

- die einmalige Abschlagszahlung des Mieters an den Eigentümer der Ladeneinheit;
- die Abfindesumme, die ein neuer Mieter seinem Vorgänger zahlen muß. Der Eigentümer wird hierbei übergangen, und der zur Geschäftsaufgabe bereite Mieter kann sich entsprechend seinen Sargofliforderungen einen Nachmieter suchen. Diese Form von Sargofli ist nur üblich, wenn ursprünglich auch Sargofli an den Eigentümer gezahlt wurde.

Die älteste Sargofliforderung wurde 1921 im Bāzār-e-Nešāti von dem religiösen Führer Muhammad Rezā für 8 Läden erhoben und betrug je Ladeneinheit 437 Rial. Im Jahre 1948 lag die Höhe der Abschlagszahlung im Bāzār-e-Faseli bereits bei 1.000 Rial, stieg bis 1963 auf 30.000 Rial und erreichte 1978 eine Höhe von 350.000 bis 1.000.000 Rial. Nach dem Bau des Bāzār-e-Sar-pushide im Jahr 1950 wurden 2.000 Rial als Sargofli verlangt, 1964 waren es bereits 100.000 Rial und 1978 hatten sich die Sargofliforderungen auf 250.000 bis 500.000 Rial erhöht. Von den 60er Jahren bis 1975/78 stieg die Spanne der Sargofliforderungen im Zāboler Bāzār von 4.000 bis 150.000 Rial auf 120.000 bis 1.000.000 Rial (vgl. Tab. 17). Dieser enorme Anstieg ist Ausdruck der wachsenden Bedeutung des Bāzārbezirks als Standort städtischer Wirtschaftsbereiche.

Die Bāzārgassen mit den höchsten Sargofliforderungen in den Jahren von 1960 bis 1969, der Bāzār-e-Dah-mardeh, der Bāzār-e-Sar-pushide und der Bāzār-e-Halabi-sāz behalten ihre hervorragende Stellung auch in den 70er Jahren bei. Ebenso bleibt das zentral-periphere Gefälle bei der Höhe der Sargofliforderungen von den zentralen Bāzārteilen zu den Randbereichen des Bāzārbezirks in den Jahren 1975 bis 1978 bestehen (vgl. Abb. 16).

Zu den Gassen, in denen keine Sargofliforderungen erhoben werden, gehören der Bāzār-e-Sarābāni, der Bāzār-e-Najārhā, Teile des Bāzār-e-Gabrestān und die Passage. Der Verzicht von Bauherren auf Sargofli bei der Vermietung von Geschäftsräumen stellt eine bewußte wirtschaftliche Lenkungsmaßnahme des Eigentümers dar:

- die Attraktivität von Randbereichen kann gesteigert und niedrige Einkommensgruppen können zur Ansiedlung angeregt werden (Bāzār-e-Gabrestān, Bāzār-e-Najārhā);
- im zentralen Bāzārbereich zog ein Bauherr in wirtschaftlichen Krisenzeiten mit dem Verzicht auf Sargofli Mieter für seine Geschäftsräume an (Bazar-e-Sarābāni) (74);

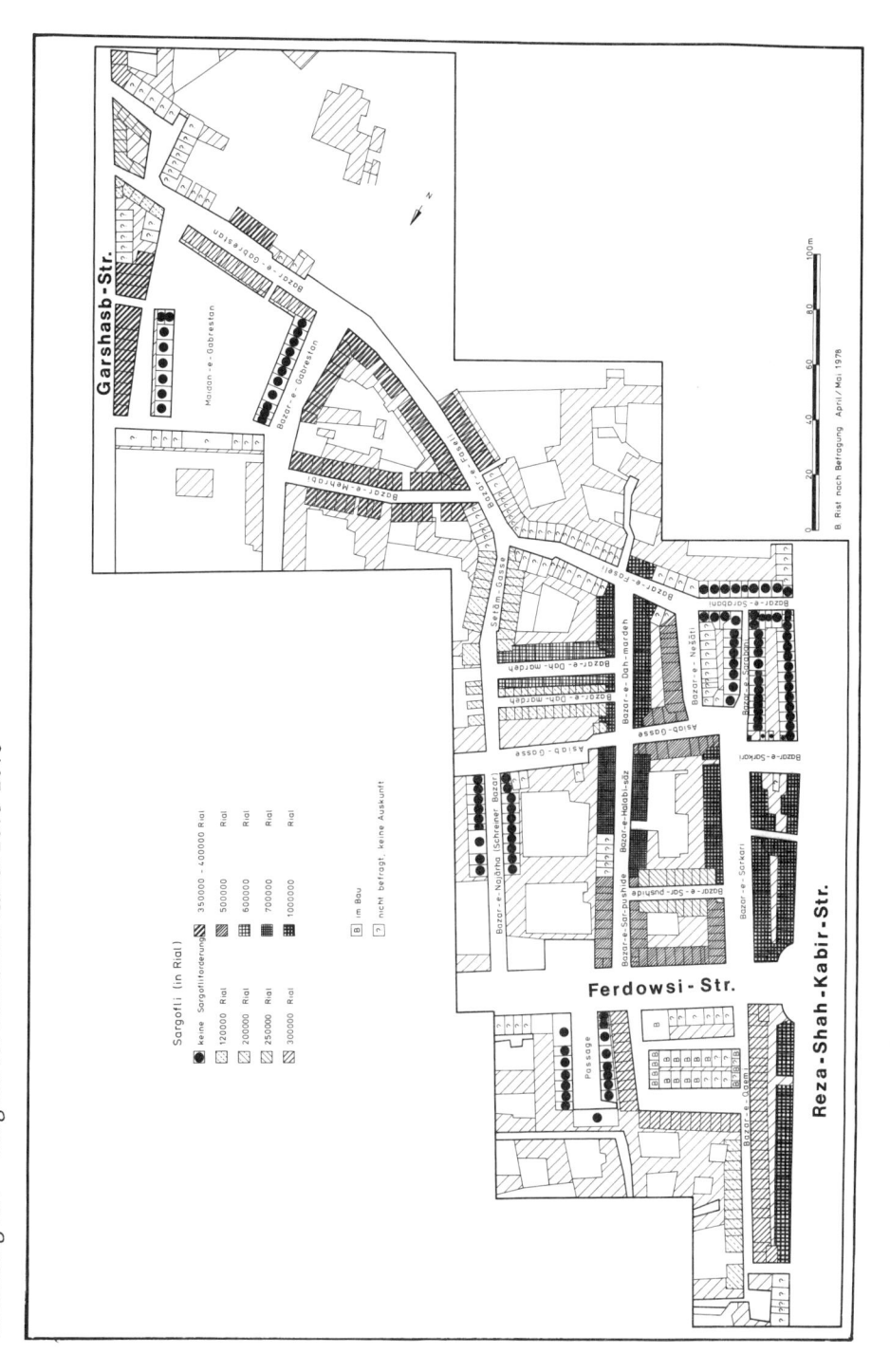

Abbildung 16: Sargofli im Bāzār von Zābol 1975-1978

Tabelle 17: Entwicklung von Sargofli im Bāzār von Zābol

Bāzārgassen	Sargofli (in 1.000 Rial) 1960-1969	1975-1978
Bāzār-e-Gabrestān	kein Sargofli	kein Sargofli
	15 - 30	120 - 400
Bāzār-e-Faseli	30	350 - 1000
Bāzār-e-Dah-mardeh	100 - 150	200 - 1000
Bāzār-e-Sar-pushide	100	250 - 500
Bāzār-e-Sarkāri	kein Sargofli	500 - 1000
Bāzār-e-Sarābāni	kein Sargofli	kein Sargofli
Bāzār-e-Nešāti	?	500
Bāzār-e-Ḥalabi-sāz	70 - 130	700
Āsiāb-Gasse	4	200 - 500
Bāzār-e-Najārhā	kein Sargofli	kein Sargofli
Setām-Gasse	?	200
Bāzār-e-Mehrābi	-	350 - 400
Bāzār-e-Qāemi	?	200 - 300
Passage	-	kein Sargofli

Quelle: eigene Befragung April/Mai 1978

- als neueste Entwicklungstendenz ist ein Ersatz der einmaligen Sargofliforderung durch hohe Mietpreise festzustellen (Passage).

Der 1947 erbaute Bāzār-e-Sarābāni zog wegen der fehlenden Sargoflibelastung vor allem Dattelhändler an, die sich in einer Gasse konzentrierten. Die befragten Dattelhändler führen ihre Standortwahl ausdrücklich hierauf zurück und bedauern, daß sie aufgrund von Kapitalmangel den erstrebten Handel mit Stoffen nicht aufnehmen konnten.

Die im Frühjahr 1978 im Bāzār-e-Sarābāni ansässigen Händler hatten ihre Läden zwar, ohne Sargofli zahlen zu müssen, erhalten, würden ihre Läden bei Geschäftsaufgabe aber nur gegen eine Abschlagssumme von mindestens 300.000 Rial einem Nachfolger übergeben (75).

Nach islamischer Rechtsvorstellung muß bei einer Sargofliforderung von Mietern, die ihrerseits kein Sargofli gezahlt haben, das Einverständnis des Eigentümers vorliegen. In einem solchen Fall brauchen die Sargofliempfänger keine Entschädigung an den Eigentümer zu zahlen (76).

Das Fehlen einer Sargofliforderung im Bāzār-e-Najārhā erlaubte den dort ansässigen Schreinern, Werkstätten im Bāzār zu beziehen. Ihre finanziellen Mittel hätten nicht zur Zahlung von Sargofli ausgereicht, und der Eigentümer konnte die an der Peripherie des Bāzārs gelegenen Geschäftsräume nicht an finanzkräftige Händler vermieten. Im Bāzār-e-Gabrestān spielten dieselben Motive eine wichtige Rolle für den Verzicht auf Sargofli. Die 1970 von der Stadt Zābol auf dem Maidān-e-Gabrestān errichtete Ladenzeile stand trotz Fehlens einer Sargofliforderung im Frühjahr 1978 noch weitgehend leer, so daß auf eine Erschöpfung der Kapazität des Marktes geschlossen werden kann.

Am Beispiel der Passage zeigt sich eine neue Entwicklungstendenz. Der Bauherr verzichtet für die in günstiger Geschäftslage liegenden Räume auf Sargofliforderungen, erhebt aber als Ersatz die höchsten Mieten im Geschäftsviertel von Zābol (vgl. Abb. 18).

Im Bāzār-e-Sarkāri gab es bis zum Jahre 1973 kein Sargofli. Der Stiftungscharakter der religiösen Stiftung des Amir von Qāen wurde von seinen Erben immer stärker vernachlässigt, und sie schlossen 1973 einen Vertrag über die Regelung von Sargoflizahlungen mit den Mietern. Im Falle der Übergabe eines Ladens von einem alten Mieter an einen neuen verpflichtete sich der ehemalige Mieter zu einer Abschlagszahlung von 50.000 Rial an die Erben des Amir von Qāen. Seinerseits besaß der ehemalige Mieter das vertraglich zugesicherte Recht, mit seinem Nachmieter ein Sargofli auszuhandeln. Als eine solche Abschlagszahlung würden die befragten Geschäftsleute 1.000.000 Rial fordern.

Während die Sargofliforderungen im Bāzār zwischen 120.000 und 1.000.000 Rial schwanken, liegen sie am Ortseingang von Zābol zwischen 50.000 und 350.000 Rial (vgl. Abb. 17) (77). Diese niedrigen Sargofliforderungen ermöglichen sozial schwächeren Schichten (Personenkreis der Land-Stadt-Wanderer) die Geschäftsaufnahme (vgl. Kap. 3.2.2.4).

Für die Mieter im Bāzār und am Ortseingang von Zābol ergeben sich schwere Probleme bei der Finanzierung von Sargofli. Die aus den hohen Sargofliforderungen resultierende Verschuldung soll nun an einigen Beispielen erläutert werden.

Der Inhaber eines Kharārzi-Geschäftes im Bāzār-e-Gabrestān mußte 1968 als Sargofli 24.000 Rial bezahlen. Um diese Summe aufbringen zu können, verkaufte er einen kleinen Garten im Umland der Stadt und lieh sich von einem Geschäftsmann aus Zābol, für den er vorher gearbeitet hatte, 10.000 Rial.

Am Ortseingang von Zābol eröffnete 1976 ein Geschäftsmann einen Kharārzi-Laden, für den der Eigentümer ein Sargofli von 350.000 Rial verlangte. Diese Summe finanzierte er folgendermaßen:

- er verkaufte Ackerland in einem Dorf Sistāns,
- er nahm beim Agraramt der Stadt eine Hypothek auf ein weiteres Stück Ackerland auf,
- er lieh sich bei einer Bank 100.000 Rial, wovon er monatlich 4.500 Rial zurückzahlen mußte.

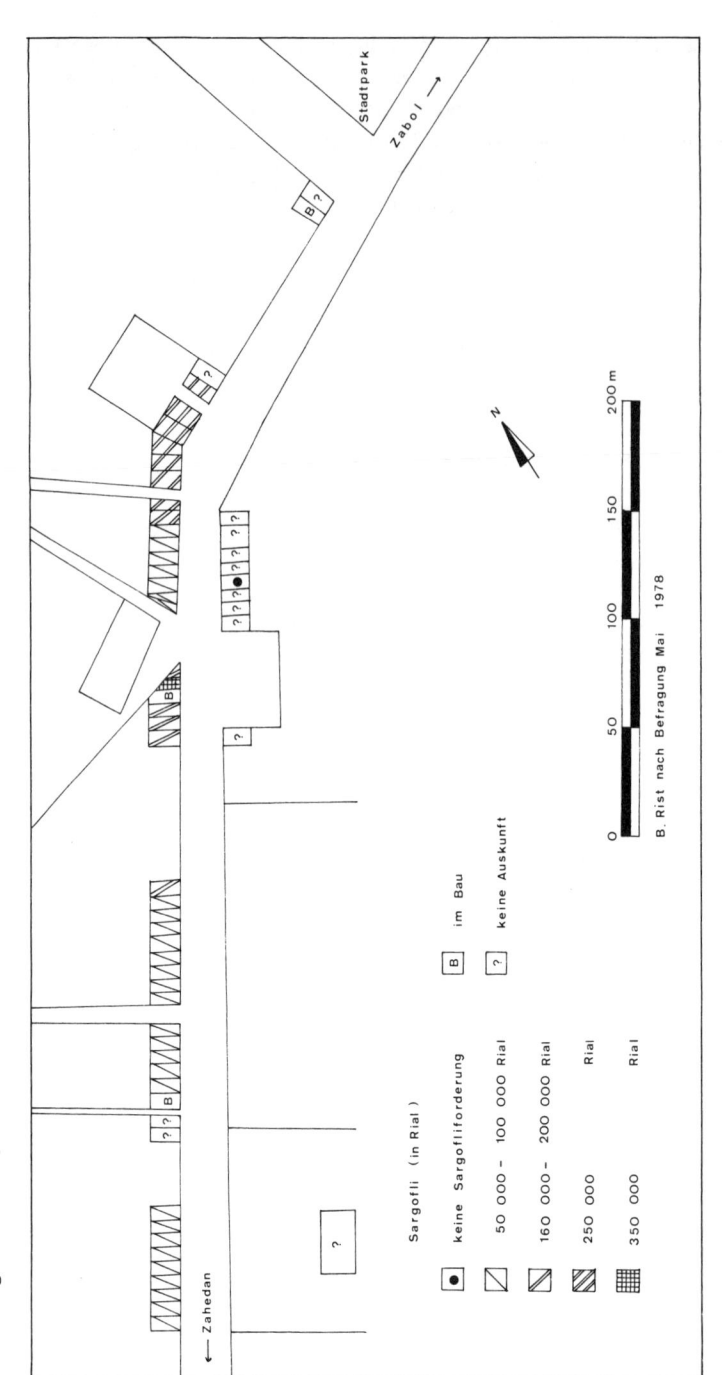

Abbildung 17: Sargofli am Ortseingang von Zābol 1975-1978

Ein weiterer Kharārzi am Ortseingang konnte 1977 ein Sargofli von 100.000 Rial nicht aufbringen und lieh sich die gesamte Summe von einem Bāzarhändler, der eine Rückzahlung von monatlich 5.000 Rial forderte.

Diese Beispiele verdeutlichen die Abhängigkeitsverhältnisse der Mieter zu den Eigentümern und Kreditgebern, die sich infolge der hohen Sargofliforderungen herausgebildet haben. Bei der Scheu der Befragten, über ihre finanziellen Verhältnisse zu berichten, war es schwierig, Auskünfte zu erhalten, es kann jedoch von einer weiten Verbreitung der Verschuldung aufgrund der Sargoflipraxis ausgegangen werden.

3.2.2.3 Mieten

Die Entwicklung der Mietpreise läßt sich an einigen Beispielen aus dem Bāzarbezirk für die vergangenen 30 Jahre aufzeigen (vgl. Tab. 18) (78). Von 1940 bis 1969 wies die Miethöhe nur eine allmähliche Steigerung auf, und eine deutliche Differenzierung zwischen den einzelnen Bāzārgassen bildete sich erst im Laufe der 70er Jahre heraus. Beispielsweise schwankte die Miethöhe im Bāzar-e-Gabrestān von 1940 bis 1969 zwischen 90 und 200 Rial, während im Jahre 1978 Mieten zwischen 300 und 1.000 Rial verlangt wurden. Unter den in verschiedenen Bāzārgassen gezahlten Ladenmieten bestand in den 40er Jahren eine Differenz von 60 Rial, in den 50er Jahren waren es 220 Rial, und in den 60er Jahren schwankte die Differenz der Ladenmiete im Bāzar um 250 Rial; 1978 lag die Ladenmiete des Bāzarbezirks zwischen 300 und 2.500 Rial, was einer Differenz von 2.200 Rial entspricht.

Die Ladenmiete im Bāzar von Zābol für 1978 ist in Abbildung 18 dargestellt. Gegenüber den Mietpreisen der 60er Jahre hatte ein sprunghafter Anstieg stattgefunden, wobei die höchste Mietpreiserhöhung um das Zehnfache im Bāzār-e-Sarkāri festzustellen ist (79).

Im gesamten Bāzārbezirk nutzten die Eigentümer der Ladenboxen die in den 70er Jahren vom Gesetz vorgeschriebene Pflicht, mündliche Mietabsprachen durch schriftliche Mietverträge zu ersetzen, zu drastischen Mieterhöhungen aus. Auf diese Tendenz, die sich deutlich an dem Anstieg der Mietpreise seit den 60er Jahren zeigt, wiesen mehrere befragte Geschäftsleute hin.

Im Jahre 1978 kann ein zentral-peripheres Gefälle in der Höhe der Ladenmiete vom Zentrum des Bāzars zu seinen Randbereichen und den Läden am Ortseingang festgestellt werden (vgl. Abb. 19). Im Bāzārzentrum liegt die Ladenmiete in der Regel zwischen 700 und 1.500 Rial und fällt in randlich gelegenen Bāzārgassen bis auf 300 Rial ab.

Abbildung 18: Ladenmiete im Bāzār von Zābol 1978

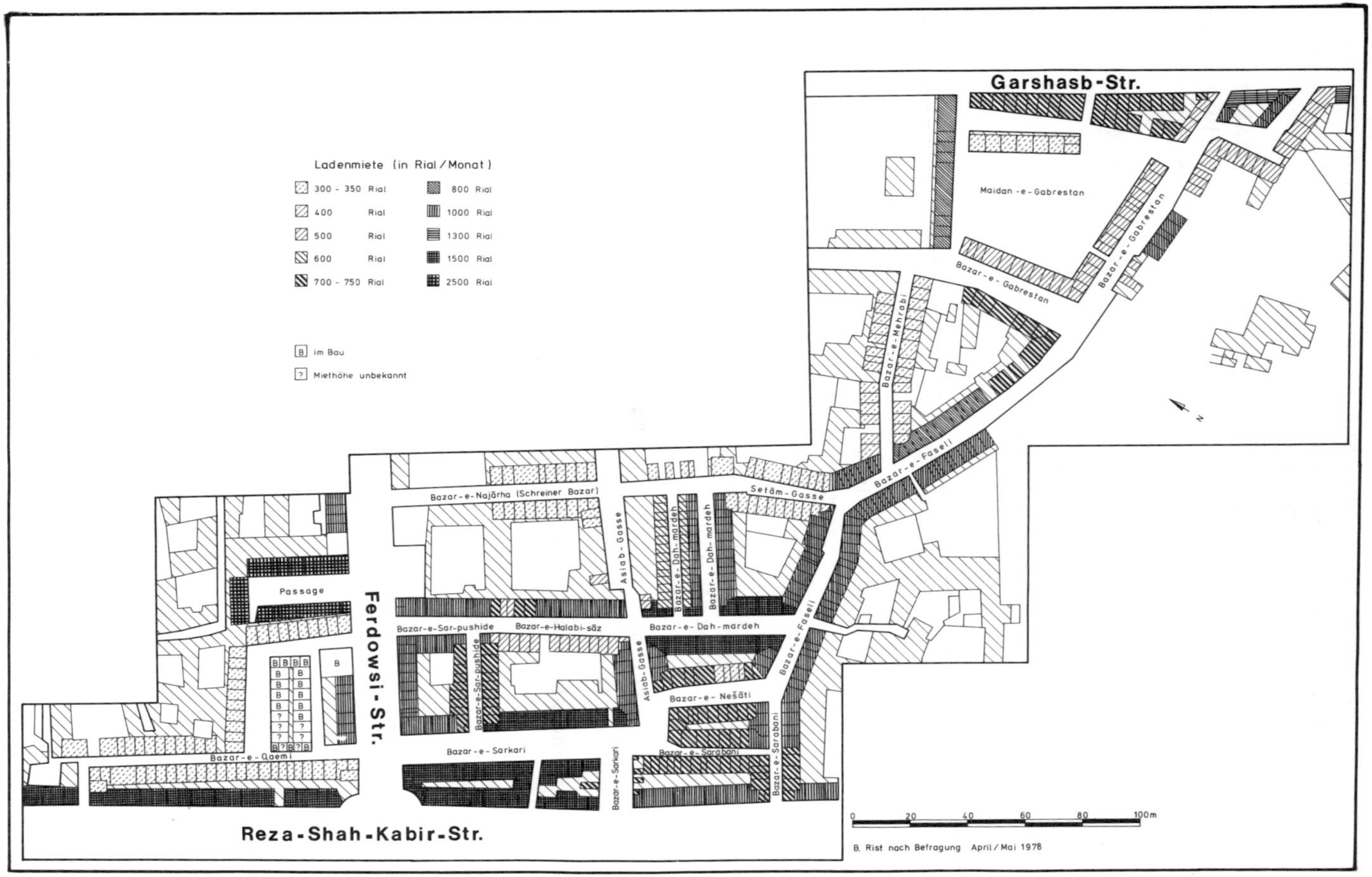

Tabelle 18: Entwicklung der Ladenmiete im Bāzār von Zābol

Bāzārgassen	Ladenmiete (in Rial)			
	1940-1949	1950-1959	1960-1969	1978
Bāzār-e-Gabrestān	90	150 - 200	300	300 - 1000
Bāzār-e-Faseli	?	?	?	700 - 1000
Bāzār-e-Dah-mardeh	?	?	300	600 - 1500
Bāzār-e-Sar-pushide	-	300	?	700 - 1000
Bāzār-e-Sarkāri	?	?	150	700 - 1500
Bāzār-e-Sarābāni	30 - 50	80	300	700 - 1000
Bāzār-e-Nešāti	?	?	?	400 - 750
Bāzār-e-Halabi-sāz	-	100 - 150	150 - 200	500 - 1000
Āsiāb-Gasse	-	?	50	300 - 1000
Bāzār-e-Najārhā	-	-	200	300 - 350
Setām-Gasse	-	-	?	300 - 350
Bāzār-e-Mehrābi	-	-	-	400
Bāzār-e-Qāemi	-	?	?	300 - 350
Passage	-	-	-	2500

Quelle: eigene Befragung April/Mai 1978

3.2.2.4 Die Bedeutung von Sargofli und Miete für die Branchenstruktur

Das räumliche Ordnungsprinzip der Branchen im Bāzār wird vor allem auf die "Stärke und Richtung der Passantenströme" (E. WIRTH 1974/75: 244) zurückgeführt. In bevorzugten Achsen des Passantenverkehrs steigt die Nachfrage der Einzelhändler nach Läden, und die Wertschätzung dieser Standorte nimmt zu. Darüber hinaus konnte am Beispiel der Stadt Malāyer die Bedeutung der Bodenpreise für die unterschiedliche Lagegunst aufgezeigt werden, wobei die randlichen Bereiche der Hauptgeschäftsstraßen in der Preishöhe mit dem Bāzār vergleichbar sind (vgl. M. MOMENI 1976: 142/143 u. 148).

In Zābol werden durch die Bodenpreise die Grundmuster für den Ausbau der städtischen Wirtschaftsbereiche insofern festgelegt, als die Abnahme der Bodenpreise vom Zentrum zur Peripherie die Entstehung neuer Geschäftsviertel am Stadtrand begünstigt. Im Unterschied zu den in Malāyer vorgefundenen Verhältnissen sind die Bodenpreise im größten Teil des Bāzars und in den wichtigsten Bereichen der Hauptgeschäftsstraßen gleich hoch. Analog hierzu läßt sich auch keine Wertminderung des Bāzārbezirks feststellen.

Abbildung 19: Ladenmiete am Ortseingang von Zābol 1978

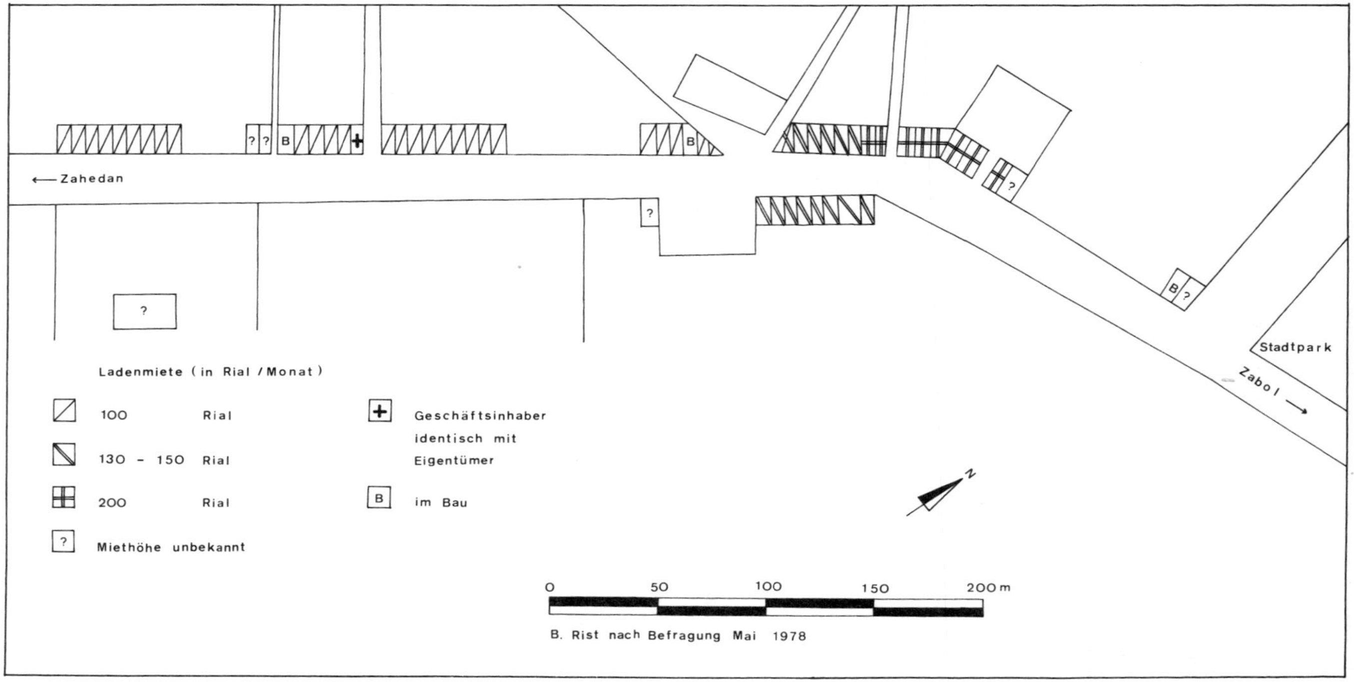

Als entscheidende Faktoren für die Herausbildung von Branchenkonzentrationen und -sortierung erscheinen im Bāzār von Zābol die Sargofliforderungen und die Mietpreise.

Die älteste bekannte Sargofliforderung stammt aus dem Jahr 1921, als es im Bāzār nur eine schwach ausgeprägte Branchenkonzentration gab. Der enorme Anstieg der Höhe von Sargofli vor allem in den letzten 15 bis 20 Jahren war verbunden mit der Herausbildung eines zentral-peripheren Gefälles in der Höhe der Sargofliforderungen vom Zentrum des Bāzārs zu seinen Randbereichen und dem Geschäftsviertel am Ortseingang. Ein Vergleich mit dem Warenangebot der Bāzārgassen zeigt, daß Sargofli einen wesentlichen Standortfaktor für die Ansiedlung der Geschäftsleute von Branchen unterschiedlicher sozialer Wertschätzung darstellt (vgl. Abb. 20). Bāzārgassen, in denen zur Zeit der Ansiedlung der Geschäftsleute keine oder nur geringe Sargofliforderungen erhoben wurden, sind selbst dann bevorzugte Standorte des Einzelhandels mit billigerem Angebot und des traditionellen Handwerks, wenn sie einen Zugang zu den modernen Hauptstraßen besitzen. Dagegen haben sich in Bāzārgassen mit hohen Sargofliforderungen Einzelhändler mit gehobenem Angebot niedergelassen (80); ebenso verfügen Bāzārteile, in denen die Geschäftsinhaber überwiegend identisch mit den Eigentümern sind, über ein gehobenes Warenangebot.

Die geringen Unterschiede bei den Mietforderungen von 1940 bis 1969 lassen auf einen schwächeren Einfluß der Mietpreise bei der Ausbildung der heutigen Branchenstruktur schließen, als es bei Sargofli der Fall war. Ein zentral-peripheres Gefälle der Miethöhe existierte bis zum Ende der 60er Jahre noch nicht (81). Die Bedeutung der Mietpreise nimmt erst in den 70er Jahren zu, als die Ladeneigentümer die gesetzlich vorgeschriebene Pflicht, Mietverträge schriftlich niederzulegen, zu drastischen Mieterhöhungen nutzen, sich auch in den Mietforderungen ein zentral-peripheres Gefälle herausbildet und der Ersatz einmaliger Sargofliforderungen durch hohe Mietpreise festzustellen ist.

Der große Einfluß, den niedrige Mieten und Sargofliforderungen auf die Standortwahl verschiedener sozialer Gruppen bei der Geschäftsaufnahme ausüben, zeigt sich bei der Ausbildung des neuen Geschäftsviertels am Ortseingang von Zābol (82). Die Erbauer der neuen Ladenzeilen haben bewußt Mieten und Sargofli so gering gehalten, um vor allem niedrigen Einkommensgruppen die Niederlassung zu ermöglichen. Von 11 befragten Geschäftsleuten stammen 8 aus dem ländlichen Sistān; ihre Väter waren Bauern, Viehhalter oder Dorfhandwerker gewesen, und sie selbst haben mit zwei Ausnahmen vor Eröffnung des Geschäfts als Bauarbeiter in Zābol gearbeitet (83). Die Verknüpfung von niedrigen Sargofliforderungen und Ladenmieten führt somit zu einer sozialen Differenzierung der Geschäftsinhaber am Ortseingang gegenüber alteingesessenen Geschäftsleuten im Bāzār.

Abbildung 20: Schema von Warenangebot, Sargofli und Eigentumsverhältnissen im Bāzār von Zābol

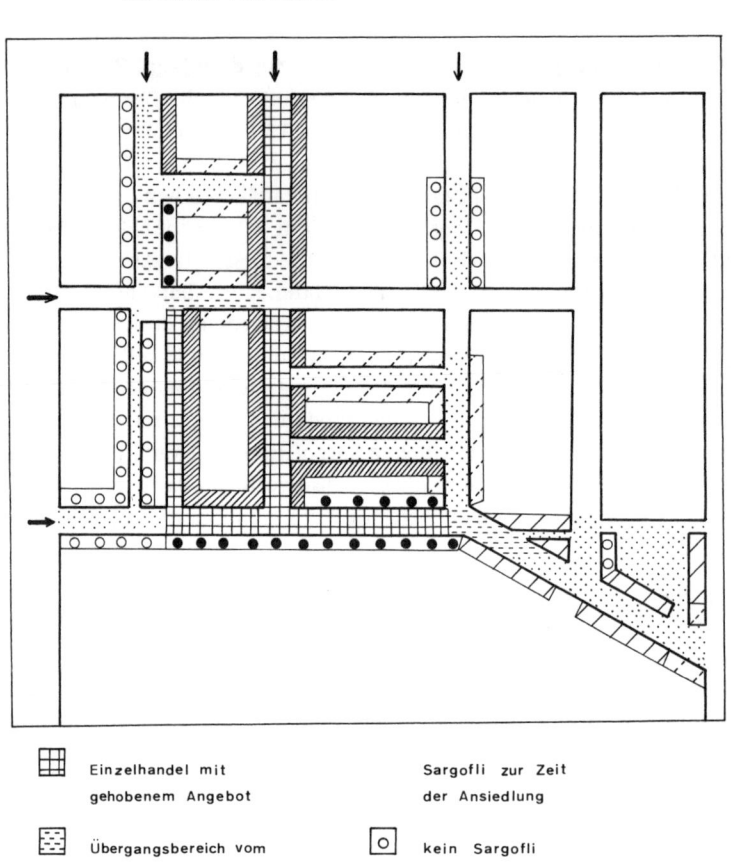

	Einzelhandel mit gehobenem Angebot		Sargofli zur Zeit der Ansiedlung
	Übergangsbereich vom Einzelhandel mit gehobenem Angebot zum Einzelhandel mit billigerem Angebot	○	kein Sargofli
			geringes Sargofli
	Einzelhandel mit billigerem Angebot und traditionelles Handwerk		mittleres Sargofli
			hohes Sargofli
			Eigentumsverhältnisse
→	Zugänge zum Bazar von den Hauptstraßen (schwächere bzw. stärkere Passantenströme)	●	Geschäftsinhaber überwiegend identisch mit Eigentümer

4. Sozialstruktur von Handel und Gewerbe

Im Mittelpunkt des Interesses an der Sozialstruktur der städtischen Wirtschaft steht die Frage nach der Herkunft und dem beruflichen Werdegang stationärer und ambulanter Gewerbetreibender in Zābol (84) sowie die Untersuchung von Organisationsformen der Wirtschaft (85). Bei der Bewertung der Durchführung dieses Vorhabens muß berücksichtigt werden, daß ein Fremder während eines mehrmonatigen Geländeaufenthaltes die Sozialstruktur nicht vollständig erfassen kann, da hierzu eine weitreichende Vertrauensbasis der Geschäftsleute vorausgesetzt werden muß.

4.1 Herkunft und beruflicher Werdegang

Die umfangreichste Untersuchung über den Zusammenhang von Herkunft und beruflicher Differenzierung städtischer Geschäftsleute hat M. MOMENI am Beispiel der iranischen Kleinstadt Malāyer durchgeführt. Von 666 mit Hilfe eines Fragebogens erreichten Geschäftsleuten stammten 6% aus benachbarten Städten, 37,2% der Befragten waren aus dem ländlichen Umland nach Malāyer abgewandert, und 56,8% der Geschäftsleute waren in der Stadt geboren worden (vgl. M. MOMENI 1976: 77). Die aus den ländlichen Bezirken zugezogenen Personen ließen sich hauptsächlich in peripherer Lage zum Geschäftszentrum nieder und arbeiteten zum größten Teil im Nahrungs- und Gemischtwarenhandel oder als Handwerker (vgl. M. MOMENI 1976: 87 f.).

In längeren Interviews mit Gewerbetreibenden der Stadt Zābol konnte ein Zusammenhang zwischen der räumlichen Herkunft der Befragten und ihrer Berufsstruktur festgestellt werden. Ausgehend von der Frage nach der regionalen Mobilität und dem beruflichen Werdegang des Vaters der Befragten werden die Aufstiegschancen der befragten Geschäftsleute innerhalb der städtischen Wirtschaft verfolgt (86). Im Hintergrund stehen die Problemkreise der beruflichen Aufstiegsmöglichkeiten, die die Stadt Zābol dem Personenkreis der Land-Stadt-Wanderer bietet, und der sozialen Mobilität stadtansässiger Geschäftsleute (87).

4.1.1 Stationäre Geschäftsleute und Handwerker

Die offizielle iranische Statistik für das Jahr 1976 belegt eine geringe Einwanderung aus anderen iranischen Landesteilen oder dem Ausland nach Zābol. Von 29.404 Ew. der Stadt wurden 26.397 Personen (89,8%) im Zābol-Shahrestān geboren, 819 Personen stammen aus anderen Shahrestān desselben Ostān, 2.106 Ew. Zābols waren in einem anderen Ostān geboren worden und 82 Personen aus dem Ausland nach Zābol abgewandert (vgl. Nat. Census 1976, No. 118, 1979). Bei einer Untersuchung des Wohnsitzes der Zāboler Bevölkerung für das Jahr 1971 stellte sich heraus, daß von den 24.875 Ew. (88) 21.312 Personen

(85,7%) schon 1971 in Zābol ansässig waren. Von den 1971 noch nicht in Zābol lebenden Personen stammen 1.064 Personen (4,3%) aus den ländlichen Gebieten Sistāns, 694 Personen (2,8%) aus anderen Shahrestān desselben Ostān, 1.744 Personen (7,0%) aus einem anderen Ostān und 61 Personen (0,2%) aus dem Ausland (vgl. Nat. Census 1976, No. 118, 1979) (89).

Aus den Angaben der offiziellen iranischen Statistik ergibt sich ein nur geringer Bevölkerungszuwachs der Stadt Zābol durch regionale Mobilität. Auffällig ist vor allem die geringe Anziehungskraft der Stadt von 1971 bis 1976 für Bewohner der ländlichen Gebiete Sistāns.

Auf ein geringes Ausmaß von Fernwanderungen lassen auch die Befragungsergebnisse unter Zāboler Geschäftsleuten schließen. Von 72 Befragten waren 64 Personen bereit, über Herkunft und berufliche Stellung des Vaters zu berichten (vgl. Tab. 19). Bis auf 5 Personen lagen die Geburtsorte der Väter der Befragten in Sistān; von diesen 5 Fernwanderern stammten 2 Personen aus dem ländlichen Umland der Stadt Birjand (Qāenat), und jeweils eine Person war aus Yazd, Farāh (Afghanisch-Sistan) und Pakistan zu- bzw. eingewandert. Hieran zeigt sich die geringe Attraktivität Zābols als gewerblicher Standort für Bewohner aus weiter entfernt liegenden Gebieten Irans oder dem Ausland.

Die Väter von 35 befragten Geschäftsleuten stammten aus einem Dorf in Sistān, und nur 24 Familien waren in Zābol ansässig gewesen. Die geringe Anzahl der schon seit zwei Generationen in Zābol lebenden Händler- und Handwerkerfamilien deutet auf einen starken Zuzug gewerbetreibender Sistānis aus dem ländlichen Raum nach Zābol hin.

Unter den Berufsgruppen der Väter überwiegen die insgesamt 26 Bauern und Viehhalter (90) (vgl. Tab. 19). 23 Personen gehören verschiedenen Branchen des stationären Handels und Handwerks an; auf den ambulanten ländlichen Handel und den Dienstleistungsbereich entfällt mit 5 bzw. 3 Personen nur ein geringer Anteil.

Ein Vergleich der Berufsgruppen und der Herkunft von Vätern befragter Geschäftsleute zeigt ein Vorherrschen der stadtansässigen Personen in den Berufszweigen Handel und Dienstleistungen. Nur eine im ländlichen Raum lebende Person besaß einen dörflichen Laden.

Viele der 1978 in Zābol tätigen Geschäftsleute können als 'soziale Aufsteiger' angesehen werden, die gegenüber ihren im ländlichen Raum ansässigen und in der Landwirtschaft tätigen Vätern den Berufszweigen der städtischen Geschäftsleute angehören.

Tabelle 19: Herkunft und Beruf der Väter von Zāboler Geschäftsleuten

Wirtschaftsbereiche	Herkunft Zabol	Dorf in Sistan	Qaenat	Yazd	Farāh (Afgh.)	Pakistan	insgesamt
Agrar- und Viehwirtschaft							
Landwirtschaft		22					22
Viehwirtschaft		3					3
Viehwirtschaft u. Handel mit Rowghan		1					1
insgesamt	-	26	-	-	-	-	26
Nahrungs- und Genußmittel (Handel und Handwerk)							
Obst und Gemüse	1						1
Datteln	1						1
Metzger	1						1
Teestube	1						1
insgesamt	4	-	-	-	-	-	4
Übriger Handel							
Stoffe	3		1	1			5
Decken, Mützen, Tücher	1						1
Teppiche	1						1
Wolle	1	1					2
Schuhe	1						1
Haushaltswaren	2						2
Gemischtwaren, Stoffe		1					1
Branche unbekannt	1						1
insgesamt	10	1	1	1	1	-	14
Ambulanter ländlicher Handel							
Fisch		2					2
Wolle, Vieh, Rowghan		1					1
Schmuggelware		1					1
Branche unbekannt		1					1
insgesamt	-	5	-	-	-	-	5
Übriges Handwerk							
Schreiner		1					1
Schmied	2						2
Wollfärber		1					1
Friseur		1					1
insgesamt	2	3	-	-	-	-	5
Private u. öffentliche Dienstleistungen							
Diener des brit. Konsulats			1				1
Personentransporte	1						1
Warentransporte	1						1
insgesamt	2	-	1	-	-	-	3
ohne Berufsbezeichnung	6	-	-	-	-	1	7
insgesamt	24	35	2	1	1	1	64

Quelle: eigene Befragung März/April 1978

4.1.1.1   Geschäftsleute, deren Väter aus dem ländlichen Raum stammen

Zur Verdeutlichung des beruflichen Aufstiegs werden in Tabelle 20 die Berufsgruppen von Zāboler Geschäftsleuten und ihrer aus dem ländlichen Raum stammenden Väter gegenübergestellt (91). Die Söhne der Land-Stadt-Wanderer arbeiten in allen Wirtschaftsbereichen mit Ausnahme des Dienstleistungssektors, wobei Branchen unterschiedlicher sozialer Wertschätzung gleichermaßen vertreten sind.

Tabelle 20:   Berufsgruppen von Zāboler Geschäftsleuten, deren Väter aus dem ländlichen Raum stammen

Berufsgruppen der Väter (Anzahl der Personen)	Berufsgruppen der Söhne (Anzahl der Personen)
Agrar- und Viehwirtschaft	
Landwirtschaft (22)	Kharārzi (7), Obst und Gemüse-Handel (1), Getreidehandel (1), Stoffhandel (2), Teppichhandel (1), Schilfrohrmattenhandel (1), Ersatzteilehandel (1), Schneider (4), Schreiner (1), Schweißer (2), Fahrzeugreparatur (1),
Viehwirtschaft (3)	Kharārzi (1), Teppichhandel (2),
Viehwirtschaft und Handel mit ghi (1)	Stoffhandel (1),
Übriger Handel	
Wolle (1)	Haushaltswarenhandel (1),
Gemischtwaren, Stoffe (1)	Stoffhandel (1),
Ambulanter ländlicher Handel	
Fisch (2)	Fisch (2),
Wolle, Vieh, ghi (1)	Schreibwarenhandel (1),
Schmuggelware (1)	Kharārzi (1),
Branche unbekannt (1)	Stoffhandel (1),
Übriges Handwerk	
Schreiner (1)	Schreiner (1),
Wollfärber (1)	Wollfärber (1),
Friseur (1)	Friseur (1),
Private und Öffentliche Dienstleistungen	
Diener des brit. Konsulats (1)	Kharārzi (1)

Quelle: eigene Befragung März/April 1978

Von 22 Gewerbetreibenden, deren Väter als Bauern tätig gewesen waren, verließen 3 Personen als Kind zwischen 1937 und 1947 mit dem Vater ihre Heimatdörfer. 19 Geschäftsleute wanderten zwischen 1947 und 1978 nach Zābol ab, wobei eine deutliche Zunahme der Abwanderung in den 60er/70er Jahren festzustellen ist (92).

Von den übrigen 15 Zāboler Geschäftsleuten, deren Väter aus dem ländlichen Raum stammen, gelangten 4 Personen gemeinsam mit dem Vater in den 30er Jahren nach Zābol. 11 Personen wanderten zwischen 1938 und 1976 vom Land in die Stadt. Im Gegensatz zu den Söhnen von Bauern ist der Abwanderungszeitraum weitgespannter und eine kontinuierlichere Abwanderung feststellbar (93).

Als wichtigster Abwanderungsgrund ehemaliger Bauern wurde in allen Fällen Wassermangel genannt. Zwei Personen verfügten zudem über verwandtschaftliche Beziehungen zu Zāboler Bāzarhändlern. Für Söhne von ambulanten Händlern des ländlichen Raumes erwies sich eine Verlagerung des Wohnortes bei zunehmender wirtschaftlicher Bedeutung des Zāboler Marktes als vorteilhaft. Ehemalige Dorfhandwerker wurden vor allem wegen der besseren Verdienstmöglichkeiten zur Abwanderung nach Zābol bewogen (94). Bei den Söhnen von Viehhaltern spielten ökologische Krisen bei der Viehhaltung und bessere wirtschaftliche Aufstiegschancen eine wichtige Rolle bei der Abwanderung nach Zābol (95).

Die Vielseitigkeit im beruflichen Werdegang soll zunächst an drei Beispielen von Bauernsöhnen aufgezeigt werden.

Der Vater eines Befragten, der 1937 nach Zāhedān abgewandert war, starb früh, so daß sein Sohn vom Onkel erzogen und zum Schneider ausgebildet wurde. Im Jahre 1963 erhielt der Onkel in Zābol eine Beamtenstelle, und der Befragte ließ sich als Schneider im städtischen Bāzar nieder.

Ein Befragter, der als Kind 1938 mit seiner Familie nach Māzandarān abgewandert war, kehrte erst 1975 nach dem Tod seines Vaters aus Heimatgefühl nach Sistān zurück. Er arbeitete zunächst als Hilfsarbeiter in einer Fahrzeugreparaturwerkstatt, erlernte dann den Beruf des Schweißers und machte sich 1977 in Zābol selbständig.

Der Vater eines Befragten wollte seinen Kindern den Schulbesuch ermöglichen, verkaufte seinen Grund und Boden und ließ sich 1947 als Stoffhändler in Zābol nieder. Nach dem Tod des Vaters hat der Befragte das Geschäft übernommen.

Die berufliche Mobilität der Bauernsöhne zeichnet sich durch steigendes Sozialprestige beim Berufswechsel aus. Von 22 Befragten behielten 14 Personen den einmal gewählten Beruf bei, und 8 Personen konnten ihre berufliche Stellung verbessern. Hierbei machten sie folgende Entwicklung durch:

- ambulanter Händler (Khāsh) → Schilfrohrmattenhändler (Zābol),
- Landarbeiter (Māzandarān) → Stoffhändler (Zābol),
- Hilfsarbeiter im Stahlwerk (Esfahān) → Schweißer (Zābol),
- Hilfsarbeiter in einer Fahrzeugreparaturwerkstatt (Zābol) → Ersatzteilehändler (Zābol),
- Hilfsarbeiter in einer Fahrzeugreparaturwerkstatt (Zābol) → Schweißer (Zābol),
- Bauarbeiter (Zābol) → Verkäufer in einer Konditorei (Zābol) → Kharārzi (Zābol),
- Bauarbeiter (Zābol) → Kharārzi (Zābol),
- Bauarbeiter (Zābol) → Kharārzi (Zābol).

Die Söhne von Viehhaltern und Dorfhändlern nehmen unter den Befragten die sozial angesehensten Berufe ein. Bis auf einen Kharārzi betreiben sie in Zābol Handelsgeschäfte für Stoffe, Teppiche und Haushaltswaren. Am Beispiel der Söhne von ambulanten ländlichen Händlern und Dorfhandwerkern zeigt sich, in welch großem Ausmaß die berufliche Position des Vaters bei dem beruflichen Werdegang der vom Lande abgewanderten Söhne eine Rolle spielt; Söhne aus Handwerker- und Händlerfamilien (96) setzen die gewerbliche Familientradition nach Abwanderung in die Stadt fort.

> Die Verlagerung wirtschaftlicher Aktivitäten vom Land in die Stadt läßt sich anhand der Familiengeschichte von zwei Händlern für Fisch aufzeigen. Im ersten Fall hatte der Großvater des befragten Zāboler Geschäftsmannes noch als Kuhhalter im Seebereich gelebt, während der Vater die Viehhaltung allmählich einschränkte und in zunehmendem Ausmaß als Zwischenhändler für Fisch und Seevögel arbeitete. Er lebte in einem Dorf im Seebereich, bezog Fische und Seevögel von der als Fischer und Jäger tätigen Nayzār-Bevölkerung und verkaufte die Tiere in Zābol. Der Befragte setzte die Tätigkeit des Vaters lange Jahre fort, bevor er sich 1963 als Fischhändler in Zābol niederließ.

> Der Sohn eines weiteren ambulanten Händlers für Fisch wählte schon 1938 Zābol zu seinem Wohnsitz und arbeitete zunächst wie der Vater als Zwischenhändler, bevor er 1973 einen Laden im Bāzār mietete.

Im Gegensatz zu der beruflichen Mobilität der Bauernsöhne halten die Söhne von Viehhaltern, Dorfhändlern und Handwerkern meist am einmal gewählten Beruf fest. Bei 11 von 15 Befragten änderte sich nach der Abwanderung in die Stadt die eingenommene berufliche Position nicht mehr; in den 4 Fällen, in denen ein Berufswechsel vorgenommen wurde, war damit ein sozialer Aufstieg verbunden:

- Landarbeiter (Gorgān) → Teppichhändler (Zābol),
- Bauarbeiter (Zābol) → Kharārzi (Zābol),

- Khararzi (Zabol) → Händler für Schreibwaren (Zabol),
- Diener des britischen Konsulats (Zabol) → unselbständiger Khararzi (Zabol) → selbständiger Khararzi (Zabol).

Bei dem quantitativ zu geringen Umfang der Befragung können zwar keine allgemeingültigen Rückschlüsse gezogen werden, es zeigt sich aber, daß die Stadt Zabol im Rahmen der Stadt-Umland-Beziehungen positive Funktionen wahrnimmt:

- die aus Wassermangel, wegen ökologischer Krisen bei der Viehhaltung oder aufgrund besserer Verdienstmöglichkeiten in die Stadt abgewanderten Bewohner des ländlichen Raumes tragen, sofern sie sich eine berufliche Position aufbauen können, zum Ausbau der städtischen Wirtschaft bei;
- Zabol bietet der Gruppe der Land-Stadt-Wanderer berufliche Aufstiegsmöglichkeiten; entsprechend der günstigeren Ausgangspositionen gelangen die Söhne von Viehhaltern und Dorfhändlern schneller in angesehene Berufszweige als die Bauernsöhne, deren beruflicher Werdegang von einer schrittweisen, aber insgesamt höheren Mobilität in Verbindung mit steigendem Sozialprestige gekennzeichnet ist.

4.1.1.2   Geschäftsleute, deren Familien aus Zabol stammen

Die Familien von 24 befragten Geschäftsleuten, die schon seit wenigstens einer Generation in Zabol ansässig sind, gehören zum überwiegenden Teil den Berufsgruppen der Händler an (vgl. Tab. 19) (97). Bei den 18 Personen, die den Beruf des Vaters angaben, zeigt sich ein starkes Festhalten an beruflichen Familientraditionen. 14 Befragte haben den vom Vater ausgeübten Beruf beibehalten, und bei den übrigen 4 Geschäftsleuten waren äußere Umstände oder der Wunsch nach einem sozialen Aufstieg für den Berufswechsel ausschlaggebend. Hierbei kam es zu folgenden Veränderungen:

- Teestube (Vater) → Inhaber einer Schneiderei (Sohn),
- Wollhändler (Vater) → Händler für Schuhe (Sohn),
- Personentransportunternehmer (Vater) → Schweißer (Sohn),
- Lastwagenfahrer (Vater) → Ersatzteilehändler (Sohn).

Der Befragte, dessen Vater eine Teestube besessen hatte, übernahm diese nach dem Tod seines Vaters, wurde aber vom städtischen Hygieneamt gezwungen, die Teestube zu schließen, und investierte sein Kapital in einem Schneidereibetrieb, in dem er einen Angestellten beschäftigte. Neben seinem Einkommen als Inhaber der Schneiderei bezieht er ein Gehalt als Hausmeister an einer Schule in Zabol.

Der Sohn eines Wollhändlers wollte nach seinem Schulbesuch in Zābol den Beruf des Vaters nicht fortsetzen und eröffnete ein Schuhgeschäft im Bāzār-e-Dah-mardeh.

Ein befragter Geschäftsmann gab das wenig lukrative Personentransportunternehmen des Vaters sofort nach dessen Tod auf und richtete 1966 die erste städtische Schweißerei auf der Reza-Shāh-Kabir-Str. ein. 1970 wanderte er wegen der besseren Verdienstmöglichkeiten als Schweißer nach Mashhad ab, kehrte aber 1978 nach Zābol zurück, weil er finanziell ruiniert war. Im selben Jahr eröffnete er im Gebäude der ehemaligen Garage des Vaters erneut einen Schweißereibetrieb.

Ein Befragter setzte zunächst den Beruf des Vaters als Lastwagenfahrer fort und übernahm Warentransporte für Zāboler Händler. In den 70er Jahren verkaufte er den Lastwagen und ließ sich als Händler für Fahrzeugersatzteile nieder.

Aus diesen Beispielen lassen sich folgende Gründe für die Aufgabe des väterlichen Berufs ableiten:

- Eingriffe von außen durch städtische Gewerbekontrolle,
- Aufstiegsdenken der Betroffenen, die, veranlaßt durch bessere Schulbildung oder den Wunsch nach sichereren und besseren Einkommensmöglichkeiten, den Beruf des Vaters aufgaben.

Insgesamt zeigen die Söhne von Vätern mit angesehenen händlerischen Berufen oder traditionsbewußte Handwerker die Tendenz, keinen Berufswechsel vorzunehmen. Dies liegt sicherlich an dem mit der Position eines Bāzārhändlers verbundenen hohen Sozialprestige und sicherem Einkommen; innerhalb der städtischen Gesellschaft Zābols sind hiermit Positionen erreicht, die sich kaum noch verbessern lassen.

Sechs befragte Geschäftsleute, deren Familien aus Zābol stammen, wollten den Beruf des Vaters nicht angeben (vgl. Tab. 19). Bis auf einen Händler für Tonkrüge, der seit 1948 sein Geschäft im Bāzār-e-Gabrestān betreibt, zeichnen sich die übrigen 5 Befragten durch regionale und soziale Mobilität aus.

Drei Schneider absolvierten einen Teil ihrer Ausbildung in Zāhedān bzw. Teherān, bevor sie sich in den 70er Jahren als Schneider in Zābol niederließen. Ein befragter Klempner arbeitete zwischen 1944 und 1963 als Angestellter in einer Klempnerei und machte sich 1963 selbständig. Ein Verkäufer für Obst und Gemüse verdiente seinen Lebensunterhalt zunächst als Tagelöhner und Bauarbeiter in Zābol und war seit 1969 in verschiedenen Bāzārläden als Verkäufer für Obst und Gemüse tätig.

In welch starkem Ausmaß eine Rückkehr nach Sistān nach Abschluß der Berufsausbildung, Ableistung des Militärdienstes oder Abwanderung aus dem ländlichen

Raum auf einer inneren Bindung der Befragten zu ihrer 'Heimat' beruht, kann an mehreren Beispielen aufgezeigt werden. Die unter der ländlichen Bevölkerung zu beobachtende Tendenz, ökologische Krisenzeiten infolge der schwankenden Wasserversorgung des Helmand durch zeitlich begrenzte Abwanderung (bes. nach Gorgān und Māzandarān) zu überbrücken (vgl. H. ZIA-TAVANA), läßt sich auch bei den stadtansässigen Geschäftsleuten feststellen (98).

4.1.2 Ambulante Gewerbetreibende

Von den 19 befragten ambulanten Gewerbetreibenden arbeiten 17 Personen im Bāzār, und 2 Händler für Zuckerwaren nehmen einen festen Standort an der Straßenkreuzung der 'Alam-Str. und der Hirmand-Str. ein (99).

Die Väter von 13 Befragten stammen aus einem Dorf in Sistān (100), und die Familien von 3 ambulanten Gewerbetreibenden sind seit wenigstens zwei Generationen in Zābol ansässig (vgl. Tab. 21).

Die Berufsstruktur der Väter ambulanter Gewerbetreibender weist eine Dominanz im Bereich der Agrar- und Viehwirtschaft auf, wo 14 Personen arbeiteten; jeweils eine Person war als ambulanter Händler mit Wohnsitz in Zābol tätig, und der Vater eines Befragten lebte als Schmied in Zābol. Unter den in der Landwirtschaft Beschäftigten überwogen Bauern mit geringem Besitz an Grund und Boden (8 Personen). Der Gruppe der Khoshneshin (landlose Landarbeiter) gehörten 5 Personen an; nur in einem Fall verdiente der Vater eines Befragten seinen Lebensunterhalt als Viehhalter.

Im Unterschied zur räumlichen und sozialen Herkunft der stationären Gewerbetreibenden bleibt die Anzahl der schon in Zābol ansässigen Väter ambulanter Gewerbetreibender gering. Der hohe Anteil landloser Landarbeiter läßt auf ungünstigere soziale Positionen für den Aufbau einer Existenz in der Stadt schließen.

Von 19 befragten ambulanten Gewerbetreibenden wurden 7 Personen in Zābol geboren, 5 Befragte wanderten zwischen 1948 und 1974 aus dem ländlichen Umland nach Zābol ab, 6 Personen lebten zum Befragungszeitpunkt in einem sistānischen Dorf; in einem Fall wurde die Frage nach der Herkunft nicht beantwortet (vgl. Tab. 22).

Bei den nach Zābol abgewanderten 5 Befragten handelte es sich um ehemalige Bauern (2 Personen), Khoshneshin (2 Personen) und Viehhalter (1 Person). Als Abwanderungsgründe nannten sie Wassermangel und unzureichende Beschäftigungsmöglichkeiten in der Landwirtschaft.

Ein befragter ehemaliger Viehhalter aus Band-e-Zahak kam 1974 nach Zābol, nachdem ein großer Teil seiner Viehherde aus Wassermangel gestorben war und er die restlichen Tiere verkauft hatte. Die beiden 1971/72 und

Tabelle 21: Herkunft und Beruf der Väter von ambulanten Gewerbetreibenden

Wirtschaftsbereiche	Herkunft		
	Zābol	Dorf in Sistān	insgesamt
Agrar- und Viehwirtschaft			
Landwirtschaft	1	7	8
Khoshneshin		5	5
Viehwirtschaft		1	1
insgesamt	1	13	14
Ambulanter städtischer Handel			
Hühner	1		1
insgesamt	1	-	1
Handwerk			
Schmied	1		1
insgesamt	1	-	1
insgesamt	3	13	16

Quelle: eigene Befragung März/Mai 1978

1948 aus zwei Dörfern im Shibāb-Dehestān (Neygard und Bahrāmābād) nach Zābol abgewanderten Khoshneshin hatten in ihren Heimatdörfern keine Arbeit mehr gefunden. Ein befragter ehemaliger Bauer aus Maṣumābād gelangte 1971/72 wegen unzureichender Wasserversorgung zunächst nach Mazāndārān und ließ sich 1975 als ambulanter Händler für Stoffe in Zābol nieder. Schon im Jahre 1958 wanderte ein ehemaliger Bauer aus Wassermangel nach Zābol ab und arbeitete seitdem als Bauarbeiter in der Stadt.

Herkunft und beruflicher Werdegang der befragten ambulanten Gewerbetreibenden sind in Tabelle 22 dargestellt. Unter den 7 in Zābol geborenen Befragten behielten 4 Personen den einmal gewählten Beruf bei, ein Befragter arbeitete nach dem vorzeitigen Abbruch des Schulbesuchs als Händler für Obst und Gemüse, ein Kartoffelhändler handelte seit 1968 mit Sabzi, und ein ehemaliger Bauarbeiter betrieb seit 1976 einen Stoffhandel. Bis auf den letztgenannten Fall zeichnen sich die in Zābol Geborenen durch geringe berufliche Mobilität aus (101).

Dagegen konnte beim Personenkreis der Land-Stadt-Wanderer eine tendenziell größere berufliche Mobilität mit steigendem Sozialprestige festgestellt werden; über die Position eines Bauarbeiters gelang es zwei ehemaligen Khoshneshin, ihren Lebensunterhalt als ambulante Händler zu verdienen.

Tabelle 22: Herkunft und beruflicher Werdegang der ambulanten Gewerbetreibenden

Herkunft	beruflicher Werdegang		
	zuerst ausgeübter Beruf (Zeitpunkt)	Branche des ambulanten Gewerbes (Arbeitsbeginn)	Haupteinkommensquelle
in Zābol geboren			
1	Zuckerwarenhändler	Zuckerwarenhandel	amb. Gewerbe
1	Zuckerwarenhändler	Zuckerwarenhandel	Lastträger
1	Salzhändler	Salzhandel	amb. Gewerbe
1	Schüler	Obst und Gemüsehandel (1974)	amb. Gewerbe
1	Bauarbeiter	Stoffhandel (1976)	amb. Gewerbe
1	Kartoffelhändler	Sabzi-Handel (1968)	amb. Gewerbe
1	Händlerin für Sicheln, Zangen, Messer	Handel mit Sicheln, Zangen, Messer	amb. Gewerbe
nach Zābol abgewandert			
1	Bauer	Stoffhandel (1975)	amb. Gewerbe
1	Viehhalter	Handel mit Besen, Spindeln usw. (1974)	amb. Gewerbe
1	Khoshneshin/Bauarbeiter (1971-74)	Handel mit Besen, Spindeln usw. (1974)	amb. Gewerbe
1	Bauer	Bauarbeiter (1958)	amb. Gewerbe
1	Khoshneshin/Bauarbeiter (1948-58)	Sabzi-Handel (1958)	amb. Gewerbe
Dorfbewohner (Sistān)			
1	Bauer	Tierhandel	Bauer
1	Khoshneshin	Tierhandel	amb. Gewerbe
1	Khoshneshin	Bauarbeiter	amb. Gewerbe
1	Khoshneshin	Bauarbeiter	amb. Gewerbe
1	Bauer	Obst- und Gemüsehandel	Bauer
1	Bäuerin	Brot (dörfl. Produktion)	Verdienst des Mannes als Khoshneshin
Keine Angaben			
1	?	Brot (Städt. Verkaufsstand)	amb. Gewerbe

Quelle: eigene Befragung März/Mai 1978

Unter den in ländlichen Siedlungen beheimateten ambulanten Gewerbetreibenden muß unterschieden werden zwischen:

- Bauern, die eigenes Ackerland besitzen und für die der ambulante Handel eine Möglichkeit zum Absatz ihrer landwirtschaftlichen Produktion darstellt;
- Khoshneshin, deren wichtigste Einkommensquelle der Zwischenhandel mit landwirtschaftlichen Produkten ist;
- Khoshneshin und Bauern mit wenig Ackerland, die als Landarbeiter (bes. zur Erntezeit), Verkäufer eigener landwirtschaftlicher Produkte und Bauarbeiter in Zābol ihren Lebensunterhalt bestreiten;
- Bäuerinnen, die immer dann, wenn sie Einkäufe in Zābol zu erledigen haben, selbstgebackenes Brot im Bāzār zum Verkauf anbieten.

Die städtische Wirtschaft bietet Personen aus ärmeren sozialen Schichten, die in Zābol geboren sind oder aufgrund von Wassermangel und Unterbeschäftigung vom ländlichen Raum nach Zābol abgewandert sind, Arbeitsplätze als Bauarbeiter oder ambulante Gewerbetreibende. Darüber hinaus übernimmt der Bāzār eine wichtige Funktion als Absatzmarkt landwirtschaftlicher Produkte.

4.1.3 Zusammenfassung

Über die religiöse, bürokratische oder militärische Aufstiegsleiter hinaus (vgl. J. A. BILL 1972: 29 f.), die den Kreis der sozialen Aufsteiger auf Personen mit guter Schulbildung beschränkt, bietet die Kleinstadt Zābol berufliche Aufstiegsmöglichkeiten auch für Land-Stadt-Wanderer und ärmere städtische Sozialschichten. Die 'Durchlässigkeit' der städtischen Sozialstruktur beweist eine Betrachtung des beruflichen Werdegangs stationärer und ambulanter Gewerbetreibender. Während in Teherān nur wenigen Unselbständigen der Aufstieg zum Händler gelingt (vgl. M. SEGER 1975: 28 f.), können aus dem ländlichen Raum stammende Personen in Zābol über die Berufe des Bauarbeiters und ambulanten Gewerbetreibenden in der Stadt Fuß fassen und in ihrem weiteren beruflichen Werdegang bis zum Bāzārhändler aufsteigen (vgl. Abb. 21). Häufig läßt sich ein sozialer Aufstieg über den Beruf des Bauarbeiters zum ambulanten Händler bis hin zum stationären Gewerbetreibenden beobachten.

Abbildung 21: Berufliche Aufstiegsmöglichkeiten innerhalb der städtischen Wirtschaft

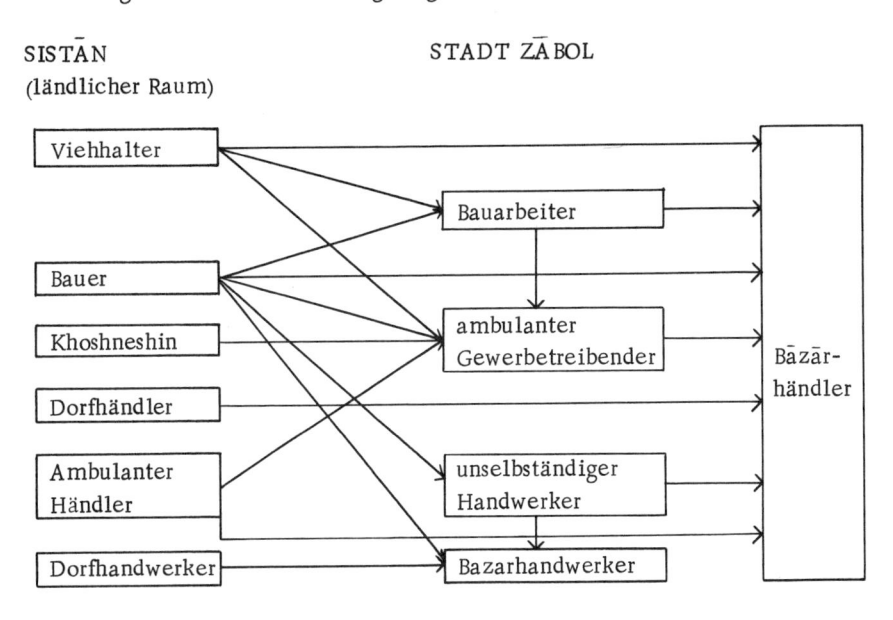

SISTĀN
(ländlicher Raum)

STADT ZĀBOL

```
┌─────────────┐
│ Viehhalter  │─────────┐
└─────────────┘         │
                        ▼
                 ┌─────────────┐
                 │ Bauarbeiter │─────┐
┌─────────────┐  └─────────────┘     │
│   Bauer     │──────┐               │
└─────────────┘      │               │   ┌──────────┐
┌─────────────┐      ▼               │   │ Bāzār-   │
│ Khoshneshin │  ┌───────────────┐   │   │ händler  │
└─────────────┘  │ ambulanter    │───┤   │          │
┌─────────────┐  │ Gewerbetreib. │   │   │          │
│ Dorfhändler │  └───────────────┘   │   │          │
└─────────────┘                      │   │          │
┌─────────────┐  ┌───────────────┐   │   │          │
│ Ambulanter  │  │ unselbständ.  │───┤   │          │
│ Händler     │  │ Handwerker    │   │   │          │
└─────────────┘  └───────────────┘   │   │          │
┌─────────────┐  ┌───────────────┐   │   │          │
│Dorfhandwerk.│─▶│ Bazarhandwerk.│───┘   └──────────┘
└─────────────┘  └───────────────┘
```

4.2   Organisationsformen der Wirtschaft

Die Kontrolle des Staates über den Markt der Stadt drückt sich in den Organisationsformen des Handels und Handwerks aus. Die Zusammenschlüsse der Gewerbetreibenden brachten für den Staat zahlreiche Vorteile mit sich und verhinderten die Entwicklung der orientalischen Stadt zu einem politisch und wirtschaftlich autonomen Machtfaktor.

Über die berufsständischen Korporationen im Orient liegen zahlreiche Spezialuntersuchungen vor, auf die hier nicht im einzelnen eingegangen werden kann. Die von L. MASSIGNON (1920) aufgestellte und noch von B. LEWIS (1937) vertretene Theorie über das Vorhandensein islamischer Zünfte, die die mittelalterlichen europäischen Zünfte beeinflußten (vgl. L. MASSIGNON 1920: 487 f.), ist in der Folgezeit widerlegt worden (vgl. bes. C. CAHEN 1970: 54-60; S. M. STERN 1970: 36-43). Nach dem heutigen Forschungsstand kann man über die berufsständischen Korporationen im Orient folgendes aussagen:

- berufsständische Korporationen in Nordafrika und dem Vorderen Orient gehen auf spätantike bzw. byzantinische Vorbilder zurück (vgl. S. M. STERN 1970: 44; C. CAHEN 1970: 52 f. und 61).
- sie unterscheiden sich von den mittelalterlichen europäischen Zünften vor allem durch die vom Staat über den 'muhtasib' ausgeübte Kontrolle und

Reglementierung (vgl. G. BAER 1970: 33-35; S. M. STERN 1970: 46 f.;
I. M. LAPIDUS 1969: 49; W. HOENERBACH 1956: 112; K. LIEBE-HARKORT
1970: 20-26 und 53; C. CAHEN 1970: 61 f.),
- sie weisen eine regional unterschiedliche Organisationsform auf und besitzen genau festgelegte Aufgaben (vgl. G. BAER 1970: 33-47; W. HOENERBACH 1956; K. LIEBE-HARKORT 1970: 47-54).

Meist war der organisatorische Aufbau der Zünfte hierarchisch. An der Spitze stand ein Zunftmeister, der von den Mitgliedern gewählt oder von der Regierung eingesetzt wurde. Das Amt konnte auch auf dem Wege einer öffentlichen Versteigerung vergeben werden (vgl. I. G. WETZSTEIN 1857: 482). Die Hauptaufgabe des Zunftmeisters lag in der Verteilung der von der Korporation zu zahlenden Steuerlast auf die einzelnen Zunftmitglieder (102). Die berufsständischen Organisationen sorgten für die Berufsausbildung ihrer Mitglieder, übernahmen soziale und religiöse Funktionen, achteten auf eine gerechte Belieferung ihrer Mitglieder mit Rohmaterial und Einhaltung eines bestimmten Qualitäts- und Preisniveaus sowie Ausschaltung jeder Konkurrenz unter ihren Mitgliedern.

Für den Iran hat kürzlich W. M. FLOOR (1975) die Entwicklung der berufsständischen Korporationen seit ihrem ersten Auftreten im 14. Jh. bis heute dargestellt. Ihr Ursprung stand danach in keiner organisatorischen Verbindung zu der religiös-sozialen 'futuwwa'-Bewegung, aus der sich nach C. CAHEN die berufsständischen Korporationen entwickelt haben sollen (vgl. C. CAHEN 1958: 70-73 u. ders. 1958/59: 29-46). Es war allerdings möglich, daß einige Handwerker sowohl einer Korporation als auch der'futuwwa'angehörten (vgl. W. M. FLOOR 1975: 116). Entscheidend für die Ausbildung von Korporationen in Iran waren die fiskalischen und wirtschaftlichen Interessen des Staates (vgl. W. M. FLOOR 1975: 101). Der Zusammenschluß der Handwerker und Einzelhändler eines Gewerbes erlaubte dem Staat eine gute Überwachung ihrer wirtschaftlichen Aktivitäten. Indem nicht jeder Handwerker persönlich, sondern seine Korporation als Ganzes besteuert wurde, sicherte sich der Staat regelmäßige Einkünfte und umging den Aufbau einer komplizierten Finanzverwaltung.

Für die Einhaltung der staatlichen Bestimmungen sorgte der'muhtasib', der das städtische Wirtschaftsleben kontrollierte und die Korporationen überwachte. Während des gesamten iranischen Mittelalters und der frühen Neuzeit gelang es den berufsständischen Korporationen nicht, sich der staatlichen Überwachung zu entziehen und eine machtvolle Organisation aufzubauen (vgl. M. W. FLOOR 1975: 105-108).

Nach dem Sturz der Qādjāren-Dynastie erließ der Staat verschiedene Gesetze, die vor allem die Organisationsformen und Besteuerung der Händler und Handwerker betrafen. Am 10.6.1971 wurde das bis heute gültige Gesetz über die Korporationen verabschiedet, welches ihre Organisationsform und Befugnisse festlegte und es der

Regierung erlaubte, strikte Preiskontrollen durchzuführen (vgl. W. M. FLOOR 1975: 109-113). Das Gesetz bestimmte folgenden hierarchischen Aufbau:

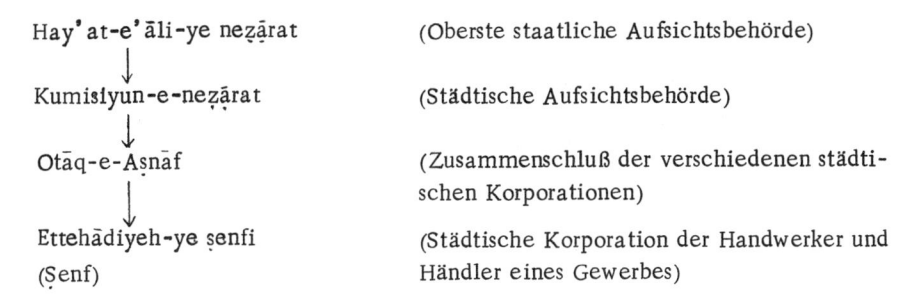

Hay'at-e'āli-ye nezārat   (Oberste staatliche Aufsichtsbehörde)
↓
Kumisiyun-e-nezārat   (Städtische Aufsichtsbehörde)
↓
Otāq-e-Asnāf   (Zusammenschluß der verschiedenen städtischen Korporationen)
↓
Ettehādiyeh-ye senfi   (Städtische Korporation der Handwerker und
(Senf)   Händler eines Gewerbes)

Alle Handwerker und Einzelhändler eines Gewerbes waren im 'ittihādiya-yi sinfi' zusammengeschlossen. Diese 'Senf' genannte Organisation stellte die Korporation auf unterster Ebene dar und war zuständig für den Einzug von 15% des jährlichen Bruttoeinkommens ihrer Mitglieder als Gewerbesteuer, achtete auf die Einhaltung der Geschäftszeiten und kontrollierte die Qualität der Waren.

Die Senf führte im wesentlichen die Entscheidung der Otāq-e-Asnāf aus, dem organisatorischen Zusammenschluß aller Senf einer Stadt. Entsprechend der Größe der Stadt besaß die Otāq-e-Asnāf 5 bis 25 Mitglieder und wählte aus ihren Reihen einen Vorstand von 3 bis 11 Ratsmitgliedern.

Die Otāq-e-Asnāf war ihrerseits an die Beschlüsse der in jeder Stadt gebildeten Kumisiyun-e-nezārat' gebunden, die sich aus dem Farmāndār (Gouverneur) und verschiedenen Vertretern der Ministerien und der Stadtverwaltung zusammensetzte. Diese oberste Wirtschaftskommission einer Stadt legte die Rechte und Pflichten der Senf fest und überprüfte die Preispolitik der Otāq-e-Asnāf.

Als weisungsgebende staatliche Aufsichtsbehörde wurde die Hay'at-e'āli-ye nezārat' eingerichtet, der mehrere Minister, der Polizeichef, Vertreter des Teheraner Wirtschaftslebens und unabhängige Wirtschaftsfachleute angehörten. Dieser hierarchische Aufbau mit einer obersten staatlichen Überwachungsbehörde an der Spitze sicherte dem Staat die Kontrolle über das städtische Wirtschaftsleben.

4.2.1   Die Funktion der Otāq-e-Asnāf

Bevor sich 1972 die städtischen Gewerbetreibenden Zābols zu verschiedenen Senf zusammenschlossen und die Otāq-e-Asnāf gegründet wurde, gab es keine irgendwie gearteten Organisationsformen, die die Interessen der städtischen Händler und Handwerker vertraten. Ein lockerer Zusammenschluß einiger Geschäftsleute, der unter der Aufsicht des Bürgermeisteramtes stand, blieb wirtschaftspolitisch bedeutungslos, da er keinerlei Funktionen besaß.

Der Zwangscharakter der vom Staat angeordneten Bildung der Ṣenf und der Otāq-e-Aṣnāf zeigt sich im organisatorischen Aufbau der Korporationen, wodurch dem Staat weitreichende Kontroll- und Einflußmöglichkeiten auf das städtische Wirtschaftsleben gesichert wurden.

Die Konstituierung der Otāq-e-Aṣnāf erfolgt alle zwei Jahre, in der Regel im Februar, auf einer vom Farmāndār als dem Vertreter der Provinzregierung in Zābol einberufenen Versammlung. Der aus dem Amt scheidende Vorsitzende der Otāq-e-Aṣnāf bittet den Farmāndār in einem förmlichen Schreiben, den Wahltermin festzulegen, worauf dieser den Zeitpunkt und den Versammlungsort bestimmt. Im Amtsgebäude der Otāq-e-Aṣnāf oder im Bürgermeisteramt versammeln sich zum festgesetzten Termin alle Mitglieder der 11 städtischen Ṣenf, um über die personelle Zusammensetzung der Otāq-e-Aṣnāf neu zu entscheiden. Eine Ṣenf gilt bei einer Anwesenheit von wenigstens 50% ihrer Mitglieder als beschlußfähig.

Jede Ṣenf wählt in getrennter und geheimer Wahl einen Ṣenf-Vorsteher. Diese 11 Vertreter der Ṣenf bilden ein Wahlgremium und bestimmen aus ihrer Mitte den Vorstand der Otāq-e-Aṣnāf, der sich aus den folgenden drei Funktionsträgern zusammensetzt (103):

- dem Vorsitzenden der Otāq-e-Aṣnāf,
- einem stellvertretenden Vorsitzenden der Otāq-e-Aṣnāf,
- einem Finanzverwalter.

Das Wahlgremium der 11 Ṣenf-Vorsteher wählt den dreiköpfigen Vorstand, ohne die Funktionsbereiche jedes einzelnen Vorstandsmitgliedes festlegen zu können; der gewählte Vorstand bestimmt den Vorsitzenden der Otāq-e-Aṣnāf, und dieser weist darauf in gütlicher Einigung den übrigen Vorstandsmitgliedern ihre Funktionsbereiche zu. Eine Wiederwahl des Vorsitzenden der Otāq-e-Aṣnāf ist nach zwei Jahren möglich.

Es existiert eine Rangordnung unter den Ṣenf, die auf der unterschiedlichen sozialen Wertschätzung des jeweiligen Gewerbes beruht, sich aber nach Auskunft des Vorsitzenden der Otāq-e-Aṣnāf nicht auf die Besetzung der Vorstandsposten in der Otāq-e-Aṣnāf auswirkt. Die höchste Achtung genießen die Stoff- und Teppichhändler, weil sie vermögender sind als die anderen Gewerbetreibenden und für klügere Geschäftsleute gehalten werden. Dennoch werden die Stoff- und Teppichhändler nicht öfter als andere in den Vorstand der Otāq-e-Aṣnāf gewählt (104).

Deutlicher Ausdruck staatlicher Kontrolle über die Otāq-e-Aṣnāf ist die Tatsache, daß die Wahl eines neuen Vorsitzenden der Otāq-e-Aṣnāf als ungültig gilt, wenn sie nicht durch den Farmāndār und die Sicherheitspolizei bestätigt und genehmigt wird.

Als Voraussetzung für den Eintritt in eine Ṣenf sind weder ein bestimmtes Mindestalter noch eine vorgeschriebene Berufsausbildung oder ein Schulabschluß notwendig; nur ein Bewerber um ein Amt in der Ṣenf oder Otāq-e-Aṣnāf muß eine dem Hauptschulabschluß vergleichbare Ausbildung nachweisen können. Für die 80er Jahre beabsichtigt der Vorstand der Otāq-e-Aṣnāf, den zahlreichen Analphabeten innerhalb der Ṣenf den abendlichen Schulbesuch zu ermöglichen. Die Prozedur der Aufnahme in eine Ṣenf vermittelt einen Eindruck vom Ausmaß staatlicher Kontrolle über die Senf-Mitglieder. Hat ein Eintrittswilliger seinen Beitrittswunsch der Otāq-e-Aṣnāf mitgeteilt, leitet der Vorstand seine Personalpapiere an die Sicherheitspolizei weiter; nur wenn die polizeilichen Untersuchungen keine Bedenken gegen eine Ṣenf-Mitgliedschaft ergeben haben, kann der Antragsteller bei Zustimmung der Ṣenf aufgenommen werden.

Die Ṣenf richtet ihre Entscheidung über die Aufnahme eines neuen Mitgliedes nach dessen beruflichen Fähigkeiten. Sie erkundigt sich z. B. im Fall von beitrittswilligen Handwerkern bei deren Lehrmeistern, ob sie ihren Beruf ausreichend beherrschen (105).

Im folgenden soll näher auf die rechtlichen, wirtschaftlichen und sozialen Funktionen der Ṣenf eingegangen werden.

Bei Schlichtung von Streitigkeiten unter den städtischen Gewerbetreibenden tritt ein Gremium zusammen, bestehend aus dem Farmāndār, dem Vorstand der Otāq-e-Aṣnāf, einem Vertreter des Arbeitsamtes und Vertrauenspersonen derjenigen Ṣenf, über deren Mitglieder verhandelt wird. Dieses Gremium bemüht sich, eine gütliche Einigung herbeizuführen. Bevor diese Schlichtungskommission einschreitet, versucht eine Ṣenf die aufgetretenen Probleme intern zu lösen, indem sie die beiden dem Vorstand der Otāq-e-Aṣnāf zur Seite gestellten Personen ohne bestimmten Aufgabenbereich um Vermittlung zwischen den streitenden Parteien bittet. Gründe für einen Streit liegen meistens in nicht eingehaltenen Handelsabsprachen.

Probleme, die eine Ṣenf als Ganzes betreffen, werden der städtischen Aufsichtsbehörde über die gewerbliche Wirtschaft (Kumisiyun-e-neẓārat') zur Entscheidung vorgetragen. Ihr gehören folgende Personen an:

- der Farmāndār,
- der Vorsitzende der Otāq-e-Aṣnāf,
- der Bürgermeister,
- der Vorsitzende des Stadtrates,
- der leitende Beamte des Arbeitsamtes,
- ein Vertreter des Genossenschaftsamtes.

Die Kommission muß ihre Beratungen solange fortsetzen, bis ein Mehrheitsbeschluß gefaßt worden ist. Ihre Zustimmung ist erforderlich bei der Zusammenlegung mehrerer Ṣenf zu einer neuen Ṣenf, der Auflösung einer Ṣenf oder bei Preisfestsetzungen der Otāq-e-Aṣnāf.

Zu den wichtigsten wirtschaftspolitischen Funktionen der Otāq-e-Aṣnāf gehört die Mitwirkung bei der Einziehung von Gewerbesteuern für ihre Mitglieder, die jedes Jahr vom Finanzministerium in Teherān neu festgelegt werden. Der Steuerbeschluß des Finanzministeriums konnte durch den Einspruch der Otāq-e-Aṣnāf in den vergangenen Jahren schon mehrfach für alle oder einzelne Ṣenf umgangen werden. Nachdem jedes Ṣenf-Mitglied seine Einkommensverhältnisse offengelegt hat, erstattet der Ṣenf-Vorsteher bei der Otāq-e-Aṣnāf einen Bericht über die allgemeine Ertragslage und bittet im Falle wirtschaftlicher Schwierigkeiten um eine Steuererleichterung. Daraufhin diskutieren die Vorsitzenden der Otāq-e-Aṣnāf, der Bānk Melli und des Finanzamtes sowie jeweils ein Vertreter aus jeder Ṣenf über die wirtschaftliche Lage in Zābol. Die Bitte dieses Gremiums um Steuererleichterungen hatte mehrfach Erfolg und wurde hauptsächlich begründet mit dem Hinweis auf die Unterentwicklung der Region, die schlechten Verkehrsverbindungen und die Notwendigkeit, die Wirtschaftskraft Sistāns zu stärken. In dem Entgegenkommen der Zentralregierung bei Steuererleichterungen liegt ein wichtiges Instrument des Staates, die Wirtschaft Sistāns zu beleben und die städtischen Gewerbetreibenden zu unterstützen.

Der Vorstand jeder einzelnen Ṣenf verwaltet die Beiträge der Mitglieder, die unabhängig von der Einkommenshöhe oder Dauer der Mitgliedschaft entrichtet werden und unter den verschiedenen Ṣenf zwischen 500 bis 1.200 Rial im Jahr schwanken. Die unterschiedlichen Jahresbeiträge und das Vorhandensein von Versammlungsräumen können als Indiz für die Ertragslage der jeweiligen Ṣenf angesehen werden. Die höchsten Beiträge haben die Mitglieder der Woll- und Teppichhändler-Ṣenf sowie der Stoffhändler-Ṣenf zu entrichten. Die Beiträge finden Verwendung bei der Ausrichtung von Festen, Ankauf von Büromaterial und Instandsetzung der vorhandenen Ṣenf-Räume. 1978 verfügten nur die Woll- und Teppichhändler über einen speziellen Versammlungsraum; die übrigen Ṣenf treffen sich in Wohnhäusern von Mitgliedern.

Eine Zusammenkunft der 11 Ṣenf-Vorsteher muß einmal im Monat stattfinden; meist diskutieren die Vertreter der städtischen Gewerbe aber mehrmals im Monat über Probleme bei der Preisgestaltung, Absatz- und Lieferschwierigkeiten sowie die allgemeine Wirtschaftslage. Die Versammlung wird in das Bürgermeisteramt (Shahrdāri) einberufen und tagt im Beisein des Bürgermeisters.

Großen Einfluß auf den städtischen Markt nimmt die Otāq-e-Aṣnāf durch ihre Befugnisse bei der Festsetzung von Verkaufspreisen. Die Preise für hochwertige Industrieprodukte wie Fahrzeuge und Elektroartikel bestimmt das Handelsministerium, und ihre Einhaltung wird von der Otāq-e-Aṣnāf überwacht. Bei allen übrigen Handelsgütern legt die Otāq-e-Aṣnāf die Preise selbst fest. Ein Geschäftsmann, der in Teherān oder in einer anderen iranischen Großstadt Waren eingekauft hat, muß die Einkaufsquittung bei der Otāq-e-Aṣnāf vorlegen. Unter Berücksichtigung von Ausgaben für Transportkosten legt die Otāq-e-Aṣnāf den Verkaufspreis fest, wobei der Verdienst einen Prozentsatz von 20% nicht überschreiten darf. Für leicht verderbliche Güter wie Obst und Gemüse, Fisch und Fleisch bestimmt die Otāq-e-Aṣnāf die Verkaufspreise jede Woche von neuem.

Um den guten Ruf einer Ṣenf sicherzustellen, beschäftigt jede Ṣenf einen Kontrolleur, der unabhängig von der Otāq-e-Aṣnāf Qualitätskontrollen durchführt. Verkauft ein Händler minderwertige Waren oder stellt ein Handwerker Produkte niederer Qualität her, kann der Kontrolleur ermahnend eingreifen und in besonders schwerwiegenden Fällen den Ṣenf-Vorsteher informieren. Dieser hat allerdings nicht das Recht, einem Ṣenf-Mitglied die Ausübung seines Berufes zu verbieten oder ihn aus der Ṣenf auszustoßen. Drei Angestellte des Hygieneamtes der Stadt überwachen laufend Restaurants, Teestuben und die Güte der auf dem Markt angebotenen Lebensmittel.

In wirtschaftliche Schwierigkeiten geratene Ṣenf-Mitglieder werden von der Otāq-e-Aṣnāf nicht mit Krediten unterstützt und bleiben auf Banken angewiesen. Die Organisation der städtischen Gewerbetreibenden unterscheidet sich in dieser Hinsicht von den bäuerlichen Genossenschaften, die für ihre Mitglieder Kredite bereitstellen.

Die Otāq-e-Aṣnāf nimmt nur ansatzweise soziale Funktionen wahr, wie etwa bei dem Vorhaben, Analphabeten den abendlichen Schulbesuch zu ermöglichen. Der gesamte Komplex der Lehrlingsausbildung entzieht sich den Einflußmöglichkeiten der Otāq-e-Aṣnāf, und die Lehrherren können Gang und Dauer der Ausbildung sowie die Entlohnung eigenmächtig bestimmen. Im Bereich der Altersversorgung und Krankenhilfe bleibt jedes Mitglied auf sich allein gestellt.

Die Aussicht auf die Errichtung einer Interessenvertretung und die Hoffnung auf eine Besserung ihrer wirtschaftlichen Situation hat viele städtische Gewerbetreibende 1972 zum Beitritt in eine Ṣenf bewogen; 1973 gibt es in Zābol 22 Ṣenf mit insgesamt 1.051 Mitgliedern (vgl. Tab. 23). In einer Ṣenf können sowohl Handwerker oder Händler als auch Gewerbe unterschiedlicher Wirtschaftsbereiche zusammengeschlossen sein. Die höchste Mitgliederzahl von 117 Personen besitzt 1973 die Ṣenf Nr. 11, in der die meisten Einzelhändler zusammengeschlossen sind. In der großen Anzahl der verschiedenen Ṣenf, die sich selbst bei einer nur kleinen Mitgliederzahl gebildet haben, manifestiert sich die Abgrenzungstendenz der Gewerbe untereinander. Die anfängliche Euphorie bei der Gründung der Otāq-e-Aṣnāf verwandelt sich in den folgenden Jahren in Interesselosigkeit bis Enttäuschung. Trotz einer Zunahme der wirtschaftlichen Aktivitäten in Zābol und des Zwangs, einer Ṣenf beizutreten, verringert sich die Anzahl der Ṣenf bis 1976/77 auf 11 Korporationen, und die Mitgliederzahlen gehen auf 737 Personen zurück.

Der Versuch des Vorsitzenden der Otāq-e-Aṣnāf, den Mitgliederschwund mit der Abwanderung einiger Händler, den Zusammenschlüssen mehrerer kleiner Ṣenf und dem Aufstieg der Mitglieder in Beamtenstellungen zu erklären, kann nicht befriedigen. Als viel gravierender erweisen sich die Auflösung von 6 Ṣenf und der

Tabelle 23: Entwicklung der Mitgliederzahlen der Şenf in Zābol von 1973 bis 1976/77

Register-Nummer 1976/77 (73)		in einer Şenf zusammengeschlossenen Branchen	Mitgliederzahlen 1973	1976/77
1.	(1.)	Fahrzeughandel, Ersatzteile, Schmied, Halabi-sāz (Klempner), Schweißer	114	126
	(2.)	Fahrzeughandel, Ersatzteile	6	Zusammenschluß zu 1.
2.	(3.)	Personen- und Warentransporte	39	26
3.		Lebensmittel, Kharārzi, Obst und Gemüse, Getreide		112
	(4.)	Lebensmittel, Kharārzi	79	Zusammenschluß zu 3.
	(5.)	Obst und Gemüse	45	Zusammenschluß zu 3.
4.	(6.)	Restaurant, Hotel, Garküche Teestube	37	25
5.	(7.)	Metzger, Viehhandel	42	23
6.	(8.)	Stoffe, Textilien	50	46
	(9.)	Textilien	30	Zusammenschluß zu 6.
7.	(10.)	Schneider, Reinigung	77	62
8.		Schuhe, Gemischtwaren, Haushaltswaren u.a. Handelsbranchen		174
	(11.)	Gemischtwaren, Haushaltswaren	117	Zusammenschluß zu 8.
	(12.)	Schuhe, Schuster	15	Zusammenschluß zu 8.
9.	(13.)	Zuckerwaren, Konditorei, Bäcker	63	43
	(14.)	Bäcker	52	Zusammenschluß zu 9.
10.	(15.)	Friseur, Bader	27	20
11.	(16.)	Wolle, Teppiche	97	80
	(17.)	Schreiner, Möbel	32	aufgelöst
	(18.)	Uhren, Schmuck, Foto	39	aufgelöst
	(19.)	Schilfrohrmatten	32	aufgelöst
	(20.)	Datteln	25	aufgelöst
	(21.)	Ziegeleien	13	aufgelöst
	(22.)	Baustoffe	20	aufgelöst
		insgesamt	1051	737

Quelle: Angaben des Vorsitzenden der Otāq-e-Asnāf in Zābol vom 9.5.1978

Austritt zahlreicher Gewerbetreibender aus ihrer Ṣenf; die Vermutung liegt nahe, daß viele Geschäftsleute aus Enttäuschung über die wirtschaftspolitischen Einflußmöglichkeiten ihre Korporation verlassen.

Die Otāq-e-Aṣnāf präsentiert sich als reglementierende Überwachungsbehörde des Staates, übernimmt kaum soziale Funktionen und beschränkt sich auf wirtschaftliche Lenkungsversuche, die die Gewerbetreibenden durch Festsetzung von Gewinnspannen und Verkaufspreisen in ihrer Handlungsfreiheit einschränken. Die Otāq-e-Aṣnāf leistet keine Investitionshilfen oder Unterstützung für in wirtschaftliche Not geratene Mitglieder, und vor allem diejenigen Einzelhändler Zābols, die bei Teheraner Großhändlern verschuldet sind, machen die Preispolitik der Otāq-e-Aṣnāf für ihre Verschuldung verantwortlich.

Auf ihre Kenntnis über die Arbeit der Otāq-e-Aṣnāf angesprochene Geschäftsleute und Handwerker zeigen wenig Interesse und eine persönliche Einschätzung, die von Gleichgültigkeit bis zu leiser Kritik reicht. Die Ṣenf werden von ihren Mitgliedern als eine Organisation verstanden, der man zwar aufgrund staatlicher Gesetze angehören muß, die die Interessen ihrer Mitglieder aber nicht wirkungsvoll vertreten kann.

4.2.2   Beispiele von Organisationsformen in verschiedenen Wirtschaftsbereichen

An drei Beispielen sollen im folgenden Organisationsformen städtischer Wirtschaftsbereiche vorgestellt werden. Im Mittelpunkt des Interesses an der Initiative der staatlichen iranischen Teppichgesellschaft in Zābol steht die Frage nach Strukturverbesserungen der städtischen Wirtschaft durch Schaffung von Arbeitsplätzen und Verarbeitung sistānischer Rohstoffe.

Die wirtschaftliche Entwicklung der Stadt Zābol hängt in großem Ausmaß von den Anschlußmöglichkeiten an das iranische Fernverkehrsnetz ab, und für die Versorgung einer peripher gelegenen Kleinstadt mit Konsumgütern und Lebensmitteln spielen Personen- und Warentransporte zu den mehrere 100 km entfernten iranischen Großstädten (106) eine wichtige Rolle. Um Abhängigkeiten von den Transportunternehmern größerer städtischer Zentren zu vermeiden, muß die Organisation der Personen- und Warentransporte von einheimischen Unternehmern übernommen werden; inwieweit Zaboler Transportunternehmer ihre Eigenständigkeit bewahren können, zeigt das zweite Beispiel.

Das städtische Wasserwirtschaftsamt ist einer der größten öffentlichen Dienstleistungsbetriebe, dessen Beschäftigungspolitik große Auswirkungen auf die Schaffung sicherer Arbeitsplätze in Zābol besitzt. Ausgehend von den spürbaren Verbesserungen der sanitären Verhältnisse durch die Bautätigkeit des Wasserwirtschaftsamtes, werden die Bemühungen dieser städtischen Behörde zum Abbau der Arbeitslosigkeit hinterfragt.

4.2.2.1 Die staatliche Teppichgesellschaft

Bevor die staatliche iranische Teppichgesellschaft im Jahre 1969 ihre Tätigkeit in Zābol aufnahm, gab es weder eine von privaten Unternehmern noch vom Staat gelenkte Teppichindustrie. Ein Verlagswesen, wie es sich z. B. in Kermān (vgl. P. W. ENGLISH 1966 und G. STÖBER 1978) oder in Tabas (vgl. E. EHLERS 1977) herausgebildet hatte, existierte nicht in Sistān. Sistānische Teppiche werden aber schon seit Generationen von der ländlichen Bevölkerung auf schmalen waagerechten Knüpfrahmen geknüpft. Diese ursprünglich nur für den Eigenbedarf hergestellten Teppiche gelangten erst in den letzten Jahren auf den städtischen Markt (vgl. H. ZIA-TAVANA).

Mit der Einrichtung einer Zweigstelle der staatlichen iranischen Teppichgesellschaft in Zābol verfolgt die Plan-Organisation die Absicht, einen Anstoß zur wirtschaftlichen Entwicklung zu geben und in Sistān Arbeitsplätze zu schaffen. Den traditionell in Sistān geknüpften Teppichen wurden keine Absatzmöglichkeiten auf dem Weltmarkt eingeräumt, und bei der Auswahl herzustellender Teppiche orientierte man sich an den guten Marktchancen der Kermāner Teppiche. Die aus Kermān nach Sistān geschickten Fachleute zeigten Frauen und Kindern die Methode, "persische" Knoten zu knüpfen, und gaben ihnen Vorlagen mit einfachen Mustern, die sie nachknüpfen sollten; in den 70er Jahren wurden kompliziertere Muster nach Art der Teppiche aus Kāshān, Tabriz und Mashhad eingeführt. Das stärkste Interesse an Arbeitsaufträgen zeigten anfangs Kleinviehhalter, und erst später nahm die Teppichknüpferei unter der bäuerlichen Bevölkerung zu. In Zābol stellte die staatliche iranische Teppichgesellschaft im Jahre 1974 die ersten Knüpfrahmen in privaten Haushalten auf.

Die Teppichgesellschaft organisiert den Einkauf von Rohprodukten, vergibt die Arbeitsaufträge und übernimmt den Absatz der Endprodukte (vgl. Abb. 22) (107). Angestellte der staatlichen iranischen Teppichgesellschaft stellen die Knüpfrahmen in den privaten Haushalten auf und ziehen die Kettfäden. Im Zāboler Kontor der Teppichgesellschaft liefern ländliche und städtische Teppichknüpfer die fertiggestellten Teppiche ab, die vor dem weiteren Versand maschinell geschoren werden. Es erscheint paradox, daß die staatliche iranische Teppichgesellschaft entgegen den Intentionen der Plan-Organisation auf die Verwendung in Sistān vorhandener Rohstoffe verzichtet und damit eine Chance zur Ankurbelung der einheimischen gewerblichen Wirtschaft und der Kleinviehhaltung nicht wahrnimmt; die einzig genutzte 'Ressource' ist die Arbeitskraft.

Der Vergabe eines Arbeitsauftrages geht eine Prüfung der Fähigkeiten des Teppichknüpfers voraus; der Knüpfkontrakt schreibt vor:

Abbildung 22: Organisation der Teppichknüpferei durch die staatliche iranische Teppichgesellschaft in Zābol 1978

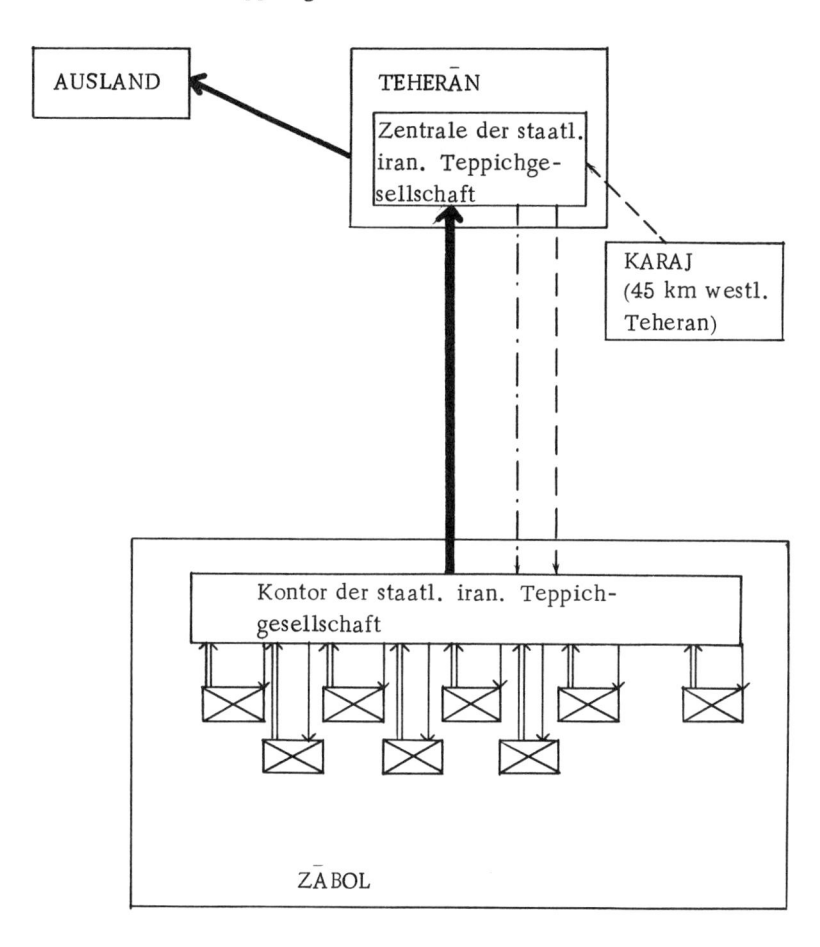

AUSLAND

TEHERĀN
Zentrale der staatl. iran. Teppichgesellschaft

KARAJ
(45 km westl. Teheran)

Kontor der staatl. iran. Teppichgesellschaft

ZĀBOL

← − − Bezug gefärbter Wolle
← · − · − Bezug von technischen Hilfsmitteln
←——— Bezug von Wolle, Knüpfrahmen, Mustern durch städtische Teppichknüpfer
⇐=== Verkauf der Teppiche durch Teppichknüpfer
←——— Weiterer Absatz der Teppiche durch die staatliche iranische Teppichgesellschaft
⊠ Private städtische Haushalte

Quelle: eigene Befragung Mai 1978

- die Art des zu knüpfenden Musters,
- die Größe des Teppichs,
- Menge und Farbe der gelieferten Wolle.

Der Knüpfrahmen wird in der Wohnung des Teppichknüpfers aufgestellt, und das vorgeschriebene Muster sowie die benötigte Wolle händigt die Zentrale der staatlichen Teppichgesellschaft in Zābol dem Teppichknüpfer aus. An einem Knüpfrahmen arbeiten bis zu drei Arbeitskräfte, und eine Person kann in einer Stunde ca. 1.500 Knoten knüpfen. Ein guter Teppichknüpfer benötigt für einen Teppich von 9 qm eine Arbeitszeit von 3 Monaten (108).

Die Entlohnung der Teppichknüpfer hängt von der Dichte der Kettfäden und dem verwendeten Muster ab. Der Arbeitslohn beträgt gemessen an einer Fläche von 10 qcm:

- bei 42 waagerechten und 42 senkrechten Kettfäden   7.000 Rial/qm,
- bei 54 waagerechten und 54 senkrechten Kettfäden   9.000 Rial/qm,
- bei 60 waagerechten und 60 senkrechten Kettfäden 12.000 Rial/qm.

Für einen 5 qm großen Teppich zahlt die Teppichgesellschaft einen garantierten Mindestlohn von 35.000 Rial (ca. 1.093 DM) (109). Nach der Fertigstellung des Teppichs erfolgt eine Qualitätskontrolle, nach der sich die Entlohnung des Knüpfers richtet. Stellt sich heraus, daß die Arbeit besser als erwartet ausgeführt ist, wird der vorher ausgehandelte Lohn erhöht. Bei einer Beschädigung des Teppichs oder vorhandenen Arbeitsfehlern erhält der Knüpfer dennoch den garantierten Mindestlohn.

Eine Vorauszahlung auf den ausgehandelten Arbeitslohn ist in der Regel nicht üblich. Allerdings kann ein Knüpfer, der schon häufiger für die Teppichgesellschaft gearbeitet hat und dem Leiter als zuverlässig bekannt ist, bis zu 100% des zu erwartenden Arbeitslohns im voraus erhalten. In wieviel Fällen die Praxis solcher Vorauszahlungen gehandhabt wurde und in welchem Ausmaß Teppichknüpfer bei der Gesellschaft verschuldet waren, ließ sich nicht in Erfahrung bringen.

Frauen und Kinder stellen den größten Anteil der Teppichknüpfer, wobei das Verbot der Kinderarbeit für Jugendliche unter 12 Jahren seitens der Teppichgesellschaft oft formal umgangen wird. Bewerben sich Familien mit Kindern unter 12 Jahren um einen Knüpfvertrag, vergibt die Teppichgesellschaft selbst dann die Arbeit vertraglich an die Eltern, wenn der Teppichgesellschaft bekannt ist, daß die Eltern gar nicht knüpfen können. Kinder zählen demzufolge zu den wichtigsten Produzenten der von der Zāboler Filiale der staatlichen iranischen Teppichgesellschaft vertriebenen Teppiche.

Die Teppichgesellschaft organisiert nach dem Produktionsprozeß auch den Verkauf der Teppiche. Die von den Teppichknüpfern im Zāboler Kontor abgelieferten Teppiche werden gesäubert, gerade gezogen und glatt geschoren. Pro Monat schickt die Teppichgesellschaft 60 bis 80 Teppiche nach Teherān, wo sie entweder in eigenen Läden zum Verkauf angeboten oder ins Ausland exportiert werden. Da die Teppichgesellschaft sich nur um Produktion und Verkauf von Teppichen kümmert, die sie selbst in Auftrag gegeben hat, ergibt sich eine deutliche Aufgabentrennung und Zweiteilung des Produktionsprozesses und des Vermarktungsmechanismus der in Sistān geknüpften Teppiche:

- Teppiche mit traditionellen Mustern, die auf waagerechten Knüpfrahmen hergestellt werden, produzieren Sistānis entweder für den Eigenbedarf oder für den Verkauf auf dem Bāzār von Zābol. Der gesamte Produktionsprozeß liegt in seiner Planung, dem Einkauf von Rohstoffen, der Herstellung des Knüpfrahmens und der Auswahl der Muster bei den Produzenten selbst. Die meist bäuerlichen Teppichknüpfer organisieren eigenständig den Absatz ihrer Produkte (vgl. H. ZIA-TAVANA),
- die Herstellung von Teppichen auf senkrechten Knüpfrahmen geht auf die Initiative der staatlichen iranischen Teppichgesellschaft zurück. Die Teppichgesellschaft schreibt den Knüpfern genau vor, welche Muster und Größe der Teppich haben muß und liefert sämtliche Rohstoffe und den Knüpfrahmen. Ebenso übernimmt sie den Absatz der Teppiche, die gar nicht erst auf den Zāboler Bāzār gelangen, sondern gleich nach Teherān exportiert werden.

Die Anzahl der in Zāboler Haushalten aufgestellten Knüpfrahmen ging seit 1974 zurück (vgl. Tab. 24), obwohl die Investitionen der Plan-Organisation für Sistān nach Auskunft des Leiters der Teppichgesellschaft von 60 Mill. Rial im Jahre 1971 auf 200 Mill. Rial im Jahre 1976 anwuchsen.

Tabelle 24:   Entwicklung der Teppichknüpferei in Zabol

Jahr	Anzahl der Knüpfrahmen	Anzahl der Beschäftigten
1974	60	120
1975	50	100
1976	45	90

Quelle: Angaben des Leiters der Filiale der staatlichen iranischen Teppichgesellschaft in Zābol vom 14.5.1978

Um das Interesse der in Zābol lebenden Teppichknüpfer an einer zunehmenden Produktion zu wecken, beabsichtigt die Teppichgesellschaft, in den 80er Jahren eine städtische Teppichmanufaktur zu errichten. Die Effektivität eines solchen Vorhabens muß vor dem Hintergrund der vergleichsweise niedrigen Löhne für die Teppichknüpfer bezweifelt werden; darüber hinaus können die steigenden Absatzchancen sistanischer Teppiche eigener bäuerlicher Produktion auf dem städtischen Bazar zu einer noch stärkeren Abwendung eines Teils der Teppichknüpfer von den vertraglichen Fesseln der staatlichen Teppichgesellschaft zu eigenständiger Produktion führen.

Am Beispiel des von der staatlichen iranischen Teppichgesellschaft organisierten Heimgewerbes zeigt sich die dominierende Rolle Teherans als des organisatorischen Zentrums für den Bezug der Rohmaterialien und den Absatz der Endprodukte. Eine rohstoffverarbeitende Industrie für die reichlich vorhandene Wolle wird in Sistan nicht aufgebaut, und die zu geringen Arbeitslöhne verhindern eine Ausweitung der vom Staat initiierten Teppichknüpferei in Zabol und damit die Schaffung neuer Arbeitsplätze.

4.2.2.2 Das private Transportwesen

Für das Jahr 1963 weist die offizielle iranische Statistik (Ind. Census 1963) 5 Betriebe im Transportwesen mit insgesamt 27 Beschäftigten aus. Bis zum Jahre 1975 hat sich die Anzahl der Betriebe auf 41 und die Anzahl der Beschäftigten auf 57 Personen erhöht (Landesbetriebszählung 1975). Dieser starke Zuwachs beruht auf einer zunehmenden Bedeutung des Transportwesens (110).

Die Transportunternehmer Sh. und So. eröffneten als erste vor ca. 40 Jahren einen regelmäßigen Liniendienst von einem innerstädtischen Standort aus und befuhren die Strecken nach Zahedan und Mashhad mit amerikanischen Personenwagen. Schon damals begann eine bis heute beibehaltene Kooperation zwischen beiden Unternehmern, die sich dahingehend verständigt haben, daß Herr So. die Busverbindung mit Mashhad leitet, während Herr Sh. für alle Transporte nach Zahedan zuständig ist (111).

Die Geschäftsverhältnisse unterscheiden sich grundsätzlich von den in Iran meist vorgefundenen Organisationsformen, da weder So. noch Sh. eigene Busse besitzen. Die im Liniendienst nach Zahedan und Mashhad eingesetzten Busse sind Eigentum von:

- Transportunternehmer in Zahedan und Mashhad, deren Busse von Angestellten gefahren werden,
- 6 Personen aus Zabol, die eigene Busse besitzen und selber fahren.

Herr So. und Herr Sh. sind lediglich Eigentümer der Busbahnhöfe für die zwischen Mashhad, Zahedan und Zabol verkehrenden Busse. Sie organisieren den Transport durch Verkauf von Fahrkarten, Festlegung der Fahrzeiten und Bereitstellung von Unterstellmöglichkeiten für die Fahrzeuge.

Diese Regelung verhindert einen Konkurrenzdruck durch kapitalkräftigere Unternehmer aus Zāhedān oder Mashhad und sichert den Zāboler Unternehmern regelmäßige Einkünfte (112).

Nach Mashhad verkehrt täglich ein Bus, während nach Zāhedān 10 Busse am Tag fahren (113). Die Abfahrtzeiten werden nur annähernd festgesetzt, und die Busse fahren ab, wenn alle Plätze belegt sind.

Mit den Eigentümern und Fahrern der Zāboler Busse besteht eine vertragliche Vereinbarung über die Aufteilung der Gewinne zwischen Transportunternehmern und Eigentümern der Busse. Die Buseigentümer tragen das volle Risiko beim Transport und müssen die Unkosten für Treibstoff, Öl und eventuell notwendige Reparaturen selbst tragen. Von den Fahrpreiseinnahmen erhält der Personentransportunternehmer:

- 17% bei Fahrten nach Mashhad,
- 10% bei Fahrten nach Zāhedān.

Eine Fahrkarte nach Mashhad kostet 700 Rial, wovon der Transportunternehmer eine Straßenbenutzungsgebühr von 20 Rial an das Zāboler Bürgermeisteramt zahlt. Der Fahrpreis nach Zāhedān beträgt pro Person 170 Rial. Bei einer durchschnittlichen Auslastung der Busse von 45 Personen ergeben sich die folgenden Bruttoverdienste (114) für eine Fahrt nach Zāhedān bzw. Mashhad (vgl. Tab. 25).

Tabelle 25: Bruttoverdienst von Buseigentümern und Transportunternehmern in Zābol

Fahrtstrecke	Verdienst des Buseigentümers pro Fahrt	Verdienst des Transportunternehmers pro Fahrt
Zābol-Zāhedān	7.650 Rial	765 Rial
Zābol-Mashhad	25.398 Rial	5.202 Rial

Quelle: eigene Befragung Mai 1978

Die 6 Buseigentümer aus Zābol wechseln sich bei ihren Fahrten ohne eine feste Reihenfolge ab; in der Regel befahren sie nur die Strecke Zābol-Zāhedān.

Für den Transport mit Bussen, die Unternehmern in Zāhedān oder Mashhad gehören, gelten für Fahrten von Mashhad bzw. Zāhedān nach Zābol die in den Angestelltenverträgen der Busfahrer festgelegten Bestimmungen; nehmen diese Busse in Zābol Passagiere auf, erhält der Zāboler Personentransportunternehmer 17% der

Fahrpreiseinnahmen bei Fahrten nach Mashhad und 10% bei Fahrten nach Zāhedān.

Die Warentransporte werden in ähnlicher Form wie die Personentransporte organisiert. Um möglichst reibungslos einen Auftraggeber zu finden, überlassen die Lastwagenfahrer, selbst wenn sie einen eigenen Lastwagen besitzen, die Organisation des Warentransports einem Unternehmer, der ihnen Arbeitsaufträge vermittelt. Die Zāboler Händler unterhalten langjährige Geschäftsverbindungen zum Transportunternehmer und vergeben die Transportaufträge direkt an ihn. Da der Transportunternehmer eine Monopolstellung bei der Arbeitsvermittlung innehat, sind die Lastwagenfahrer gezwungen, sich an ihn und nicht direkt an die Händler zu wenden.

In der Regel verfügen Lastwagenfahrer über keine eigenen Fahrzeuge und stehen in einem Angestelltenverhältnis zum Transportunternehmer. Während der Monatsverdienst eines Angestellten je nach Auftragslage zwischen 15.000 und 30.000 Rial schwankt, kann ein auf eigene Kosten wirtschaftender Lastwagenfahrer bei einem Transport nach Teherān (Fahrzeit für die Strecke Zābol-Teherān-Zābol: 6 Tage) einen Umsatz von 30.000 Rial erzielen (115).

Die Zāboler Transportunternehmer verstehen es, trotz der Konkurrenz von Transportunternehmern aus Zāhedān und Mashhad durch geschickte Organisation ihrer Betriebe ihre Selbständigkeit zu erhalten. Bei Personentransporten verzichten sie auf die Bereitstellung eigener Busse und sichern sich durch günstige Verträge mit den Buseigentümern ein sicheres Einkommen. Warentransporte übernehmen sie dagegen mit eigenen Lastwagen, da sie aufgrund langjähriger Geschäftsverbindungen zu Zāboler Händlern keine Konkurrenz zu befürchten haben.

4.2.2.3   Die städtische Wasserversorgung

Das Trinkwasser der Stadt Zābol stammt aus dem Nahr-e-Shahr genannten Hauptkanal, der bei Zahak vom Rud-e-Sistān abzweigt.

Die heutige Organisation der Wasserversorgung ist erst 14 Jahre alt. Vor 1964 bezog die städtische Bevölkerung das Trinkwasser direkt aus den 'Djubs'; das sind kleine, offene Wasserkanäle zu beiden Seiten der rechtwinkligen modernen Straßenzüge. Mit Eimern wurde das Wasser in die privaten Haushalte geschafft und dort in Vorratsbehältern gesammelt. Brunnen existierten nicht im Stadtgebiet, und nur das Rathaus verfügte über einen Wasservorratsbehälter mit begrenztem Fassungsvermögen für die Bedürfnisse der Stadtverwaltung.

Im Jahre 1964 wurden zwei Wassertürme mit einem Fassungsvermögen von insgesamt 200 cbm gebaut, und 1977 kam ein weiterer Wassertank derselben Größe dazu. Für 1978 plante das Wasserwirtschaftsamt die Inbetriebnahme eines Wasserwerks mit einer Kapazität von 450 cbm/h. Der Bau des neuen Wasserwerks war notwendig geworden, weil sich infolge des gestiegenen Wasserbedarfs eine zunehmende Trübung des Trinkwassers eingestellt hatte (116).

Vor 14 Jahren begann das Wasserwirtschaftsamt auch mit dem Bau einer innerstädtischen Kanalisation, die 1978 das gesamte Stadtgebiet mit Leitungswasser versorgt (117). Hierdurch wurde eine spürbare Verbesserung der sanitären Verhältnisse erreicht.

Am Beispiel der Arbeitsorganisation und der Beschäftigungspolitik der Stadtverwaltung kann aufgezeigt werden, daß die Aufgabe, im öffentlichen Dienstleistungssektor sichere Arbeitsplätze zu schaffen, nur unzureichend wahrgenommen wird. Zum Zuständigkeitsbereich des städtischen Wasserwirtschaftsamtes gehören die Reinigung der im Stadtgebiet vorhandenen Djubs und die Sicherstellung der Funktionstüchtigkeit der von Zahak nach Zābol führenden Kanäle.

Obwohl die Kanalreinigung ganzjährig durchgeführt werden muß und sich in diesem Bereich die Schaffung fester Arbeitsplätze anbieten würde, nutzt die Stadtverwaltung das jederzeit verfügbare ländliche Arbeitskräftepotential aus. Als wichtigster Arbeitgeber für die allmorgendlich auf dem Bāzār-e-Sarkāri versammelten Tagelöhner tritt das Wasserwirtschaftsamt der Stadt auf. Einer Anzahl von nur 55 fest angestellten Beamten und Angestellten des Wasserwirtschaftsamtes steht ein ganzjähriger Bedarf von zusätzlichen 40 bis 70 Arbeitskräften gegenüber. Um die Sozialkosten bei fester Anstellung der benötigten Arbeiter zu vermeiden und die Lohnkosten niedrig zu halten, erhält nach Auskunft des Leiters des Wasserwirtschaftsamtes ein Angestellter den Auftrag, die benötigten Arbeitskräfte täglich neu im Bāzār anzuwerben. Nach einer maximalen Beschäftigungsdauer von 4-5 Tagen wird ein Kanalreiniger wieder entlassen.

Von Vorteil für die Tagelöhner wirkt sich das im Vergleich mit den Löhnen privater Auftraggeber hohe Lohnniveau aus. Ein Kanalreiniger erhält als Tagelohn 450 Rial (ca. 14 DM), während ein Bauarbeiter in der Privatwirtschaft 300-350 Rial (ca. 9-10 DM) am Tag verdienen kann.

Für die Wirtschaftsentwicklung der Stadt wird sich die mangelnde Bereitschaft privater Unternehmer und städtischer Ämter zur Schaffung von Arbeitsplätzen negativ auf die Beschäftigungssituation auswirken. Die Ausnutzung eines jederzeit verfügbaren Arbeitskräftepotentials (vgl. auch H. KOPP 1977: 183) erweist sich nur kurzfristig als geeignet, anfallende Arbeiten möglichst kostensparend zu erledigen. Die in Zābol arbeitsuchenden Bauarbeiter werden bei der herrschenden unsicheren Beschäftigungslage immer wieder gezwungen, sich außerhalb Sistāns nach Arbeitsplätzen umzusehen. Die in Sistān festzustellende hohe Abwanderungsquote, vor allem nach Gorgān und Māzandarān (vgl. H. ZIA-TAVANA), läßt sich auch auf den Mangel an sicheren Arbeitsplätzen in der Stadt zurückführen.

5. Innerstädtische Wirtschaftsverflechtungen und ökonomische Wechselbeziehungen mit anderen städtischen Zentren

Den wirtschaftlichen Verflechtungen zwischen iranischen Städten wurde bisher wenig Beachtung geschenkt, wobei an einigen Beispielen die Funktion der iranischen Klein- und Mittelstädte als 'Brückenköpfe der großstädtischen Zentren des Landes' (E. EHLERS 1978: 130) aufgezeigt werden konnte, die sie innerhalb des politischen und wirtschaftlichen Zentralismus Irans wahrnehmen. Diese ökonomische Dominanz iranischer Großstädte und vor allem Teherāns beruht vor allem auf den Einkaufs- und Verkaufsmechanismen von Waren in Iran (vgl. E. EHLERS 1978: 130).

Im Jahre 1967 entfielen ca. 80% der iranischen Großhandelsgewinne auf Teherān, woran sich die Vormachtstellung Teherāns als Handelsmetropole ablesen läßt (vgl. M. MOMENI 1976: 115). In der iranischen Kleinstadt Malāyer bezogen die Einzelhändler 43 von 53 Artikeln bei Teherāner Großhändlern (vgl. M. MOMENI 1976: 114), die sie aufgrund geringer Kapitalreserven mit mindestens 10%iger Verzinsung bei dreimonatiger Zahlungsfrist einkaufen mußten. Innerhalb der Stadt Malāyer hatte sich eine soziale und ökonomische Differenzierung unter den Händlern herausgebildet, an deren Spitze die Textilhändler des Bāzārs als Selbstbezieher ihrer Waren standen, während Händler des Nahrungs- und Genußmittelbereichs beim Bezug ihrer Waren von Großhändlern der Stadt Malāyer abhängig waren (vgl. M. MOMENI 1976: 117). Ähnliche ökonomische Beziehungen banden den ambulanten Handel an städtische Großhändler.

Die von E. EHLERS als 'Usurpation der Bedarfsdeckung' (E. EHLERS 1978: 130) bezeichnete Ausschaltung kleinerer Städte niedriger Zentralität von der Warendistribution durch größere Städte zeigt sich am Käuferverhalten der Bevölkerung im Umland der Stadt Yazd. Abgesehen von Lebensmitteln des täglichen Bedarfs, die bei Dorfhändlern gekauft wurden, bezog die ländliche Bevölkerung Haushaltswaren und Arbeitsgeräte unter Umgehung von Klein- und Mittelstädten direkt in der Provinzhauptstadt Yazd (M. BONINE 1973: 21). Dieses Käuferverhalten und die den großstädtischen Zwischenhandel begünstigenden Warenströme kommen in Form von Gewinnen aus dem Transport und Handel vor allem großstädtischen Händlern zugute (vgl. E. EHLERS 1978: 131).

Die anhand der oben genannten Untersuchungen deutlich gewordenen Leitlinien wirtschaftlicher Verflechtungen sollen im folgenden am Beispiel der Stadt Zābol detaillierter verfolgt werden. Im ersten Teilkapitel stehen die räumliche Distanz und der zeitliche Abstand des Warenbezugs im Mittelpunkt der Untersuchung; nach der Häufigkeit des Warenbezugs und dem Einkaufsvolumen können Verdienstspannen bei verschiedenen Gewerbezweigen errechnet werden. Darüber hinaus vermitteln die Mechanismen des Warenbezugs bei unterschiedlichen Branchen des Handels und Handwerks einen Einblick in die Funktionsweise der städtischen Wirtschaft und ihre Einbindung in den iranischen Wirtschaftszentralismus.

Die Frage nach der Vermarktung führt zum Problemkreis der Stadt-Umland-Beziehungen, und es werden Abhängigkeitsverhältnisse infolge Verschuldung ländlicher und städtischer Kunden bei Zāboler Händlern hinterfragt.

5.1   Warenbezug stationärer und ambulanter Gewerbetreibender

Zur Erfassung der räumlichen Distanz und des zeitlichen Abstandes beim Warenbezug wurden 72 stationäre und 21 ambulante Gewerbetreibende nach dem Warenbezugsort und den Einkaufsintervallen befragt (118).

5.1.1   Räumliche Distanz

Die befragten Zāboler Geschäftsleute beziehen Nahrungs- und Genußmittel vorwiegend bei Großhändlern des städtischen Bāzārs, im Umland der Stadt Zabol und in Mashhad (vgl. Tab. 26); wichtigste Verteilerstelle in Zabol für Grundnahrungsmittel, Getränke, Seife, Zigaretten, Trockenfrüchte u.a. ist ein Großhändler für Lebensmittel am Maidān-e-Bistopanj-e-Shahrivar, bei dem zahlreiche Khararzi des Bāzārbezirks einkaufen (vgl. Kap. 5.2.1). Obst und Gemüse, Fisch, Hühner, Getreide und Vieh stammen überwiegend aus dem ländlichen Sistān, und Mashhad versorgt die Zaboler Händler mit nichtalkoholischen Getränken und Salz.

Die Bedeutung des Schmuggels von Nahrungs- und Genußmitteln, die über die Grenze zu Afghanisch-Sistān nach Zābol gelangen, kann hier nur angedeutet werden. In den Wintermonaten deckt die städtische Bevölkerung ihren Vitaminbedarf fast ausschließlich mit Hilfe aus Afghanistan geschmuggelter Apfelsinen; Tee gelangt während des ganzen Jahres über die schwer zu kontrollierende Grenze nach Zābol. Neben Fisch und Hühnern wird vor allem Vieh nach Iran geschmuggelt.

Stoffe, Textilien und Schuhe kaufen Zāboler Händler fast ausschließlich in Teherān ein, während Decken, Mützen und Tücher, die häufig aus Pakistan nach Iran geschmuggelt werden, über Zāhedān nach Zābol gelangen. Teherān liefert Haushalts- und Gebrauchsgegenstände wie Metalltöpfe und Plastikeimer, die in Sistān nicht produziert werden können. Der Schwerpunkt für heimgewerbliche Produktion liegt im ländlichen Raum Sistāns; das Umland versorgt Zābol mit Teppichen, Wolle, Tonkrügen, Sieben und Brotblechen. Da die im Hamunbereich hergestellten Vorhänge aus Schilfrohr meist direkt ohne Einschaltung des Zāboler Handels nach Teherān oder Mashhad exportiert werden, sind die Zāboler Mattenhändler gezwungen, ihre in Baluchestān produzierten Waren über Zāhedān zu beziehen (vgl. G. STÖBER 1981). Ein nahezu vollständiges Handelsmonopol besitzt Teherān beim Handel mit hochwertigen Industrieprodukten in den Handelsbranchen für Fahrzeuge und Elektroartikel.

Tabelle 26: Bezugsorte städtischer Händler und Handwerker 1978

Waren	Zabol	Sistān	Teheran	Eṣfahān	Mashhad	Tayebat	Zahedān	Yazd	Bam	Afghanistan
1. Handel										
Nahrungs- und Genußmittel										
Grundnahrungsmittel	x				o					
Getränke					x					
Salz					x					
Zucker			x							
Zuckerwaren	x									
Tee										x
Seife, Waschpulver	x				o					
Zigaretten, Tabak	x									
Trockenfrüchte	x									
Apfelsinen										x
Obst und Gemüse	o	x		–	o	o	o		–	
Datteln							x		–	
Fisch		x								o
Hühner		x								o
Getreide		x								
Vieh		x								o
Bekleidung										
Stoffe			x	–				–		–
Textilien			x							
Schuhe			x							
Decken, Mützen, Tücher				–			x	–		–
Haushalts- und Gebrauchsgegenstände										
Teppiche		x								
Wolle		x								
Metalltöpfe			x							
Plastikeimer			x							
Tonkrüge		x								
Siebe		x								
Brotbleche		x								
Schilfrohrmatten		–					x			
Fahrzeuge, Elektroartikel										
Fahrräder			x							
Ersatzteile			x			–				
Kühlschränke			x							
Radiogeräte			x							
Motorpumpen			x							
2. Handwerk										
Rohmaterialien										
Stoffe	x									
Holz	o	x	–	–	–					
Roheisen, Autoschrott	x									
Aluminium			x							
Wolle		x								
Arbeitsgeräte										
Nadeln, Scheren	x									
Amboß, Zangen, Hammer						x		x		
Wollfarben						x				
Fahrzeugreparaturwerkzeuge			x							

Bedeutung der Bezugsorte:
x   wichtigster Bezugsort
o   untergeordneter Bezugsort
–   gelegentlicher Bezugsort

Quelle: eigene Befragung März/Mai 1978

Zāboler Handwerker beziehen einheimische Rohstoffe wie Holz und Wolle im ländlichen Sistān, Stoffe und zur Weiterverarbeitung bestimmte Metallwaren kaufen sie auf dem städtischen Markt, und Aluminium wird direkt aus Teherān importiert. Schneider erstehen einfache Arbeitsgeräte (Nadeln, Scheren) in Zābol, Schmiede versehen sich in Mashhad oder Zāhedān mit Amboß, Zangen und Hämmern, und die städtischen Wollfärber kaufen natürliche oder industriell hergestellte Farben in Mashhad ein. Sämtliche zur Fahrzeugreparatur notwendigen Werkzeuge stammen aus Teherān.

Insgesamt betrachtet können die Zāboler Händler beim Warenbezug in viel stärkerem Ausmaß als beispielsweise in Malāyer auf das ländliche Umland zurückgreifen (119), und die Stadt Zābol besitzt eine wichtige Funktion als Markt für in Sistān produzierte Nahrungs- und Genußmittel sowie einfache Gebrauchsgegenstände. Trotz der größeren Entfernung von Teherān im Vergleich zu Mashhad oder Zāhedan bildet die Hauptstadt das überragende Einkaufszentrum für Bekleidung, industriell hergestellte Haushalts- und Gebrauchsgegenstände, Fahrzeuge, Elektroartikel und Fahrzeugreparaturwerkzeuge. Andere iranische Großstädte werden von den Einkäufern bewußt übersprungen, weil nach Aussagen der Zāboler Händler das Warenangebot in Teherān umfangreicher, qualitätsmäßig besser und preisgünstiger ist (120).

Die generelle Annahme, daß Provinzhauptstädte "Mittelpunkte des Großhandels und der Belieferung aller untergeordneten Märkte ihres Verwaltungsbezirks sind" (E. EHLERS 1980 b: 296), trifft auf Zābol nicht zu (vgl. Abb. 23). Die Sonderstellung Zābols könnte in der Rolle als 'junge Kleinstadt' begründet sein (vgl. Kap. 3.1.2.4); als die Zāboler Händler Geschäftsverbindungen zu großstädtischen Märkten des Landes knüpften, hatte Teherān bereits die Funktion des überragenden Handelszentrums eingenommen und die Provinzhauptstadt Zāhedān als potentiellen Markt verdrängt.

Der Bedeutungszuwachs Teherāns während der letzten 20 Jahre als Warenbezugsort läßt sich am Beispiel einiger Branchen aufzeigen (vgl. Tab. 27). Besonders auffällig zeigt sich diese Entwicklung beim Stoffhandel; während für den Zeitraum vor 1960 die Städte Yazd, Eṣfahān, Mashhad, Teherān und Karachi als gleichwertige Bezugsorte genannt werden, nimmt Teherān im Jahre 1978 die Rolle als überragendes Einkaufszentrum für Stoffe ein. Im Bereich des Handels mit Haushaltswaren verdrängte Teherān die Bezugsorte Zāhedān und Mashhad völlig, und die städtischen Klempner verarbeiten in wachsendem Ausmaß Aluminium, das sie aus Teherān beziehen.

Eine weitere Entwicklungstendenz liegt darin, landwirtschaftliche Produkte nicht mehr direkt aus ihren Produktionsgebieten zu beziehen, sondern als Bezugsort den nächstgelegenen zentralen Ort zu wählen. So werden beispielsweise Datteln nicht mehr in Bam oder Irānshahr eingekauft, sondern der Dattelhandel über Zāhedān abgewickelt.

Abbildung 23: Schema des zwischenstädtischen Warenbezugs am Beispiel Zābols

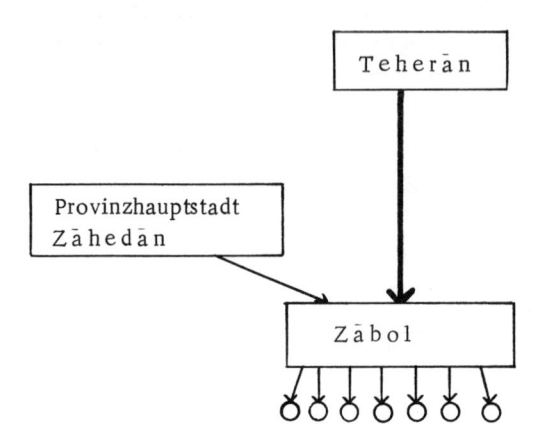

```
                          ┌─────────┐
                          │ Teherān │
                          └────┬────┘
                               │
                               │
  ┌──────────────────┐         │
  │ Provinzhauptstadt│         │
  │    Zāhedān       │────┐    │
  └──────────────────┘    ↓    ↓
                          ┌─────────┐
                          │  Zābol  │
                          └─────────┘
                           ooooooo
```

○   ländliche Siedlungen
→   Warenströme
⇒   (schwächere bzw. stärkere Warenströme)

Ansatzweise erschlossen Zāboler Einzelhändler auch neue Bezugsorte. Vor 1960 bezogen alle befragten Kharārzi ihre Lebensmittel bei Großhändlern in Zābol, und seit den 70er Jahren tritt Mashhad als weiterer, wenn auch untergeordneter Bezugsort hinzu. An diesem Beispiel zeigt sich, daß die Einzelhändler bei verbesserten Verkehrsverhältnissen die Möglichkeiten eines eigenständigen Warenbezugs nutzen, um sich von der Abhängigkeit zu Zāboler Großhändlern zu lösen und die Vorteile billigerer Einkaufspreise wahrzunehmen.

Bei der Betrachtung der Bezugsorte städtischer stationärer Händler und Handwerker stellt sich folgendes heraus:

- als Orte des Warenbezugs der Zāboler Einzelhändler und Handwerker im Bereich des Nahrungs- und Genußmittelsektors sowie der heimgewerblich hergestellten Gebrauchsgüter spielen der ländliche Raum Sistāns und der Zāboler Bāzār eine wichtige Rolle,
- Teherān übernimmt für Sistān die Funktion eines Versorgungszentrums mit modernen Industrieprodukten, wobei andere städtische Zentren Irans weitgehend ausgeschaltet werden,

Tabelle 27: Wandlungen bei der Inanspruchnahme von Warenbezugsorten durch Zāboler Händler und Handwerker

Branchen	Warenbezugsorte vor 1960	1978
Kharārzi	Zābol	Zābol, Mashhad
Datteln	Bam, Irānshahr	Zāhedan
Haushaltswaren	Zāhedān, Mashhad	Teherān
Stoffe	Karachi (121), Yazd, Esfahān, Mashhad, Teherān	Teherān
Halabi-sāz (Klempner)	Zābol	Teherān

Quelle: eigene Befragung März/Mai 1978

- bei der Versorgung der Bevölkerung mit Nahrungs- und Genußmitteln kommt dem Schmuggel von Apfelsinen, Tee und Fleisch aus Afghanistan eine große Bedeutung zu.

Der ambulante Handel bezieht seine Waren fast ausschließlich bei städtischen Bazarhändlern und Handwerkern oder im ländlichen Raum; Fische, Seevögel und Stoffe werden darüber hinaus als Schmuggelware von Grenzgängern aus Afghanistan geliefert (vgl. Tab. 28). Jahreszeitlich unterschiedliche Bezugsorte finden sich beim Einkauf von Sabzi, das im Sommer ausschließlich aus sistānischen Dörfern stammt und im Winter zusätzlich aus Khāsh nach Zābol gelangt.

Im Vergleich zu den Bezugsorten stationärer Gewerbetreibender verfügen die ambulanten Händler und Handwerker aufgrund ihres geringen Handelskapitals über keine weitreichenden Handelsbeziehungen. Ihre wirtschaftlichen Aktivitäten beschränken sich auf Wareneinkäufe im städtischen Bāzār oder dem ländlichen Umland.

5.1.2 Zeitlicher Abstand

Für die Länge der Intervalle, in denen Händler und Handwerker neue Handelsgüter, Rohmaterialien oder Arbeitsgeräte einkaufen, sind i. R. folgende Gründe entscheidend:

- die Haltbarkeit der Ware sowie verfügbare Transportmöglichkeiten und Transportkosten,
- die Wirtschaftskraft des Einkäufers, die Einfluß auf das Ausmaß an Vorrats-

Tabelle 28: Bezugsorte des ambulanten Gewerbes 1978

Waren	Bezugsorte				
	Zābol (Bāzār-handel)	Zābol (städt. Garten)	Sistān	Khāsh	Afghanistan
1. Handel					
Nahrungs- und Genußmittel					
Zuckerwaren	x				
Brot			x		
Salz	x				
Obst und Gemüse	x		o		
Sabzi		o	x	–	
Fisch			x		o
Seevögel			x		o
Zigaretten, Tabak	x				
Bekleidung					
Stoffe	x				o
Haushalts- und Gebrauchsgegenstände					
Besen			x		
Spindeln			x		
Henna	x				
Kämme	x				
Esel			x		
2. Handwerk					
Rohmaterialien					
Roheisen, Autoschrott	x				

Bedeutung der Bezugsorte: x   wichtigster Bezugsort
                                              o   untergeordneter Bezugsort
                                              –   gelegentlicher Bezugsort

Quelle: eigene Befragung März/Mai 1978

haltung ausübt,
- die jeweilige Marktlage, die bei wachsendem Bedarf an bestimmten Waren ihren verstärkten Einkauf nach sich zieht oder bei mangelnder Nachfrage zu Absatzschwierigkeiten führt.

Im Bāzār von Zābol tritt als Besonderheit für den zeitlichen Abstand des Warenbezugs die relative Abgeschlossenheit Sistāns hervor (122) (vgl. Tab. 29 und 30).

Für den Nahrungs- und Genußmittelbereich ist allgemein ein Überwiegen kurzfristigen Warenbezugs festzustellen. Grundnahrungsmittel, Obst und Gemüse, Fisch und Fleisch kaufen die Händler täglich bis wöchentlich frisch ein, wobei die geringe Haltbarkeit der angebotenen Produkte den zeitlichen Abstand der Einkäufe bestimmt (123).

Der monatliche Warenbezug für nichtalkoholische Getränke und Zucker erklärt sich aus den hohen Transportkosten von Mashhad bzw. Teherān nach Zābol, die einen Einkauf in größeren Mengen und Zeitabständen nötig machen. Dattelhändler kaufen monatlich in Zāhedān ein, da Datteln längere Zeit haltbar sind und sich raumsparend lagern lassen.

Beim übrigen Handel ist der zeitliche Abstand des Warenbezugs durchweg größer und reicht von monatlichem bis jährlichem Einkauf bestimmter Handelsgüter. Während im Bekleidungssektor und bei Haushalts- und Gebrauchsgegenständen ein monatlicher bis halbjährlicher Einkauf üblich ist, schwanken die Einkaufsintervalle beim Handel mit Fahrzeugen und Elektroartikeln mit Ausnahme des monatlichen Bezugs von Fahrzeugersatzteilen zwischen einem halben und einem Jahr. In diesen Unterschieden drückt sich einerseits der hohe Bedarf der Bevölkerung an Bekleidung und preiswerten Konsumgütern aus, andererseits deuten die langen Einkaufsintervalle bei hochwertigen Industrieprodukten auf einen erst schwach entwickelten Absatzmarkt in diesen Bereichen hin.

Innerhalb derselben Branche feststellbare Unterschiede von mehreren Monaten beim zeitlichen Abstand des Warenbezugs können als Indiz für die unterschiedliche Wirtschaftskraft von Händlern eines Gewerbes gelten. Stoffhändler, die ihre Waren in monatlichen Abständen in Teherān einkaufen, verhalten sich bei einem großen Bedarf an Stoffen entsprechend der Marktlage und verfügen über eine höhere Kaufkraft als Kollegen, deren finanzielle Mittel nur zu halbjährlichen Einkäufen ausreichen (124). Bei längerfristigem Warenbezug in Branchen, in denen es auch kürzere Bezugsfristen gibt, deutet das größere Einkaufsintervall auf eine wirtschaftlich schwächere Position des betreffenden Händlers hin.

Auf gute Lagerungsmöglichkeiten und schwache Finanzkraft der Händler lassen sich halbjährige bzw. unregelmäßige Einkaufsintervalle bei Händlern für Tonkrüge, Siebe, Brotbleche und Schilfrohrmatten zurückführen. Die geringe Kundenkaufkraft und eine erst allmählich wachsende Nachfrage bedingen einen halbjährli-

Tabelle 29: Zeitlicher Abstand des Warenbezugs städtischer Händler und Handwerker 1978

Waren	täglich	ein- bis zweimal wöchentlich	monatlich	vierteljährlich	halbjährlich	jährlich	jahreszeitlich unterschiedlich	unregelmäßig
1. Handel								
Nahrungs- und Genußmittel								
Grundnahrungsmittel		+						
Getränke			+					
Salz								+
Zucker			+					
Zuckerwaren		+						
Tee			+					
Seife, Waschpulver		+						
Zigaretten, Tabak		+						
Trockenfrüchte								+
Obst und Gemüse	+	+						
Datteln			+					
Fisch	+						+	
Hühner	+	+					+	
Getreide							+	
Vieh		+						
Bekleidung								
Stoffe				+	+			
Textilien				+				
Schuhe				+				
Decken, Mützen, Tücher				+	+			
Haushalts- und Gebrauchsgegenstände								
Teppiche								+
Wolle								+
Metalltöpfe			+					
Plastikeimer			+					
Tonkrüge					+			
Siebe								+
Brotbleche								+
Schilfrohrmatten					+			
Fahrzeuge, Elektroartikel								
Fahrräder					+			
Ersatzteile				+	+			
Kühlschränke					+	+		
Radiogeräte					+	+		
Motorpumpen					+	+		
2. Handwerk								
Rohmaterialien								
Stoffe								+
Holz			+		+			
unverarbeitetes Eisen			+					
Autoschrott						+		
Aluminium								+
Wolle								+
Arbeitsgeräte								
Nadeln, Scheren								+
Amboß, Zangen, Hammer								+
Wollfarben			+		+			
Fahrzeugreparaturwerkzeuge								+

Quelle: eigene Befragung März/Mai 1978

Tabelle 30: Zeitlicher Abstand des Warenbezugs ambulanter Gewerbetreibender 1978

Waren	täglich	ein- bis zwei- mal wöchentlich	alle zwei Wochen	halbjährlich	jahreszeitlich unterschiedlich	unregelmäßig
1. Handel						
Nahrungs- und Genußmittel						
Zuckerwaren						+
Brot	+					
Salz			+			
Obst und Gemüse	+	+				
Sabzi	+	+				
Fisch	+				+	
Seevögel	+				+	
Zigaretten, Tabak		+				
Bekleidung						
Stoffe		+				+
Haushalts- und Gebrauchsgegenstände						
Besen				+		+
Spindeln				+		+
Henna			+			
Kämme			+			
Esel	+	+				
2. Handwerk						
Rohmaterialien						
unverarbeitetes Eisen						+
Autoschrott						+

Quelle: eigene Befragung März/Mai 1978

chen bis jährlichen Warenbezug bei Fahrzeugen und Elektroartikeln.

Die größten Unterschiede beim zeitlichen Abstand des Warenbezugs zeigen sich unter den verschiedenen Branchen des Handwerks. Ein unregelmäßiger Warenbezug der Rohmaterialien und Arbeitsgeräte hat seine Ursachen in der langjährigen Verwendung von Werkzeugen, die auch bei teilweiser Beschädigung weiter benutzt werden, und dem i. R. beschränkten Bedarf an Rohstoffen (125).

Die ambulanten Gewerbetreibenden unterscheiden sich beim zeitlichen Abstand des Warenbezugs (vgl. Tab. 30) von den stationären Geschäftsleuten durch ein Vorherrschen kleiner Einkaufsintervalle (täglich bis zweimal wöchentlich) und unregelmäßigen Warenbezug. Die Gründe hierfür liegen im Warenangebot und in den geringen finanziellen Reserven der ambulanten Gewerbetreibenden begründet, die sich keine Vorratshaltung leisten können. Im Falle unregelmäßigen Warenbezugs können sie erst dann neue Handelsgüter einkaufen, wenn sie den größten Teil der alten Waren abgesetzt haben und über genügend Einnahmen zum Kauf neuer Waren verfügen (126).

Bei den Stoffhändlern zeigt sich eine deutliche soziale Differenzierung zwischen finanzkräftigen Händlern, die einmal pro Woche ihr Warenangebot ergänzen, und Händlern mit einem äußerst bescheidenen Angebot und unregelmäßigem Warenbezug. Händler für Besen und Spindeln verzeichnen einen so geringen Umsatz, daß sie über einen halbjährlichen Warenbezug meist nicht hinauskommen.

5.1.3 Einkaufsvolumen und Verdienst

Rückschlüsse auf die wirtschaftliche und soziale Lebenssituation der Zāboler Händler und Handwerker sowie ambulanter Gewerbetreibender waren bisher nur auf der Grundlage unterschiedlicher Mieten, Sargoflíforderungen und einer Betrachtung der räumlichen Distanz und des zeitlichen Abstands beim Warenbezug möglich. Als weitere Indikatoren sozialer Differenzierung sollen nun das Einkaufsvolumen und der Verdienst herangezogen werden (127).

Die mit Hilfe der Angaben befragter Geschäftsleute dargestellten Bruttoeinkommen (vgl. Abb. 24 und Abb. 25) können zwar nicht als exakte Jahresverdienste angesehen werden, sollen aber einen Eindruck von den Unterschieden im Jahreseinkommen selbständig und unselbständig Beschäftigter in verschiedenen Wirtschaftsbereichen vermitteln. Bei einigen Branchen des Handels und Handwerks kann zwischen maximalen und minimalen Einkommensspannen innerhalb eines Gewerbes differenziert werden, und im Schneiderhandwerk zeigt sich eine deutliche Einkommensschere zwischen Schneidern, die europäische Anzüge herstellen, und Produzenten einheimischer Kleidung.

Das höchste jährliche Einkaufsvolumen weist erwartungsgemäß der Handel auf, hinter dessen Umfang die Handwerker weit zurückbleiben (vgl. Tab. 31). Die Ursa-

Tabelle 31: Jährliches Einkaufsvolumen und jährlicher Verdienst städtischer Händler und Handwerker sowie Jahreseinkommen von Unselbständigen in Zābol 1978

Branchen	Jährliches Einkaufsvolumen (in tausend Rial)	(in DM (1))	Jährlicher Verdienst (in tausend Rial)	(in DM (1))
1. Selbständige				
Nahrungs- und Genußmittel				
(Handel und Handwerk)				
Kharārzi	200- 720	6250- 22500		
Tee	161	5040	33	1050
Apfelsinenhandel (Großhandel) (2)	(762)	(23842)	(104)	(3251)
Datteln (3)	(780)	(24375)	(156)	(4875)
Fisch (3)	(780)	(24375)	(312)	(9750)
Übriger Handel				
Stoffe	1200-9600	37500-300000		
Decken, Mützen, Tücher	300	9375		
Teppiche	3125-4375	97656-136718	625-1625	19531-50781
Schuhe	600	18750		
Schuhe und Textilien	1872	58500	374	11700
Haushaltswaren	1600	50000		
Tonkrüge	32	1000	8	250
Siebe, Brotbleche	31	975	5	150
Schilfrohrmatten	260	8125		
Fahrzeugersatzteile	2400	75000		
Übriges Handwerk				
Schneider (einheimische Kleidung)			156- 273	4875- 8531
Schneider (europäische Anzüge)			344- 474	10765-14828
Schreiner (Herstellung von Türen)	30- 63	937- 1968	110- 217	3437- 6781
Schmied			147- 168	4605- 5255
Ḥalabi-sāz (Klempner)	39	1218	148	4631
Wollfärber	182	5687	67	2112
2. Unselbständige				
Nahrungs- und Genußmittel				
(Handel und Handwerk)				
Kharārzi (Verkäufer)			78	2437
Obst und Gemüse (Ladenverkäufer)			108- 120	3375- 3750
Obst und Gemüse (Karrenverkäufer)			90	2812
Metzger (Geselle)			72	2250
Übriges Handwerk und Arbeiter				
Schneider (Angestellter)			72	2250
Schweißer (Angestellter)			182	5687
Fahrzeugreparatur (Hilfsarbeiter)			24	750
ungelernter Arbeiter (4)			15- 18	487- 568
Facharbeiter, Bauhandwerker (4)			23	731
Private Dienstleistungen				
Personentransporte (Büroangestellter)			180	5625

(1) Umrechnungskurs 1 DM = 32 Rial
(2) Apfelsinenhandel findet nur in den vier Wintermonaten statt.
(3) Fisch und Datteln werden nur in sechs Monaten des Jahres verkauft.
(4) Für die Berechnung des Verdienstes wurde eine durchschnittliche Beschäftigung von einem Arbeitstag pro Woche zugrunde gelegt.

Quelle: eigene Befragung März/Mai 1978

chen für das geringe Einkaufsvolumen der Handwerker liegen begründet in den Mechanismen beim Bezug der Rohmaterialien, dem geringen Bedarf an Rohmaterialien und der niedrigen Kaufkraft (128).

Das Einkaufsvolumen beim Handel weist erhebliche Differenzen unter den einzelnen Branchen auf. Im Nahrungs- und Genußmittelbereich schwankt der Wert jährlich eingekaufter Waren bei den Kharārzi zwischen 200.000 Rial und 720.000 Rial, woran sich die unterschiedliche Wirtschaftskraft von Händlern dieser Branche ablesen läßt (129).

Über ein beträchtliches Einkaufsvolumen verfügt der bedeutendste Zāboler Großhändler für Obst und Gemüse. Das Ausmaß seines Warenbezuges läßt sich nur am Beispiel des Apfelsinenhandels berechnen, der in den vier Wintermonaten stattfindet und nur einen Bruchteil des gesamten jährlichen Einkaufsvolumens ausmacht (130). Demgegenüber erwirtschaften die Dattelhändler den überwiegenden Teil ihres Jahreseinkommens innerhalb eines halben Jahres, in dem sie mit Datteln handeln, während sie in der heißen Jahreszeit in bescheidenem Ausmaß Obst und Gemüse verkaufen (131). Bei den Händlern für Hühner und Fisch läßt sich nur das halbjährliche Einkaufsvolumen beim Fischhandel errechnen, das demjenigen des Dattelhandels entspricht (132).

In den übrigen Handelsbereichen überragt das jährliche Einkaufsvolumen der Stoff- und der Teppichhändler bei weitem den Wert der bezogenen Warenmengen der anderen Branchen. Gemessen am Ausmaß des Warenbezugs folgen die Händler für Fahrzeugersatzteile, Schuhe und Textilien sowie Haushaltswaren. Das geringste Einkaufsvolumen ist beim Handel mit Sieben, Brotblechen und Tonkrügen festzustellen.

Die beträchtlichen Unterschiede beim Warenbezug der Stoffhändler beruhen auf ihren jeweiligen Absatzmöglichkeiten und dem in wechselndem Ausmaß verfügbaren Handelskapital (133). Die Teppichhändler kaufen im Jahr durchschnittlich 250 Teppiche ein, und der Wert ihres Einkaufsvolumens richtet sich nach den gezahlten Quadratmeterpreisen (135).

Während die meisten Händler Angaben über den monatlichen bis halbjährlichen Wert der bezogenen Waren machten, gaben die Händler für Siebe, Brotbleche und Tonkrüge die Warenmengen und Einkaufspreise an (135).

Ein Vergleich des jährlichen Einkaufsvolumens stationärer städtischer Händler (vgl. Tab. 31) mit demjenigen ambulanter Gewerbetreibender (vgl. Tab. 32) zeigt einen deutlichen Abfall in der Höhe des Warenwertes. Direkt vergleichbar sind die Werte des ambulanten mit dem stationären Stoffhandel, die um das Dreifache bis Einundzwanzigfache niedriger sind. Während die in 6 Monaten des Jahres von stationären Händlern verkauften Fische ein Einkaufsvolumen von 780.000 Rial erreichen, erzielen ambulante Händler für Seevögel in 6 Monaten ein Einkaufsvolumen von 187.000 Rial.

Tabelle 32: Jährliches Einkaufsvolumen und jährlicher Verdienst ambulanter Gewerbetreibender in Zābol 1978

Branchen	Jährliches Einkaufsvolumen		Jährlicher Verdienst	
	(in tausend Rial)	(in DM (1))	(in tausend Rial)	(in DM (1))
Nahrungs- und Genußmittel (Handel und Handwerk)				
Brot (dörfliche Produktion) (2)	19	609		
Sabzi (Kräuter)	93	2925	31	975
Süßigkeiten, Zigaretten	62	1950	12	390
Seevögel (3)	(187)	(5850)	(46)	(1462)
Übriger Handel				
Stoffe	402-483	12577-15112	65-78	2047-2437
Sicheln, Zangen, Messer			31	975
Besen, Spindeln, Gewürze			46-62	1462-1950

(1) Umrechnungskurs 1 DM = 32 Rial
(2) die befragte Bäuerin verkauft durchschnittlich einmal pro Woche Brot im Zāboler Bāzār
(3) Seevögel werden nur in sechs Monaten des Jahres verkauft

Quelle: eigene Befragung März/Mai 1978

Wie beim stationären Handel liegt das jährliche Einkaufsvolumen der ambulanten Stoffhändler (136) beträchtlich über demjenigen der übrigen Handelsbranchen. Ein Händler für Sabzi (Kräuter) (137) erreicht den fünften Teil des durchschnittlichen jährlichen Warenwertes von Stoffhändlern, und eine Bauersfrau, die Brot verkauft, verfügt nur über den dreiundzwanzigsten Teil. Die höhere Kaufkraft erlaubt den ambulanten Stoffhändlern eine größere räumliche Mobilität beim Warenverkauf. Ein befragter Stoffhändler lud bei zu geringer Nachfrage im Bāzār einige Stoffballen auf sein Moped und verkaufte seine Ware direkt an bäuerliche Haushalte.

Das Bruttojahreseinkommen der befragten Geschäftsleute (vgl. Tab. 31 und Tab. 32) läßt sich nur für einige Branchen errechnen, da hierzu umfangreiche Angaben über Umsatz, Verkaufspreise und Transportkosten in Erfahrung gebracht werden müssen. Als nahezu exakte Werte können die Jahreseinkommen unselbständiger Handwerker und Verkäufer gelten, die feste Monatslöhne beziehen. Die kleinen

Verdiener wie Handwerker, Händler für in Sistān hergestellte Gebrauchsgegenstände und Unselbständige erweisen sich als besonders auskunftsbereit, während wirtschaftlich potente Händler für hochwertige Waren ihren Gewinn aus Angst vor fiskalischen Nachforschungen zu verschleiern suchen. Entsprechend den Preisfestsetzungen der Otāq-e-Aṣnāf kann der Verdienst einen Maximalwert von 20% des Umsatzes nicht überschreiten; eine derartig hohe Verdienstspanne gab lediglich ein Händler für Schuhe und Textilien an (138).

Das höchste Einkommen (vgl. Abb. 19) haben die Zāboler Teppichhändler zu verbuchen, deren Jahreseinkommen die Verdienste aller übrigen Branchen weit überragt (139). Am Ende der Skala liegt das jährliche Einkommen der stationären Händler für Siebe, Brotbleche und Tonkrüge (140). Bei den Befragten handelt es sich um ältere Familienväter, die ihre Geschäfte nur noch aus Traditionsbewußtsein betreiben und zur Deckung der Lebenshaltungskosten auf die Unterstützung durch ihre Kinder angewiesen sind. Zwischen diesen beiden Extremen bewegen sich, gemessen am Einkaufsvolumen, die Verdienste der übrigen Handelsbranchen, wobei die Händler für Schilfrohrmatten am unteren Ende der Verdienstskala stehen und Händler für Fahrzeugersatzteile zu den Beziehern höherer Einkommen gerechnet werden können. Etwa in der Höhe der Jahreseinkommen von Teppichhändlern müssen die Verdienste der Stoffhändler angenommen werden.

Unter den selbständigen Handwerkern zählen die Schneider zu der Berufsgruppe mit dem höchsten Jahreseinkommen, gefolgt von Schreinern, Schmieden, Klempnern und Wollfärbern (vgl. Tab. 31 und Abb. 24). Einige Schneider, die Werkstätten in der Ferdowsi-Str. und Reẓā-Šāh-Kabīr-Str. besitzen, haben sich auf die Herstellung europäischer Anzüge spezialisiert und können ein Jahreseinkommen erwirtschaften, das über den Durchschnittswerten des Bāzārhandels liegt (141). Alle im Bāzār ansässischen Schneider (38 Personen) und 30 von 38 Schneidern in den modernen Geschäftsstraßen stellen einheimische Kleidungsstücke her und verfügen über ca. ein Drittel des Jahreseinkommens der auf die Produktion von europäischen Anzügen spezialisierten Schneider (142).

Erhebliche Einkommensunterschiede lassen sich bei den Schreinern nachweisen, die Holztüren herstellen (143). Da der einzige Schreiner im Bāzār-e-Najārhā, der über eine Sägemaschine und die umfangreichsten Arbeitsaufträge verfügt, sich nicht über seinen Umsatz und Verdienst äußern wollte, kann auch innerhalb des Schreinerhandwerks von höheren Einkommensspitzen ausgegangen werden.

Schmiede produzieren meist Schaufeln und Sicheln und führen darüber hinaus Reparaturarbeiten an Arbeitsgeräten aus, die nur unwesentlich zur Einkommensverbesserung beitragen und bei der Berechnung des Jahreseinkommens nicht berücksichtigt werden (144). Die Ḥalabi-sāz stellen Blecheimer her und ergänzen damit das Angebot des Haushaltswarenhandels an teureren Plastikeimern (145).

Zu der untersten Einkommensgruppe selbständiger Handwerker zählen die Wollfärber (146), deren Jahreseinkommen noch unter demjenigen der unselbständi-

Abbildung 24: Jährlicher Verdienst städtischer Händler und Handwerker sowie
Jahreseinkommen von Unselbständigen in Zābol 1978

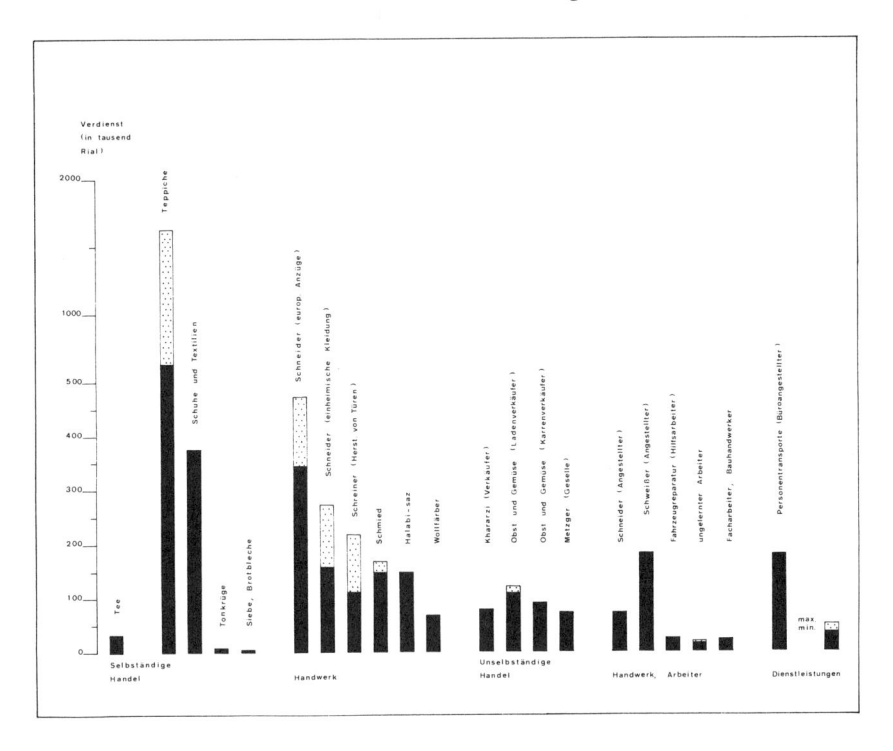

digen Verkäufer liegt.

Bei jährlichen Einkommensunterschieden von maximal 474.000 Rial (Schneider für europäische Anzüge) und minimal 67.000 Rial (Wollfärber) liegt der durchschnittliche jährliche Verdienst eines selbständigen Handwerkers in Zābol etwa in der Höhe von 150.000 Rial (ca. 4.700 DM).

Ein Vergleich der Jahreseinkommen von Unselbständigen in verschiedenen Wirtschaftsbereichen zeigt den höchsten Verdienst bei einem Büroangestellten im Dienstleistungsbereich; Beschäftigte in verschiedenen Handelsbranchen verzeichnen ein recht ausgeglichenes Einkommensniveau, das i. R. die Verdienstmöglichkeiten der unselbständigen Handwerker übertrifft. Die Monatslöhne von Verkäufern des Nahrungs- und Genußmittelbereichs schwanken zwischen 6.500 Rial und 1.000 Rial, wobei der Lohn von Karrenverkäufern unter demjenigen von Ladenverkäufern liegt; ein Metzgergeselle verdient 6.000 Rial im Monat. Denselben Monatslohn erhält auch ein angestellter Schneider, während ein Hilfsarbeiter in einer Fahrzeugreparaturwerkstatt einen Monatslohn von 2.000 Rial bekommt. Ungelernte Arbeiter, Facharbeiter und Bauhandwerker können zwar einen Tageslohn von 300 Rial bis 350 Rial bzw. 450

Rial erarbeiten, finden aber nach eigenen Aussagen nur an einem Tag in der Woche Arbeit. Die besten Verdienstmöglichkeiten bieten sich angestellten Schweißern (147), deren Jahreseinkommen die Einkünfte der meisten selbständigen Handwerker übertrifft.

Der jährliche Verdienst ambulanter Gewerbetreibender liegt unter dem Lohnniveau von stationären Verkäufern im Nahrungs- und Genußmittelbereich (vgl. Tab. 32 und Abb. 25). Über das höchste jährliche Einkommen verfügen die ambulanten Stoffhändler (148), gefolgt von Händlern für Besen, Spindeln, Gewürze (149), Händlern für Sabzi (Kräuter) (150), Schmiedefrauen, die Sicheln, Zangen und Messer aus der heimgewerblichen Produktion ihrer Männer verkaufen (151), und Händlern für Süßigkeiten und Zigaretten (152).

Abbildung 25: Jährlicher Verdienst ambulanter Gewerbetreibender in Zābol 1978

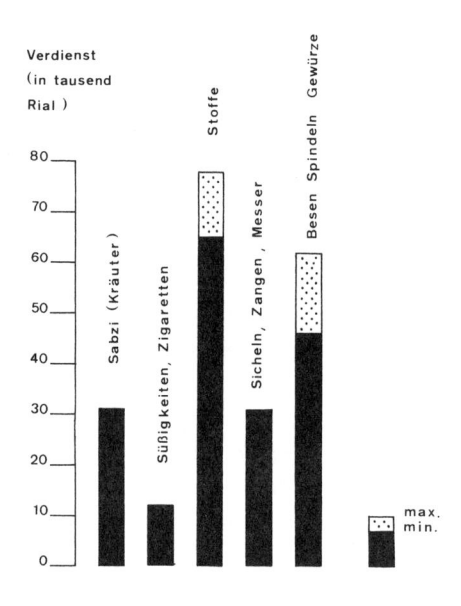

Vergleicht man die Einkommenssituation von selbständigen und unselbständigen in Zābol Beschäftigten und ambulanten Gewerbetreibenden, so können drei Einkommensgruppen unterschieden werden:

a) <u>Bezieher höchster Einkommen:</u>
hierzu zählen Teppich- und Stoffhändler, die neben ihren hohen Handelsgewinnen auch beträchtliche Einkünfte aus der Vermietung von Geschäftsräumen und Werkstätten beziehen (vgl. Tab. 15). Betrachtet man die Verdienstmöglichkeiten der beiden wichtigsten Zāboler Transportunternehmer (vgl. Tab. 25) und die Handelsgewinne des einziger Zāboler Großhändlers für Obst und Gemüse, so lassen sich diese Personen ebenfalls der höchsten Einkommensgruppe zuordnen.

b) <u>Bezieher mittlerer Einkommen:</u>
zu dieser Einkommensgruppe gehören alle Gewerbetreibenden mit einem jährlichen Verdienst, der ihnen eine gesicherte Lebenshaltung ermöglicht (153). Hierzu zählen Händler für hochwertige Gebrauchsgegenstände, die meisten selbständigen Handwerker (vor allem Schneider), angestellte Schweißer, Büroangestellte und Lastwagenfahrer (vgl. S. 156).

c) <u>Bezieher niedriger Einkommen:</u>
hierzu zählen selbständige Händler für in Sistān hergestellte einfache Gebrauchsgegenstände, metallverarbeitende Handwerker und Wollfärber, Verkäufer, unselbständige Handwerker und Arbeiter sowie alle ambulanten Gewerbetreibenden.

5.2 Mechanismen des Warenbezugs der verschiedenen Wirtschaftszweige

Innerhalb der städtischen Wirtschaft kommt dem Bāzār die Rolle eines 'wirtschaftlichen und finanziellen Steuerungszentrums' (E. WIRTH 1974/75: 215) zu, über dessen Steuerungsmechanismen bisher nur wenig in Erfahrung gebracht werden konnte und dessen Funktion 'als wirtschaftliches Organisationszentrum und als Finanz- und Kreditplatz' (ders.: 215) stärkere Beachtung seitens der Forschung finden sollte. E. WIRTH trifft eine Unterscheidung zwischen 'großen alten Fernhandels- und Gewerbestädten', für die eine 'Multifunktionalität und Vielfalt der Wirtschaftssektoren' charakteristisch ist, während kleinere Landstädte 'im wesentlichen nur zentralörtliche Funktionen für ihr agrarisches Umland haben' und 'oft recht einfach strukturierte Bāzāre' besitzen (ders.: 219). 'In Analogie zu entsprechenden Landstädten des vorindustriellen Europa sind hier Einzelhandel, einfache Dienstleistungen und Handwerk - welches entweder im Kundenauftrag produziert oder zumindest ohne Zwischenstufen direkt an den Kunden verkauft - die wichtigsten, gelegentlich sogar die einzigen Wirtschaftssektoren' (E. WIRTH 1974/75: 219). Als Beispiel hierfür wird auch der Bāzār von Zābol angeführt.

Um einen Einblick in die doch recht komplizierte Funktionsweise einer kleinstädtischen Wirtschaft zu gewinnen, wurden Gespräche mit Zāboler Händlern und Handwerkern über die Abwicklung ihrer Geschäfte geführt; Einkaufs- und Vermarktungsmechanismen können am Beispiel einiger Branchen des Nahrungs- und Genußmittelbereichs (Handel und Handwerk), des übrigen Handels und Handwerks aufgezeigt werden. Hierbei stehen Fragen nach den Formen der Einbindung Zabols in den iranischen Wirtschaftszentralismus und den ökonomischen Wechselbeziehungen innerhalb der städtischen Wirtschaft im Mittelpunkt der Untersuchung.

5.2.1   Nahrungs- und Genußmittel (Handel und Handwerk)

5.2.1.1   Kharārzi

Die Kharārzi übernehmen in Zābol die wichtigste Funktion für die Lebensmittelversorgung der städtischen und ländlichen Bevölkerung, da die Lebensmittelgeschäfte mit ihrem reichhaltigeren Angebot den Bedürfnissen einer kaufkräftigen Kundenschicht entgegenkommen (154).

Das bestausgestattetste Lebensmittelgeschäft am Maidān-e-Bistopanj-e-Shahrivar versorgt die meisten Kharārzi mit Grundnahrungsmitteln und Getränken, die beim Großhandel in Mashhad bezogen werden (155). Alle Kharārzi, die bei diesem oder anderen Zāboler Lebensmittelhändlern ihre Waren beziehen, können Handelsgüter zu günstigeren Preisen einkaufen als die Ladenkunden, da sie Waren in größeren Mengen benötigen.

Im Gegensatz zu den Kharārzi, die sich beim Einkauf ihrer Waren in Zābol direkt an den Lebensmittelhändler wenden, wird der Warenbezug in Mashhad über einen Vermittler, den sogenannten 'Haqolāmal-kāri' abgewickelt (156). Der Zāboler Kharārzi tritt brieflich oder telefonisch mit ihm in Verbindung und bestellt die fehlenden Grundnahrungsmittel, die der Haqolāmal-kari für ihn einkauft und per Lastwagen zusendet. Als Entgelt für seine Vermittlertätigkeit erhält der Haqolāmal-kāri 4% vom Einkaufspreis der bestellten Waren; die Transportkosten trägt der Kharārzi selbst (157).

Von 11 befragten Zāboler Kharārzi können nur drei Personen wenigstens einen Teil ihrer Waren beim Einkauf bar bezahlen, und acht Händler müssen bei jedem Einkauf einen Kredit beim Bezugshändler aufnehmen. Es ist ihnen meist erst dann möglich, ihre Schulden zurückzuzahlen, wenn sie alle Handelsgüter verkauft haben. Während befragte Lebensmittelhändler versicherten, alle von den Kharārzi nicht abgesetzten Waren zurückzunehmen, widersprachen die Kharārzi den Aussagen der Bezugshändler. 9 von 11 Kharārzi gaben an, dauernd mehr oder weniger stark verschuldet zu sein, wobei im Bāzār von Zābol Kredite bis zu maximal 20.000 Rial

(625 DM) mit einer Laufzeit von 10 bis 40 Tagen vergeben werden. Über die Kredithöhe beim Einkauf in Mashhad wurden keine Angaben gemacht (158).

Die Zāboler Kharārzi bleiben infolge ihrer geringen Finanzkraft beim Warenbezug zum größten Teil auf Einkäufe bei einigen Lebensmittelhändlern in Zābol angewiesen. Eine reine Bedarfsdeckungswirtschaft führt in zahlreichen Fällen zu einer Form von Dauerverschuldung mit relativ geringer Schuldenlast, zu deren Tilgung die Kharārzi jedoch gezwungen sind, ihre Waren bei kurzer Laufzeit der Kredite möglichst schnell und wenig gewinnbringend abzusetzen. Schon beim Einkauf der neuen Handelsgüter verschulden sie sich erneut und bleiben ökonomisch von den sie beliefernden Lebensmittelhändlern abhängig. Unter den Zāboler Lebensmittelhändlern übernimmt vor allem ein Händler die Funktionen des Warenlieferanten und Kreditgebers für die städtischen Kharārzi.

Im Falle von Geschäftsverbindungen zu Großhändlern in Mashhad bleiben die Zāboler Kharārzi auf das Geschick und die Ehrlichkeit ihres Haqolamal-kāri beim Einkauf der Waren angewiesen, haben keinen direkten Zugang zum Großhändler und können Einkaufspreise nicht selbst aushandeln. Die Zāboler Kharārzi verständigen sich nicht untereinander über den Einkauf von Handelsgütern, und es mangelt an jeglichen Formen von Kooperation beim Transport der Waren. Der wesentliche Vorteil dieses Systems liegt in der Ersparnis langer Anreisewege für den Zāboler Kharārzi.

5.2.1.2 Obst-, Gemüse-, Dattelhandel

Die Zāboler Einzelhändler für Obst und Gemüse beziehen ihre Waren fast ausschließlich bei dem einzigen städtischen Großhändler, der sein Geschäft auf der Rezā-Shāh-Kabir-Str. in der Nähe des Maidān-e-Bistopanj-e-Shahrivar betreibt; nur beim Einkauf von Schmuggelware verfügen mehrere Einzelhändler über ihre eigenen Bezugsquellen. In hohem Ausmaß gelangen in den Wintermonaten pakistanische Apfelsinen nach Afghanisch-Sistān und werden von dort mit Kamelen über die Grenze in den iranischen Teil Sistāns geschmuggelt. Die städtischen Einzelhändler und der Großhändler holen die Apfelsinen an vereinbarten, grenznahen Treffpunkten selbst ab und entlohnen die Zwischenhändler mit Barzahlung. Bei allen anderen Obst- und Gemüseeinkäufen bleiben die Einzelhändler auf den Großhändler als einzige Bezugsquelle angewiesen.

Diese Monopolstellung eines Großhändlers wurde seit 1973 etwas aufgebrochen, nachdem sechs der finanzkräftigeren Einzelhändler beim Einkauf bestimmter Handelsgüter mit dem Großhändler zusammenarbeiteten. Seit dieser Zeit organisieren die sieben Händler den Einkauf von Sommerfrüchten im Tayebat (südlich von Mashhad) gemeinsam, indem sie die Transportmittel gemeinschaftlich mieten, den Einkauf zusammen finanzieren und den Handelsgewinn nach erfolgtem Verkauf der Ware an Zāboler Einzelhändler untereinander aufteilen.

Der Obst- und Gemüsegroßhändler tätigt seine Einkäufe in Mashhad, Zāhedān oder den sistānischen Dörfern meist persönlich und mietet zum Warentransport Lastwagen bei den Zāboler Transportunternehmern. Sowohl beim Einkauf bei Großhändlern in Mashhad und Zāhedān als auch bei Geschäftsabschlüssen mit sistānischen Bauern ist Barzahlung üblich. Der Zāboler Großhändler legt seine Einkaufsquittungen der Otāq-e-Asnāf vor, die den Verkaufspreis festlegt, zu dem er an die städtischen Einzelhändler weiterverkaufen darf.

Das in Iran weitverbreitete und als 'pish-foroush' bekannte System (vgl. H. K. S. LODI 1965) des Vorausverkaufs von Getreide und Obst seitens der Bauern an städtische Händler, um Kredite zu erlangen, wird in Sistān nur in geringem Ausmaß praktiziert. Gelegentlich mieten der städtische Großhändler und einige Einzelhändler Gärten sistānischer Bauern und vereinbaren je nach Anbaufrüchten und Größe des Gartens einen Kaufpreis für die zu erwartende Ernte, den der Händler gewöhnlich sofort zu entrichten hat und der im Falle von Teilzahlung (mindestens 50% des Gesamtbetrages) bei Geschäftsabschluß spätestens nach der Ernte gezahlt werden muß. Der Händler übernimmt bei Abschluß eines solchen Handels das volle Ernterisiko. Das wegen der Unsicherheit der Wasserführung des Helmand extrem hohe Ernterisiko wird als wichtigster Hinderungsgrund für das in geringem Ausmaß praktizierte 'pish-foroush'-System angeführt.

Der Bezahlungsmodus beim Wareneinkauf der Einzelhändler für Obst und Gemüse gleicht demjenigen der Kharārzi, da die wenig finanzkräftigen Händler beim Bezug ihrer Waren nicht bar bezahlen können und ihnen vom Großhändler ein Kredit bis zum Verkauf der Waren eingeräumt wird. Um ihre Waren zum selben Preis wie der Großhändler anbieten zu können, bleibt die Gewinnspanne sehr klein. Beispielsweise kauft der Großhändler im Jahre 1978 Apfelsinen zum Preis von 44 Rial pro 1 kg ein und verkauft sie für 50 Rial; die Einzelhändler kaufen ihm die Apfelsinen für 47 Rial pro 1 kg ab und verlangen ebenfalls den allgemein auf 50 Rial pro 1 kg festgesetzten Ladenpreis.

Unter den Zāboler Obst- und Gemüsehändlern lassen sich, gemessen an den Formen und Möglichkeiten des Warenbezugs, drei Gruppen unterscheiden:

a) ein Großhändler, der über Geschäftsverbindungen nach Mashhad und Zāhedān verfügt und die Zāboler Einzelhändler fast ausschließlich mit Obst und Gemüse versorgt;

b) eine kleine Gruppe von Einzelhändlern, die jahreszeitlich gemeinsam mit dem Großhändler im Tāyebāt Obst einkauft, eigenständig Schmuggelware bezieht, im großen und ganzen aber auf den Großhändler als Bezugsquelle angewiesen ist;

c) die Mehrzahl der Einzelhändler, die Obst und Gemüse nur beim Großhändler einkauft und infolge Dauerverschuldung ökonomisch von ihm abhängig ist.

Unter den im Bāzār-e-Sarābāni ansässigen Dattelhändlern existieren Zusammenschlüsse von mehreren Personen, die ihre Handelsgeschäfte als gleichberechtigte Geschäftspartner gemeinsam betreiben. 5 von 12 Läden haben einen Besitzer, und in den übrigen 7 Ladeneinheiten arbeiten pro Laden zwischen 2 und 5 Dattelhändler zusammen.

Vor der Einrichtung des Kraftfahrzeugverkehrs in den 20er/30er Jahren gelangten die Datteln mit Kamelkarawanen nach Zābol und wurden dort von Großhändlern aus Südiran an die städtischen Einzelhändler verkauft. Die 'Sareban' genannten Großhändler bezogen die Datteln aus Baluchestān, Irānshahr, Sarāvān, Shahdād und Bam.

1978 reisen die Zāboler Dattelhändler persönlich nach Zāhedān, kaufen bei Großhändlern gegen Barzahlung ein und lassen die Datteln (159) mit einem gemieteten Wagen nach Zābol transportieren. Den Einkauf übernimmt jede zur Führung eines Dattelhandelsgeschäftes zusammengeschlossene Gruppe von Händlern gemeinsam; in Zābol gibt es keinen Großhändler, der den Warenbezug für die Einzelhändler organisiert (160).

Obwohl Datteln nur für sechs Monate in der kühleren Jahreszeit zum Verkauf angeboten werden, stellt der Dattelhandel den Hauptverdienst für die Händler dar. Im Sommer verkaufen die Dattelhändler, Wasser-, Honigmelonen und andere Sommerfrüchte aus dem ländlichen Sistān, die sie beim Zāboler Großhändler für Obst und Gemüse beziehen. Während für die Abwicklung der Handelsgeschäfte mit Großhändlern in Zāhedān Barzahlung üblich ist, vergibt der Obst- und Gemüsehändler in Zābol kurzfristige Kredite, so daß die Dattelhändler ebenso bei ihm verschuldet sind wie die Einzelhändler für Obst und Gemüse.

5.2.1.3   Handel mit Fischen und Seevögeln

Die Händler dieser Branche nehmen eine Sonderstellung im Nahrungsmittelhandel ein, da sie ausschließlich mit Waren handeln, die aus Sistān stammen bzw. aus dem afghanischen Teil Sistāns nach Iran geschmuggelt worden sind. Die Handelsbeziehungen Zāboler Händler zu der Produzentengruppe der am Hāmun-e- Helmand lebenden Fischer- und Jägerbevölkerung (vgl. Kap. 4.1) sollen schon seit Gründung der Stadt bestanden haben. Dörfliche Zwischenhändler kaufen Fische und Seevögel ('Changar') bei der jagdtreibenden Hāmun-Bevölkerung ein und verkaufen sie in Zābol an stationäre und ambulante Händler, wobei Barzahlung üblich ist. Zwischenhändler, die ihre Ware früher mit Eseln in die Stadt gebracht haben, benutzen 1978 Kraftfahrzeuge als Transportmittel, wodurch eine tägliche Belieferung des Zāboler Bāzārs ermöglicht wird (vgl. a. G. STÖBER, 1981).

Der von Oktober bis März andauernde Handel mit Fisch und Seevögeln wird im Sommer wegen der Schonzeiten für die Tiere und des niedrigen Wasserstandes des

Hāmun-e-Helmand vom Handel mit Hühnern abgelöst, die ebenfalls über dörfliche
Zwischenhändler aus dem ländlichen Sistān auf den Bāzār gelangen. Vor allem in
Jahren geringer Wasserzufuhr in den Hāmun-e-Helmand gewinnt der Schmuggel von
Fisch und Seevögeln aus dem jenseits der Grenze gelegenen Hāmun-e-Sāberi nach
Iranisch-Sistān an Bedeutung, der über drei bis vier Zwischenhändler abgewickelt
wird.

5.2.1.4   Getreidehandel

Die hohen Getreideexporte aus Sistān, die schon im ersten Drittel des 20. Jh.
mit Exportverboten belegt waren, wurden nach der Ausschaltung des englischen Einflusses auf die sistānische Landwirtschaft endgültig gestoppt. Ebenso gingen die Getreideausfuhren nach Zāhedān und Birjand zurück. Die Interviewergebnisse lassen
die Vermutung zu, daß in den 70er Jahren in Zābol nur Getreide vermarktet wird,
das in Sistān bleibt, während Exportgetreide direkt exportiert wird (vgl. hierzu
H. ZIA-TAVANA)(161).

Ein in Zābol ansässiger Großgrundbesitzer verkauft beispielsweise entsprechend
den in Sistān üblichen Handelsmechanismen den größten Teil seiner Getreideernte
in den Dörfern direkt an Viehhalter und Bauern, um die Transportkosten nach Zābol
sparen zu können; die hohe Siedlungsdichte und das Fehlen von 'pish-foroush' ermöglichen ein Überspringen des städtischen Marktes. In Zābol gibt es nur einen einzigen städtischen Großhändler, der nach der Ernte schriftliche Kaufverträge über Weizenaufkäufe mit den Großgrundbesitzern abschließt und das Erntegut mit eigenen Lastwagen in den Dörfern abholt.

Bei der Geschäftsabwicklung zwischen den Großgrundbesitzern und dem Getreidegroßhändler ist sofortige Barzahlung üblich, während die Viehhalter und Bauern den
Kaufpreis nur selten bar entrichten können und die Viehhalter ihre Schulden meist
erst einige Monate später in Form von Naturalabgaben an Schafen oder Kühen begleichen.

Die Getreideernte aus kleinbäuerlichen Betrieben gelangt direkt auf den Zāboler
Bāzār. Nach der Ernte legen die Bauern den Getreidehändlern in Zābol eine Körnerprobe zur Prüfung vor, und unter Angabe der Erntemenge handeln sie den Verkaufspreis frei aus. Der Getreidehändler mietet einen Traktor oder Lastwagen und transportiert die vereinbarte Getreidemenge nach Zābol. Bauern, die nur sehr wenig Getreide geerntet haben, bringen das gesamte Erntegut selbst auf Karren in die Stadt und
bieten das Getreide den Händlern zum Verkauf an.

Die 'pish-foroush'-Praxis (vgl. E. EHLERS 1975: 47 f.) ist in den Geschäftsbeziehungen zwischen Getreidehändlern und Bauern sehr selten und wird in größerem
Umfang nur von dem Getreidegroßhändler praktiziert. Im Jahre 1977 betrug der durchschnittliche Weizenpreis (162) vor der Ernte 60 Rial/man (6 kg), während im Bāzār-

handel 80 bis 90 Rial/man (6 kg) verlangt wurden. Dem Getreidegroßhändler erwuchs somit ein Gewinn von 33 bis 50 %.

Darüber hinaus profitieren Getreidehändler, indem sie ihren bäuerlichen Geschäftspartnern in Krisenzeiten Kredite bis zu einer Höhe von 5.000 Rial (156 DM) gewähren, die nach der Ernte in Form von Getreidelieferungen zurückgezahlt werden müssen, wobei der Tagespreis berechnet wird.

5.2.1.5 Metzger

Die Familien der Zāboler Metzger sind aufgrund häufiger Eheschließungen unter den Angehörigen ihrer Berufsgruppe durch enge verwandtschaftliche Beziehungen miteinander verbunden. Hierauf läßt sich auch eine Art von Arbeitsteilung zwischen ihnen zurückführen: von den insgesamt 14 städtischen Metzgern spezialisieren sich 11 Metzger auf die Schlachtung und Fleischverarbeitung von Schafen und Ziegen, während 3 Metzger ausschließlich Kühe schlachten. Die Kuhmetzger verfügen über keine Läden im städtischen Bāzār und verkaufen das Fleisch entweder an ambulante Händler oder bieten es selbst auf kleinen Karren zum Verkauf an.

Die Metzger beziehen das Vieh in 8 Monaten des Jahres vorwiegend aus dem iranischen Teil Sistāns, und im Sommer gelangt hauptsächlich Fleisch von aus Afghanistan geschmuggelten Tieren auf den Markt. Von September bis April kaufen die als 'Chubdār' bezeichneten stadtansässigen Zwischenhändler Vieh in den ländlichen Siedlungen Sistāns auf und sammeln die Tiere, bis sie eine für den Transport genügend große Herde zusammengestellt haben. Eine aus 300 bis 500 Schafen und Kühen bestehende Herde wird nach Zābol getrieben und kleinere Herden mit Lastwagen in die Stadt transportiert.

Im 'Lawār' (Mai/August) stammt das von Zāboler Metzgern aufgekaufte Vieh meist aus Afghanistan (163). Zu dieser Jahreszeit geht der Fleischkonsum der Bevölkerung stark zurück, da aufgrund mangelnder Kühlmöglichkeiten der Verzehr von Sommerfrüchten und Gemüse dem Fleischgenuß vorgezogen wird. Das geschmuggelte Vieh durchläuft mehrere Stationen, bevor es an die Zāboler Metzger verkauft wird:

- Personen, die das Vieh von Afghanistan über die Grenze nach Iran schmuggeln. Bei ihnen handelt es sich um afghanische Zwischenhändler, die Vieh in Afghanistan aufkaufen und es nachts über die Grenze treiben, wobei zur Überquerung des Helmand 'Tutans' (Schilfboote) als Transportmittel benutzt werden. Diese afghanischen Schmuggler verbinden keine verwandtschaftlichen Beziehungen zu den jenseits der Grenze lebenden iranischen Zwischenhändlern.
- Bewohner grenznaher Gebiete, die das über die Grenze geschmuggelte Vieh aufkaufen und Handelsbeziehungen zu städtischen Zwischenhändlern unterhalten. Zu diesem Personenkreis gehören in Zelten oder Schilfhäusern lebende

Baluchen aus dem als 'Garmshad' bezeichneten Grenzgebiet, das sich nördlich der Siedlung Dust Moḥammad Khān erstreckt. Sie informieren die städtischen Zwischenhändler und verkaufen das Vieh an die 'Chubdār'.
- Die als 'Chubdār' bezeichneten städtischen Zwischenhändler, die das von den Baluchen aufgekaufte Vieh an die städtischen Metzger weiterverkaufen.

Diese 'Chubdār' sind identisch mit den Zwischenhändlern, die das Vieh in den sistanischen Dörfern einkaufen (164). Viehhändler, die über zu geringe finanzielle Mittel verfügen, schließen sich zu einer Gruppe von 3 bis 5 Personen zusammen, um größere Mengen Vieh einkaufen zu können. Das in verschiedenen ländlichen Siedlungen aufgekaufte Vieh bleibt zunächst in den Dörfern und wird nach Abschluß der Viehkäufe in einer zentral gelegenen Siedlung zusammengetrieben; von dort begleitet ein dorfansässiger Tagelöhner, der als Hirte für die Viehhändler arbeitet, die Tiere nach Zābol.

Metzger und Viehhändler handeln die Preise für Schafe und Ziegen entsprechend dem Gewicht, Alter, Geschlecht und allgemeinen Zustand der Tiere frei aus; die Metzger entrichten den Kaufpreis sofort nach Geschäftsabschluß. Jeder Metzger für Schafe und Ziegen hält die Tiere bis zur Schlachtung auf einer von der Stadtverwaltung für jeweils ein Jahr gemieteten Weide am Stadtrand (165). Die Kühe verbleiben bis zur Schlachtung in den hinter den Häusern der Metzger gelegenen Gärten.

Bevor 1960 am nördlichen Ende der Rezā-Shāh-Kabir-Str. ein städtischer Schlachthof errichtet wurde, gab es nur Hausschlachtungen, die seit den 60er Jahren aus hygienischen Gründen verboten wurden. Ein Metzger schlachtet täglich zwischen 5 und 7 Schafe, deren Fleisch sofort in den Handel gelangt, da im Schlachthaus keine Kühlmöglichkeiten vorhanden sind. Häute und Därme verkaufen die Metzger an zwei städtische Händler, die gegerbte Häute und gereinigte Därme an Großhändler aus Mashhad verkaufen.

5.2.1.6   Zusammenfassung

Mit Hilfe der Warenbezugsmechanismen im Nahrungs- und Genußmittelbereich (vgl. Abb. 26) können die Verflechtungen des städtischen Bāzars mit dem ländlichen Umland und benachbarten städtischen Zentren Irans aufgezeigt werden. Während landwirtschaftliche Produkte Sistāns, anderer städtischer Zentren und Schmuggelwaren aus Afghanistan in den Wirtschaftskreislauf der Stadt Zābol einfließen, gelangen mit Ausnahme von Häuten und Därmen keine in Zābol verarbeiteten Produkte auf den Exportmarkt. Der städtische Bāzar wird nur im Falle des direkten Verkaufs von Getreide stadtansässiger Grundbesitzer an Viehhalter und Bauern als Handelsplatz landwirtschaftlicher Produkte des ländlichen Raumes übersprungen.

In den Geschäftsbeziehungen bilden sich aufgrund der Bezahlungsmodalitäten Abhängigkeitsverhältnisse zwischen städtischen Groß- und Einzelhändlern sowie stadtan-

Abbildung 26: Mechanismen des Warenbezugs im Nahrungs- und Genußmittelbereich (Handel und Handwerk)

183

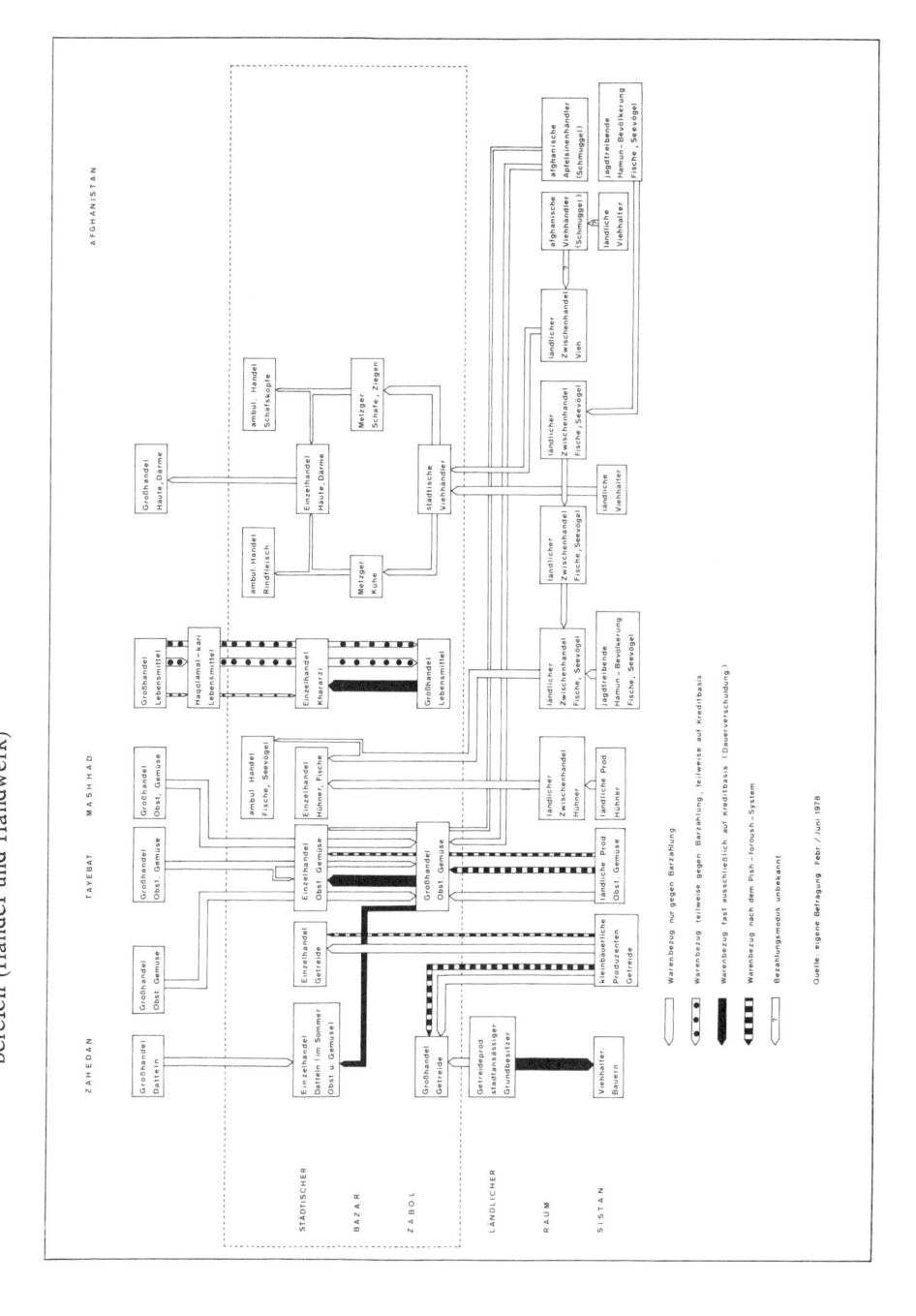

sässigen Grundbesitzern und ländlichen Produzenten heraus. Es lassen sich folgende deutliche Unterschiede bei den Formen des Warenbezugs feststellen:

- die ökonomische Abhängigkeit zahlreicher städtischer Einzelhändler von Zāboler Großhändlern im Bereich des Handels mit Obst, Gemüse, Datten und Grundnahrungsmitteln läßt sich auf einen Warenbezugsmechanismus zurückführen, der die Einzelhändler aufgrund des Wareneinkaufs auf Kreditbasis zu Dauerschuldnern der Großhändler werden läßt;
- im ländlichen Raum nehmen die stadtansässigen Grundbesitzer die Funktion als Kreditgeber gegenüber Viehhaltern und kleinbäuerlichen Produzenten ein, deren Getreideproduktion nicht für den Eigenbedarf ausreicht und durch Zukauf von Getreide ergänzt werden muß;
- bei Geschäftsverbindungen zwischen städtischen Händlern, ländlichen Zwischenhändlern und Produzenten überwiegt Warenbezug gegen Barzahlung, und das 'pish-foroush'-System findet wegen des hohen Ernterisikos nur eine geringe Verbreitung;
- der Einkauf von Waren in Zāhedān, Mashhad oder Tāyebāt wird in den Bereichen des Handels mit Obst, Gemüse und Lebensmitteln fast ausschließlich über eine kleine Gruppe Zaboler Großhändler abgewickelt, wobei in einigen Fällen ein 'Haqolamal-kāri' mit dem Wareneinkauf betraut wird; nur die Einzelhändler für Datteln beziehen Datteln ohne Einschaltung eines Groß- oder Zwischenhändlers direkt aus Zahedan.

5.2.2 Übriger Handel

5.2.2.1 Handel mit Fahrzeugen und Ersatzteilen

Die auf dem Zāboler Markt angebotenen Motorräder, Fahrräder und Ersatzteile werden bei Teherāner Großhändlern eingekauft. Einzelhändler mit einem monatlichen Einkaufszyklus und starker Kundennachfrage wickeln ihre Geschäfte über einen 'Haqolamal-kāri' ab oder geben telefonisch Warenbestellungen bei Teherāner Großhändlern auf. Findet der Einkauf nur halbjährlich statt, fährt der Händler in die Hauptstadt, um seine Einkäufe persönlich zu erledigen.

Die Zāboler Einzelhändler für Fahrzeuge und Ersatzteile verfügen über Bankkonten und überweisen die fälligen Einkaufsrechnungen an ihre Teherāner Geschäftspartner. Da es sich hierbei um beträchtliche Summen handelt, können die Waren nicht bar bezahlt werden, und einige Einzelhändler geben an, bei Teherāner Großhändlern verschuldet zu sein, ohne Angaben über Höhe und Laufzeit der Kredite zu machen.

5.2.2.2   Handel mit Haushaltswaren

Seit dem Beginn der 60er Jahre stieg Teherān zum einzigen Warenbezugsort für Haushaltswaren auf, weil dort nach Angaben der Zāboler Händler niedrigere Preise verlangt werden und der Teherāner Bāzār über ein reichhaltigeres Warenangebot verfügt als die Bāzāre in Mashhad oder Zāhedān (166). Bei allen in Teherān eingekauften Haushaltswaren handelt es sich um Erzeugnisse der iranischen Industrie. Lediglich Aluminiumbleche, die Händler für Haushaltswaren in Teherān beziehen, um sie an Zāboler Ḥalabi-sāz weiterzuverkaufen, stammen aus Japan.

Die Zāboler Haushaltswarenhändler wickeln ihre Wareneinkäufe teils über einen 'Haqol'amal-kāri' ab, teils kaufen sie persönlich bei Teherāner Großhändlern ein. Eine Kooperation unter den Händlern etwa in Form eines gemeinsam organisierten Wareneinkaufs gibt es unter den Zāboler Einzelhändlern nicht, und den Warentransport übernehmen in beiden Fällen Teherāner Speditionsfirmen. Die Einkaufsmechanismen bei persönlichem Warenbezug in Teherān oder Inanspruchnahme eines 'Haqol'amal-kāri' gleichen den schon beschriebenen Formen anderer Branchen.

Drei von fünf befragten Händlern gaben zu, in starkem Ausmaß bei Teherāner Großhändlern verschuldet zu sein; berücksichtigt man jedoch die Zurückhaltung, sich über persönliche Verschuldung zu äußern, und zieht man die im folgenden beschriebene Verschuldungspraxis heran, so kann von einer weiten Verbreitung der Verschuldung Zāboler Einzelhändler bei Teherāner Großhändlern ausgegangen werden. Die Einzelhändler sind manchmal gezwungen, Waren unter dem Einkaufspreis zu verkaufen, um ihre Schulden bei Teherāner Großhändlern fristgerecht abtragen zu können, wodurch sie in immer größere finanzielle Schwierigkeiten geraten.

Ein Händler für Haushaltswaren verdeutlicht den Verschuldungsmechanismus folgendermaßen: beim Wareneinkauf in Teherān kann er den Kaufpreis gewöhnlich nicht bar entrichten und erhält vom Großhändler einen Kredit mit einer Laufzeit von 3 bis 4 Monaten, den er per Scheck zuzüglich der handelsüblichen Zinsen zu überweisen hat. Obwohl die Teherāner Großhändler behördlich verpflichtet sind, einen Maximalpreis nicht zu überschreiten, verlangen sie höhere Verkaufspreise und stellen dem Zāboler Einzelhändler keine Quittung hierüber aus. Als Dauerschuldner weiß er kein Mittel, um sich zur Wehr zu setzen, und muß auch weiterhin bei Teherāner Großhändlern einkaufen, denen er als Schuldner verpflichtet ist und die ein Handelsmonopol auf die benötigten Handelsgüter besitzen. Kann er in Zābol der Otāq-e-Aṣnāf keine Einkaufsquittung vorlegen, wird im günstigsten Fall der gesetzlich festgelegte maximale Verkaufspreis des Teherāner Großhandels als Berechnungsgrundlage für den in Zābol geltenden Verkaufspreis herangezogen. Die Otāq-e-Aṣnāf legt den Verkaufspreis so fest, daß der Einzelhändler seine Waren mit einem Gewinn von 3 bis 5% verkaufen kann. Häufig liegt der Einkaufspreis, den der Zāboler Einzelhändler in Teherān bezahlt hat, über dem von der Otāq-e-Aṣnāf angenommenen Großhandelspreis, was der Einzelhändler aufgrund fehlender Einkaufsquittungen nicht nachweisen kann. Bei den geringen Gewinnspannen und oft überhöhten Einkaufspreisen in Teherān ist der Einzelhändler manchmal gezwungen, seine Waren mit Verlust zu verkaufen (167).

Positive Aspekte in den Handelsbeziehungen zwischen den Großhändlern der Hauptstadt und den Zāboler Einzelhändlern liegen in dem Versuch der Großhändler, kleinstädtische Märkte für technische Innovationen zu erschließen. Sie bieten den Einzelhändlern beim Einkauf neuartiger Waren günstigere Einkaufspreise und sind bereit, nicht absetzbare Handelsgüter gegen Erstattung der Einkaufskosten zurückzunehmen.

Ein Händler für Haushaltswaren, der früher als Halabi-sāz gearbeitet hat, beschreibt Kooperationsformen zwischen Einzelhändlern und Handwerkern, die sich aufgrund eines Gefühls der Verbundenheit zur ehemaligen Berufsgruppe herausgebildet haben. Der Haushaltswarenhändler verkauft im Auftrag der Handwerker aus Teherān bezogenes Blech an befreundete Halabi-saz, die hieraus Eimer herstellen, die der Händler in seinem Laden zu einem Stückpreis von 80 Rial verkauft. Von dem Verkaufserlös bekommt der Handwerker 70 Rial, während der Einzelhändler für seine Handelstätigkeit 10 Rial erhält. An diesem Beispiel zeigt sich, daß beide Geschäftspartner einen Gewinn erzielen (168) und die Bāzārkunden bereit sind, für von Händlern angebotene Artikel mehr zu bezahlen, obwohl dieselben Artikel von Handwerkern zu niedrigeren Verkaufspreisen angeboten werden.

Am Beispiel der Warenbezugsmechanismen im Haushaltswarenhandel tritt die Dominanz der Hauptstadt als Wirtschaftsmetropole in zweifacher Hinsicht deutlich hervor. Der Teherāner Großhandel bindet die Zāboler Einzelhändler durch Verschuldungspraktiken an den hauptstädtischen Markt, und die staatlichen Preisreglementierungen wirken sich nachteilig für die Einzelhändler aus, da die Großhändler über ökonomische Machtmittel zur Umgehung wirtschaftspolitischer Bestimmungen verfügen.

Im Falle allerdings nur punktuell feststellbarer innerstädtischer Wirtschaftsbeziehungen zwischen Zāboler Handwerkern und Händlern kommt es zu keiner Ausbeutung der unmittelbaren Produzenten; die Kooperation begründet sich auf einer Basis gegenseitigen Vertrauens und sichert sowohl Händlern als auch Handwerkern wirtschaftlichen Gewinn.

5.2.2.3 Stoffhandel

Im Bereich des Stoffhandels hat der Teherāner Markt in den vergangenen 20 Jahren eine überragende Bedeutung als Warenbezugsort gewonnen (vgl. Tab. 27) und in seiner Angebotsbreite und Qualität andere großstädtische Bāzāre Irans übertroffen. Infolge des Bedeutungszuwachses des Teherāner Großhandels zu Beginn der 60er Jahre werden Stoffe im Jahre 1978 nur noch gelegentlich aus Esfahān und Yazd bezogen.

Der Wareneinkauf bei Teheraner Großhändlern (169) wird meist persönlich von den Stoffhändlern getätigt, die sich bei der Auswahl der Stoffe häufig von einem 'Haqol̇amal-kāri' beraten lassen. Einen 'Haqol̇amal-kāri' beauftragen die Stoffhändler nur dann mit der Durchführung von Wareneinkäufen, wenn sie aus persönlichen Gründen verhindert sind oder infolge von Krankheit die Reise nach Teheran nicht antreten können. Nach Geschäftsabschluß leisten die Zāboler Händler eine Anzahlung auf den ausgehandelten Einkaufspreis und erhalten von den Teheraner Großhändlern längerfristige Kredite, die in Form von Banküberweisungen zurückgezahlt werden. Ob die Schuldverpflichtungen zu einer drückenden Dauerverschuldung bei den Großhändlern führen, ließ sich nicht in Erfahrung bringen (170).

Eine besondere Stellung beim Warenbezug nimmt ein Sohn des einflußreichen Zāboler Stoffhändlers Dah-mardeh ein, der sich in Teheran als Großhändler für Stoffe niedergelassen hat. Dah-mardeh und zahlreiche Zāboler Stoffhändler erkundigen sich zunächst bei ihm über die aktuelle Marktlage und kaufen auch häufig bei ihm ein, wobei diese auf landsmannschaftlichen Bindungen beruhenden Geschäftsbeziehungen zu keiner Fixierung auf einen Teheraner Großhändler führen.

Nur einer von neun befragten Stoffhändlern kauft seine Waren bei Berufskollegen in Zābol ein, da er nach eigenen Angaben über zu wenig Kapital zum Warenbezug beim Teheraner Großhandel verfügt. Infolge der üblichen Ratenzahlung und der übermächtigen innerstädtischen Konkurrenz ist er dauernd bei mehreren Zāboler Stoffhändlern verschuldet. Es kann davon ausgegangen werden, daß noch weitere Stoffhändler aus sozial schwach strukturierten Bāzārgassen ihre Waren im Zāboler Bāzār beziehen und bei finanzkräftigeren Händlern verschuldet sind.

5.2.2.4 Teppichhandel

Im ländlichen Raum Sistāns existiert kein von privaten Unternehmern organisiertes Verlagswesen zur Produktion von Teppichen (vgl. Kap. 4.2.2.1), da als wichtigste Voraussetzung ein Interesse des Exportmarktes an sistānischen Teppichen fehlt. Die Bauern knüpfen Teppiche primär für den Eigenbedarf, und diejenigen Teppiche, die an Zāboler Teppichhändler verkauft werden, verlassen nur in Ausnahmefällen Sistān, so daß die über den Eigenbedarf hinaus produzierende Teppichknüpferei auf die Bedürfnisse von Zāboler Käuferschichten abgestimmt ist. Die einheimischen Teppiche weisen im Gegensatz zu der Teppichproduktion der staatlichen iranischen Teppichgesellschaft in ihren Mustern und der Herstellung auf schmalen, waagerechten Webstühlen einen typisch ländlichen Charakter auf (vgl. H. ZIA- TAVANA).

Beim Teppichhandel können vier verschiedene Formen der Vermarktung festgestellt werden:

- in der überwiegenden Zahl der Fälle bringen Bauern die geknüpften Teppiche selbst nach Zābol und verkaufen sie an Teppichhändler des städtischen Bāzārs;

- äußerst selten beauftragen Teppichknüpfer einen Bāzārhändler als Kommissär mit dem Verkauf ihrer Teppiche. Dieser wird für seine Händlertätigkeit mit einer Summe entschädigt, die ca. 2% des Verkaufserlöses entspricht;
- aufgrund der zentralen Lage Zābols und des weit verzweigten Wegenetzes in Sistān bleibt die Anzahl ländlicher Zwischenhändler gering, die von Viehhaltern geknüpfte Teppiche aufkaufen und an Zāboler Bāzārhändler weiterverkaufen. Meist übernehmen teppichknüpfende Viehhalter selbst die Vermarktung ihrer Teppiche;
- die Zāboler Teppichhändler bereisen in unregelmäßigen Abständen mit dem Motorrad sistānische Dörfer und kaufen dort je nach Bedarf Teppiche ein.

Teppichknüpfende Bauern und Viehhalter, die den Teppichhändlern als zuverlässig bekannt sind, können längerfristige Kredite in Höhe von 5.000 bis 10.000 Rial (156 bis 312 DM) erhalten. Die Teppichknüpfer begleichen ihre Schulden nach einigen Monaten entweder durch den direkten Verkauf fertiggestellter Teppiche an den Gläubiger, oder sie wenden sich an einen anderen Bāzārhändler, mit dem sie einen günstigeren Verkaufspreis ausgehandelt haben und zahlen die geschuldete Summe bar zurück.

Entscheidend für die Einschätzung von Abhängigkeitsverhältnissen zwischen Gläubigern und Schuldnern ist der Umstand, daß der verschuldete Teppichknüpfer sich nicht verpflichtet hat, den fertiggestellten Teppich nur an den Gläubiger zu verkaufen und er dadurch die Möglichkeit besitzt, Verkaufspreise auf dem städtischen Markt frei auszuhandeln. Bei der mangelnden finanziellen Unterstützung ländlicher Produzenten durch Genossenschaften bieten die beim Teppichhandel gewährten Kredite den Bauern und Viehhaltern eine Chance, Bargeld zu erhalten, ohne sich der Gefahr der Dauerverschuldung auszusetzen.

Die Bāzārhändler organisieren zwar kein Verlagswesen, griffen aber beratend und steuernd in den Produktionsprozeß ein, indem sie schon in den 50er Jahren die Teppichknüpfer auf die dem Käufergeschmack nicht entsprechenden Muster und Farben geknüpfter Teppiche hinwiesen. Die Teppichhändler bereisten ländliche Siedlungen und legten den Bauern Muster für Teppiche vor, die besonders gute Marktchancen besaßen und deshalb in wachsendem Umfang nachgeknüpft wurden. Das Spektrum der auf dem Zāboler Bāzār angebotenen Teppiche verengte sich seitdem auf drei handelsübliche Teppichmuster (171).

5.2.2.5 Handel mit Schuhen und Decken, Mützen, Tüchern

Der Warenbezug im Schuhhandel gleicht den schon am Beispiel anderer Branchen beschriebenen Einkaufsmechanismen in Teherān. Die Zāboler Einzelhändler reisen in die Hauptstadt und tätigen ihre Wareneinkäufe bei Großhändlern, wobei sie nur einen Teil des Einkaufspreises bar entrichten und längerfristige Kredite in

Form von Banküberweisungen zurückzahlen.

Die Händler für Decken, Mützen und Tücher kaufen ihre Waren zum überwiegenden Teil in Zāhedān ein und beziehen nur gelegentlich bedruckte Kopftücher aus Esfahān oder Yazd. Sie wickeln ihre Handelsgeschäfte mit Großhändlern in Esfahān und Yazd teilweise über einen Haqol'amal-kāri ab, teilweise tätigen sie ihre Einkäufe persönlich zu den oben aufgeführten Teilzahlungsmodalitäten.

Decken pakistanischer Produktion und in Afghanistan hergestellte Mützen gelangen als Schmuggelware nach Zāhedān und werden von Großhändlern der Provinzhauptstadt gegen Barzahlung an Zaboler Einzelhändler verkauft, die Decken, Tücher und Mützen ohne Einschaltung eines Haqol'amal-kāri direkt aus Zāhedān beziehen. Da Zāhedān in den vergangenen zehn Jahren zu einem Handelszentrum für geschmuggelte Textilien aufgestiegen ist, liefern Schmuggler aus Afghanisch-Sistān ihre Waren fast ausschließlich an Großhändler in Zāhedān, und der direkte Verkauf afghanischer Mützen an Zāboler Einzelhändler findet nur noch ausnahmsweise statt.

5.2.2.6 Mattenhandel

Die im Seebereich lebende Hāmun-Bevölkerung organisiert Produktion und Vermarktung von Matten und Vorhängen aus Schilfrohr in eigener Regie und umgeht beim Absatz ihrer Produkte den Zāboler Bāzār, indem sie die Schilfrohrmatten direkt nach Mashhad exportiert (vgl. G. STÖBER 1981). Der kleinstädtische Markt bleibt somit weitgehend von seinem Hinterland abgeschnitten, und die Zāboler Händler sind auf weiter entfernt liegende Bezugsorte angewiesen. Trotz räumlicher Nähe der Rohstoffquellen und Produktionsgebiete entzieht sich der ländliche Raum dem ökonomischen Zugriff städtischer Geschäftsleute, da die unmittelbaren Produzenten die Notwendigkeiten einer eigenständig organisierten Vermarktung erkannt haben.

Die Zāboler Mattenhändler beziehen weniger als ein Viertel des Einkaufsvolumens an Schilfrohrmatten aus Sistān. Der Sayād-Tāyfeh angehörende Mattenflechter aus Posht-e-Adimi und benachbarten Siedlungen des Seebereichs bringen Schilfrohrmatten und Vorhänge vornehmlich im Winter eigenständig zum Bāzār und werden mit Barzahlung entlohnt. Den überwiegenden Teil ihrer Handelsgüter kaufen die Zāboler Mattenhändler bei Reisen zu Großhändlern in Zāhedān ein, die ihrerseits Schilfrohrmatten über Zwischenhändler aus Produktionsgebieten in Baluchestān beziehen; bei der Abwicklung der Handelsgeschäfte ist Barzahlung üblich.

5.2.2.7 Handel mit Tonkrügen, Sieben, Brotblechen

Die im Bāzār von Zābol angebotenen Tonkrüge werden in dem Dorf Qāsemābād im Shibāb-Dehestān von Töpfern hergestellt, die ihr Einkommen nur aus dieser Tätigkeit bestreiten. Die Zāboler Händler (172) begeben sich zum Einkauf selbst nach Qāsemābād, kaufen dort die Tonkrüge gegen Barzahlung ein und transportieren sie mit Eseln nach Zābol. Die Töpfer in Qāsemābād produzieren Tonkrüge nur für den Zāboler Bāzār, verkaufen ihre Produkte nicht selbständig an Kunden aus benachbarten Siedlungen und besitzen aus diesem Grund auch keine eigenen Läden.

Die aus Weiden- und Tamariskenzweigen geflochtenen 'Brotbleche' dienen als Ablage für den gekneteten und geformten Teig, bevor er gebacken wird, und sind unentbehrlicher Bestandteil aller ländlichen und auch eines Teils der städtischen Haushalte. Das Flechtwerk stellen bäuerliche Bewohner der Siedlung Adimi und benachbarter Dörfer her, die ihre Produkte an dörfliche Zwischenhändler verkaufen. Die Zwischenhändler bieten das Flechtwerk Zāboler Händlern zum Verkauf an.

Zahlreiche Bauern, die meist aus dem Großdorf Bonjār stammen, kaufen bei Zāboler Schreinern Holz ein, das sie zu Rahmen verarbeiten und mit Ziegendarm bespannen, so daß Siebe entstehen. Die Siebe verkaufen sie direkt gegen Barzahlung an Bāzārhändler in Zābol.

5.2.2.8 Zusammenfassung

Beim Handel mit Gebrauchsgegenständen des täglichen Bedarfs, Stoffen, Textilien, Schuhen und hochwertigen Industrieprodukten zeigt sich eine fast völlige "Importabhängigkeit" des Zāboler Marktes vom Teherāner Großhandel, der die kleinstädtischen Einzelhändler mit allen wichtigen Gütern versorgt (vgl. Abb. 27). Die handwerkliche Produktion des ländlichen Raumes umfaßt neben der Herstellung einfacher Haushaltswaren und einer primär auf den Eigenbedarf ausgerichteten Teppichknüpferei als einzigen exportorientierten Handwerkszweig die Mattenflechterei.

In den Geschäftsbeziehungen zwischen städtischen Einzelhändlern und ländlichen Produzenten herrscht der Barzahlungsmodus vor, und es bilden sich keine Abhängigkeitsverhältnisse heraus, wie sie im Nahrungs- und Genußmittelhandel hervortreten. Ländliche Zwischenhändler spielen nur eine untergeordnete Rolle im Vermarktungsmechanismus, da Bauern und Viehhalter die heimgewerblich hergestellten Handelsgüter eigenständig an Zāboler Bāzārhändler verkaufen. Die Teppichhändler verfolgen zwar mit der Gewährung längerfristiger Kredite für ländliche Teppichknüpfer das Ziel, die heimgewerbliche Produktion von Teppichen anzukurbeln, schließen aber auch eine Lücke in dem von Genossenschaften vernachlässigten Kreditsystem auf dem Lande, ohne Bauern und Viehhalter zu Dauerschuldnern zu machen.

Den Warenbezug Zāboler Einzelhändler beim Teherāner Großhandel kennzeichnet ein in allen Branchen mehr oder weniger stark ausgeprägter Verschuldungsmechanismus, der in dem Wareneinkauf auf Kreditbasis begründet ist; darüber hinaus begünstigt die staatliche Preisreglementierung (vgl. Beispiel des Haushaltswarenhandels) die finanzkräftigen Großhändler. Der kleinstädtische Markt gerät infolge der zu-

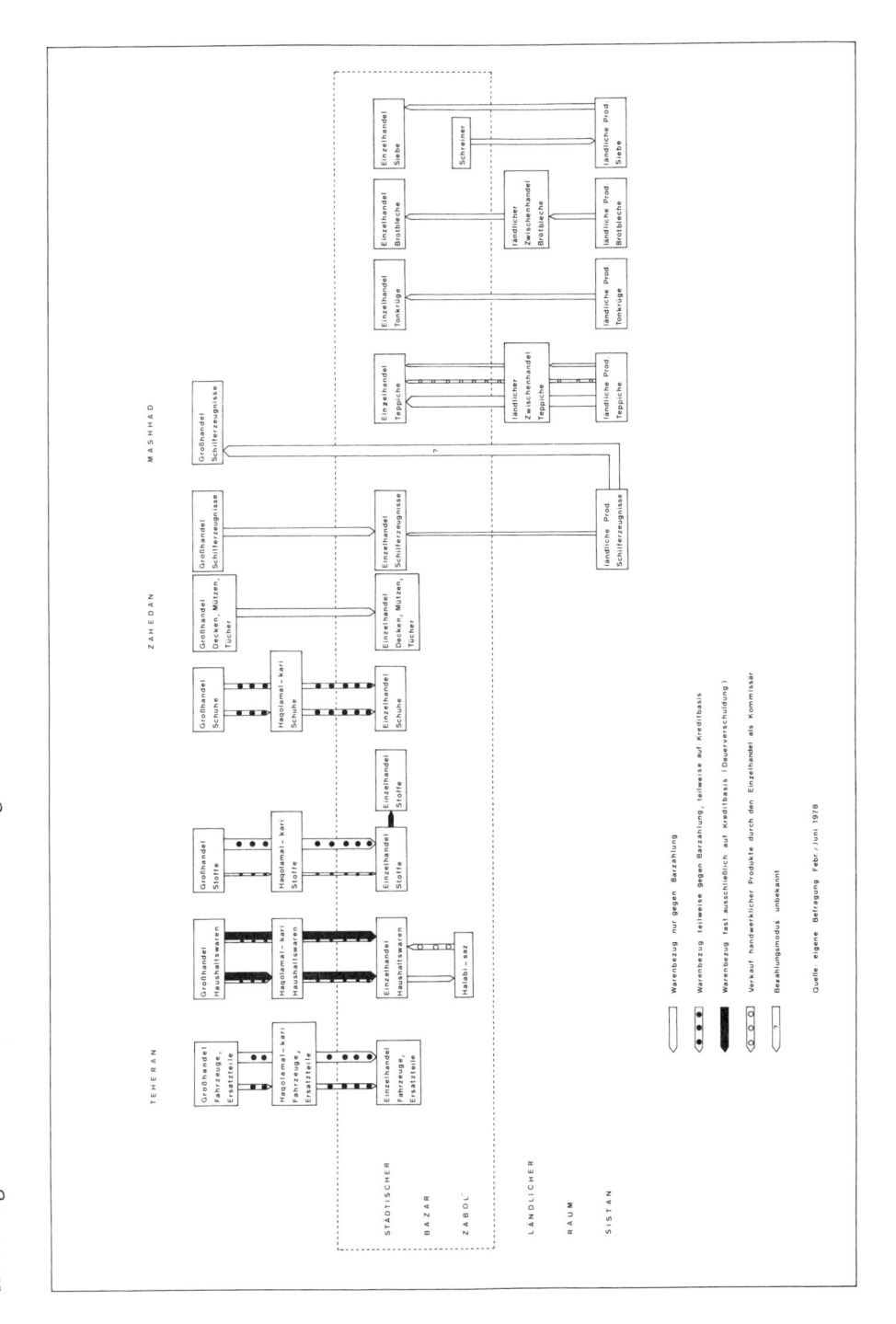

Abbildung 27: Mechanismen des Warenbezugs Zāboler Handelsbranchen

nehmenden Monopolstellung Teherāns als Handelszentrum und der Verschuldung bei hauptstädtischen Großhändlern in eine ökonomische Umklammerung und nimmt die Funktion eines 'Subzentrums' ein. Die Provinzstädte Zāhedān und Mashhad können nur bedingt (z. B. Handel mit Nahrungs- und Genußmitteln) eine "Mittlerfunktion zwischen Teherān sowie den vielen Klein- und Mittelstädten des Landes" (E. EHLERS 1978: 136) wahrnehmen, da meist direkte Handelsverbindungen zwischen Zābol und Teherān bestehen.

5.2.3   Übriges Handwerk

5.2.3.1   Schneidereien

Die Zāboler Schneider kaufen Garn, Nadeln, Reißverschlüsse, Knöpfe u.a. bei verschiedenen Bāzārhändlern gegen Barzahlung ein, während ihre Kunden i. R. die zu verarbeitenden Stoffe mitbringen. Nur einer von acht befragten Schneidern, der europäische Anzüge herstellt, bezieht gelegentlich Stoffe bei Zāboler Stoffhändlern. Aufgrund dieses Warenbezugsmechanismus bleiben die Berührungspunkte zwischen Schneidern und städtischen Händlern gering, und es können sich vermittelt über Formen des Warenbezugs keine ökonomischen Abhängigkeitsverhältnisse herausbilden.

5.2.3.2   Tischlereien

Die schon bei der Betrachtung der Jahreseinkommen zutage getretenen Einkommensunterschiede (vgl. Kap. 5.1.3) haben dazu geführt, daß es neben hauptberuflich als Tischler arbeitenden Personen auch Tischler gibt, deren Hauptverdienst aus unselbständiger Tätigkeit in der Bauwirtschaft stammt. Die soziale und ökonomische Differenzierung unter den Handwerkern eines Gewerbes läßt sich am Mechanismus des Warenbezugs recht gut ablesen.

Unter den 17 Schreinern des Bāzār-e-Najārhā besitzt nur ein einziger Handwerker eine Sägemaschine (173), hat mehrere Werkstatträume und bezieht Holz nicht ausschließlich aus Sistān. Mit Hilfe eines Ḥaqolamal-kāri tätigt er Einkäufe in Teherān, Mashhad und Esfahān, kann zum Transport einen Lastwagen mieten und beim Wareneinkauf bar bezahlen (174). Der Schreiner deckt nur den kleineren Teil seines Rohstoffbedarfs in Sistān; im Winter kauft er im Umkreis von Zābol in einer Entfernung von 12 bis 60 km ca. 100 Bäume auf, läßt sie fällen, trocknen und mit gemieteten Lastwagen oder Traktoren in die Stadt transportieren. Bei den Bäumen handelt es sich um die 'Korgaz' genannten Tamarisken, die Bauern gehören und vor deren Abholzung der Schreiner die Erlaubnis der städtischen Forstverwaltung einholen muß. Den bar zu entrichtenden Kaufpreis handeln die Geschäftspartner frei aus.

Die übrigen 16 Tischler des Bāzār-e-Najārhā beziehen den größten Teil des von ihnen verarbeiteten Holzes teils gegen Barzahlung, teils auf Kreditbasis bei dem einflußreichsten städtischen Schreiner, der sich ein Holzlager angelegt hat. Darüber hinaus kaufen die Tischler gegen Barzahlung Holz von Bauern, die kleinere Mengen im Bāzār zum Verkauf anbieten, oder wenden sich an Städter und fällen alte Bäume (meist Dattelpalmen), die in städtischen Gärten wachsen. Typisch sind auch gelegentliche Einkäufe in Mashhad, die Zāboler Tischler einem Bekannten auftragen, der in eigenen Geschäften nach Mashhad reist und sich bereiterklärt, bei dieser Gelegenheit etwas Holz einzukaufen und mitzubringen.

Eine kleine Anzahl von Tischlern, die ihren Hauptverdienst aus saisonaler Tätigkeit als Bauarbeiter erwirtschaften, kaufen Holz ausschließlich bei dem einflußreichsten Schreiner ein. Sie können nicht bar bezahlen und tragen ihre Schulden nach Lieferung des Holzes auf Ratenbasis ab.

Anhand der Mechanismen des Warenbezugs zeigt sich eine deutliche Hierarchisierung unter den Zāboler Tischlern, die in einer weitgehenden Abhängigkeit der meisten Handwerker von einem Schreiner zum Ausdruck kommt. Diese ökonomische Überlegenheit liegt in der Konzentration moderner Produktionsmittel (Sägemaschine) auf eine Person und den weitreichenden Geschäftsbeziehungen begründet, wodurch ein Schreiner zum wichtigsten Rohstofflieferanten und Kreditgeber aufgestiegen ist.

5.2.3.3   Metallverarbeitende Betriebe

Die in Zābol arbeitenden Schmiede können, gemessen an ihren Arbeitsverhältnissen, in zwei Fraktionen unterschieden werden:

- eine 7 Personen umfassende Gruppe von Schmieden verfügt über Werkstätten im Bāzār-e-Gabrestān,
- ca. 5 Schmiede besitzen kein festes Gewerbelokal im Bāzār, und ihre heimgewerblich hergestellten Produkte werden von den als ambulante Händlerinnen tätigen Frauen der Schmiede im Bāzār-e-Faseli zum Verkauf angeboten.

Alle Schmiede gehören der schon lange Zeit in Sistān beheimateten Hadād-Tāyfeh an, deren Stammesmitglieder auch in ländlichen Siedlungen in Iranisch- und Afghanisch-Sistān leben. Heiratsbeziehungen werden nur unter Mitgliedern der Hadād-Tāyfeh geschlossen, wobei verwandtschaftliche Bindungen zwischen auf dem Land und in der Stadt ansässigen Schmieden bestehen. Als einziges Unterscheidungskriterium stellen die zwei im Bāzār von Zābol befragten Schmiede die Armut ihrer im ländlichen Raum lebenden Verwandten heraus, während sie sich als wohlhabend bezeichnen.

Den schon mehrere Jahre zurückliegenden Einkauf von Werkzeugen (Zangen, Hammer, Amboß) haben die Schmiede persönlich in Mashhad und Zāhedān gegen Barzahlung getätigt. Die in Esfahān hergestellten Eisenplatten kaufen die Schmiede teils gegen Barzahlung, teils auf Kredit bei einem einflußreichen Händler auf der Ferdowsi-Str. ein, der mit elektrischen Geräten handelt, die einzige Fabrikationsanlage zur Herstellung von Stangeneis betreibt und eine Monopolstellung beim Handel mit Ackergeräten und motorgetriebenen Wasserpumpen innehat (175). Das zur Herstellung von Sicheln benötigte Alteisen beziehen die Schmiede gegen Barzahlung bei einem Händler für Autoschrott, dessen Geschäft auf der 'Alam-Str. liegt. Beim Einkauf der Rohmaterialien und Werkzeuge haben sich trotz enger verwandtschaftlicher Beziehungen keine Kooperationsformen herausgebildet.

Unter den im Bāzār ansässigen Schmieden existieren Produktionsabsprachen, die eine Arbeitsteilung zur Folge haben; einige Schmiede übernehmen vorrangig die Herstellung von Sicheln, während andere in größerem Umfang Schaufeln produzieren. Die in erster Linie Schaufeln produzierenden Schmiede kaufen bei ihren Nachbarn Sicheln zu einem Vorzugspreis ein, um gegenüber ihren Kunden ein Gleichgewicht des Angebots zu wahren. 'Sichel-Schmiede' ergänzen ihre Produktion dagegen nur in geringem Ausmaß durch den Einkauf von Schaufeln. Aufgrund dieser Arbeitsteilung sichern sich die primär Schaufeln produzierenden Schmiede Handelsvorteile gegenüber den 'Sichel-Schmieden', da sie aus dem Verkauf nicht selbst hergestellter Sicheln Gewinn ziehen und ein breiteres Warenangebot bereitstellen können (176).

Gegenseitige Nachbarschaftshilfe ist aufgrund der engen verwandtschaftlichen Beziehungen weit stärker entwickelt als bei den übrigen Branchen des Handels und Handwerks. Im Falle von Abwesenheit oder Krankheit eines Schmiedes übernimmt sein Nachbar ohne Eigengewinn den Verkauf von Waren des abwesenden Kollegen.

Die Zāboler Schweißer sind beim Einkauf von Eisenstangen und -rohren auf denselben Händler in der Ferdowsi-Str. angewiesen, den auch die Schmiede zum Einkauf der Eisenplatten aufsuchen. Bei den hohen Materialkosten (vgl. Kap. 5.1.3) können die Schweißer nur einen Teil der Einkaufssumme bar entrichten und erhalten Kredite mit kurzen Laufzeiten.

Die überwiegende Anzahl der Ḥalabi-sāz unterhält keine Geschäftsbeziehungen zu dem oben angeführten Haushaltswarenhändler (vgl. Kap. 5.1.3) und bezieht Aluminiumbleche teils gegen Barzahlung, teils auf Kreditbasis bei dem Großhändler auf der Ferdowsi-Str.

5.2.3.4 Wollfärbereien

Die städtischen Wollfärber verarbeiten Wolle, die ihre aus dem ländlichen Raum und Zābol stammenden Kunden mitbringen, um sie zum Teppichknüpfen zu

verwenden. Die Bauern und Viehhalter lassen die Wolle in Zābol färben, weil es
auf den Dörfern zu wenig Wollfärber gibt und sie bessere Preise für Teppiche erzielen können, die haltbare Farben besitzen (177).

Als Farben werden nur fabrikmäßig hergestellte Produkte aus Europa benutzt,
die städtische Wollfärber teils gegen Barzahlung, teils auf Kreditbasis bei einem
Großhändler in Mashhad einkaufen und selbst nach Zābol transportieren. Die Kochkessel können sie auf dem Zāboler Bāzār erwerben.

5.2.3.5 Zusammenfassung

Die Zāboler Handwerker können beim Bezug von Rohstoffen und Werkzeugen
nur in sehr beschränktem Ausmaß auf das ländliche Hinterland zurückgreifen (Holz)
und sind von Importen aus iranischen Großstädten abhängig (vgl. Abb. 28). Entsprechend der starken Importabhängigkeit der Zāboler Handelsbranchen von dem Teheräner Markt spielt der hauptstädtische Großhandel auch beim Einkauf der gefragtesten Rohstoffe (Holz, Roheisen, Aluminiumbleche) eine bedeutende Rolle (178);
für den Bezug von Holz, Farben und Werkzeugen übernimmt der Großhandel in
Mashhad die Funktion des wichtigsten Handelspartners.

Die Geschäftsbeziehungen der meisten Handwerker zu ihren Rohstofflieferanten werden durch städtische Großhändler oder finanzkräftige Handwerker vermittelt.
Ein Schreiner, der über weitreichende Handelsverbindungen verfügt, versorgt die
übrigen 16 städtischen Schreiner mit Holz und fungiert als ihr Kreditgeber beim Warenbezug. Eine Monopolstellung als Lieferant von Roheisen und Aluminiumblech
nimmt ein Zāboler Großhändler gegenüber sämtlichen städtischen Schweißereien
und Schmieden sowie den meisten Halabi-sāz ein, die in unterschiedlichem Ausmaß
bei ihm verschuldet sind. Nur Wollfärber und Schneider kaufen Arbeitsmaterialien
direkt beim Handel ein.

5.2.4 Ökonomische Wechselbeziehungen und Stadtentwicklung

In Iran bildete sich im 20. Jh. ein Dualismus in der Stadtentwicklung heraus
(vgl. E. EHLERS 1980 b: 134) zwischen Großstädten, die sich zu industriellen Ballungszentren entwickelten und Träger einer modernen westlichen Entwicklung wurden (vgl. E. WIRTH 1968, 1973), und Kleinstädten, die in ihren Produktionsweisen
und Vermarktungsmechanismen in vorindustriellen Mustern verhaftet blieben. Der
Industrialisierungsprozeß verstärkte mit der Konzentration industrieller Standorte
auf großstädtische Zentren (vgl. W. KORBY 1977) den traditionellen Entwicklungsvorsprung der Großstädte und besonders Teherāns gegenüber den zahlreichen Klein-
und Mittelstädten des Landes.

Abbildung 28: Mechanismen des Warenbezugs Zāboler Handwerksbranchen

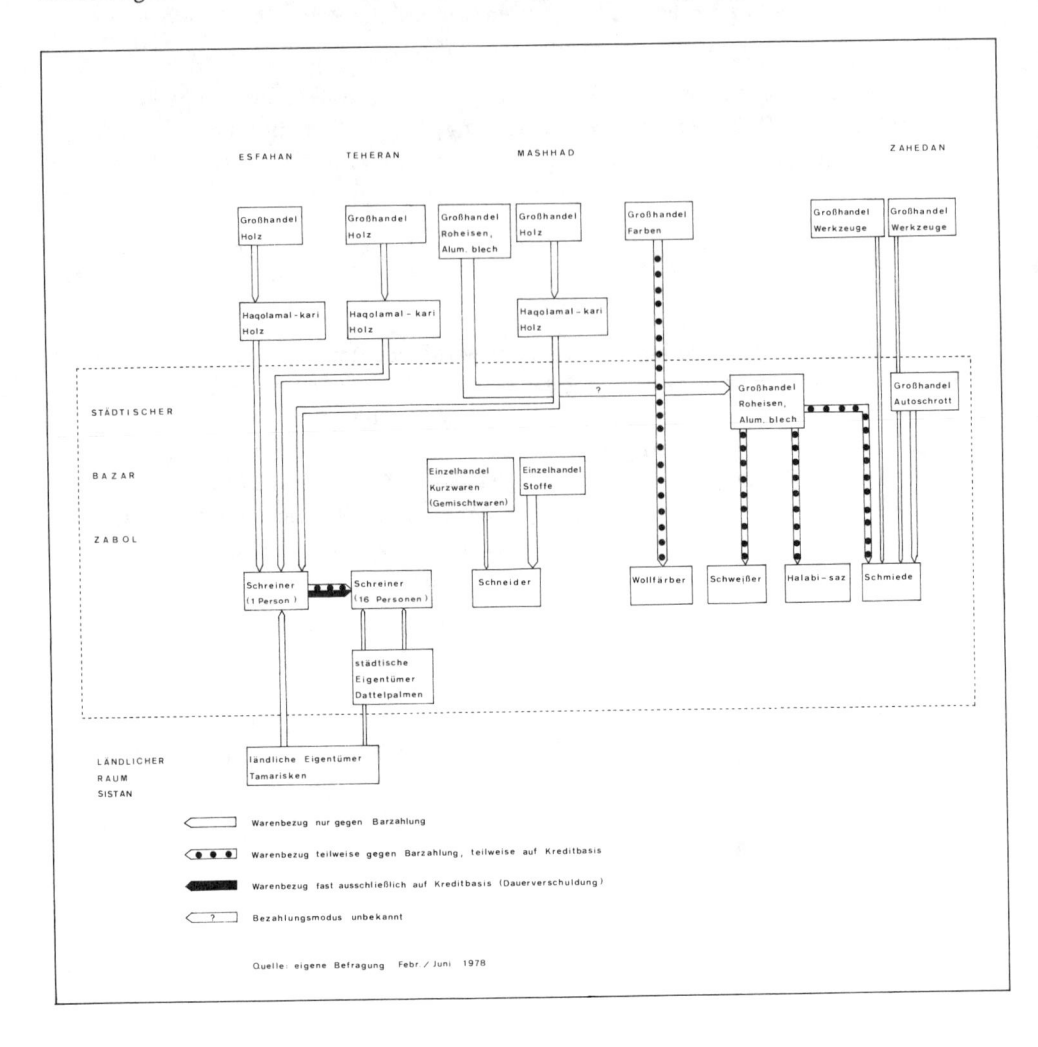

Am Beispiel der Kleinstadt Zābol zeigt sich, daß der wirtschaftlichen Weiterentwicklung der Stadt vor allem zwei Hemmnisse entgegenstehen (vgl. Abb. 29):

- die über ökonomische Verflechtungen entstandene Anbindung kleinstädtischer Geschäftsleute an Teheraner Großhändler;
- die über Einkaufs- und Verkaufsmechanismen sowie betriebliche Organisationsformen vermittelten innerstädtischen Abhängigkeitsverhältnisse.

Die fremdgesteuerte Wirtschaftsentwicklung durch europäische Großmächte mündete nach einer kurzen Übergangszeit eigenständiger Initiativen Zāboler Geschäftsleute in eine erneute, diesmal von Teheran extern gesteuerte kleinstädtische Entwicklung. Dies zeigt sich an der fast völligen "Importabhängigkeit" des Zāboler Marktes vom Teheraner Großhandel. Bezogen die Zāboler Händler und Handwerker im ersten Drittel des 20. Jh. Handelsgüter und Rohstoffe von indischen Händlern bzw. russischen Agenten, so ist 1978 eine analoge Abhängigkeit beim Warenbezug von Großhändlern der Hauptstadt festzustellen. Hierdurch wird der Aufbau einer eigenen "Industrie" erschwert, und bei einer fortgesetzten Ausweitung des Handels sind die Arbeitsplätze kleinstädtischer Handwerker (bes. Schneider, Halabi-sāz) gefährdet.

Die Verschuldung Zāboler Händler bei Teheraner Großhändlern verstärkt die über den Warenbezug vermittelten Abhängigkeitsverhältnisse, indem die kleinstädtischen Schuldner beim Einkauf neuer Waren an ihre Gläubiger gebunden sind und diese finanzielle Schwäche Investitionsmöglichkeiten in Zābol einschränkt. Ökonomisch betrachtet nimmt Zābol trotz seiner peripheren Lage die Funktion einer Teheraner Vorstadt ein, und die kleinstädtische Entwicklung ist mit dem weiteren wirtschaftlicher Wachstum der Hauptstadt gekoppelt.

Dieser Umklammerung durch Teheraner Großhändler sind die kleinstädtischen Geschäftsleute und Handwerker auch deshalb schutzlos ausgesetzt, weil sie untereinander keine Formen der Kooperation ausgebildet haben und der kleinstädtische Wirtschaftskreislauf seinerseits zu Abhängigkeitsverhältnissen führt. Beim Wareneinkauf auf Kreditbasis werden ambulante Händler, Handwerker und kapitalschwache Einzelhändler zu Dauerschuldnern bei Zāboler Einzel- und Großhändlern; darüber hinaus haben sich einige Großhändler die Monopolstellung beim Warenbezug gesichert (z.B. Obst- und Gemüsehandel, Handel mit Rohstoffen, die verschiedene Handwerker benötigen). Die in Zābol zwischen städtischen Kapitalgebern und Handwerkern nach dem "System rentenkapitalistischen Reichtumserwerbs" (H. BOBEK 1974: 76) abgeschlossenen Verträge (z.B. bei Schweißereibetrieben) behindern einen Ausbau vorhandener Handwerksbetriebe.

Abbildung 29: Schema: Ökonomische Wechselbeziehungen und kleinstädtische Entwicklung

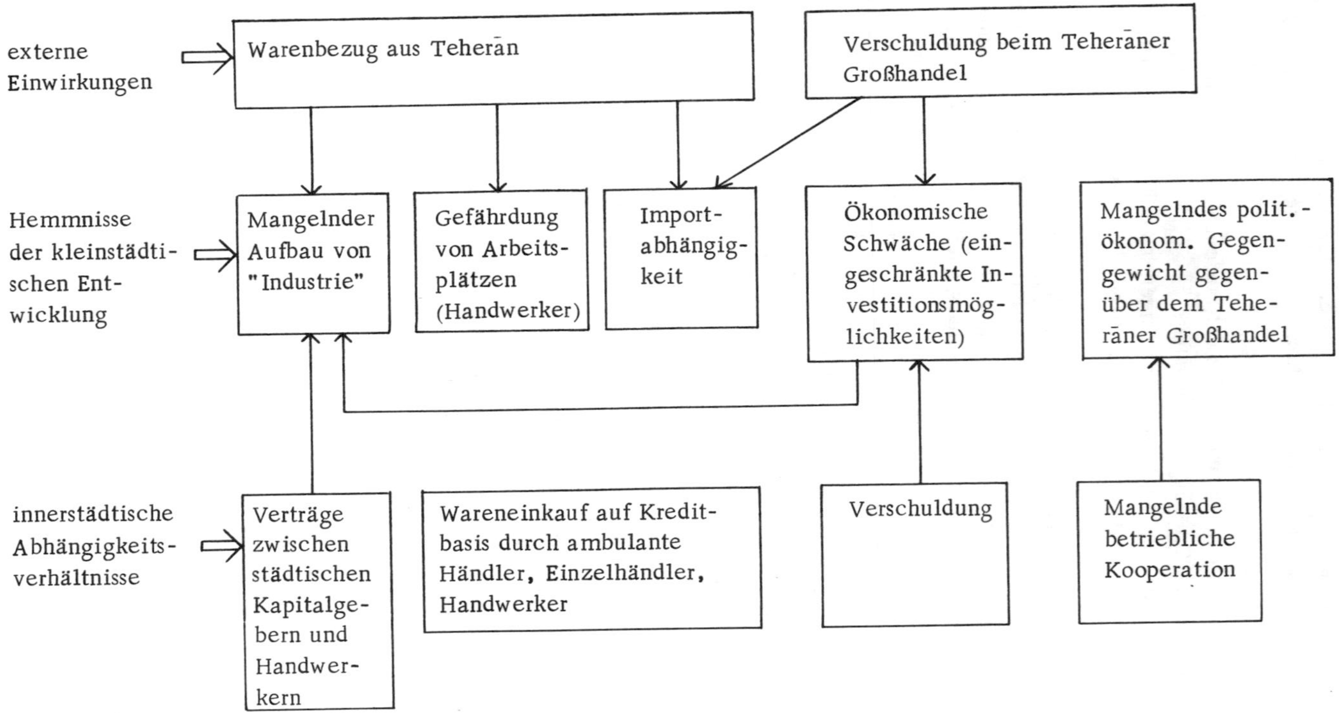

externe Einwirkungen ⇨ Warenbezug aus Teheran → Verschuldung beim Teheraner Großhandel

Hemmnisse der kleinstädtischen Entwicklung ⇨ Mangelnder Aufbau von "Industrie" — Gefährdung von Arbeitsplätzen (Handwerker) — Importabhängigkeit — Ökonomische Schwäche (eingeschränkte Investitionsmöglichkeiten) — Mangelndes polit.-ökonom. Gegengewicht gegenüber dem Teheraner Großhandel

innerstädtische Abhängigkeitsverhältnisse ⇨ Verträge zwischen städtischen Kapitalgebern und Handwerkern — Wareneinkauf auf Kreditbasis durch ambulante Händler, Einzelhändler, Handwerker — Verschuldung — Mangelnde betriebliche Kooperation

198

5.3   Verkauf und Absatz im stationären und ambulanten Gewerbe

Bei der Betrachtung der Warenbezugsmechanismen und Geschäftspraktiken zwischen Zāboler Geschäftsleuten und großstädtischen Märkten zeigt sich eine weitgehende ökonomische Abhängigkeit Zābols von iranischen Provinzstädten und besonders von Teheran. Im folgenden soll der Frage nachgegangen werden, inwieweit die städtische Versorgungsfunktion gegenüber dem Umland zu analogen Verbindungen führt.

Untersuchungen der Stadt-Umland-Beziehungen iranischer Klein- und Mittelstädte weisen der Stadt zwar die Funktion eines echten zentralen Ortes zu, betonen aber ihren "ökonomischen Würgegriff", da weite Teile der ländlichen Bevölkerung aufgrund mangelnder infrastruktureller Ausstattung der Dörfer zur täglichen Bedarfsdeckung auf die Inanspruchnahme des städtischen Warenangebotes angewiesen sind (vgl. E. EHLERS 1978: 129). Die Bewohner von 156 untersuchten ländlichen Siedlungen des Umlandes von Yazd beziehen nur Grundnahrungsmittel in Großdörfern des ländlichen Raumes und wenden sich beim Einkauf von alltäglichen Gebrauchsgegenständen (z. B. Schaufeln) und Konsumgütern an den Bāzārhandel in Yazd (vgl. M. BONINE 1973). Eine ebensolche Funktion als "alleiniger Nutznießer des geringen, in seinem Umland zirkulierenden oder akkumulierten Geldes" (E. EHLERS 1975: 49) nimmt die Stadt Bam gegenüber ihrem Umland ein. Der Markt der Stadt Malāyer bildet für die Dörfer des Umlandes "eine unabdingbare Existenzgrundlage" (M. MOMENI 1976: 177), und die Siedlungen im Hinterland sind "entweder Selbstversorgungsorte oder total von der Stadt abhängige Siedlungen, die über keinerlei Versorgungseinrichtungen verfügen" (M. MOMENI 1976: 178).

Darüber hinaus verstärkte sich die Dominanz der Stadt "durch die oftmals bereits vorgegebenen Verschuldungsabhängigkeiten zwischen ländlicher Klientel und städtischem Bāzār sowie durch die Tatsache, daß oft auch ein Teil der wenigen Geschäfte auf dem Lande noch städtischen Eigentümern gehört" (E. EHLERS 1978: 129).

Um Rückschlüsse auf die räumliche Ausdehnung von Handelsverbindungen und die soziale Differenzierung der Käuferschicht zu erhalten, wurden Zāboler Bāzārhändler und Handwerker nach der Herkunft ihrer Kunden befragt (179). Ein besonderes Interesse gilt den Wirtschaftsbeziehungen zwischen Bāzār- und Dorfhändlern und den hierbei auftretenden Abhängigkeitsverhältnissen sowie der Verschuldung ländlicher und städtischer Kunden im Bāzār von Zābol.

5.3.1   Herkunft und soziale Differenzierung der Bāzārkunden

Bei der Betrachtung der Herkunftsgebiete Zāboler Bāzārkunden wird zwischen dem ländlichen Raum, Zābol, iranischen Mittel- und Großstädten und dem afghanischen Teil Sistāns unterschieden (vgl. Tab. 33). Diese räumliche Zuordnung kann

Tabelle 33: Herkunft und soziale Differenzierung der Kunden im Bāzār von Zābol 1978

Branchen	Herkunft der Kundengruppen											
	ländl. Sistān			Stadt Zābol				Iranische Städte				Afghanisch-Sistān
	Bauern	Viehhalter	Dorfhändler	Städter	Einzelhändler als Kunden von Großhändlern	ambulante Händler	Bauherren	Händler, Birjand	Händler, Mashhad	Händler, Teheran	Händler, Zahedan, Kerman, Esfahan, Bandar Abbas	Händler
Nahrungs- und Genußmittel												
(Handel und Handwerk)												
Lebensmittel			o	x	x							
Kharārzi	x			x								
Zuckerwaren	x			x								
Tee	x			x						-		
Obst und Gemüse	x		-	x	x	o						
Datteln	o		x	o								
Fisch	x			x								
Hühner	x			x								
Metzger	x			x		o			-		-	
Getreide	x	x										
Übriger Handel												
Stoffe und Textilien	x		o	x	o	o						-
Decken, Mützen, Tücher	x			x								
Teppiche				x					-	-		
Wolle und Filz	x			-								
Schuhe und Textilien	x	x		x								
Haushaltswaren	x		o	o								
Tonkrüge	x			x								
Siebe, Brotbleche	x											
Schilfrohrmatten	x			o								
Fahrzeughandel, Ersatzteile	-			x								
(Fahrräder)	x			o								
Übriges Handwerk												
Schneider	x	x		x								
Schreiner u. Holzverarb.	x			o					-			
Schmied	x											
Halabi-sāz	x			o								
Schweißer							x					
Wollfärber	x			x								
Friseur	x			o								

Bedeutung der Kundengruppen: x   wichtigste Kundengruppe
                               o   untergeordnete Kundengruppe
                               -   gelegentliche Kundengruppe

Quelle: eigene Befragung März/Mai 1978

durch eine Differenzierung des Kundenkreises in unterschiedliche Sozialgruppen
weiter spezifiziert werden. Eine Gewichtung der Kundengruppen hinsichtlich ihrer
Bedeutung (wichtigste, untergeordnete, gelegentliche Kundengruppe) für die von ihnen
frequentierten Branchen des Handels und Handwerks erfolgt nach Angaben der
Zāboler Geschäftsleute (180). Die Analyse der räumlichen Herkunft und sozialen
Stellung der Kunden verdeutlicht die Reichweite der Wirtschaftsverflechtungen und
ermöglicht Aussagen über die Bedeutung einzelner Branchen für bestimmte Kundengruppen.

Die Kunden im Nahrungs- und Genußmittelbereich setzen sich gleichgewichtig
aus Teilen der ländlichen und städtischen Bevölkerung Sistāns zusammen, während
der städtische Bāzār nur gelegentlich von Kunden entfernt liegender iranischer
Städte aufgesucht wird. Bauern und Städter stellen in der überwiegenden Anzahl der
Fälle die wichtigste Kundengruppe, so daß sich nur beim Handel mit hochwertigen
Lebensmitteln und beim Getreidehandel eine Spezialisierung auf städtische bzw.
ländliche Kundenschichten zeigt.

Die Bedeutung Zābols als Versorgungszentrum des ländlichen Raumes im Nahrungs-
und Genußmittelbereich tritt neben der starken Inanspruchnahme des Bāzārs
durch Bauern auch in der Anbindung von Dorfhändlern zutage. Dorfhändler beziehen
Grundnahrungsmittel vor allem in einem Lebensmittelgeschäft am Maidān-e-Bistopanj-e-Shahrivar,
ergänzen ihr Angebot an Obst und Gemüse durch gelegentliche Einkäufe
bei einem Zāboler Großhändler und übernehmen für die städtischen Dattelhändler
die Funktion der wichtigsten Kundengruppe.

Im Rahmen bestehender Wirtschaftsverflechtungen zwischen Zāboler Einzel-
und Großhändlern erlangt die Kundengruppe der Einzelhändler beim Handel mit
Grundnahrungsmitteln, Obst und Gemüse eine gleichgewichtige Stellung gegenüber
Bauern und Städtern. Gemessen an ihrem Einkaufsvolumen kommt ambulanten Händlern
für Fleisch, Obst und Gemüse lediglich die Bedeutung untergeordneter Kundengruppen zu.

Händler aus iranischen Mittel- und Großstädten treten als gelegentliche Kundengruppen
nur in Bereichen auf, in denen der Zāboler Markt aufgrund der günstigen
Einfuhrmöglichkeiten von Schmuggelwaren Preisvorteile bietet. Die weiten Anreisewege
machen einen regelmäßigen Handelsaustausch unrentabel. Der zu einem großen
Teil aus Afghanisch-Sistān geschmuggelte indische Tee lockt Händler aus Birjand
an, die ihre Vorräte im Zāboler Bāzār ergänzen. Die städtischen Metzger verkaufen
bei großen Überschüssen in Sistān und Viehmagel in anderen Landesteilen
Irans Lebendvieh an Händler aus Mashhad, Zāhedān, Kermān, Esfahān und Bandar
Abbās.

Im Bereich des Handels zeigen sich im Gegensatz zum Nahrungs- und Genußmittelbereich
deutliche Unterschiede zwischen der Frequentierung einzelner Branchen
durch städtische bzw. ländliche Kundengruppen; nur in vier von elf Branchen
besteht ein Gleichgewicht. Eindeutig überwiegen ländliche Kundengruppen beim

Einkauf von Gebrauchsgütern des täglichen Bedarfs (Wolle und Filz, Haushaltswaren, Siebe, Brotbleche, Schilfrohrmatten und Fahrrädern), während der Warenbezug hochwertiger Handelsgüter (Teppiche, motorgetriebene Fahrzeuge und Ersatzteile) ländlichen Bevölkerungsschichten weitgehend verschlossen bleibt.

Dorfhändler beziehen zwar Haushaltswaren und Stoffe im Bāzār von Zābol, treten aber als Käuferschicht in ihrem Einkaufsvolumen hinter den privaten Kundengruppen zurück. Der Zāboler Einzelhandel kauft bei finanzkräftigeren Händlern Stoffe und Wolle ein, und der ambulante Stoffhandel versorgt sich ebenfalls im Bāzār.

Nur beim Handel mit Stoffen und Teppichen treten Kundengruppen aus iranischen Mittel- und Großstädten sowie dem afghanischen Grenzgebiet auf. Afghanische Händler, die sich zum Abschluß von Schmuggelgeschäften oder wegen Versorgungsengpässen auf dem Markt von Zaranj in Zābol aufhalten, kaufen gelegentlich Stoffe ein. Die aus Mashhad und Teherān stammenden Teppichhändler interessieren sich nur für alte Teppiche, die Bauern vor ca. 20 Jahren für den Eigenbedarf geknüpft und aus Mangel an Bargeld an Zāboler Teppichhändler verkauft haben. Die großstädtischen Teppichhändler suchen ca. dreimal während eines Jahres den Bāzār von Zābol auf und kaufen insgesamt 50 bis 100 Teppiche ein.

Abgesehen von Schneidern und Wollfärbern, die gleichermaßen Arbeitsaufträge von ländlichen und städtischen Kunden bekommen, zeigt sich unter den Handwerkszweigen eine weitgehende Spezialisierung auf bestimmte Kundengruppen. Schreiner, Halabi-sāz, Friseure und Schmiede arbeiten überwiegend bzw. ausschließlich für Bauern, und die städtischen Schweißer zählen private Bauherren zu den wichtigsten Auftraggebern. Die traditionellen Handwerkszweige (bes. Schmiede) verdanken ihren Fortbestand im Bāzār von Zābol vor allem ländlichen Kundengruppen, und die Entstehung moderner Handwerkszweige resultiert aus der Investitionsbereitschaft städtischer Bevölkerungsschichten.

Die Betrachtung der Herkunft und sozialen Differenzierung der Kunden im Bāzār von Zābol zeigt eine zunehmende Bedeutung ländlicher Kundengruppen vom Nahrungs- und Genußmittelsektor über den Handel bis zum Handwerk. Bei 11 von insgesamt 28 befragten Branchen besitzen ländliche Kunden einen überwiegenden bis ausschließlichen Anteil, und nur bei 4 Branchen überwiegen städtische Käuferschichten; in den übrigen 13 Fällen ist das Verhältnis ausgeglichen. Der Markt von Zābol übernimmt aufgrund seiner Bedeutung für die Bewohner des ländlichen Raumes einerseits eine wichtige Versorgungsfunktion für Sistān, andererseits beziehen die städtischen Geschäftsleute aufgrund der starken ländlichen Kundenströme einen großen Teil ihrer Handelsgewinne aus wirtschaftlichen Verflechtungen mit dem Umland.

5.3.2   Warenbezug von Dorfhändlern im Bāzār von Zābol

Die Versorgungsfunktion des Bāzārs von Zābol für den ländlichen Raum erstreckt sich nicht nur auf private bäuerliche Kundenschichten, sondern erfaßt auch Händler dörflicher Bāzāre. Die Dorfhändler verfügen über zu geringe finanzielle Mittel zum Wareneinkauf in weiter entfernt liegenden Mittelstädten (z.B. Zāhedān, Birjand) und bleiben beim Warenbezug auf den einzigen städtischen Bāzār in Sistān angewiesen. Untersuchungen in ländlichen Siedlungen, die keinen Bāzār besitzen, belegen die Existenz von Händlern, die neben ihrer Haupttätigkeit als Bauern in einem ihrer Wohnräume Waren aus dem Bāzār von Zābol zum Verkauf anbieten (vgl. H. ZIA-TAVANA). Diese nebenberuflichen Händler übernehmen eine wichtige Vermittlerfunktion zwischen dem städtischen Bāzār und den zahlreichen Dörfern, die über keinerlei Markt verfügen.

In Tabelle 34 kann nur ein Teil der Siedlungen erfaßt werden, aus denen die im städtischen Bāzār einkaufenden Händler stammen, da die hierüber befragten Zāboler Bāzārhändler lediglich einige der Herkunftsorte dörflicher Händler nennen wollten.

Tabelle 34:   Warenbezug von Dorfhändlern im Bāzār von Zābol 1978

Herkunftsorte der Dorfhändler	Zāboler Handelsbranchen mit Geschäftsbeziehungen zu Dorfhändlern				
	Lebensmittel	Obst und Gemüse	Datteln	Stoffe	Haushaltswaren
Adimi			x		x
Bonjār		x	x		
Khamak				x	
Deh Bazi				x	
Deh Dust Mohammad Khān	x	x	x	x	x
Deh Gholam 'Ali				x	
Jahān Tigh				x	
Jazinak			x	x	
Kharābeh			x	x	
Lutak	x			x	x
Milak				x	
Qal'eh Now				x	
Zahak	x	x	x	x	x

Quelle: eigene Befragung März/Mai 1978

Die Dorfhändler beziehen in Zābol Lebensmittel, Obst und Gemüse, Datteln, Haushaltswaren und Stoffe. Diese Handelsgüter entsprechen den wichtigsten Bedürfnissen der ländlichen Bevölkerung und spiegeln die maximale Angebotsbreite dörflicher Bāzāre wider. Stoffe zählen zu den wertvollsten Handelsartikeln, die Dorfhändler in Zābol einkaufen (181). Handelsbeziehungen zwischen Zāboler Bāzārhändlern und den Dorfhändlern der insgesamt 13 angeführten ländlichen Siedlungen (vgl. Tab. 34) existieren in 11 Fällen beim Stoffhandel, in 6 Fällen beim Handel mit Datteln, in 4 Fällen beim Haushaltswarenhandel und in jeweils 3 Fällen beim Handel mit Lebensmitteln, Obst und Gemüse.

Das Ausmaß des Warenbezugs in Zābol wird durch die Größe der ländlichen Siedlungen und ihre Entfernung von der Stadt beeinflußt. Händler aus kleineren Siedlungen ohne eigene Bāzāre kaufen nur so dringend benötigte Handelsgüter wie Stoffe ein. Es zeigt sich, daß Händler aus Großdörfern mit eigenen Bāzāren nur dann die gesamte Breite des Warenangebotes wahrnehmen, wenn ihre Siedlungen in einer größeren Entfernung von Zābol liegen (Deh Dust Moḥammad Khān, Zahak). Für Händler aus der in unmittelbarer Nachbarschaft zu Zābol gelegenen Siedlung Bonjār lohnt sich der Einkauf von Stoffen und Haushaltswaren im Bāzār von Zābol nicht, da ihre Kunden den städtischen Bazar zum Erwerb solcher Handelsgüter leicht selbst aufsuchen können.

Das Ausmaß des Einkaufsvolumens der Dorfhändler weist entsprechend der frequentierten Branche erhebliche Unterschiede auf. Für den Einkauf von Grundnahrungsmitteln, Obst, Gemüse und Datteln verwenden Dorfhändler pro Monat nur wenige hundert Rial, während sie an Haushaltswaren monatlich Güter in einem Wert von 2.000 Rial bis 5.000 Rial (62-156 DM) einkaufen; beim Stoffhandel kann das monatliche Einkaufsvolumen Höchstwerte von 7.000 Rial (218 DM) erreichen.

Bis zum Beginn der 70er Jahre lieferten Zāboler Geschäftsleute verschiedener Branchen Handelsgüter direkt an den dörflichen Bāzārhandel. Diese Handelsaktivitäten gingen nach Aussagen der städtischen Bāzārhändler infolge einer sich laufend verbessernden Ertragslage bei Handelsgeschäften im Zāboler Bāzār zurück, so daß kein wirtschaftlicher Anreiz für eine direkte Warenbelieferung des Umlandes mehr bestand. Im Jahre 1978 versorgt nur der Inhaber des als 'Supermomtaz' bezeichneten Lebensmittelgeschäftes am Maidān-e-Bistopanj-e-Shahrivar die Bāzāre ländlicher Siedlungen mit Grundnahrungsmitteln und Getränken (182). Darüber hinaus verfügt er mit 30 Dorfhändlern über die höchste Anzahl von Stammkunden im Nahrungs- und Genußmittelbereich.

5.3.3   Abhängigkeitsverhältnisse und Verschuldung

Abgesehen von Krediten in geringer Höhe (einige hundert Rial) und kurzer Laufzeit (10-30 Tage), die Bāzārhändler ihren Stammkunden und Bekannten einräumen, ist bei der überwiegenden Anzahl der Bāzārhändler Barzahlung beim Geschäftsabschluß üblich. Der Barzahlungsmodus hat sich vor allem bei wenig finanzkräftigen Händlern des Nahrungs- und Genußmittelbereichs (bes. Kharārzi, Obst- und Gemüsehandel) und Handwerkern durchgesetzt. Die bis zum Ende der 60er Jahre im Bāzār von Zābol noch in größerem Umfang verbreitete Verschuldungspraxis durch häufigere und großzügigere Vergabe von Krediten ging im Laufe der 70er Jahre zunehmend zurück.

Im Jahre 1978 vergeben im Nahrungs- und Genußmittelbereich lediglich Getreidehändler Kredite in Höhe von 2.000 bis 3.000 Rial (62 bis 93 DM) mit einer Laufzeit von 14 Tagen; aus religiösen Gründen nehmen sie, wie im Bāzār üblich, keine Zinsen. Im Bereich des Handels ist Barzahlung grundsätzlich üblich beim Handel mit Fahrzeugen, Ersatzteilen, Fahrrädern und Teppichen. Selbst im Stoffhandel kann keine Dauerverschuldung der Kunden entstehen, da neue Waren erst nach Tilgung ausstehender Schulden eingekauft werden können. Der Handel mit Schuhen, Textilien und Gemischtwaren gewährt nur Stammkunden Kredite bis zu einer Höhe von 1.000 Rial (31 DM), die nach ein bis zwei Wochen zinslos zurückgezahlt werden müssen.

Im Gegensatz zu den Verschuldungspraktiken beim Warenbezug der Zāboler Bāzārhändler in iranischen Mittel- und Großstädten lassen sich bei der Abwicklung des Handels im Zāboler Bāzār keine Formen drückender Dauerverschuldung seitens privater Kundenschichten feststellen. Da Kredite fast nur an Stammkunden und in geringer Höhe bei kurzer Laufzeit vergeben werden und weil das wichtigste Abhängigkeit erzeugende Mittel 'pish-foroush' unbekannt ist, bilden sich entgegen den Untersuchungsergebnissen in anderen Landesteilen Irans (vgl. E. EHLERS 1978:129) keine Verschuldungsabhängigkeiten zwischen ländlichen Kunden und Bāzārhändlern heraus.

6. Zusammenfassung

Wachstum und wirtschaftliche Entwicklung der ostiranischen Kleinstadt Zābol vollzogen sich unter ungünstigen Grundvoraussetzungen. Zābol wurde 1869 als Garnisonsstandort in der erst 1850/1864 eroberten Grenzprovinz Sistān gegründet und besaß zunächst rein militärische Funktionen. Mit der Stadtgründung durch den Gouverneur von Qā'en war weder die Anlage eines Bāzārs noch der Bau einer Moschee verbunden; nur die gut befestigte Burg des Gouverneurs dokumentierte die Absicht der persischen Eroberer Sistāns, die Provinz fest in den Staatsverband einzugliedern.

Dennoch kann Zābol als die einzige städtische Siedlung in Sistān bezeichnet werden. Die bisher über Sistān herrschenden lokalen Stammesführer (Sardāre) hausten in befestigten ländlichen Siedlungen, und es existierte im 19. Jh. vor der Anlage Zābols kein städtisches Zentrum. Dementsprechend versorgten sich die Bauern und Viehhalter mit den notwendigen Ackergeräten und Gebrauchsgegenständen über dorfansässige Handwerker und Händler selbst.

Am Ende des 19. Jh. standen der Entwicklung Zābols folgende Hindernisse entgegen:

- die periphere Lage in einer Grenzprovinz, die sich weitgehend selbst versorgte und noch nicht an nationale Märkte angeschlossen war;
- die mit Ausnahme militärischer Funktionen nur rudimentär ausgebildeten städtischen Funktionsbereiche in Wirtschaft und Verwaltung.

Aufgrund des Mangels an stadtansässigen Großgrundbesitzern als potentielle Investoren und Entwicklungsträger sowie der wirtschaftlichen und politischen Schwäche des qādjārischen Persien besaß Zābol keine Entwicklungschancen.

Vor diesem Hintergrund rückt die extern von imperialen Mächten gesteuerte Stadtentwicklung in den Mittelpunkt des Interesses. Im Zuge der wirtschaftlichen Penetration Persiens berührten sich die Interessensphären Großbritanniens und Rußlands in Ostiran, und beide Großmächte versuchten Sistān dem eigenen Einflußbereich einzugliedern. Zur Durchsetzung der politischen und wirtschaftlichen Ziele wurden Konsularvertretungen in Zābol gegründet, und als Instrumente wirtschaftlicher Steuerung bedienten sich Großbritannien und Rußland eigener Banken sowie in ihrem Interesse agierender Händler. Bis in die 30er Jahre des 20. Jh. wurden das physiognomische Wachstum und der Aufbau der städtischen Wirtschaft Zābols entscheidend von den Aktivitäten der europäischen Großmächte geprägt.

Nach außen dokumentieren sich diese Einflüsse in der baulichen Ausgestaltung des Bāzārs durch die Anlage von Ladenzeilen und den Bau mehrerer Karawansereien, die indischen Händlern gehörten. Wirtschaftspolitisch erfolgte ein über indische Händler und russische Handelsagenten vermittelter Anschluß Zābols an ausländische Märkte, wodurch die weitgehende wirtschaftliche Isolation Sistāns beendet wurde. Die fremdgesteuerte Struktur der städtischen Wirtschaft weist Zābol die

Funktion eines Umschlagplatzes für den Export landwirtschaftlicher Güter des Umlandes zu, und der Bāzār wird zur Verteilerstelle für Importe aus Indien und Rußland. Einheimische Geschäftsleute sind über den Warenbezug und durch die übliche Verschuldungspraxis vor allem von den indischen Fernhändlern abhängig. Da kein Rückfluß der von indischen Firmen erwirtschafteten Handelsgewinne erfolgt, führen die extern gesteuerten Wirtschaftsaktivitäten lediglich zu einer 'Scheinblüte' der städtischen Wirtschaft.

Nach dem Abzug von Briten und Russen und dem Regierungsantritt von Rezā Shāh setzt in den 30er Jahren eine nationalstaatliche Eigendynamik ein, die in der vom Staat initiierten Stadterweiterung und dem von einheimischen Geschäftsleuten getragenen Ausbau des Bāzārs zum Ausdruck kommt.

Der Bāzār nimmt nach 1941 die Gestalt eines Flächenbāzārs an und macht einen Funktionswandel durch, da er nicht mehr als Umschlagplatz für Fernhandelsgüter dient, sondern überwiegend lokale Versorgungsfunktionen gegenüber dem agraren Umland wahrnimmt. Das Wachstum des Bāzārs von Zābol beruht entscheidend auf den Investitionen stadtansässiger Händler, die Handelsgewinne nach Abzug der indischen Handelskonkurrenten zum Ausbau des Bāzārs investieren. Entsprechend der Agrarsozialstruktur Sistāns treten stadtansässige Grundbesitzer nur in geringem Umfang als Investitionsträger auf. Am Beispiel der Entwicklung des Zāboler Bāzārs zeigt sich die große Bedeutung, die ehemals im ländlichen Raum ansässigen Bevölkerungsgruppen (Viehhalter, Fernhändler, Getreidemühlenbesitzer) für die wirtschaftliche Entwicklung der Kleinstadt zukommt.

Im Gegensatz zu iranischen Klein- und Mittelstädten mit historisch gewachsenen Bāzāren erfolgt in der 'jungen Kleinstadt' Zābol der Wirtschaftsaufschwung im Bāzār zeitlich parallel zur baulichen und wirtschaftlichen Entwicklung der modernen Geschäftsstraßen. Infolgedessen ist der Bāzār nicht von einem Funktionsverlust gegenüber den modernen Geschäftszentren betroffen. Sowohl im Bāzār als auch in den modernen Geschäftsstraßen werden hochwertige Waren angeboten, traditionelle Handwerke haben sich in beiden Geschäftsvierteln niedergelassen, und eine Abwanderung des Großhandels sowie eines großen Teils der Einzelhändler findet in Zābol nicht statt. Ansätze für einen Funktionswandel liegen in der verstärkten Ansiedlung moderner Dienstleistungsbetriebe und der Verwaltung in den neuen Geschäftsstraßen.

Als wichtige Standortfaktoren und Merkmale sozialer Differenzierung im Geschäftsbezirk der Stadt erweisen sich Bodenpreise und die über Eigentumsverhältnisse vermittelte Höhe von Miete und Sargofli. Das Gefälle der Bodenpreise vom Kernbereich des Bāzārs und den anschließenden Hauptgeschäftsstraßen zur Peripherie der Stadt begünstigt die Entstehung neuer Geschäftsviertel am Stadtrand und ermöglicht vor allem niederen Einkommensgruppen (Land-Stadt-Wanderer) die Geschäftsaufnahme. Branchenkonzentration und -sortierung im Bāzār werden entscheidend von der Höhe der Sargofliforderungen und Mietpreise bestimmt. Mit der Herausbildung eines zentral-peripheren Gefälles der Sargofliforderungen vom Zentrum des Bazars zu seinen Randbereichen verstärkt sich die ursprünglich nur schwach ausgeprägte Branchenkonzentration, und im Warenangebot stellt sich ebenfalls ein zentral-peripheres Gefälle ein. Hierbei gilt:

- Bāzārgassen mit keinen oder geringen Sargofliforderungen zur Zeit der Ansiedlung der Geschäftsleute sind bevorzugte Standorte des Einzelhandels mit billigerem Angebot und des traditionellen Handwerks;
- in Bāzārgassen mit hohen Sargofliforderungen haben sich Händler mit gehobenem Angebot niedergelassen.

Da in den 70er Jahren die Tendenz festzustellen ist, auf einmalige Sargofliforderungen zugunsten hoher Mietpreise zu verzichten, wird in Zukunft dem Standortfaktor Miethöhe eine wachsende Bedeutung zukommen.

Die wirtschaftliche Entwicklung Zābols seit 1963 ist allgemein gekennzeichnet von einer starken Zunahme der Betriebe und Beschäftigten. Hierbei zeichnet sich eine ausgeprägte Entwicklungstendenz zu einer 'Dienstleistungsgemeinde' ab, die im überproportionalen Wachstum des Tertiärsektors zum Ausdruck kommt. Durch die Aufblähung des Dienstleistungsbereichs und aufgrund der mangelnden Einbeziehung der Kleinstadt Zābol in den Industrialisierungsprozeß Irans ergeben sich folgende Entwicklungsprobleme:

- die vorherrschende handwerkliche Produktionsweise verhindert einen Bedeutungszuwachs der Stadt als Produktionsstätte;
- der stark expandierende Tertiärsektor birgt die Gefahr von Arbeitslosigkeit und Unterbeschäftigung.

Am Beispiel des Wasserwirtschaftsamtes als des größten städtischen Dienstleistungsbetriebes konnte aufgezeigt werden, daß die Stadtverwaltung nicht an der Schaffung von dauerhaften Arbeitsplätzen interessiert ist, sondern auf das jederzeit verfügbare Reservoir billigster Arbeitskräfte zurückgreift.

Positiv wirkt sich die kleinstädtische Wirtschafts- und Sozialstruktur auf die beruflichen Aufstiegsmöglichkeiten der Land-Stadt-Wanderer und der ärmeren städtischen Sozialschichten aus. Eine soziale Mobilität über den Beruf des Bauarbeiters oder ambulanten Händlers bis zum Bāzārhändler läßt sich häufig beobachten.

Die Untersuchung der Organisationsformen der Wirtschaft verdeutlicht die Schwierigkeiten der Zāboler Geschäftsleute, sich staatlicher Reglementierung zu entziehen. Der 1972 gesetzlich angeordnete Zusammenschluß der städtischen Gewerbetreibenden im Rahmen der Otāq-e-Asnāf behindert die freie Entfaltung der städtischen Wirtschaft. Die Otāq-e-Asnāf schränkt vor allem durch die Festsetzung von Gewinnspannen und Verkaufspreisen die Handlungsfreiheit der Geschäftsleute ein und nimmt die Funktion einer staatlichen Überwachungsbehörde wahr. Da sie weder Investitionshilfen gibt noch wirksam gegen die Verschuldung ihrer Mitglieder bei Teheraner Großhändlern einschreiten kann, trägt die Otāq-e-Aṣnāf zur Abhängigkeit der kleinstädtischen Wirtschaft von großstädtischen Märkten bei.

Ebenso führt die von der staatlichen iranischen Teppichgesellschaft organisierte Teppichknüpferei über den Bezug der Rohmaterialien und den Absatz der Teppiche zur Anbindung Zābols an Teherān. Das Beispiel der Organisation des privaten Transportwesens zeigt, daß in der engen betrieblichen Kooperation kleinstädtischer Geschäftsleute ein wirksames Mittel zur Erhaltung der Selbständigkeit liegt.

Das Ende der fremdgesteuerten Wirtschaftsentwicklung Zābols durch imperiale Großmächte ermöglicht der kleinstädtischen Wirtschaft nur für eine Übergangsphase eine eigenständige Entwicklung. Einerseits wird die Handlungsfreiheit der Zāboler Geschäftsleute durch die ihnen vom Staat verordneten Korporationen eingeschränkt, andererseits führt der wirtschaftliche Anschluß an nationale Märkte zu ökonomischen Abhängigkeiten von großstädtischen Zentren.

Teherān stellt das überragende Einkaufszentrum für einfache Gebrauchsgegenstände bis hin zu hochwertigen Industrieprodukten dar und hat die Provinzhauptstadt Zāhedān fast völlig als Warenbezugsort verdrängt. Diese weitgehende Importabhängigkeit ist für die geringe Bedeutung Zābols als Produktionsstätte verantwortlich und kann längerfristig die Arbeitsplätze im handwerklichen Bereich gefährden. Die weitreichende Verschuldung beim Teheraner Großhandel verstärkt die ökonomische Schwäche und Importabhängigkeit der kleinstädtischen Wirtschaft. Innerstädtische Abhängigkeitsverhältnisse über Verschuldungsmechanismen und mangelnde betriebliche Kooperation behindern die Bildung eines politischen und ökonomischen Gegengewichts gegenüber dem Teheraner Großhandel.

Demgegenüber existieren bei der Abwicklung des Handels im Zāboler Bāzār keine Formen drückender Dauerverschuldung. Höhe und Laufzeit der Kredite für Bāzārkunden bleiben gering, und das Abhängigkeit erzeugende Mittel 'pish-foroush' ist unbekannt.

Die Wirtschaftsgeschichte Zābols verdeutlicht die Entwicklungsprobleme einer Kleinstadt, die im Gründungsstadium über keine eigenen wirtschaftlichen Grundlagen verfügte. Externe Steuerung und die hierdurch hervorgerufenen wirtschaftlichen und politischen Abhängigkeiten von imperialen Großmächten oder der Landeshauptstadt Teherān wirken sich hemmend auf die kleinstädtische Entwicklung aus. Nur durch eine Dezentralisierung des politischen und ökonomischen Einflusses erscheint in Zukunft ein wirtschaftlicher Aufschwung möglich.

ANMERKUNGEN

(1) 80% der iranischen Importgüter kamen 1839-1840 aus England (vgl. A.K.S. LAMBTON 1970: 240).

(2) Andererseits führte der Preisrückgang für Fertiggüter aus England, die den iranischen Markt überschwemmten, zum Bankrott vieler persischer Händler (vgl. A.K.S. LAMBTON 1970: 240).

(3) Vgl. Karte 5: Karawanenverkehr und politische Einflußbereiche in Persien um 1900 bei E. EHLERS 1980 b: 180.

(4) Zum Stand der Diskussion über die orientalische Stadt vgl. Zusammenfassung bei M. MOMENI 1976: 1-10.

(5) Zu Fragen der Agrarsozialstruktur vgl. H. ZIA-TAVANA.

(6) Vergleichsweise besaßen 1872 die Städte "Kain" 10.000 Ew. (4.000 Häuser) und Birjand 2.500 Häuser (F. GOLDSMID 1873: 76 f.).

(7) Als "Kain" wird in Reisebeschreibungen aus dem 19. Jh. die nördlich von Birjand gelegene Stadt Qāen bezeichnet.

(8) Vgl. auch die Beschreibung von F. GOLDSMID 1876: 266 f.

(9) Die Bezeichnung "Trenchābād" geht auf den Namen des britischen Konsuls Chenevix-Trench zurück.

(10) Die Stadt, in der 1906 eine Pestepidemie wütete, machte auf S. HEDIN einen so verwahrlosten Eindruck, daß er nicht eine einzige photographische Platte für eine Aufnahme opfern wollte. Es existiert nur ein Bild vom britischen Konsulat, welches keinen Eindruck von der Gestalt der Stadt vermittelt.

(11) Vergleichsweise lebten in Birjand, der Residenz von Mir 'Alam Khān, im Jahre 1882 ca. 14.000 Ew. (vgl. C. STEWART 1886: 140).

(12) Derselbe Muḥammad Raḥim Khān leitete auch den Bau des russischen Konsulats ein (G. BRAZIER-CREAGH 1898: 11).

(13) Für das Konsulat in Sistān sollte eine Summe von 400 brit. Pfund jährlich aus den indischen Steuereinnahmen aufgewendet werden, und es war vorgesehen, jeweils einen in Indien arbeitenden zuverlässigen "native agent" nach Nasratābād und nach Birjand abzuordnen, die dem britischen Generalkonsul von Mashhad unterstellt sein sollten.

(14) Für die Bauarbeiten hatten die Engländer Sistānis gegen eine Entlohnung von 1/2 bis 3/4 Kran am Tag angestellt, womit sie über der üblichen Lohnskala lagen (SCD Nr. 7, 1900). Der Lohn für Arbeiter, die im November

1901 für das russische Konsulat eine Wasserleitung legten, betrug 2 Kran am Tag (SCD Nr. 23, 1901); vgl. Kap. 2.2.3.

(15) Der Konsulatsbereich umfaßte ein rechteckiges Grundstück von 400 yards Länge und 300 yards Breite, das umwallt war. Innerhalb der Befestigung lagen die Mannschaftsräume, ein kleines Krankenhaus, Büros und weitere Versorgungsräume. Die britischen Angehörigen des Konsulats bestanden aus dem Konsul, dem Vizekonsul, dem Leiter der Bank und zwei Telegraphisten. An Einheimischen lebten im Konsulat: ein Offizier, 30 Soldaten, 15 "Chagai-Levies", zahlreiche Frauen und Kinder und Bedienungspersonal für die Engländer. Zur Verbesserung schlug der Konsul den Bau eines neuen Krankenhauses vor, verlangte bessere sanitäre Anlagen, neue Quartiere für die Diener und eine Verstärkung der Befestigungsanlagen. Seit dem Januar 1909 wird unter den Angehörigen des Konsulats auch ein Militärarzt aufgeführt (PRO, F.O. 371/710: 1153).

(16) Die Gebäude sind heute bis auf die Grundmauern völlig verfallen; nur Teile der das Botschaftsgelände umgebenden Mauer und die festungsartige Eingangspforte mit dem Fahnenmast sind noch erhalten.

(17) Bis zum Ende der 40er Jahre übernahm die persische Verwaltung die Gebäude des Vizekonsulats in Zābol. Die ehemalige Bausubstanz ist heute nicht mehr vorhanden, da an der Stelle des britischen Konsulats das moderne Polizeipräsidium von Zābol errichtet wurde.

(18) Der Stoff für die Uniformen der persischen Garde des russischen Konsulats wurde bei Seth Suleiman gekauft (SCD Nr. 4, 1900).

(19) Neben den schon erwähnten Ausfuhren von Wolle spielte der Export von ghi, welches vor allem aus dem Miān-Kangi-Distrikt stammte, eine wichtige Rolle. In den Konsularakten wird berichtet, daß ghi trotz Exportverbot über Afghanistan nach Quetta geschmuggelt wurde (SCD Nr. 26, 1901).

(20) So beabsichtigte der Händler Umr-Din, alte Kleider aus England nach Sistān zu importieren (SCD Nr. 8, 1906). Ebenfalls im Jahr 1906 wird ein gewisser Sultān Mohammad, ein Händler aus Kandahar unter britischem Schutz, erwähnt (SCD Nr. 12, 1906).
Nicht nur indische, sondern auch englische Händler waren am Sistānhandel interessiert. Im März 1903 informierte ein Mr. Clementson, Vertreter der Firma "Messrs. Forbes, Forbes and Company", den britischen Konsul über die Absicht seiner Firma, den Exporthandel mit Wolle zu eröffnen (SCD Nr. 6, 1903).

(21) "The prospects of trade during the coming year could hardly be more gloomy than at present, and, already, many consignments of good ordered have been stopped at Quetta. The town of Nasratabad itself is like a city of the dead, as all the local traders there have closed their shops and bolted, and

scarcely a soul is seen in the streets. Hussainabad is rapidly becoming the same" (SCD Nr. 15, 1906).
Der Gesamtverlust wurde mit 9.000 brit. Pfund für das Rechnungsjahr 1905/06 angegeben, wovon die Hälfte auf den Handel mit Sistān entfiel (Report on the Trade of Khoressan for the year 1906-1907, PRO, F.O. 368/210).

(22) Die infolge Verschuldung entstandene finanzielle Abhängigkeit sistānischer Händler von indischen Geschäftsleuten läßt sich wiederholt belegen (vgl. PRO, F.O. 371/111; Military Report on Persia 1911, Simla 1912: 207).

(23) Die Kreditbestimmungen im qādjārischen Persien vor Einrichtung der europäischen Banken variierten in den verschiedenen Landesteilen. In Südiran und Gebieten, in denen indische Händler und Parsen Geschäfte abschlossen, wurden Kredite mit Laufzeiten von 15 bis 30 Tagen gegen schriftliche Schuldverschreibungen gewährt. In Südostiran lagen die Zinsen bei einer Laufzeit der Kredite von 1 bis 12 Monaten (durchschnittliche Laufzeit 4 Monate) zwischen 24% und 120% (vgl. W. M. FLOOR 1979: 264).

(24) Die "Banque d'Escompte de Perse" erhielt die zur Geschäftsabwicklung benötigten Geldsummen von der als Mutterbank fungierenden Staatsbank in Moskau, die das Geld zu 4% Zinsen auf dem Pariser Geldmarkt lieh. Da die "Banque d'Escompte de Perse" in Iran einen Zinssatz von 8% verlangte, war es ihr möglich, stets unter dem Zinssatz der "Imperial Bank of Persia" zu bleiben (vgl. P. LUFT 1975: 531 Anm. 78).

(25) Die von der Filiale der "Imperial Bank of Persia" in Nasratābād verfolgte Kreditpolitik läßt sich in den Rahmen der von Großbritannien betriebenen Verschuldung des persischen Staates einordnen (vgl. E. EHLERS 1980 b: 178). Bereits 1892 hatte die "Imperial Bank of Persia" einen Kredit von 500.000 brit. Pfund an Iran vergeben (vgl. P. LUFT 1975: 529) und setzte diese Politik bis zum Ersten Weltkrieg fort (vgl. P. LUFT 1975: 532 Anm. 82).

(26) Der Umtausch erfolgte auf der Grundlage des Wechselkurses 1 Kran = 1 Rial (vgl. CR 1933 F.O. 371/16970).
Die Umstellung auf die neue Währungseinheit führte zu einiger Verwirrung unter der bäuerlichen Bevölkerung und den Bāzārhändlern. Die Bauern mißtrauten den von der National Bank ausgegebenen Banknoten und horteten Silbermünzen. Die Bāzārhändler wehrten sich vergeblich gegen den von der National Bank beim Umtausch verlangten Abzug von 10% des Wertes der Banknoten der "Imperial Bank of Persia" (SCD Juni 1932).

(27) Die Angehörigen des britischen Konsulats gerieten derartig in Bedrängnis, daß sie sich von den persischen Behörden die Erlaubnis geben ließen, auf dem Lande nach versteckten Getreidevorräten zu suchen. Gegen diese Nachfor-

schungen sicherte sich ein Sardār, indem er 100 Kamelladungen Getreide nach Afghanistan schickte (SCD Nr. 2, 1916). Tatsächlich gelang es auch in einigen Dörfern der Sardāre Purdil Khān und Haider ʾAli Khān, in unterirdischen Speichern große Getreidevorräte zu entdecken (SCD Nr. 3, 1916).

(28) Noch im April 1922 verlegte der Zolldirektor sein Hauptquartier von Nasratābād nach Duzdap.

(29) Die hohen Getreidepreise im Qāenāt, die nur für 1914 und 1919 vorliegen, verdeutlichen die dort häufig herrschende Getreideknappheit und die guten Handelsgewinne für sistanisches Getreide. Während im Qāenāt 1914 für 1 Kran 0,4 Pfd. Weizen zu kaufen waren (Trade Report 1920; PRO F.O. 371/3892), erhielt man 1915 in Sistan für die gleiche Summe Geldes 3,3 Pfd. Weizen (1913 kosteten 6,5 Pfd. Weizen 1 Kran). 1919 betrug der Getreidepreis im Qāenāt sogar 0,1 Pfd. Weizen pro 1 Kran (ebd.).

(30) Von Aufkäufen sistanischen Viehs durch Händler aus Mashhad berichtet auch S. HEDIN. Im Frühjahr 1906 hielt sich ein Händler aus Mashhad am Hāmun-e-Helmand auf, um Kühe einzukaufen, und hatte bereits 49 Tiere zu einer Herde zusammengestellt (S. HEDIN 1910: 292).

(31) Wie gering das Lohnniveau war, zeigt ein Vergleich mit den Arbeitslöhnen während des 19. Jh. in Mitteleuropa. In den Jahren 1841-1850 lag der Sommer-Tageslohn eines Maurergesellen in Deutschland zwischen 8,9 kg und 11,7 kg. Roggen (H. AUBIN / W. ZORN 1976: 350). Dieses Lohnniveau erreichte ein ungelernter Arbeiter in Zābol frühestens um die Mitte des 20. Jh. und ein Facharbeiter zwischen 1930 und 1940.

(32) Als Schulstandorte waren die Siedlungen Daulatābād, ʾAliābād, Deh Dost Moḥammad Khān und Daudi vorgesehen. Angespornt durch das positive Beispiel des persischen Gouverneurs stellten 1921 mehrere Kadkhodās aus dem afghanischen Teil Sistāns die finanziellen Mittel zum Bau einer Schule in Kila Kang bereit (SCD Nr. 11, 1921).

(33) Die Rücksichtslosigkeit und der Charakter einer aus Teherān ohne Mitwirkung der Bevölkerung Nasratābāds verfügten Stadtplanung geht aus dem Bericht des britischen Konsulats hervor. "The local Health Officer has been seized by the prevalent mania for town-planning. He obtained powers from Teheran to lay out a new town and began as usual by pulling down the houses of a number of poor people without even promising them any compensation" (SCD Okt. 1928).

(34) Nach Angaben des Bürgermeisteramtes wurden die folgenden Straßenzüge erst 1966 angelegt:
Ferdowsi-Str.
Chahārom-e Ābān-Str.

Garshasb-Str.
Yaghobelace-Str.
Zal-Str.
Hirmand-Str.

Einem Ausbau der Stadt nach Norden und Westen in den Jahren 1928-1930 entsprach eine zweite Ausbauphase ab 1966, die Wohngebiete und Ödland im Osten und Süden Zābols erfaßte. Beim Bau dieser Straßenzüge ging die Stadtverwaltung mit ähnlicher Rücksichtslosigkeit wie 1928 vor; bei einem Spaziergang auf der Yaghobelace-Str. und Garshasb-Str. fallen dem Betrachter die zahlreichen von Baumaschinen einfach zerschnittenen Wohnhäuser auf. Wie bei den Baumaßnahmen der Jahre 1928/30 wurde auch 1966 Bausubstanz in bereits vorhandenen Wohnvierteln zerstört.

(35) 1956 zählte die Plan Organization in Zābol 12.221 Ew. (PO National Census 1966, Vol. Nr. CLIX 1968). Von 1956 bis 1966 stieg die Bevölkerung Zābols um 6.585 Personen (Zuwachs 53,9%) auf 18.806 Ew. an (vgl. Tab.) Dieser starke Bevölkerungszuwachs in der Dekade 1956-1966 entspricht dem allgemein bei iranischen Kleinstädten während dieses Zeitraums zu beobachtenden Trend (G. SCHWEIZER 1971: 346). Verbesserungen im Gesundheitswesen und ein Ausbau der städtischen Infrastruktur vollzogen sich in Zābol zwar allmählich, führten aber seit 1956 zu einer stetig steigenden städtischen Bevölkerung.

Bevölkerungsentwicklung in Zābol 1930 bis 1976

Jahr	Bevölkerungszahl	Quelle
1930	12.000	Military Report on Persia 1930
1956	12.221	PO Nat. Census 1966, Vol. Nr. CLIX 1968
1966	18.806	PO Nat. Census 1966, Vol. Nr. CLIX 1968
1976	29.404	PO Nat. Census 1976, No. 118 1979

(36) Die befragten Händler und Handwerker konnten zwar keinen Grund für diese Bezeichnung angeben, doch berichtete F. GOLDSMID, daß 1872 in der Nähe der Siedlung 'Chelling' 1.000 Familien der 'Barbaris' lagerten (F. GOLDSMID 1876: 261). Eine Ansiedlung von Teilen dieser aus Balkh stammenden Einwanderer in Hosseināb̄ād erscheint wahrscheinlich. Der britische Konsul vermerkte am 23.7.1928 einen Besuch des sowjetischen Vizekonsuls bei verschiedenen 'Berberi'-Ladeninhabern im Bāzār der Stadt (SCD Jul. 1928).

(37) Unter diesen Händlern befand sich auch der Hausverwalter des russischen Botschaftsgebäudes, der mit finanzieller Unterstützung des russischen Konsuls ein Stück Land erworben und darauf einen Laden errichtet hatte.

(38) Die Lage von drei indischen Karawansereien läßt sich heute nur noch anhand von Beschreibungen einheimischer Geschäftsleute lokalisieren, da

die Gebäude modernen Bāzārgassen weichen mußten.

(39) Zu den 217 handwerklichen Betrieben des Jahres 1963 wurden folgende Branchen (Anzahl der Betriebe in Klammern) gerechnet: Nahrungsmittel (46), Textilherstellung und Lederverarbeitung (67), Holzverarbeitung und Möbelherstellung (27), Gummiverarbeitung (1), Metallverarbeitung (43), Ziegeleien (17), Fahrzeugreparatur (12), übrige (4).

(40) Vgl. hierzu die Situation der ambulanten Arbeitskräfte im Bazār von Zābol (Kap. 3.1.2.2).

(41) Z.B. stieg in der südiranischen Kleinstadt Sirjān der Anteil der Beschäftigten im Tertiärsektor von 51% im Jahr 1963 auf 74% im Jahr 1974 an (vgl. B. RIST 1979: 113 f.). In Zābol betrug der Anteil der Erwerbstätigen im Tertiärsektor im Jahr 1975 bereits 77%.

(42) Vor allem der Maidān-e-Gabrestān und die Schnittpunkte einiger Bāzārgassen (z. B. der im Schnittpunkt von Bāzār-e-Sarkāri, Āsiāb-Gasse, Bāzār-e-Nešāti und Bāzār-e-Sarābāni gelegene Platz) bieten dem ambulanten Gewerbe günstige Standorte.

(43) Die Bevölkerung Sistāns trifft keine sprachliche Unterscheidung zwischen alten und modernen Geschäftsvierteln und bezeichnet beide als 'Bāzār-e-Shahr' ('städtischer Markt').

(44) Ein Kharārzi verkauft u.a.: Getränke, Nudeln, Zucker, Salz, Trockenfrüchte, Seife, Waschmittel, Streichhölzer, Süßigkeiten, Zigaretten und Tabak.

(45) Eine Besonderheit des Zāboler Bāzārs liegt in dem gemeinsamen Verkauf von Teppichen und Tee in 5 der 36 Teppichgeschäfte.

(46) Im Bāzār von Zābol wurden die Standorte ambulanter Gewerbetreibender zwischen März und Juni 1978 viermal kartiert (vgl. Tab. 12) und die für diesen Zeitraum konstanten Standorte in Abb. 10 dargestellt. Als konstant gelten Standorte von ambulanten Gewerbetreibenden, die an wenigstens drei der vier Beobachtungszeitpunkte am selben Ort angetroffen wurden. Händler mit saisonalem Angebot (Fisch, Seevögel, Hühner) werden entsprechend der Verkaufsperiode ihrer Waren gesondert in der Legende aufgeführt.

(47) Einer der 1930 eingerichteten städtischen Brotverkaufsstände (vgl. SCD Febr. 1930) hat heute noch seinen Standort neben der Eingangspforte des ehemaligen russischen Konsulats. Dieses Angebot wird durch den Verkauf des in den Dörfern des Umlandes gebackenen Fladenbrotes bereichert.

(48) Die Versorgung der städtischen Bevölkerung mit Fischen, Seevögeln des Hāmun-e-Helmand und Hühnern kann ohne den ambulanten Handel gar

(49) Auf ebensolche deutliche Anzeichen für ein unzureichendes städtisches Arbeitsplatzangebot weist H. KOPP am Beispiel der nordiranischen Stadt Sārī hin (vgl. H. KOPP 1977: 183).

nicht gewährleistet werden, der sich in der Saisonalität des Angebots nach den gesetzlich festgelegten Schonzeiten richtet (vgl. Kap. 5.2.1.3).

(50) Die größten Schwankungen bei der angebotenen Warenmenge lassen sich bei Branchen feststellen, die beim Warenbezug von Erntezeiten abhängig sind (Obst, Gemüse, Sabzi). Der Handel mit Stoffen und Textilien liegt nur bei einem kleinen Kreis von ganzjährig tätigen ambulanten Händlern, und der Umfang der angebotenen Waren wird durch gelegentlich hinzustoßende Händler verändert. Der große Bedarf an Arbeitskräften während der Getreideernte im Juni führt zu einem rückläufigen Verkauf von Brot durch Bauersfrauen und dem Fehlen von Eselhändlern, die einen zu geringen Käuferkreis im Bāzār vorfinden. Die günstige Beschäftigungssituation auf dem Lande zur Erntezeit wirkt sich auch auf den städtischen Arbeitsmarkt aus. Anfang Juni kann ein deutlicher Rückgang bei der Anzahl der Bauarbeiter festgestellt werden.

(51) Die Ferdowsi-Str., die durch Zuschütten des ehemaligen Wassergrabens im Norden von Nasratābād-Fort entstanden war, bestand als Schotterstraße schon vor 1966, erhielt ihre heutige Gestalt als breite Asphaltstraße aber erst in der zweiten Ausbauphase.

(52) Die im Nahrungs- und Genußmittelbereich aufgeführten Händler für Lebensmittel halten im Gegensatz zu den Kharārzi ein Lebensmittelangebot für gehobene Ansprüche bereit, das neben Grundnahrungsmitteln Obst- und Gemüsekonserven, Fertiggerichte, Käse und Wurstwaren umfaßt.

(53) In den Fahrzeughandel gelangen ausschließlich Motor- und Fahrräder; Personenwagen werden in Zābol zwar nicht verkauft, doch bietet der Handel genügend Ersatzteile für Kraftfahrzeuge und Autoreifen an. Der Handel mit hochwertigen Elektroartikeln umfaßt ein Warensortiment von Herden, Kühlschränken, Fernsehern und Radios.

(54) Bei den in Tab. 13 aufgeführten Arzthelfern handelt es sich um Personen mit medizinischen Grundkenntnissen, die die ausgebildeten Mediziner durch Übernahme einfacher Behandlungen entlasten (z.B. Spritzen geben, Verbände wechseln).

(55) Bei den fünf aufgeführten Verwaltungseinrichtungen handelt es sich um das Landwirtschaftsamt, das Finanzamt, das Schulamt, das Justizamt und das Telegraphenamt.

(56) Der Bāzār und die neuen Geschäftsstraßen bilden nicht nur im Sprachgebrauch der Bevölkerung eine Einheit (vgl. Kap. 3.1.2), sie greifen auch

räumlich nahtlos ineinander über; man kann den Bāzārbezirk als eine Art 'Fußgängerzone' des städtischen Geschäftsviertels bezeichnen, die sich bei weitgehend gleicher baulicher Ausgestaltung der Ladenzeilen nur durch den fehlenden Kraftfahrzeugverkehr von den modernen Geschäftsstraßen unterschneidet.

(57) Die vom Staat jährlich festgesetzten Bodenpreise wurden dem Gesetz Nr. 2 des Innenministeriums über die städtischen Grundstückspreise in Zābol für das Jahr 1975 entnommen. Die im April/Mai 1978 durchgeführten Interviews mit Zāboler Geschäftsleuten erbrachten die Informationen über Eigentumsverhältnisse, Mieten und Sargofli. Entsprechend der heiklen Fragestellung konnte keine Vollständigkeit in dieser Problematik erzielt werden; vor allem bei der Erörterung der Eigentumsverhältnisse waren einige Gesprächspartner zu keinen Auskünften bereit.

(58) Die Ursache für die mangelnde Investitionsbereitschaft von Großhändlern aus den Provinzhauptstädten und Teherān könnte in der peripheren Lage Sistāns begründet sein.

(59) Im Bāzār-e-Faseli wollten sich viele Interviewpartner aus Angst vor fiskalischen Nachforschungen nicht über ihre Eigentumsverhältnisse äußern und gaben wiederholt an, daß im Bāzār-e-Faseli grundsätzlich die Ladeninhaber auch die Eigentümer seien. Es kann deshalb von einem weit größeren Anteil dieser Eigentümergruppe vor allem unter den Händlern für Stoffe, Textilien und Teppiche ausgegangen werden.

(60) Danach entfallen die Mieteinnahmen von jeweils zwei Läden auf eine Tante und den Sohn des Teppichhändlers, und die Einkünfte aus einem Laden kamen einer Schwester zugute.

(61) Dieser Kaufpreis von 3.500 Rial pro Laden war um 614% höher als die Erstellungskosten für eine Ladeneinheit (570 Rial) 1941 im Bāzār-e-Dahmardeh.

(62) Nur Moḥammad Dah-mardeh betreibt seine Geschäfte in einem Stoffladen des Bāzār-e-Faseli, von wo aus er seinen ausgedehnten Besitz überblicken kann.

(63) Diese Konzentration von Besitz im zentralen Bāzārteil zog der Familie manche Feinde zu, die wiederholt Mordanschläge gegen den Familienclan unternahmen.

(64) Die genaue Aufteilung des Erbes ließ sich nicht feststellen.

(65) Das gemeinsame Entstehungsdatum des Bāzār-e-Halabi-sāz und der Āsiāb-Gasse läßt größere Eigentumsanteile des Wollhändlers M. auch in dieser Gasse wahrscheinlich erscheinen.

(66) Über den Bāzārhändler S. war nur in Erfahrung zu bringen, daß er seine Geschäfte im Bāzār-e-Faseli betreibt. Entsprechend der Branchenstruktur dieser Bāzārgasse und den finanziellen Möglichkeiten der dort vertretenen Händlergruppen gehört er wahrscheinlich dem Kreis der Händler für Stoffe und Textilien oder den Teppichhändlern an.

(67) Zur Aufhellung der Ursachen für die große Investitionsbereitschaft einheimischer Händler nach Abzug der indischen Geschäftsleute dienten mehrere Gespräche im Frühjahr 1978 mit Nur Moḥammad Dah-mardeh, einem Sohn des Stoffhändlers Sarābāni und Herrn Askali, dem Vorsitzenden der Otāq-e-Aṣnāf.

(68) Der als Teppichhändler im Bāzār-e-sar-pushide ansässige Schwiegersohn von Nur Moḥammad Dah-mardeh besitzt nach eigenen Angaben Grund und Boden in fünf nicht näher bezeichneten Dörfern Sistans.

(69) Viele Bewohner Zābols, die sich den Reichtum der Händlerfamilie Sarābāni nicht erklären konnten, setzten das Gerücht von einem Goldschatz in Umlauf, den E. Sarābāni in seinem Haus gefunden haben soll.

(70) Die Eigentümer gehören den Berufsgruppen der Händler, Unternehmer, spezialisierten Handwerkern und öffentlichen Funktionsträgern an.

(71) Die Angaben über die Bodenpreise in Zābol wurden dem Gesetz Nr. 2 über die städtischen Bodenpreise von 1975 entnommen. Eine jährliche Schätzung und Neufestsetzung der Bodenpreise im Stadtgebiet findet in Zābol wegen der geringen Dynamik bei der Preisentwicklung nicht statt. Für die Zeit von 1900 bis 1937 gaben die britischen Konsularakten vereinzelte Hinweise auf die Entwicklung der Bodenpreise.

(72) Bei der Zugrundelegung der Bodenpreise wurde die Stadt in 48 Schätzzonen eingeteilt und innerhalb dieser Zonen zwischen drei Preiskategorien unterschieden:
a) allgemeiner Bodenpreis in einer Entfernung von mehr als 20 m von den Hauptstraßen,
b) Bodenpreis bis zu einer Entfernung von 20 m von den Hauptstraßen,
c) Bodenpreis bis zu einer Entfernung von 20 m von den Hauptstraßen bei vorhandenen Geschäftsräumen.

(73) Die Ergebnisse einer Befragung im April/Mai 1978 zur Höhe der Sargofliforderungen in den verschiedenen Bāzārgassen und am Ortseingang von Zābol sind in Abb. 16 und Abb. 17 wiedergegeben. Hierbei ist zu berücksichtigen, daß die Sargofliforderung von 1.000.000 Rial auf der Reẓā-Shāh-Kabir-Str., im Bāzār-e-Sarkāri und im Bāzār-e-Dah-mardeh der geschätzten Preisvorstellung der befragten Geschäftsleute entspricht, die sie als Abschlagszahlung für ihren Laden fordern würden.
Bei einem Umtauschkurs von 1 DM = 32 Rial im Frühjahr 1978 macht die

Sargofliforderung von 1.000.000 Rial dem Wert von 31.250 DM aus.

(74) Nach Fertigstellung des Bāzār-e-Sarkāri und des Bāzār-e-Dah-mardeh war ein Stillstand bei der Nachfrage nach weiteren Geschäftsräumen eingetreten, so daß der Erbauer des Bāzār-e-Sarābāni nur mit dem Versprechen, kein Sargofli zu fordern, Mieter für die neuen Ladenboxen finden konnte.

(75) Da früher im Bāzār-e-Sarābāni wenig Wirtschaftsaktivitäten zu verzeichnen waren, akzeptieren sie die damalige Sargofliregelung als gerecht, gehen nun aber davon aus, daß sie das Wirtschaftsleben gefördert haben und hierfür Sargofli verlangen können.

(76) Der hierzu befragte Eigentümer und Sohn des Erbauers will an der Tradition des Vaters festhalten, kein Sargofli zu erheben, und den Brauch von Abschlagszahlungen unterbinden, wenn es dazu kommen sollte.

(77) Hierbei ist zu beachten, daß in 29 Läden 50.000 - 100.000 Rial verlangt werden, in 5 Läden 160.000 - 200.000 Rial, in 8 Läden 250.000 Rial und nur in einem Fall die Sargofliforderung 350.000 Rial beträgt. Es kann davon ausgegangen werden, daß in einigen Läden, über deren Sargofli keine Auskunft zu erlangen war, keine Sargofliforderung gestellt werden.

(78) Zur Frage der Entwicklung der Ladenmiete im Bāzār von Zābol und am Ortseingang wurde im April/Mai 1978 eine Befragung durchgeführt. Die frühesten Mietpreise sind aus dem Bāzār-e-Nešāti bekannt, wo 1921 eine Miete von 2 Rial verlangt wurde.

(79) Die Erben des Amir von Qāen verlangten 1973 von jedem Mieter im Stiftungsbāzār die Renovierung seines Ladens, die jeder Geschäftsinhaber selbst finanzieren mußte. Daraufhin verpflichteten sich die Mieter in erstmalig schriftlich festgelegten Mietverträgen, fortan eine Ladenmiete von 1.500 Rial zu entrichten.

(80) Die Ansiedlung von Schneidern in einer Seitengasse des Bāzār-e-Dah-mardeh trotz hoher Sargofliforderungen läßt sich mit den guten Einkommensverhältnissen in diesem Handwerkszweig erklären (vgl. Kap. 5.1.3).

(81) Die Ladenmiete des im Randbereich des Bazars gelegenen Bāzār-e-Gabrestān erreichte 1960 bis 1969 dieselbe Höhe wie die Ladenmiete im Bāzār-e-Dah-mardeh.

(82) Alle befragten Geschäftsleute bezeichneten den geringen Mietzins und Sargofli als einen großen Anreiz zur Ansiedlung am Ortseingang.

(83) Einer der 8 oben genannten Personen war vorher ambulanter Händler gewesen und seinem Handwerk (Wollfärber) treu geblieben. Die Familie eines Befragten war schon lange in Zābol ansässig. Der Vater eines Händlers für Fahrzeugersatzteile arbeitet als Bāzārhändler in Zābol (er stammt aus Yazd) und hat

dem Sohn den Laden eingerichtet, weil ein älterer Sohn das Geschäft im Bāzār übernommen hatte. Ein Befragter gab keine Auskunft.

(84) Im Frühjahr 1978 wurden mit 64 stationären und 19 ambulanten Gewerbetreibenden Gespräche geführt, die Aufschluß erbringen sollten über die räumliche und soziale Herkunft der Befragten und ihren beruflichen Werdegang. Nicht immer erwiesen sich die Gesprächspartner als bereit, über persönliche Verhältnisse zu berichten, wobei neben Zurückhaltung gegenüber dem fremden Gesprächspartner auch Angst vor einem Verlust an Sozialprestige eine Rolle spielte. Bāzārhändler, deren Väter als Bauern oder Viehhalter gelebt hatten, schämten sich dieser Familienverhältnisse aus Furcht, in ihrem Status als Städter berührt zu werden.

(85) Informationen über die Entwicklung organisatorischer Zusammenschlüsse der Zāboler Händler und Handwerker erteilte der Vorsitzende der Otāq-e-Asnāf in Zābol. An drei Beispielen sollen Organisationsformen der Wirtschaft im privaten und öffentlichen Dienstleistungsbereich sowie die vom Staat initiierte Teppichknüpferei vorgestellt werden. Auskünfte über die Funktionsweise ihrer Unternehmen gaben der Leiter der staatlichen Teppichgesellschaft in Zābol, ein privater Transportunternehmer und ein Beamter des städtischen Wasserwirtschaftsamtes.

(86) Im Rahmen dieser Fragestellung erschien die Verwendung eines Fragebogens als wenig geeignet, zumal keine behördliche Genehmigung vorlag.

(87) Zunächst erfolgt eine Unterscheidung in stationäre Geschäftsleute und Handwerker sowie ambulante Gewerbetreibende. In der Gruppe der stationären Gewerbetreibenden kann differenziert werden zwischen Befragten, deren Väter aus dem ländlichen Raum stammen, Befragten, deren Familien in Zābol ansässig sind, und Befragten, deren Väter aus anderen Städten Irans oder dem Ausland nach Zābol abgewandert sind. Die Väter der ambulanten Gewerbetreibenden lebten alle in Sistān bzw. Zābol.

(88) In der Statistik sind nur Personen erfaßt, die das 5. Lebensjahr überschritten haben.

(89) Die Grenzziehung zwischen dem iranischen und afghanischen Teil Sistāns verhindert eine Abwanderung größeren Ausmaßes von Bewohnern der afghanischen Provinz Nimruz in die von einem wirtschaftlichen Aufschwung gekennzeichnete Stadt Zābol.

(90) Bei den Bauern handelt es sich um Landwirte mit geringer landwirtschaftlicher Nutzfläche, die aber im Gegensatz zu den Vätern der ambulanten Händler (vgl. Kap. 4.1.2) nicht der Gruppe der Khoshneshin (landlose Landarbeiter) angehören.

(91) Zum ländlichen Raum wird neben den sistanischen Dörfern auch das Umland der Stadt Birjand (Qaenāt) gerechnet, von wo die Väter zweier befragter Geschäftsleute stammen. Als Geburtsorte ihrer Väter gaben 19 Geschäftsleute die folgenden ländlichen Siedlungen bzw. Dehestāne an (Anzahl der Personen): Akbarabād (2), Bonjār (1), Deh Lotfollāh (1), Deh Piran(1), Jazinak(1), Qal'eh Now(1), Golzar (1), Komak (1), Korku (2), Mirzā Khār. (1), Neh Bandar (bei Birjand) (1), Qaemābād (1), Sadaki (1), Miyān Kangi-Dehestān (2), Shibāb-Dehestān (2).

(92) Von diesen 22 Bauernsöhnen ließen sich 18 direkt in Zābol nieder, 2 Personen leisteten zunächst ihren Militärdienst in Khāsh bzw. Eṣfahān, und 2 Personen gelangten über Zāhedān bzw. Māzandarān nach Zābol.

(93) 13 Befragte ließen sich sofort in Zābol nieder, ein Wollfärber wanderte zunächst nach Mashhad, bevor er in Zābol seine Werkstatt errichtete, und der Sohn eines Viehhalters arbeitete nach seiner Abwanderung 1974 zunächst als Landarbeiter in Gorgān und ließ sich 1975 als Teppichhändler im Bāzār von Zābol nieder.

(94) Ein Schreiner, der wie sein Vater als landloser Dorfhandwerker gearbeitet hatte und für die Bauern seines Dorfes Pflüge produzierte, beklagte zudem die technische Entwicklung. An Abwanderungsgründen nannte er neben der unzureichenden Wasserversorgung des Dorfes und fehlendem Landbesitz die Einführung von Traktoren. Er kam 1963 nach Zābol und ließ sich im Bāzār-e-Najārhā als Schreiner nieder.

(95) In einem Fall bedeutete die Geschäftsaufnahme in Zābol eine Erweiterung der bisherigen ökonomischen Basis. In seinem Heimatdorf Deh Lotfollah besitzt der Befragte im Jahr 1978 neben Kleinviehherden, 50 Kühe und 40 ha Ackerland. Seit 1975 betreibt er einen Teppichhandel im Bāzār von Zābol, überläßt sein Vieh der Betreuung von Dorfhirten und hat sein Land in Teilpacht an landlose Bauern des Dorfes vergeben. Ein anderer ehemaliger Viehhalter hatte sein Vieh 1974 wegen großen Wassermangels verkauft, war nach Gorgān abgewandert, aber schon ein Jahr später nach Zābol zurückgekehrt, wo er einen bescheidenen Teppichhandel begann.

(96) Wie genau die ländliche Bevölkerung die Standortvorteile der Stadt einschätzen kann, zeigt das Beispiel des Sohnes eines Dorfhändlers für Gemischtwaren und Stoffe aus dem Dorf Qal'eh Now. Der Befragte begründete die 1958 vorgenommene Verlegung des väterlichen Geschäftes nach Zābol und die Spezialisierung auf den Stoffhandel mit besseren Gewinnaussichten in der Stadt.

(97) Von 24 befragten Geschäftsleuten konnten nur 4 Personen angeben, wann ihre Familien nach Zābol gekommen waren und welchem Erwerb sie nachgingen. Die Großväter eines Stoffhändlers, eines Händlers für Fahrzeuger-

satzteile und eines ehemaligen Teestubenbesitzers waren aus dem ländlichen Umland nach Zābol abgewandert und lebten seitdem als stadtansässige Grundbesitzer. Der Urgroßvater eines Schmiedes kam aus Birjand.

(98) Die große Trockenheit 1971/72 (vgl. O. MEDER 1979: 52) hatte zu einer starken Abwanderung unter der ländlichen Bevölkerung geführt, und ein Schmied, der nach dem Verlust eines Großteils seiner ländlichen Kunden fast arbeitslos geworden war, suchte für eineinhalb Jahre Arbeit in einem Industriebetrieb bei Kermān.

(99) Zu ihrem Kundenkreis zählen die wenigen hier ansässigen Geschäftsleute und zahlreiche Bāzārbesucher aus dem ländlichen Umland, die mit öffentlichen Verkehrsmitteln aus Bonjār und Zahak bis zu dieser Straßenkreuzung gelangen.

(100) Als Herkunftsdörfer ihrer Väter gaben 12 ambulante Gewerbetreibende die folgenden ländlichen Siedlungen an: Aliābād, Bahrāmābād, Band-e-Zahak, Bonjār, Chelang, Deh Qazmeh, Deh Sadeh, Ja'han Tigh, Māsumābād, Nigat, Nohar, Rend-e-Sofla.

(101) Die Unterschiede im Umfang der Mobilität mögen auch auf die unterschiedliche Altersstruktur zurückzuführen sein.

(102) Lediglich die türkischen Gilden übernahmen keine fiskalischen Funktionen (vgl. G. BAER 1970: 35).

(103) Ferner werden zwei Personen ohne besonderen Aufgabenbereich gewählt, die z. B. bei Schlichtung von Streitigkeiten unter den Senf-Mitgliedern eingreifen sollen.

(104) Der Vorsitzende der Otāq-e-Aṣnāf gehörte 1978 der Senf der Woll- und Teppichhändler an; sein Amtsvorgänger und jetziger Stellvertreter war Mitglied der Ṣenf der Personen- und Warentransportunternehmer. Der Verwalter des Finanzressorts gehörte einer Senf an, in der Händler für Fahrzeuge und Ersatzteile sowie Schweißer und andere Handwerker metallverarbeitender Betriebe zusammengeschlossen waren.

(105) Behördliche Beschränkungen für die Aufnahme einer gewerblichen Tätigkeit bestehen bei der Eröffnung von Lebensmittelläden, Teestuben usw. in der Zustimmung des Hygieneamtes der Stadt, und bei Errichtung einer Fahrzeugreparaturwerkstatt ist die vorherige Erlaubnis des Bürgermeisteramtes für den Standort notwendig.

(106) Die Entfernung von Zābol nach Teherān beträgt ca. 2.000 km, nach Mashhad müssen ca. 1.200 km zurückgelegt werden, und die Provinzhauptstadt Zāhedān liegt ca. 200 km von Zābol entfernt.

(107) Die von Zāboler Teppichknüpfern verarbeitete Wolle stammt aus Karaj, wo es 12 Fabriken zur Verarbeitung von Rohwolle gibt und die Wolle industriell je nach Bedarf mit chemischen oder natürlichen Farben gefärbt wird.

(108) Während sich die Knüpfrahmen der in Zābol lebenden Teppichknüpfer ausschließlich in privaten Haushalten befanden, begann die Teppichgesellschaft im Jahre 1977 mit dem Bau von Manufakturen im ländlichen Raum.

(109) Die Größe der Teppiche schwankt zwischen 1,5 bis 9 qm; am häufigsten werden Teppiche hergestellt, die eine Mindestgröße von 5 qm besitzen.

(110) Zu einer kleinen Gruppe von kooperierenden Personentransportunternehmern mit eigenen "Busbahnhöfen" stieß eine wachsende Anzahl von Personen, die gelegentlich mit dem eigenen Kraftfahrzeug Personen- oder Warentransporte übernehmen, hauptberuflich aber einer anderen Beschäftigung nachgehen.

(111) 1972 und 1974 wurden die Busbahnhöfe von der Rezā-Shāh-Kabir-Str. an den Ortseingang von Zābol verlegt (vgl. Kap. 2.3.3).

(112) Der Zeitpunkt, zu dem sie den Transport mit eigenen Fahrzeugen aufgegeben hatten, war nicht mehr zu ermitteln, da er schon viele Jahre zurücklag.

(113) Neben den regelmäßig angefahrenen Städten organisierten So. und Sh. auch Extratouren für Gruppen von 30 bis 40 Personen zu anderen Orten, z. B. nach Shirāz.

(114) Von diesen Bruttoverdiensten müssen die Buseigentümer noch die laufenden Unkosten für Treibstoff, Reparaturen u.a. bestreiten.

(115) Die Organisationsform des Transportwesens weist bei der Entlohnung und der Verteilung des Transportrisikos Ähnlichkeiten mit den Bestimmungen von Teilbauverträgen in der Landwirtschaft auf. Als analoge Produktionsfaktoren können 1. das Fahrzeug, 2. Unterhaltskosten, 3. Reparaturkosten für das Fahrzeug, 4. die Arbeitsleistung des Fahrers und 5. die Organisation des Transports durch den Unternehmer angesehen werden. Demzufolge entfielen auf den Unternehmer ca. 1/5 der Einnahmen.

(116) Darüber hinaus sollte eine Versorgungskrise des Ausmaßes von 1971 vermieden werden, als die Helmand-Fluten ausblieben und die Trinkwasserversorgung nur mit Hilfe von 70 im Stadtgebiet gebohrten Brunnen und Tankwagen aus Zāhedān aufrechterhalten werden konnte.

(117) Seit 1964 erhob die Stadtverwaltung Wassernutzungsgebühren. Die Wasserpreise für 1 cbm Trinkwasser schwanken bei einem monatlichen Verbrauch von 20 bis über 50 cbm zwischen 3 und 10 Rial.

(118) Bei der Frage nach dem Bezugsort der Waren wurde zwischen den wichtigsten, untergeordneten und gelegentlichen Bezugsorten unterschieden (vgl. Tab. 26 und Tab. 28); die Einkaufsintervalle von Händlern und Handwerkern verschie-

dener Branchen sind in Tab. 29 und Tab. 30 dargestellt.

(119) Die stärkere Inanspruchnahme in Sistān vorhandener Nahrungsmittel und im ländlichen Raum hergestellter einfacher Gebrauchsgegenstände läßt sich aus der größeren Isolation Sistāns erklären.

(120) Bei einem guten Verkehrsanschluß Teherāns über den Flughafen in Zāhedān sehen Zāboler Händler keinen finanziellen Anreiz für den Einkauf in nähergelegenen Großstädten. Früher bestehende Kommunikationsschwierigkeiten mit den Teherāner Großhändlern wurden nach Anlage von Telefonverbindungen gegenstandslos.

(121) Karachi war Warenbezugsort in den 20er und 30er Jahren des 20. Jh.

(122) Auf der Grundlage einer Befragung unter den eingangs aufgeführten stationären und ambulanten Gewerbetreibenden wurden Tab. 29 und Tab. 30 erstellt.

(123) Der jahreszeitlich unterschiedliche Warenbezug von Fisch und Hühnern regelt sich durch die Schonzeit und Verfügbarkeit für Fische. Händler, die vom Oktober bis März mit Fisch gehandelt haben, verkaufen vom April bis September Hühner; das staatlich angeordnete Fischverbot wird nicht immer genau eingehalten, so daß im März/April 1978 jeweils 3 Händler für Fisch und Hühner im Bāzar angetroffen wurden (vgl. Tab. 11).

(124) Bei den Befragungen zeigte sich, daß ein halbjährlicher Warenbezug nicht mit dem Einkauf größerer Mengen unter Ausnutzung von Preisnachlässen erklärt werden konnte.

(125) Viele Tischler erhalten so wenig Arbeitsaufträge, daß sie mit ihren Holzvorräten auskommen, wenn sie nur vierteljährlich oder gar jährlich einkaufen. Die Schmiede können die gesamte für ein Jahr benötigte Menge an Eisenplatten und Autoschrott bei einem Einkauf erstehen. Die rege Bautätigkeit in Zābol in Verbindung mit Modernisierungsbestrebungen führt zu einem hohen Bedarf an Metallen, die von den städtischen Schweißereien zu Gebäudestützen verarbeitet werden, wobei die Rohmaterialien wöchentlich eingekauft werden. Da die Stoffe, welche die Schneider verarbeiten, fast immer von den Kunden selbst mitgebracht werden, ergibt sich der als unregelmäßig bezeichnete Warenbezug.

(126) Da ambulante Händler über zu wenig Sparrücklagen verfügen und erst nach Verkauf der alten Warenbestände wieder einkaufen können, läßt sich eine große Krisenanfälligkeit bei Krankheit, Absatzschwierigkeiten und wechselnder Marktlage vermuten.

(127) Im Falle von selbständigen stationären und ambulanten Händlern und Handwerkern kann das jährliche Einkaufsvolumen mit Hilfe von Angaben über Einkaufspreise und bezogene Warenmengen errechnet werden; hierbei wird

in allen Fällen ein Wirtschaftsjahr von 52 Wochen mit 6 Arbeitstagen pro Woche zugrunde gelegt. Beim Handel mit Waren, die nur viertel- oder halbjährlich zum Verkauf angeboten werden (Datteln, Fisch, Seevögel, Apfelsinen), erfolgt eine gesonderte Auflistung (vgl. Tab. 31 und Tab. 32). Jährliche Verdienste (Bruttoeinkommen) errechnen sich aus der Gewinnspanne zwischen Einkaufs- und Verkaufspreisen sowie dem Warenumsatz; ambulante Gewerbetreibende gaben häufig durchschnittliche Tagesverdienste an. Die Sozialgruppe der Unselbständigen im Bereich des Handels, Handwerks und privater Dienstleistungen nannte Bruttomonatslöhne, nach denen ein Bruttojahreseinkommen errechnet wurde. Für die Berechnung des Verdienstes von ungelernten Arbeitern, Facharbeitern und Bauhandwerkern wird eine durchschnittliche Beschäftigung von einem Arbeitstag pro Woche zugrunde gelegt.

(128) Die Schneider kaufen beispielsweise nur Garn, Reißverschlüsse, Knöpfe usw. selbst ein, während ihre Kunden i. R. die zu verarbeitenden Stoffe mitbringen. Die Materialkosten betragen 350 Rial bei der Herstellung eines europäischen Anzuges und 150 Rial für die Anfertigung eines von den Einheimischen meist getragenen 'Zābolischen Kleides' (langes Hemd und weite Hose). Für die Produktion von 100 bis 200 Türen im Jahr kaufen die hierauf spezialisierten Schreiner Holz im Wert von 30.000 bis 63.000 Rial ein. Ein Ḥalabisāz (Klempner) verfügt über ein jährliches Einkaufsvolumen von 39.000 Rial für den Bezug von Blech zur Herstellung von Eimern. Wegen der hohen Farbenpreise (1 kg Farbe kostet ca. 700 Rial) hat ein Wollfärber Jahresunkosten von 182.000 Rial.

(129) Das in Tab. 31 angegebene Einkaufsvolumen beim Teehandel entspricht nicht dem Umsatz eines Teppich- und Teehändlers, der den Teehandel lediglich als Nebenverdienst betreibt.

(130) Einem täglichen Umsatz von 10 Apfelsinenkisten von insgesamt 170 kg entspricht ein vierteljährliches Einkaufsvolumen von 762.960 Rial.

(131) Der durchschnittliche Tagesumsatz liegt bei 200 kg Datteln; bei einem Einkaufspreis von ca. 25 Rial für 1 kg Datteln errechnet sich ein halbjährliches Einkaufsvolumen von 780.000 Rial.

(132) Das tägliche Einkaufsvolumen liegt bei 200 kg Fisch (5.000 Rial), was einem sechsmonatigen Einkaufsvolumen von 780.000 Rial gleichkommt.

(133) Ein befragter Stoffhändler aus der Setām-Gasse kauft monatlich für 100.000 Rial Waren ein, was einem jährlichen Einkaufsvolumen von 1.200.000 Rial entspricht. Der im Bāzār-e-Faseli ansässige Stoffhändler Dah-mardeh bezieht monatlich 10 'adl' (Stoffballen) Stoff in einem Wert von insgesamt 800.000 Rial; sein jährliches Einkaufsvolumen beträgt demnach 9.600.000 Rial.

(134) Der Quadratmeterpreis eines sistanischen Teppichs liegt zwischen 5.000 und 7.000 Rial, und die handelsüblichste Teppichgröße beträgt 2,5 qm. Bei einem jährlichen Einkauf von 250 Teppichen schwankt das Einkaufsvolumen zwischen 3.125.000 und 4.375.000 Rial. In die Berechnungen wurde die Menge der aus Afghanistan geschmuggelten Teppiche nicht mit einbezogen, da über sie keine Auskunft zu erhalten war.

(135) Ein Händler für Tonkrüge bezieht 200 Krüge im Jahr für einen Einkaufspreis von 160 Rial pro Krug; sein jährliches Einkaufsvolumen liegt demnach bei 32.000 Rial. Ein Händler für Siebe und Brotbleche kauft im Monat 40 aus Weidenästen geflochtene Brotbleche (Einkaufspreis: 20 Rial pro Stück) und 10 Siebe (Einkaufspreis: 180 Rial pro Stück); sein jährliches Einkaufsvolumen beträgt 31.200 Rial.

(136) Ein ambulanter Stoffhändler hat einen Tagesumsatz von 30 m Stoff (Einkaufspreis: 43 Rial pro 1 m Stoff), was einem jährlichen Einkaufsvolumen von 402.480 Rial entspricht. Ein anderer Stoffhändler verkauft in der Woche 150 m Stoff (Einkaufspreis: 62 Rial pro 1 m Stoff) und verfügt über ein jährliches Einkaufsvolumen von 483.600 Rial.

(137) Der befragte Händler für Sabzi verkauft am Tag 10 kg Sabzi (Einkaufspreis: 30 Rial pro 1 kg Sabzi) und hat ein jährliches Einkaufsvolumen von 93.600 Rial.

(138) Bei einem wöchentlichen Umsatz von 36.000 Rial beträgt das jährliche Einkaufsvolumen 1.872.000 Rial, und bei einer Gewinnspanne von 20% des Einkaufsvolumens verdient der Händler für Schuhe und Textilien 374.400 Rial im Jahr.

(139) Die Einkaufspreise für einen 2,5 qm großen Teppich schwanken zwischen 12.500 und 17.500 Rial, der Verkaufspreis liegt durchschnittlich bei 19.000 Rial. Somit liegt der Jahresgewinn bei einem Umsatz von 250 Teppichen zwischen 625.000 und 1.625.000 Rial.

(140) Der Gewinn beim Verkauf eines Tonkruges beträgt 40 Rial, so daß ein Händler für Tonkrüge bei einem Jahresumsatz von 200 Krügen einen Jahresverdienst von 8.000 Rial hat. An einem Brotblech macht der Verdienst 5 Rial aus, und an einem Sieb verdient ein Händler 20 Rial. Bei einem Jahresumsatz von 480 Brotblechen und 120 Sieben errechnet sich ein Jahresverdienst von 4.800 Rial.

(141) Ein Schneider kann pro Woche 2 bis 3 Anzüge herstellen (Jahresumsatz: 130 Anzüge) und verlangt für einen Anzug 3.000 Rial (Jahresumsatz: 390.000 Rial); nur ein städtischer Schneider verkauft Anzüge für 4.000 Rial (Jahresumsatz: 520.000 Rial). Bei Unkosten von durchschnittlich 350 Rial pro Anzug (Jahresunkosten 45.500 Rial) liegen die Jahresverdienste zwischen 344.500 und 474.500 Rial.

(142) Die Arbeitsleistung eines Schneiders beträgt durchschnittlich 15 Paar Hemden und Hosen in einer Woche, was einer jährlichen Produktion von 780 'Zābolischen Kleidern' entspricht. Die Verkaufspreise schwanken zwischen 350 und 500 Rial für ein Paar, und die Unkosten liegen bei 150 Rial. Bei jährlichen Unkosten von 117.000 Rial beträgt die jährliche Verdienstspanne 156.000 bis 273.000 Rial.

(143) Die Schreiner stellen im Jahr 100 bis 200 Türen her und haben jährliche Unkosten für Holz und die Lastwagenmiete zwischen 30.000 und 63.000 Rial. Bei einem durchschnittlichen Verkaufspreis von 1.400 Rial für eine Tür liegt der erwirtschaftete Jahresgewinn zwischen 110.000 und 217.000 Rial.

(144) Ein Schmied produziert wöchentlich ca. 8 Schaufeln und 13 Sicheln. Gemessen an den Rohstoffpreisen für Eisen und Autoschrott verdient er wöchentlich aus dem Verkauf an Schaufeln 2.620 bis 3.020 Rial und aus dem Verkauf an Sicheln 260 Rial. Abzüglich der Unkosten für Kohle (2.400 Rial im Jahr) läßt sich ein Jahreseinkommen von 147.360 bis 168.160 Rial errechnen.

(145) In der Woche stellt ein Halabi-sāz 60 Eimer her und benötigt Blech für 750 Rial. Bei einem Verkaufspreis von 60 Rial pro Eimer beträgt sein Jahresgewinn 148.200 Rial.

(146) Ein Wollfärber kann mit 1 kg Wollfarbe 12 kg Wolle färben und verarbeitet in der Woche durchschnittlich 60 kg Wolle. Für das Färben von 1 kg Wolle verlangt er 80 Rial. Bei Unkosten von 700 Rial für 1 kg Farbe (Jahresunkosten: 182.000 Rial) und einer jährlichen Verarbeitung von 3.120 kg Wolle (Jahresumsatz: 249.600 Rial) liegt sein Jahresgewinn bei 67.600 Rial.

(147) Ein befragter Schweißer arbeitet gemeinsam mit einem Arbeitskollegen in einer Werkstatt, die einem Zāboler Privatmann gehört. Die beiden Schweißer stellen in der Woche 12 Metalltüren her, die zu einem Stückpreis von 4.500 Rial verkauft werden. Die wöchentlichen Materialunkosten liegen bei 40.000 Rial. In der Werkstatt wird bei jährlichen Unkosten von 2.080.000 Rial und einem Umsatz von 2.808.000 Rial ein Gewinn von 728.000 Rial (22.750 DM) erwirtschaftet. Eine vertraglich festgelegte Gewinnaufteilung sichert dem Werkstattinhaber 50% des Verdienstes (364.000 Rial), während jeder Schweißer mit 25% des Gewinns (182.000 Rial) entlohnt wird.

(148) Ein Stoffhändler mit einem jährlichen Einkaufsvolumen von 402.480 Rial, der an jedem verkauften Meter Stoff 7 Rial verdient, hat bei einem wöchentlichen Umsatz von 180 m Stoff einen jährlichen Verdienst von 65.520 Rial. Ein anderer Stoffhändler (jährliches Einkaufsvolumen: 483.600 Rial) verdient beim Verkauf von 1 m Stoff 10 Rial und kann wöchentlich 150 m Stoff absetzen; sein Jahreseinkommen liegt bei 78.000 Rial.

(149) Aus dem angegebenen täglichen Verdienst von 150 bis 200 Rial kann ein jährliches Einkommen von 46.800 bis 62.400 Rial errechnet werden.

(150) Bei einem täglichen Umsatz von 10 kg Kräutern und einem Handelsgewinn von 10 Rial für 1 kg Kräuter verdient ein Händler für Sabzi im Jahr 31.200 Rial.

(151) Eine Schmiedefrau gibt einen täglichen Verdienst von 100 Rial an, woraus sich ein Jahreseinkommen von 31.200 Rial ergibt.

(152) Der Tagesverdienst liegt bei nur 40 Rial, und im Jahr verdient ein Händler für Süßigkeiten und Zigaretten 12.480 Rial.

(153) Nach einer von M. H. PESARAN vorgenommenen Auflistung der durchschnittlichen Ausgaben der Haushalte verschiedener iranischer Provinzen (1971/72) ergibt sich für einen Haushalt in 'Sistan and Baluchestan' eine durchschnittliche jährliche Aufwendung von 60.144 Rial (vgl. M. H. PESARAN 1976: 285).

(154) Darüber hinaus bezogen die Kharārzi vor 1960 die von ihnen zum Verkauf angebotenen Grundnahrungsmittel ausschließlich bei Zāboler Lebensmittelhändlern, und erst in den 70er Jahren trat Mashhad als untergeordneter Bezugsort hinzu (vgl. Tab. 27).

(155) Der Geschäftsinhaber hat sich außerdem das Monopol für den Vertrieb mit Coca Cola gesichert und beherrscht damit einen großen Teil des städtischen Getränkemarktes. Eine Flasche Coca Cola, die er in Mashhad für 7 Rial eingekauft hat, verkauft er an die Kharārzi für 9 Rial, während der reguläre Ladenpreis auf 10 Rial pro Flasche festgesetzt war. Die Generalvertretung für 'Canadadry' lag bei einem auf der Ferdowsi-Str. ansässigen Lebensmittelhändler.

(156) Die Zāboler Lebensmittelhändler wandten sich beim Warenbezug teilweise ebenfalls an einen Haqolamal-kāri, teilweise bezogen sie ihre Waren direkt beim Großhandel in Mashhad.

(157) Die Methode, Handelsgeschäfte über einen Vermittler abzuwickeln, scheint sich bereits in der zweiten Hälfte des 19. Jh. herausgebildet zu haben (vgl. W. M. FLOOR 1976: 117). Die Vermittlung von Geschäftsabschlüssen wird auch in Afghanistan von Agenten übernommen, die für ihre Tätigkeit eine Kommission von 8 - 10% erhalten (vgl. H. A. HAMID, o.J.: 90).

(158) Darüber hinaus zeigt sich unter den Zāboler Einzelhändlern die Tendenz, Ausgaben für Pilgerreisen Investitionen im geschäftlichen Bereich vorzuziehen. Beispielsweise verkaufte ein verschuldeter Kharārzi ein vom Vater geerbtes Grundstück, um seine Schulden bezahlen zu können und unternahm mit dem restlichen Geld aus dem Grundstücksverkauf eine Pilgerreise nach Kerbala. Zwei Jahre nach der Pilgerreise war er bereits wieder verschuldet.

Ähnliche Beispiele sind aus dem ländlichen Raum bekannt (vgl. H. ZIA-TAVANA).

(159) Folgende Dattelarten werden im Bāzār von Zābol gehandelt: 'Shahdād' aus Shahdād, 'Rabi' aus Baluchestān, 'Karut' und 'Mozafati' aus Bam.

(160) In Krisenzeiten, wenn auf dem Markt von Zāhedān keine Datteln zu bekommen waren, fuhren die Zāboler Dattelhändler selbst nach Shahdād oder Bam und versuchten, in den Produktionsorten Datteln einzukaufen.

(161) Nach Mißernten erfolgte die Getreideversorgung Sistāns über ein staatliches Getreidesilo in Zāhedān, von wo das Getreide nach Zabol transportiert und direkt an die ländliche und städtische Bevölkerung verkauft wird.

(162) In Sistān unterscheiden die Getreidehändler zwischen drei verschiedenen Weizensorten unterschiedlicher Güte: für eine Mischung aus Weizen und Gerste zahlten die Bāzārhändler den Bauern nach der Ernte im Jahr 1977 ca. 42 Rial/man; eine Weizensorte mit langen, dünnen Körnern brachte dem Erzeuger 42 bis 60 Rial/man ein, und die 'Bulani' genannte Weizensorte mit dicken, rundlichen und harten Körnern bezahlten die Getreidehändler mit 84 Rial/man.

(163) Den Anreiz zum Viehschmuggel bieten die im Vergleich zu Afghanisch-Sistān wesentlich höheren Viehpreise in Iran.
Am 28.2.1978 boten 17 städtische Zwischenhändler an der Straßenkreuzung von 'Alam-Str. und Hirmand-Str. insgesamt 101 Ziegen, 89 Schafe und 3 Kühe zum Verkauf an. Als Aufkaufspreise in den ländlichen Siedlungen wurden genannt:
für eine Ziege 3.000 bis 3.200 Rial (94 bis 100 DM),
für ein Schaf   5.000 bis 5.100 Rial (156 bis 159 DM).
Ein Zaboler Metzger kauft ein Schaf im persischen Teil Sistāns nach eigenen Angaben für durchschnittlich 6.000 Rial (187 DM), für eine Ziege zahlt er 4.200 Rial (131 DM); demgegenüber kostet ein Schaf in Afghanistan 2.150 Afghanis (107 DM).

(164) Die 'Chubdār' kaufen in den ländlichen Siedlungen außerdem ghi auf, das sie an städtische Bāzārhändler weiterverkaufen.

(165) Der jährliche Mietpreis für eine genügend große Weidefläche, auf der eine durchschnittlich aus 300 Tieren bestehende Viehherde weidet, beträgt 20.000 Rial; darüber hinaus muß eine Entschädigung für die Weideabnutzung an die Stadtverwaltung abgeführt werden, die pro Schaf 32 Rial und pro Ziege 150 Rial beträgt.

(166) Spezielle Produkte des Kunsthandwerks werden auch 1978 noch in Esfahān eingekauft; ein Händler bezieht von Kunstschmieden in Esfahān hergestellte Tabletts, die in ihrem traditionellen Design ausschließlich dort angeboten werden.

(167) Ein weiterer Vorteil des Teheraner Großhandels liegt nach Meinung des Zāboler Einzelhändlers in der Lagerung von Waren bis zu 6 Monaten, während er sich bemühen muß, Handelsgüter so schnell wie möglich zu verkaufen, um seine Schulden begleichen zu können.

(168) Die Zāboler Halabi-sāz verlangen einen Verkaufspreis von 60 Rial pro Eimer.

(169) Einige ältere Stoffhändler in Zābol können sich noch an die Entwicklung ihrer Geschäftsbeziehungen erinnern, die in den 20er/30er Jahren mit dem Einkauf von Stoffen bei russischen Handelsagenten und indischen Händlern begannen. Nach der Schließung der britischen und russischen Konsularvertretungen und dem Erlöschen der Handelsbeziehungen zwischen Sistān und British-Indien nahm der Verkehrsknotenpunkt Zāhedān die Rolle eines wichtigen Warenbezugsortes für die Zāboler Händler ein, die im Laufe der Zeit Geschäftsverbindungen zum Großhandel in Yazd, Esfahān, Mashhad und Teherān aufnahmen.

(170) Neben den Einkäufen im hauptstädtischen Bāzār nehmen die Zāboler Stoffhändler an Versteigerungen geschmuggelter Stoffe teil, die das Zollamt in Teherān veranstaltet.

(171) Von den Teppichmustern mit den Bezeichnungen 'Piri', 'Herāti', 'Tepeh Dasi', 'Fathollahi', 'Goldani' und 'Madadkhani' besitzen im Jahre 1978 die drei letztgenannten den höchsten Beliebtheitsgrad und lassen sich am besten verkaufen.

(172) Die Familie eines befragten Händlers für Tonkrüge ist mit Töpfern aus Qāsemābād verwandt.

(173) Die motorgetriebene Sägemaschine hat der Schreiner 1970 in Teherān zu einem Preis von 160.000 Rial eingekauft und bar bezahlt; eine vergleichbare Sägemaschine soll 1978 ca. 600.000 Rial (18.750 DM) kosten.

(174) Das Holz stammt aus Iran und der UdSSR und weist eine große Artenvielfalt auf, wobei Pappeln vorherrschen.

(175) Der Händler lehnte ein Gespräch über seine Geschäftsbeziehungen ab, das u.a. den von Bauern angesprochenen Mechanismus der Vermietung von Wasserpumpen an Bauern aufhellen sollte. Nach Aussagen Zāboler Handwerker bezieht der Großhändler in der Ferdowsi-Str. die von Handwerkern verarbeiteten Rohstoffe in Teherān.

(176) Inwieweit sich diese Differenzierung in unterschiedlichen Einkommen oder sozialer Stellung der Schmiede niederschlägt, ließ sich nicht ausmachen.

(177) Diese aufgrund der Initiative städtischer Teppichhändler verstärkt einsetzen-

de Inanspruchnahme städtischer Wollfärbereien hat einen befragten ehemals dorfansässigen Wollfärber zur Abwanderung nach Zābol veranlaßt.

(178) Hierbei muß berücksichtigt werden, daß sich der Einkauf von Roheisen und Aluminiumblech in Teherān nur durch die Aussagen der Zāboler Handwerker belegen läßt, da der städtische Großhändler zu keinem Gespräch bereit war.

(179) Die Befragungen im Bāzār wurden durch Interviews mit Händlern, Bauern und Viehhaltern im ländlichen Raum ergänzt, die H. ZIA-TAVANA durchführte (vgl. H. ZIA-TAVANA).

(180) Als Grundlage der Untersuchung dienen Interviews mit 84 Zāboler Händlern und Handwerkern.

(181) Nach Aussagen Zāboler Bāzārhändler fand im Laufe der Zeit eine Spezialisierung der Dorfhändler auf wertvollere Waren statt. Viele Dorfhändler, die früher mit Haushaltswaren gehandelt hatten, verkaufen 1978 Stoffe, weil der Gewinn beim Stoffhandel höher ausfällt.

(182) Der Geschäftsinhaber war zu keinem Gespräch über das Ausmaß und die Mechanismen der Warenbelieferung an dörfliche Bāzāre bereit.

LITERATURVERZEICHNIS

Verzeichnis der Abkürzungen

(im Text)

ACom.R	Annual Commercial Report
CR	Commercial Report
MR	Military Report
PO	Plan Organization
PRO	Public Record Office
SCD	Seistan Consular Diary
TR	Trade Report

(Zeitschriften)

BWIS	Baluchistan weekly Intelligence Summaries
GJ	Geographical Journal, London
GR	Geographische Rundschau
GZ	Geographische Zeitschrift
IS	Iranian Studies
JESHO	Journal of the Economic and Social History of the Orient, Leiden
JRGS	Journal of the Royal Geographical Society, London
SGM	Scottish Geographical Magazine
TESG	Tijdschrift voor economische en sociale geografie
ZfAL	Zeitschrift für Ausländische Landwirtschaft
ZDMG	Zeitschrift der Deutschen Morgenländischen Gesellschaft

AHRENS, P. G. 1966: Die Entwicklung der Stadt Teheran. Eine städtebauliche Untersuchung ihrer zukünftigen Gestaltung, in: Schriften des Deutschen Orient-Instituts, Opladen

AMINI, S. 1973: Der Agrarkredit im Iran, Ergebnisse empirischer Untersuchungen in südiranischen Dörfern, Diss. Hohenheim

ANNUAL COMMERCIAL REPORT of the Provinces of Sistan and the Qainat for the year 1927-28 (zitiert als ACom.R 1928), Public Record Office, London: Akten des Foreign Office, files: FO 371-13064

— of the Provinces of Sistan and the Qainat for the year 1932-33 (zitiert als ACom.R 1933), Public Record Office, London: Akten des Foreign Office, files: FO 371-16970

— of the Provinces of Khorasan and Sistan for the year 1933-34 (zitiert als ACom.R 1934), Public Record Office, London: Akten des Foreign Office, files: FO 371: 18994

AUBIN, J. 1970: Éléments pour l'étude des agglomérations urbaines dans l'Iran médiéval, in: HOURANI, A. H. und STERN, S. M. (Hrsg.), The Islamic City - A Colloquium -, Oxford 1970, S. 65-75

AUBIN, H. und ZORN, W. 1976: Handbuch der deutschen Wirtschafts- und Sozialgeschichte, Bd. 2, Stuttgart

BAER, G. 1964: Egyptian guilds in modern times, in: Oriental Notes and Studies, vol. 8, Jerusalem

— 1970: The administrative, economic and social functions of turkish guilds, in: International Journal of Middle East Studies, vol. 1, S. 28-50, New York

BECKER, C. H. 1914: Steuerpacht und Lehenswesen. Eine historische Studie über die Entstehung des islamischen Lehenswesens, in: Der Islam, V, 1914, S. 81-92

BECKETT, P. 1966: Landuse and settlement round Kerman in Southern Iran, in: GJ, vol. 4, S. 476-490

— 1966: The City of Kerman, Iran, in: Erdkunde, Bd. 20, S. 119-125

BELLEW, H. W. 1873: Record of the March of the Mission to Seistan, Calcutta

— 1874: From the Indus to the Tigris, London

BEMONT, F. 1969/73: Les villes d'Iran, 2 Bde, Paris

BILL, J. A. 1972: The Politics of Iran, Groups, Classes, and Modernization, Columbus, Ohio

BOBEK, H. 1938: Über einige funktionale Stadttypen und ihre Beziehung zum Lande, in: Comptes Rendus du Congrès International de Géographie, Amsterdam 1938, vol. II, Section III a Géogr. Humaine, Leiden, S. 88-102

— 1950: Soziale Raumbildung am Beispiel des Vorderen Orients, in: Verh. 27. Dt. Geographentag München 1948, Landshut, S. 193-207

— 1958: Teheran, in: Schlernschriften Bd. 190 (H. Kinzel-Festschrift), Innsbruck, S. 5-24

— 1959: Die Hauptstufen der Gesellschafts- und Wirtschaftsentfaltung in geographischer Sicht, in: Die Erde, Bd. 90, S. 259-298

— 1967: Iran, Probleme eines unterentwickelten Landes alter Kultur, Frankfurt, Berlin, Bonn

— 1974: Zum Konzept des Rentenkapitalismus, in: TESG, Bd. 65, S. 73-78

— 1976: Entstehung und Verbreitung der Hauptflursysteme Irans, Grundzüge einer sozialgeographischen Theorie, in: Mitteilungen der Österreichischen Geographischen Gesellschaft, Bd. 118, Wien, S. 274-304

BONINE, M. E. 1973: A Settlement Hierarchy in Central Iran: The functional Hinterland of Yazd, Iran, in: Middle East Studies Association, University of Wisconsin at Milwaukee (Masch. Vervielfältigung), S. 1-50

BRAZIER-CREAGH, G. 1898: Report on the Mission to Seistan, 1897, Calcutta

BÜCHNER, V. F. 1934: Sistan, in: Enzyklopaedie des Islam, Bd. IV, Leiden, S. 490-495

BURNE, O. T. 1879: General Status of Persia - Persia and Seistan, India Office, London: Pol. & Sec. Dept. Memoranda, files: L P&S 18 C 28

BUSCH-ZANTNER, R. 1932: Zur Kenntnis der osmanischen Stadt, in: GZ, Bd. 38, S. 1-13

BUSSE, H. 1973: Kerman im 19. Jahrhundert nach der Geographie des Waziri, in: Der Islam, Bd. 50, S. 284-312

CAHEN, C. 1958: Zur Geschichte der städtischen Gesellschaft im islamischen Orient des Mittelalters, in: Saeculum, Bd. 9, S. 59-76

— 1958/59: Mouvement populaires et autonomisme urbain dans l'Asie musulmane du moyen âge, in: Arabica, Bd. 5, 1958, S. 225-250, Bd. 6, 1959, S. 25-56, 233-265

— 1970: Y a-t-il eu des corporations professionnelles dans le monde musulman classique?, in: HOURANT, A. H. und STERN, S. M. (Hrsg.), The Islamic City - A Colloquium -, Oxford 1970, S. 51-63

CANOLLY, E. 1842: Die Landschaft Seistan. Ein Beitrag zur physisch-geographischen Beschreibung des Plateaus von Iran, in: Annalen der Erd-, Völker- und Staatenkunde, Bd. 1, H. 1, S. 22-52

CLARKE, J. I. 1963: The iranian city of Shiraz, Durham

CLARKE, J. I. und CLARK, B. D. 1969: Kermanshah - an Iranian provincial City, in: University of Durham, Dept. of Geography, Research Paper Series No. 10, Durham

CLERK, C. 1861: Persia, Khorassan, and Afghanistan, in: JRGS vol. 31, S. 37-39

CURZON, G. N. 1892: Persia and the Persian Question, 2 vols., London

— 1899: Maintenance of British influence in Persia, Letter to Her Majesty's Secretary of State of India, Simla 21.9.1899, India Office, London: Pol.&Sec., Dept., Lettres from India 1899, vol. 116 No. 927

DETTMANN, K. 1969 a: Islamische und westliche Elemente im heutigen Damaskus, in: GR, Bd. 21, S. 64-68

— 1969 b: Damaskus, eine orientalische Stadt zwischen Tradition und Moderne, in: Erlanger Geographische Arbeiten, Bd. 26

— 1970: Zur Variationsbreite der Stadt in der islamisch-orientalischen Welt, in: GZ, Bd. 58, S. 95-123

DOROUDIAN, R. 1976: Modernization of rural economy in Iran, in: JACQZ, J. W. (Hrsg.), Iran, Past, Present and Future, Aspen Institute/Persepolis Symposium New York, S. 157-168

DURAND, H. M. 1899: Despatch from Sir M. Durand respecting appointment of Additional Consular Officers in Persia, Teheran 12.2.1899, India Office, London: Pol.&Sec. Dept. Memoranda, files: L P&S 18 C 97

EHLERS, E. 1971: Die Städte des südkaspischen Küstentieflandes, in: Die Erde, Bd. 102, S. 6-33

— 1973: Bunvar Shami - Siah Mansoor, Methoden und Probleme der Landreform in Khuzistan/Südiran, in: ZfAL Jg. 12, H. 2, S. 183-200

— 1975 a: Die Stadt Bam und ihr Oasen-Umland / Zentraliran, in: Erdkunde, Bd. 29, S. 38-52

— 1975 b: Traditionelle und moderne Formen der Landwirtschaft in Iran, Siedlung, Wirtschaft und Agrarsozialstruktur im nördlichen Khuzistan seit dem Ende des 19. Jahrhunderts, in: Marburger Geographische Schriften H. 64

EHLERS, E. 1976: Dezful and its Hinterland, Observations on the Relationships of lesser Iranian Cities and Towns to their Hinterland, in: Geography, Journal of the Association of Iranian Geographers, vol. 1, No. 1 Teheran, S. 20-30

— 1977 a: City and Hinterland in Iran: The Example of Tabas/Khorassan, in: TESG Bd. 5, S. 284-296

— 1977 b: Dezful und sein Umland. Einige Anmerkungen zu den Umlandbeziehungen iranischer Klein- und Mittelstädte, in: Beihefte zum Tübinger Atlas des Vorderen Orients Reihe B Nr. 24, SCHWEIZER G. (Hrsg.), Beiträge zur Geographie orientalischer Städte und Märkte, Wiesbaden, S. 147-171

— 1978: Rentenkapitalismus und Stadtentwicklung im islamischen Orient, Beispiel: Iran, in: Erdkunde Bd. 32, S. 124-142

— 1980 a: Karawanenhandel, Karawanenverkehr und die wirtschaftliche Penetration Persiens durch ausländische Mächte um 1900, in: BARTH, K. H. und WILHELMY, H. (Hrsg.) Trockengebiete. Natur und Mensch im ariden Lebensraum (Festschrift für BLUME, H.), in: Tübinger Geographische Studien, H. 80 (Sonderband 13), Tübingen, S. 239-261

— 1980 b: Iran, Grundzüge einer geographischen Landeskunde, Darmstadt

ELISSEEFF, N. 1970: Damas a la lumière des théories de Jean Sauvaget, in: HOURANI, A. H. und STERN, S. M. (Hrsg.), The Islamic City - A Colloquium -, Oxford 1970, S. 157-179

ENGLISH, P. W. 1966: City and Village in Iran, Settlement and Economy in the Kirman Basin, Madison

— 1967: Urbanites, peasants and nomads: the Middle Eastern ecological trilogy, in: Journal of Geography, Bd. 66, S. 54-59

ENNEN, E. 1963: Zur Typologie des Stadt-Land Verhältnisses im Mittelalter, in: Studium Generale, Bd. 16, S. 445-456

FAHID, T. 1965: Le Corps de métiers au IV/X siècle à Bagdad, in: JESHO Bd. 8, S. 186-212

FERRIER, I. P. 1857: Caravan Journeys and Wanderings in Persia, Afghanistan, Turkistan and Beloochistan, London 1857, reprinted in Karachi 1976

FISCHER, K. 1974/76: Nimruz, Geländebegehungen in Sistan 1955-1973 und die Aufnahme von Dewal-i-Khodaydad 1970, Bd. 1/2, Bonn

FLOOR, W. M. 1972: The marketpolice in Qajar Persia, in: Die Welt des Islam, vol. XIII, S. 212-229

FLOOR, W. M. 1975: The Guilds in Iran, an Overview from the Earliest Beginnings till 1972, in: ZDMG, Bd. 125, H. 1, S. 99-119

— 1976 a: The Merchants (tujjar) in Qajar Iran, in: ZDMG, Bd. 126, H. 1, S. 101-135

— 1976 b: The customs in Qajar Iran, in: ZDMG, Bd. 126, H. 2, S. 281-311

— 1977: Bankruptcy in Qajar Iran, in: ZDMG, Bd. 127, H. 1, S. 61-76

— 1979: The bankers (sarrāf) in Qajar Iran, in: ZDMG, Bd. 129, H. 2, S. 263-281

FORBES, F. 1844: Route from Turbat Haideri, in Khorasan to the river Heri Rud on the borders of Sistan, in: JRGS, vol. 14, S. 145-192

FRYE, R. N. 1971: Hamun, in: Encyclopaedia of Islam, New Edition, vol. III, Leiden, S. 150

GABRIEL, A. 1938: The Southern Lut and Iranian Baluchistan, in: JRGS, vol. XVII, S. 193-210

GAUGLITZ, K. G. 1969: Eigentümlichkeiten des Wegesystems in iranischen Städten, in: Orient, Bd. 5, S. 162-169

GLEADOWE-NEWCOMEN, A. H. 1906: Report on the British Indian Commercial Mission to South-Eastern Persia during 1904-1905, Calcutta

GOLDSMID, F. J. 1863: Diary of proceedings of the mission into Mekran for political and survey purposes from 12th - 19th Dec. 1861, in: JRGS, vol. 33, S. 181-213

— 1867: Notes on Eastern Persia and Western Beluchistan, in: JRGS, vol. 37, S. 269-297

— 1873: Journey from Bandar Abbas to Mas-had by Sistan, with some Account of the last-named Province, in: JRGS, vol. 43, S. 65-83

— 1876: Eastern Persia, an account of the Journeys of the persian boundary commission 1870-71-72, vol. I: The Geography, London

GOULD, B. J. 1920: Note on the Development of Trade in Sistan and the Kainat 1919 (zitiert als TRADE REPORT 1920), London

GRÖTZBACH, E. 1975: Zur jungen Entwicklung afghanischer Provinzstädte, Ghazni und Mazar-i-Sharif als Beispiele, in: GR, Jg. 27, H. 10, S. 416-424

GRUNEBAUM, G. E. 1955: Die islamische Stadt, in: Saeculum, Bd. 6, S. 138-153

— 1959: Das geistige Problem der Verwestlichung in der Selbstsicht der arabischen Welt, in: Saeculum, Bd. 10, S. 289-327

GULICK, J. 1969: Village and City: Cultural Continuities in Twentieth Century Middle Eastern Cultures, in: LAPIDUS, I. M. (Hrsg.), Middle Eastern Cities, Berkeley/Los Angeles, S. 122-158

HAHN, H. 1964: Die Stadt Kabul (Afghanistan) und ihr Umland - I: Gestaltwandel einer orientalischen Stadt -, in: Bonner Geographische Abhandlungen, H. 34, Bonn

— 1965: Die Stadt Kabul (Afghanistan) und ihr Umland - II: Sozialstruktur und wirtschaftliche Lage der Agrarbevölkerung im Stadtumland -, in: Bonner Geographische Abhandlungen, H. 35, Bonn

— 1970: Sozialstruktur der Landbevölkerung in Afghanistan, in: Deutscher Geographentag Kiel 1969, Wiesbaden, S. 583-593

— 1972: Wachstumsabläufe in einer orientalischen Stadt am Beispiel von Kabul/Afghanistan, in: Erdkunde, Bd. 26, S. 16-32

— 1973: Die wirtschafts- und sozialgeographische Struktur iranischer Dörfer nach der Bodenreform, in: Erdkunde, Bd. 27, S. 147-152

HAMBLY, G. 1964: An introduction to the economic organization of early Qajar Iran, in: Iran - Journal of the British Institute of Persian Studies, vol. 2, London, S. 69-82

HAMID, A. o.J.: Economic review, Marketing and business practices in Afghanistan, in: The Middle East Journal, S. 87-93

HEDIN, S. 1910: Zu Land nach Indien durch Persien, Seistan, Belutschistan, Bd. 2, Leipzig

— 1918/27: Eine Routenaufnahme durch Ostpersien, 2 Bde, Stockholm

HOENERBACH, W. 1956: Das Zunft- und Marktwesen und seine Verwaltung im heutigen Tetuan, in: Die Welt des Islam, NS, Bd. IV, Nr. 2-3, S. 79-123

HOLDICH, T. H. 1881: Geographical Results of the Afghan Campaign, in: Proceedings of the JRGS New Series, vol. III, S. 65-84

— 1885: Afghan Boundary Commission; Geographical Notes, in: Proceedings of the JRGS New Series, vol. VII, S. 39-44, 160-166, 273-292, 352

— 1897: The Perso-Baluch Boundary, in: JRGS, vol. IX, S. 416-422

— 1899: The Use of Practical Geography Illustrated by Recent Frontier Operations, in: GJ, vol. XIII, S. 465-480

HOURANI, A. H. und STERN, S. M. (Hrsg.) 1970: The Islamic City - A Colloquium -, Oxford

HOURANI, A. H. 1970: The Islamic City in the Light of Recent Research, in: HOURANI A. H. und STERN, S. M. (Hrsg.) 1970: The Islamic City, Oxford, S. 9-25

HUNTINGTON, E. 1905: The Basin of Eastern Persia and Sistan, in: PUMPELLY, R., DAVIS, W. M. und HUNTINGTON, E. (Hrsg.), Explorations in Turkestan 1904, Washington, S. 219 - 317

— 1909: The Afghan Borderland, in: National Geographical Magazine, vol. 20, S. 788-799, 866-876

IMPERIAL GOVERNMENT OF IRAN 1970: Plan Organization, Statistical Centre of Iran, Village Gazetteer, vol. 18, Sistan and Baluchestan Ostan, Teheran

— 1975: Wezarat-e-kār-wa-umure ejtemāi, Sazmān-e-barnāmeh-wa-Budjeh, Markaz-e-āmār-e Irān, Sarshomāri az kārgāhhā-ye-keshwar, Moshakhasate Payehi, Zābol, (Basisinformation zur Landesbetriebszählung Zābol) No. 6o6, Teherān

IRANIAN STATISTICAL CENTRE 1968: National Census of Population and Housing, November 1966, vol. No. CLIX, Sistan and Baluchestan Ostan, Teheran

ISLAMIC REPUBLIC OF IRAN 1979: Plan and Budget Organization, Statistical Centre of Iran, National Census of Population and Housing, November 1976, Zabol Sharestan, Sistan & Bluchestan Ostan, Serial No. 118, Teheran

ISSAWI, C. 1966: The Economic History of the Middle East 1800-1914. A book of readings, Chicago

— 1969: Economic change and urbanization in Middle East, in: LAPIDUS, I. M. (Hrsg.), Middle Eastern Cities, Berkeley/Los Angeles, S. 102-121

IVANOV, W. 1926: Notes on the Ethnology of Khurasan, in: GJ, vol. 67, S. 143-158

KEDDIE, N. R. 1972: The economic history of Iran, 1800-1914, and its political impact: an overview, in: IS, vol. 5, S. 58-78

KOPP, H. 1973: Städte im östlichen iranischen Kaspitiefland. Ein Beitrag zur Kenntnis der jüngeren Entwicklung orientalischer Mittel- und Kleinstädte, in: Erlanger Geographische Arbeiten, Bd. 33, Erlangen

— 1977: Sari, Entwicklung und gegenwärtige Struktur einer iranischen Provinzhauptstadt im Kaspitiefland, in: Beihefte zum Tübinger Atlas des Vorderen Orients, Reihe B Nr. 24, SCHWEIZER, G. (Hrsg.), Beiträge zur Geographie orientalischer Städte und Märkte, S. 173-200, Wiesbaden

KORBY, W. 1977: Probleme der industriellen Entwicklung und Konzentration in Iran, in: Beihefte zum Tübinger Atlas des Vorderen Orients, Reihe B Nr. 20, Wiesbaden

KRAUS, R. 1971: Siedlungsprojekte in der Provinz Hilmand, Afghanistan, unter besonderer Berücksichtigung gesiedelter Nomaden, in: Vierteljahresberichte des Forschungsinstituts der Friedrich-Ebert-Stiftung, Bd. 46, S. 419-432

LAMBTON, A. K. S. 1953: Landlord and Peasant in Persia, Oxford

— 1969: The Persian land reform 1962-1966, Oxford

— 1970: Persian trade under the early Qajars, in: RICHARDS, D. S. (Hrsg.), Islam and the trade of Asia, A Colloquium, Oxford/University of Pennsylvania Press, S. 215-244

LAPIDUS, I. M. (Hrsg.) 1969: Middle Eastern Cities, A Symposium on Ancient, Islamic and Contemporary Middle Eastern Urbanism, Berkeley/Los Angeles

— 1969: Muslim Cities and Islamic Societies, in: LAPIDUS, I. M. (Hrsg.), Middle Eastern Cities, Berkeley/Los Angeles, S. 47-79

— 1970: Muslim Urban Society in Mamluk Syria, in: HOURANI, A. H. und STERN, S. M. (Hrsg.) 1970, The Islamic City, Oxford, S. 195-205

LE STRANGE, G. 1905: The Lands of the Eastern Caliphate, Mesopotamia, Persia, and Central Asia from the Moslem conquest to the time of Timur, Cambridge

LEWIS, B. 1937: The Islamic Guilds, in: The Economic History Review, vol. 8, S. 20-37

LIEBE-HARKORT, K. 1970: Beiträge zur sozialen und wirtschaftlichen Lage Bursas am Anfang des 16. Jahrhunderts, Diss. Hamburg

LITTEN, W. 1920: Persien von der "pénétration pacifique" zum "Protektorat", Berlin, Leipzig

LOCKHART, L. 1960: Persian cities, London

LODI, H. S. K. 1965: Preharvest Sales of Agricultural Produce in Iran, in: Monthly Bulletin of Agricultural Economics and Statistics, vol. 14, S. 1-4

LOVETT, B. 1874: Narrative of a Visit to the Kuh-i-Kwahjah in Sistan, in: JRGS, vol. 44, S. 145-152

LUFT, P. 1975: Strategische Interessen und Anleihenpolitik Rußlands in Iran, in: MOMMSEN, W. J. (Hrsg.), Geschichte und Gesellschaft, 1. Jg., H. 4, "Imperialismus im Nahen und Mittleren Osten", S. 506-538

MARKHAM, C. R. 1879: The Basin of the Helmund, in: Proceedings of the JRGS New Series, vol. I, S. 191-201

MASSIGNON, L. 1920: Les corps de métiers et la cité islamique, in: Revue Internationale de Sociologie, vol. 28, S. 473-488

— 1953: La structure du travail à Damas en 1927; type d'enquête sociographique, in: Cahiers Internat. de Sociologie, vol. 15, S. 34-52

McDANIEL, R. A. 1971: Economic change and economic resiliency in 19th century Persia, in: IS, vol. IV, No. 1, S. 36-49

McMAHON, A. H. 1897: The Southern Borderlands of Afghanistan, in: GJ, vol. 10, S. 393-415

— 1906: Recent Survey and Exploration in Seistan, in: GJ, vol. 28, S. 209-228, 333-352

MEDER, O. G. 1979: Klimaökologie und Siedlungsgang auf dem Hochland von Iran in vor- und frühgeschichtlicher Zeit, in: Marburger Geographische Schriften, H. 80

MILITARY REPORT 1911: ... on Persia, Simla 1912

— 1930: ... on Persia, vol. I, Khurasan and Seistan, Calcutta 1931

MILLWARD, W. G. 1971: Traditional values and social change in Iran, in: IS, vol. IV, No. 1, S. 2-35

MINISTRY OF INTERIOR 1963: General Department of Public Statistics, Report of the Industrial Census of Iran, Series I. 2, vol. 11, Baloochestan and Sistan Ostan, Teheran

MOMENI, M. 1976: Malayer und sein Umland, Entwicklung, Struktur und Funktionen einer Kleinstadt in Iran, in: Marburger Geographische Schriften, H. 68

MOMMSEN, W. J. (Hrsg.) 1971: Der moderne Imperialismus, Stuttgart

NIEUWENHUIJZE, C. A. O. VAN 1971: Sociology of the Middle East, Leiden

OPPENHEIM, A. L. 1969: Mesopotamia - Land of many cities, in: LAPIDUS, I. M. (Hrsg.), Middle Eastern Cities, Berkeley/Los Angeles, S. 3-18

PENTON, E. 1902: A Journey from Quetta to Meshed via the Nushki-Sistan Trade-Route II., in: JRGS, vol. XX, S. 80-87

PESARAN, M. H. 1976: Income Distribution in Iran, in: JACQZ, J. W. (Hrsg.) Iran: Past, Present and Future, Aspen Institute/Persepolis Symposium, New York, S. 267-286

PLAN ORGANIZATION OF IRAN 1959: Socio-Economic Development Plan for the South-Eastern Region, Preliminary Report, Agricultural Survey, Italconsult Rome

PLANCK, U. 1962: Der Teilbau in Iran, in: ZfAL, Bd. 1, S. 47-81

— 1975 a: Iranische Dörfer nach der Bodenreform. Sozialorganisation und Sozialökonomik, in: Schriften des Deutschen Orient-Instituts, Materialien und Dokumente, Opladen

— 1975 b: Die Reintegrationsphase der iranischen Agrarreform, in: Erdkunde, Bd. 29, S. 1-10

POTTER, D. 1968: The bazaar merchant, in: FISHER, S. N. (Hrsg.), Social forces in the Middle East, New York, S. 99-115

POTTINGER, H. 1816: Travels in Beloochistan and Sind, London, reproduced Karachi 1976

PUMPELLY, R. 1905: Explorations in Turkestan with an account of the basin of Eastern Peria and Sistan. Expedition of 1903, dir. R. Pumpelly, in: Publication of the Carnegie Inst. Washington, vol. 26

RATHJENS, C. 1966: Kabul: Zur Geographie einer orientalischen Stadt und ihres Umlandes, in: Die Erde, Bd. 97, S. 209-213

RAWLINSON, H. C. 1873: Notes on Seistan, in: JRGS, vol. 43, S. 272-294

RESEARCH GROUP 1970: A Study of the Rural Economic Problems of Sistan and Baluchestan, in: tahiqiqat-e-eqtesadi, Journal of Economic Research, vol. VII, University of Teheran

RIST, B. 1979: Die Stadt Sirjan und ihr Hinterland, in: EHLERS, E. (Hrsg.), Beiträge zur Kulturgeographie des islamischen Orients, in: Marburger Geographische Schriften, H. 78, S. 111-139

RONALDSHAY, Earl of 1902: A Journey from Quetta to Mashad by the new Nushki-Sistan Trade Route, in: SGM, vol. 18, S. 186-208

ROTBLATT, H. J. 1972: Structural impediments to change in the Qazvin Bazaar, in: IS, vol. V, No. 4, S. 130-148

ROTHER, L. 1971: Die Städte der Cukurova: Adana - Mersin - Tarsus, in: Tübinger Geographische Studien, Bd. 42, Tübingen

— 1977: Tradition und Wandel in Antakya (Antiochia), eine türkische Mittelstadt zwischen 1930 und heute, in: Beihefte zum Tübinger Atlas des Vorderen Orients, Reihe B Nr. 24.=SCHWEIZER, G. (Hrsg.), Beiträge zur Geographie orientalischer Städte und Märkte, S. 13-105, Wiesbaden

RUPPERT, H. 1969: Die Geschäftsviertel Beiruts, in: GR, Bd. 21, S. 69-73

SARKHOCH, S. 1975: Die Grundstruktur der sozio-ökonomischen Organisation der iranischen Gesellschaft in der ersten Hälfte des 19. Jahrhunderts, Diss. Münster

SCHARLAU, K. 1961: Moderne Umgestaltung im Grundriß iranischer Städte, in: Erdkunde, Bd. 15, S. 180-191

SCHLAGINTWEIT, E. 1877: Seistan - Persiens Grenzprovinz gegen Afghanistan, in: Globus, Bd. 32, S. 170-173, 186-189, 200-202

SCHOLZ, F. 1972: Die räumliche Ordnung in den Geschäftsvierteln von Karachi und Quetta (Pakistan), in: Erdkunde, Bd. 26, S. 47-61

SCHURTZ, H. 1901: Das Bazarwesen als Wirtschaftsform, in: Zeitschrift für Socialwissenschaft, Bd. 4, S. 145-167

— 1903: Türkische Basare und Zünfte, in: Zeitschrift für Socialwissenschaft, Bd. 6, S. 683-706

SCHWARZ, P. 1969: Iran im Mittelalter nach den arabischen Geographen, 9 Bde in einem Band, Hildesheim, New York

SCHWEIZER, G. 1971: Bevölkerungsentwicklung und Verstädterung in Iran, in: GR, Bd. 23, S. 343-353

— 1972: Tabriz (Nordwest-Iran) und der Tabrizer Bazar, in: Erdkunde, Bd. 26, S. 32-46

— (Hrsg.) 1977: Beiträge zur Geographie orientalischer Städte und Märkte, in: Beihefte zum Tübinger Atlas des Vorderen Orients, Reihe B (Geisteswissenschaften) Nr. 24, Wiesbaden

SEGER, M. 1975: Strukturelemente der Stadt Teheran und das Modell der modernen orientalischen Stadt, in: Erdkunde, Bd. 29, S. 21-38

SEISTAN CONSULAR DIARY 1900-1933: Public Record Office, London: Akten des Foreign Office, files:
FO 60-623, 624, 663, 686, 723, 724
FO 368- 38, 210
FO 369- 92, 2369, 2370, 2421, 2473, 4928, 7496
FO 371-106, 107, 108, 109, 110, 111, 113, 114, 497, 503, 710, 713, 714, 719, 750, 961, 2716, 2737, 3892, 6444, 6448, 7812, 7821, 7829, 9039, 9052, 10848, 13063, 14527, 15341, 16945

SKRINE, C. P. 1931: The Highland of Persian-Beluchistan, in: JRGS, vol. 78, S. 321-340

SPOONER, B. und SALZMANN, P. C. 1969: Kirman and the Middle East: Paul Ward English's City and Village in Iran: Settlement and Economy in the Kirman Basin, in: Iran-Journal of the British Institute of Persian Studies, vol. VII, S. 107-113

STEIN, A. 1916: A third journey of exploration in Central Asia, 1913-16, in: GJ, vol. XLVIII, S. 97-130, 193-229

STERN, S. M. 1970: The Constitution of the Islamic City, in: HOURANI, A. H. und STERN, S. M. (Hrsg.), The Islamic City, Oxford, S. 25-51

STEWART, C. E. 1886: The Herat Valley and the Persian Border, from the Han-Rud to Sistan, in: Proceedings of the JRGS New Series, vol. VIII, S. 137-156

STEWIG, R. 1966: Bemerkungen zur Entstehung des orientalischen Sackgassengrundrisses am Beispiel der Stadt Istanbul, in: Mitteilungen der Österreichischen Geographischen Gesellschaft, Bd. 108, S. 25-47

St. JOHN, O. B. 1876: Narrative of a journey through Baluchistan and southern Persia, in: GOLDSMID, F. J. (Hrsg.), Eastern Persia, vol. 1, London, S. 18-115

— 1877: Persien nach den Arbeiten der Englischen Grenz-Commission, 1870/72, in: Petermanns Geographische Mitteilungen, Bd. 23, S. 66-72

— 1878: Persien nach den Arbeiten der Englischen Grenz-Commission 1870/72, II Verzeichnis von Breiten, Längen und Höhen in Persien und Belutschistan, in: Petermanns Geographische Mitteilungen, Bd. 24, S. 25-27

STÖBER, G. 1978: Die Afshār - Nomadismus im Raum Kermān (Zentralirān), in: Marburger Geographische Schriften, H. 76

— 1981: Die Sayād.Fischer in Sistān (Sistān-Projekt III), in: Marburger Geographische Schriften, H. 85

SYKES, P. M. 1902: Ten thousand miles in Persia, London

— 1908: Report on the Trade of Khorasan for the year 1906-1907, London

TAESCHNER, F. 1934: Die islamischen Futuwwabünde, das Problem ihrer Entstehung und die Grundlinien ihrer Geschichte, in: ZDMG, Bd. 87, S. 6-49

TATE, G. P. 1909: The Frontiers of Baluchistan: Travels on the Borders of Persia and Afghanistan, London

— 1912: Seistan - A Memoir on the History, Topography, Ruins, and People of the Country, Part IV The People of Seistan, Calcutta

TUMA, E. H. 1970: Agrarian Reform and Urbanization in the Middle East, in: The Middle East Journal, vol. 24, S. 163-177

WEBER, M. 1920/21: Die Stadt. Eine soziologische Untersuchung, in: Archiv für Sozialwissenschaft und Sozialpolitik, Bd. 47, S. 621-772

WEHLER, H. U. (Hrsg.) 1975: Imperialismus, Köln

WETZSTEIN, J. G. 1857: Der Markt in Damaskus, in: ZDMG, Bd. 11, S. 475-525

WEULERSSE, J. 1938: La primauté des cités dans l'économie syrienne, in: Comptes Rendus du Congrès International de Géographie, Amsterdam 1938, vol. II, Section III a Géogr. Humaine, Leiden, S. 233-239

WIEBE, D. 1976: Formen des ambulanten Gewerbes in Südafghanistan, in: Erdkunde, Bd. 30, S. 31-44

WIRTH, E. 1966: Die soziale Stellung und Gliederung der Stadt im Osmanischen Reich des 19. Jahrhunderts, in: Konstanzer Vorträge und Forschungen, Bd. 11, S. 403-427

— 1967: Die orientalische Stadt in der Eigengesetzlichkeit ihrer jungen Wandlungen, in: Verhandlungen des Deutschen Geographentages Bad Godesberg, S. 166-181

— 1968: Strukturwandlungen und Entwicklungstendenzen der orientalischen Stadt - Versuch eines Überblicks -, in: Erdkunde, Bd. 22, S. 101-128

— 1973: Die Beziehungen der orientalisch-islamischen Stadt zum umgebenden Lande, in: Erdkundliches Wissen, Bd. 33 (Beihefte zur GZ), Geographie heute - Einheit und Vielfalt (Plewe-Festschrift), S. 323-333

— 1974/75: Zum Problem des Bazars (suq, carsi) - Versuch einer Begriffsbestimmung und Theorie des traditionellen Wirtschaftszentrums der orientalisch-islamischen Stadt, in: Der Islam, Bd. 51, 1974, S. 203-260; Bd. 52, 1975, S. 6-46

— 1975: Die orientalische Stadt - Ein Überblick aufgrund jüngerer Forschungen zur materiellen Kultur, in: Saeculum, Bd. 26, S. 45-94

— 1976: Zur Theorie periodischer Märkte aus der Sicht von Wirtschaftswissenschaften und Geographie, in: Erdkunde, Bd. 30, S. 10-15

WISSMANN, H. v. 1961: Bauer, Nomade und Stadt im islamischen Orient, in: PARET, R. (Hrsg.), Die Welt des Islam und die Gegenwart, Stuttgart, S. 22-63

WYNNE, P. 1870: Disputes, as to the Sovereignity of Seistan and Lash-Jowein, India Office, London: Pol. &Sec. Dept. Memoranda, files: L P&S 18 C 65

YATE, C. E. 1900: Khurasan and Sistan, Edinburgh and London

ZIA-TAVANA, H. (in Vorb.): Aspekte des Strukturwandels im ländlichen Raum Iranisch-Sistans im 20. Jahrhundert (Sistan-Projekt II). Diss. Marburg